▲碳金融系列丛书

碳金融法律与规制

Tanjinrong Falü Yu Guizhi

饶红美　胡国强　等编著

·广州·

图书在版编目（CIP）数据

碳金融法律与规制/饶红美等编著. —广州：华南理工大学出版社，2015.5
（碳金融系列丛书）
ISBN 978－7－5623－4622－7

Ⅰ.①碳…　Ⅱ.①饶…　Ⅲ.①二氧化碳－排污交易－金融法－研究
Ⅳ.①D912.280.4

中国版本图书馆CIP数据核字（2015）第082674号

碳金融法律与规制

饶红美　胡国强　等编著

出　版　人：韩中伟
出版发行：华南理工大学出版社
　　　　　（广州五山华南理工大学17号楼，邮编510640）
　　　　　http://www.scutpress.com.cn　E－mail：scutc13@scut.edu.cn
　　　　　营销部电话：020－87113487　87111048（传真）
责任编辑：梁晓艾　王荷英　袁　泽
印　刷　者：佛山市浩文彩色印刷有限公司
开　　　本：787mm×960mm　1/16　印张：22.75　字数：472千
版　　　次：2015年5月第1版　2015年5月第1次印刷
印　　　数：1～2000册
定　　　价：48.00元

版权所有　盗版必究　　印装差错　负责调换

碳金融系列丛书
编 委 会

顾　问　靳国良　赵黛青　骆志刚
主　编　杨星
副主编　蒋金良　杨瑛
主要参编人员（按姓氏笔画排列）：

万　佩	王　云	史永平	白云帆	冯晓莹	李嘉雯	李　玲
李　文	米君龙	麦　欣	张红云	张吉智	张凌霜	陈燕芬
陈笑映	陈广明	陈少铭	周　利	屈振甫	范　纯	林　琳
姚兴财	饶红美	胡国强	郭　璐	柳翠连	郭秀珍	钟二妹
徐　苗	贾振虎	梁敬丽	曾　悦	彭　淼	彭梅芳	蓝梦柔

前 言

IPCC第二工作组第四次评估报告勾勒出气候变暖给全人类带来的灾难性图景："极端天气、永久冻土层融化、冰川消融、珊瑚礁死亡、海平面上升、旱涝灾害加重、生态系统改变、致命热浪，人类已开始在全球变化的影响下挣扎着求生存。"为防止出现气温上升导致的灾难性后果，国际社会和各国采取了一系列应对措施，其中，碳市场的出现标志着人类利用市场手段解决气候变暖问题的确立。碳排放权作为一种商品被引入市场，其商品交换属性产生了投融资需求，碳金融应运而生，碳金融是一种应对全球气候变暖的创新金融模式。碳金融及其国际法律框架的出现，既标示着人类法律文明的一次成功，也是人类破坏环境的一种自救性的产物。碳金融的产生与发展，始终是在法律的框架内进行的。

法律作为一种概括、普遍、严谨的行为规范，可为人类提供一定的秩序，通过配置权力、责任、权利和义务，以强制性调整社会利益关系，并最终为人们所信仰。从某种意义讲，人类选择法律是满足人性的需要。

作为最基本的社会规范之一，对于市场的有序运转，法律发挥着举足轻重的作用，碳金融的产生与发展，始终伴随着碳金融法律的规制。《联合国气候变化框架公约》和《京都议定书》的达成无疑是各成员国对全球变暖的积极反应，并在此基础上共同构建了一个具有权威性、普遍性、全面性、基础性的国际碳减排法律框架。各成员国现有的不同法律框架，决定了碳金融演进的复杂性。此外，碳金融在演进过程中面临着诸多的法律困境，唯有对其深入分析探讨，对症下药，才能让法律更好地服务于碳金融实践。

近年来，我国碳市场、碳金融也随着国际碳金融的不断发展逐渐萌芽、发展、壮大，在国际碳市场中的话语权不断加强。遗憾的是，国内尚无读物系统地介绍和分析碳金融法律体系，对碳金融法的概念界定、制度建设、体系构建等尚无系统性研究。这直接导致我国参与实体对相关国际法规了解不足，对相关法律风险欠缺应有关注，进而导致我国在国际碳市场上处于被动地位。

基于此，我们编写了本书。全书分为两篇，共11章，从碳金融法律理论和实践两个方面展开论述。具体而言，第一篇"碳金融法理论"着重论述碳金融法理论，包括4个章节：第1章界定了碳金融法的概念，分析其产生的原因及理论基础；第2章介绍了碳金融法的法律渊源，将其调整对象划分为三类业务，并分析了碳金融

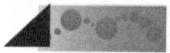

法的适用和争议解决；第3章系统阐述了碳金融的法律关系，包括法律主体、法律客体及法律关系内容；第4章分析了碳配额在不同法律框架下的法律性质和待遇问题。第二篇"碳金融法律规制"主要从碳金融法律实践制度展开论述，包括7个章节：第5章介绍了碳交易核证的涵义、原则、程序及核证主体，分别对强制性减排核证、核证减排量核证、自愿性减排核证和芝加哥气候交易所核证进行了详细的论述；第6章分别介绍了强制交易体制下的登记结算、清洁发展机制下的登记结算、自愿交易体制下的登记结算、气候衍生品交易的登记结算以及中国碳交易登记结算系统；第7章针对国际碳交易合同的概念、种类、订立、属性、违约和救济等问题展开论述，并以CERSPA（《核证减排量买卖协议》）为蓝本解读了国际碳交易合同；第8章从碳关税和碳税两个角度介绍了碳排放税收法律制度的现状；第9章介绍了碳标签法律制度的发展现状，并分析了我国碳标签制度的应对策略；第10章对碳贸易法律规制和WTO规则的冲突进行分析，以寻求协调之法；第11章论述了我国在低碳经济背景下构建碳金融法律体系的必要性和可行性，并在立法原则、立法模式、宏观构造和微观设计方面进行了详细分析。

全书由饶红美、胡国强共同拟定提纲并总纂，参加编写的同仁均接受过经济金融学、经济法学的系统教育，具有博士或硕士学位。其中第1、2、11章由胡国强编写，第3、4、9章由饶红美编写，第5、6章由柳翠连编写，第7章由彭梅芳编写，第8章由钟二妹编写，第10章由陈少铭编写。本书为"碳金融系列丛书"之一，从立项到出版，得到了华南理工大学广州学院经济学院杨星院长的热情指导和支持。

本书得到了华南理工大学广州学院梁耀能院长、李华刚院长、曾志新院长，广州学院经济学院蒋金良书记、经济学院杨瑛主任等的大力支持与帮助，在此一并致谢。

本书可作为经济、金融、管理、法律、能源类研究生、本科生的教学用书，也可作为银行、证券、保险、律所、能源等行业高层管理人员自学和培训之用。

由于我们水平有限，加之时间仓促，不免存在疏漏之处。恳请读者不吝斧正。

编者
2015.1.5

目录

第一篇 碳金融法理论 ... 1

1 碳金融法概述 ... 3
- 1.1 碳金融法的界定 ... 3
- 1.2 碳金融法的缘起 ... 4
  - 1.2.1 碳金融法产生的原因 ... 5
  - 1.2.2 国外碳金融法的立法现状 ... 8
  - 1.2.3 国内碳金融法的立法现状 ... 11
- 1.3 碳金融法的理论基础 ... 15
  - 1.3.1 法学理论 ... 15
  - 1.3.2 物权法理论 ... 16
  - 1.3.3 经济法理论 ... 19
  - 1.3.4 环境金融法理论 ... 20
  - 1.3.5 政府干预理论 ... 22
- 1.4 本章小结 ... 24

2 碳金融法的渊源、调整对象及适用 ... 25
- 2.1 碳金融法的渊源 ... 25
  - 2.1.1 《联合国气候变化框架公约》 ... 25
  - 2.1.2 《京都议定书》 ... 28
  - 2.1.3 其他国际法规范 ... 34
  - 2.1.4 各国碳金融相关法律制度 ... 36
- 2.2 碳金融法的调整对象 ... 37
  - 2.2.1 碳交易业务 ... 38
  - 2.2.2 碳融资业务 ... 39
  - 2.2.3 碳金融服务业务 ... 44
- 2.3 碳金融法的适用与争议解决 ... 45

       2.3.1 碳金融法的适用 …………………………………………… 45
       2.3.2 争议解决 …………………………………………………… 46
   2.4 本章小结 ……………………………………………………………… 49

3 碳金融的法律关系 ………………………………………………………… 51
   3.1 碳金融的法律主体 …………………………………………………… 51
   3.2 碳金融的法律客体 …………………………………………………… 53
       3.2.1 碳交易标的产权 …………………………………………… 54
       3.2.2 碳信用的配额型交易中的客体 …………………………… 55
       3.2.3 碳信用的项目型二级交易市场中的交易客体 …………… 55
       3.2.4 碳排放衍生品交易市场的交易客体 ……………………… 56
   3.3 碳金融的法律关系内容 ……………………………………………… 56
       3.3.1 项目参与者的权利与义务 ………………………………… 57
       3.3.2 CDM 执行委员会的法律地位与职责 ……………………… 60
       3.3.3 指定经营实体的法律地位与职责 ………………………… 61
       3.3.4 指定国家机构的法律地位与职责 ………………………… 62
       3.3.5 联系人的法律地位与职责 ………………………………… 63
   3.4 本章小结 ……………………………………………………………… 64

4 碳配额的法律待遇 ………………………………………………………… 66
   4.1 碳配额的法律性质 …………………………………………………… 67
   4.2 碳配额运作的法律事项 ……………………………………………… 70
       4.2.1 碳配额的取得 ……………………………………………… 70
       4.2.2 碳配额的交易 ……………………………………………… 74
       4.2.3 碳配额的登记与公示 ……………………………………… 75
       4.2.4 碳配额的消灭 ……………………………………………… 76
   4.3 碳配额在金融服务条例中的待遇 …………………………………… 76
   4.4 碳配额在会计准则中的待遇 ………………………………………… 77
   4.5 碳配额在税法中的待遇 ……………………………………………… 79
       4.5.1 关于直接税收：公司税 …………………………………… 79
       4.5.2 增值税（VAT）……………………………………………… 80
   4.6 本章小结 ……………………………………………………………… 81

第二篇 碳金融法律规制 ……83

5 碳交易核证法律制度 ……85
5.1 碳交易核证的涵义及其基本原则 ……85
5.1.1 碳交易核证的涵义 ……85
5.1.2 碳交易核证的基本原则 ……86
5.2 碳交易核证机构及其法律地位 ……86
5.2.1 碳交易核证机构的定义与特点 ……86
5.2.2 碳交易核证机构的法律地位 ……87
5.3 碳交易核证程序及其科学性 ……88
5.3.1 碳交易核证程序 ……88
5.3.2 碳交易核证程序的科学性 ……89
5.4 强制性减排的核证 ……91
5.4.1 欧盟排放配额的核证 ……91
5.4.2 项目核证 ……92
5.4.3 减排量单位的核证 ……93
5.5 核证减排量的核证 ……95
5.5.1 核证减排量的定义与特点 ……95
5.5.2 核证减排量的核证 ……98
5.5.3 中国核证减排的现状、问题与对策 ……100
5.6 自愿性减排核证 ……109
5.6.1 自愿性减排的定义与特点 ……109
5.6.2 自愿性减排的核证 ……110
5.6.3 中国自愿性减排的现状、问题与对策 ……111
5.7 芝加哥气候交易所核证 ……119
5.7.1 芝加哥气候交易所 ……119
5.7.2 芝加哥气候交易所核证 ……124
5.8 本章小结 ……127

6 碳交易登记结算法律制度 ……128
6.1 强制交易体制下的登记结算 ……128
6.1.1 登记结算制度组成 ……128
6.1.2 登记结算系统的功能 ……129
6.1.3 登记结算系统的运行 ……130

- 6.2 清洁发展机制下的登记结算 ·········· 131
  - 6.2.1 项目登记结算的运作流程 ·········· 131
  - 6.2.2 项目登记结算的具体要求 ·········· 132
- 6.3 自愿交易体制下的登记结算 ·········· 134
  - 6.3.1 芝加哥气候交易场所登记结算系统 ·········· 134
  - 6.3.2 芝加哥气候交易所的抵消项目登记制度 ·········· 139
  - 6.3.3 芝加哥气候交易所登记、认证和确认程序 ·········· 140
  - 6.3.4 芝加哥气候交易所的结算制度 ·········· 141
  - 6.3.5 我国自愿交易登记结算的现状 ·········· 142
- 6.4 气候衍生品交易的登记结算 ·········· 143
  - 6.4.1 LCH在气候衍生品交易结算中的地位 ·········· 143
  - 6.4.2 净额结算 ·········· 143
  - 6.4.3 LCH的保证金制度 ·········· 144
  - 6.4.4 LCH的逐日盯市制度 ·········· 145
- 6.5 中国碳交易的登记结算系统 ·········· 146
  - 6.5.1 中国碳交易登记结算的现状及原因 ·········· 146
  - 6.5.2 中国碳交易登记结算制度的法制完善 ·········· 146
  - 6.5.3 中国碳交易登记结算系统的功能界定 ·········· 147
  - 6.5.4 中国碳交易登记结算系统的流程 ·········· 148
- 6.6 本章小结 ·········· 151

7 国际碳交易合同法律制度 ·········· 152
- 7.1 国际碳交易合同的基本内涵 ·········· 152
  - 7.1.1 国际碳交易合同的概念和种类 ·········· 152
  - 7.1.2 国际碳交易合同的订立程序 ·········· 155
- 7.2 国际碳交易合同的法律属性 ·········· 158
  - 7.2.1 国际碳交易合同的平等交易性 ·········· 158
  - 7.2.2 国际碳交易合同外部运行条件的不确定性 ·········· 159
  - 7.2.3 国际碳交易合同履行机制分析和国家责任 ·········· 160
- 7.3 国际碳交易合同问题解读——以CERSPA为蓝本 ·········· 162
  - 7.3.1 国际碳交易合同基本条款的科学设定与明确性 ·········· 162
  - 7.3.2 国际碳交易合同的主要条款内容 ·········· 162
  - 7.3.3 国际碳交易合同的构成 ·········· 164
  - 7.3.4 国际碳交易合同的履约程序 ·········· 169
  - 7.3.5 国际碳交易合同的法律效力 ·········· 172

7.4 国际碳交易合同违约及救济 ································· 173
    7.4.1 国际碳交易合同违约的内涵 ······················ 173
    7.4.2 国际碳交易合同违约的种类 ······················ 174
    7.4.3 国际碳交易合同违约救济 ·························· 177
7.5 本章小结 ·· 180

8 碳排放税收法律制度 ································· 181
8.1 碳排放税收法律制度总论 ······························· 181
    8.1.1 碳排放税收法律制度的基本概况 ················ 181
    8.1.2 碳排放税收法律制度的界定及内涵 ············ 186
    8.1.3 碳排放税收法律制度的理念和原则 ············ 187
8.2 碳排放税收法律制度的发展现状 ···················· 192
    8.2.1 国际碳关税法律制度的发展现状 ················ 192
    8.2.2 各国碳税法律制度的发展现状 ···················· 195
8.3 我国碳排放税收法律制度的现状 ···················· 205
    8.3.1 我国碳排放税收法律制度的立法原则 ········ 205
    8.3.2 我国碳排放税收法律制度的制定和施行 ···· 207
8.4 本章小结 ·· 210

9 碳标签法律制度 ·· 211
9.1 碳标签法律制度的基本内涵 ···························· 211
    9.1.1 碳足迹的内涵 ··· 211
    9.1.2 碳标签的缘起 ··· 212
    9.1.3 碳标签法律制度建立意义 ·························· 213
    9.1.4 碳足迹的计算 ··· 214
    9.1.5 碳标签法律制度的影响 ······························ 215
9.2 碳标签法律制度现状 ·· 217
    9.2.1 发达国家对碳标签法律制度的态度立场 ···· 217
    9.2.2 发展中国家对碳标签法律制度的态度立场 ···· 222
    9.2.3 英国：全球最早推行碳标签制度的国家 ···· 224
    9.2.4 法国：《新环保法》确定碳标签制度 ········ 225
    9.2.5 日本：政府鼓励自愿实行碳标签制度 ········ 226
9.3 WTO框架下碳标签制度的合法性分析 ············ 228
    9.3.1 强制性碳标签制度的违法性分析 ················ 228
    9.3.2 自愿性碳标签制度的合法性分析 ················ 231

9.3.3　碳标签制度与GATT第20条 …… 234
　　　9.3.4　碳标签制度与TBT协定 …… 237
　9.4　我国碳标签制度的现状与应对策略 …… 240
　　　9.4.1　我国碳标签制度的发展现状 …… 240
　　　9.4.2　碳标签制度对中国贸易的影响 …… 241
　　　9.4.3　我国应对碳标签制度的策略 …… 242
　9.5　本章小结 …… 246

10　碳贸易法律规制与WTO规则的冲突及协调 …… 247
　10.1　碳贸易法律规制与WTO规则的冲突背景分析 …… 247
　　　10.1.1　碳贸易法律规制与WTO规则冲突的内涵 …… 247
　　　10.1.2　碳贸易法律规制与WTO规则冲突的原因 …… 248
　　　10.1.3　WTO规则主要协议简介 …… 250
　10.2　碳贸易法律规制与WTO多边贸易机制的冲突 …… 258
　　　10.2.1　碳贸易法律规制与GATT的冲突 …… 258
　　　10.2.2　碳贸易法律规制与SCM的冲突 …… 262
　　　10.2.3　碳贸易法律规制与GATS的冲突 …… 265
　10.3　碳贸易法律规制与WTO多边贸易机制的协调 …… 270
　　　10.3.1　碳贸易法律规制与WTO规则协调的总原则 …… 270
　　　10.3.2　碳贸易法律规制与WTO多边贸易机制的协调 …… 273
　　　10.3.3　碳贸易融入世界贸易体系的可行性分析 …… 277
　10.4　本章小结 …… 279

11　中国碳金融法律体系构建 …… 281
　11.1　低碳经济背景下中国的碳金融法律规范需求 …… 281
　　　11.1.1　碳金融是发展低碳经济的需要 …… 281
　　　11.1.2　碳金融是国际气候谈判政治的需要 …… 282
　　　11.1.3　碳金融是参与国际竞争的需要 …… 282
　　　11.1.4　构建碳金融法律体系的可行性 …… 283
　11.2　中国碳金融法律体系构建的基本原则 …… 285
　　　11.2.1　公平原则 …… 285
　　　11.2.2　可持续发展原则 …… 285
　　　11.2.3　风险可控原则 …… 286
　　　11.2.4　效率与效益兼顾原则 …… 287
　　　11.2.5　金融创新与金融监管并重原则 …… 287

  11.3 中国碳金融法律体系立法模式的选择 …………………………… 288
  11.4 中国碳金融法律体系的宏观构造 …………………………………… 289
    11.4.1 中国碳金融法律体系构造的指导思想和基本目标 ………… 289
    11.4.2 中国碳金融法律体系的构建与制度衔接 …………………… 291
  11.5 中国碳金融法律体系的微观设计 …………………………………… 294
    11.5.1 颁布应对气候变化基本法 …………………………………… 294
    11.5.2 建立碳交易相关法律制度 …………………………………… 295
    11.5.3 完善碳融资相关法律制度 …………………………………… 297
    11.5.4 完善相关配套法律制度 ……………………………………… 298
    11.5.5 构建适当风险补偿机制 ……………………………………… 299
    11.5.6 构建有效法律监管制度 ……………………………………… 300
  11.6 本章小结 ……………………………………………………………… 301

附录Ⅰ：联合国气候变化框架公约京都议定书 ……………………………… 303
附录Ⅱ：清洁发展机制执行理事会的议事规则 ……………………………… 321
附录Ⅲ：清洁发展机制项目运行管理办法（2011年修订） ………………… 333
附录Ⅳ：清洁发展机制项目申请函（参考格式） …………………………… 339
附录Ⅴ：碳排放权交易管理暂行办法 ………………………………………… 340
参考文献 ………………………………………………………………………… 346

第一篇　碳金融法理论

　　碳金融起源于碳排放权的交易，交易的有序持续运行离不开法律的规范与约束。为应对温室气体引起的日益严峻的气候变暖问题，联合国通过《联合国气候变化框架公约》和《京都议定书》为碳排放权交易提供国际法律基础框架。碳金融市场的稳健发展有赖于碳金融国际国内法律的构建与完善。例如，碳金融国际法律制度的发展决定了未来碳金融市场发展的确定性与发展空间；碳金融基础产品碳排放权等的权利界定以及性质问题等，这些涉及碳排放权的分配方法和分配主体，以及碳金融国际监管和国内监管法律问题。可见，从理论层面对碳金融法的相关问题进行剖析尤为重要和迫切。

　　本篇着重论述碳金融法理论，首先，界定分析了碳金融法的概念、缘起及理论基础；其次，基于碳金融法的法律渊源，论述了其调整对象、适用和争议解决；再次，系统阐述了碳金融的法律关系，包括法律主体、法律客体及法律关系内容；最后，深入分析碳配额在不同法律框架下的法律性质和待遇问题。

1 碳金融法概述

1.1 碳金融法的界定

碳金融泛指一切与限制温室气体（Greenhouse Gas，GHG）排放相关联的金融活动。它有广义和狭义之分：狭义的碳金融是指以碳排放权为标的物的金融现货、期货、期权交易；广义的碳金融则泛指所有服务于减少温室气体排放的各种金融制度安排和金融交易活动，包括低碳项目开发的投融资、碳排放权及其衍生品的交易和投资以及其他相关的金融中介活动。

2003年英国政府在发表的《我们能源的未来——创建低碳经济》白皮书中首次提出了"低碳经济"的概念，获得世界范围的认同与推广。1992年，联合国环境与发展大会颁布《里约环境与发展宣言》和《21世纪议程》后，可持续发展成为全球的普遍共识，绿色革命随之席卷全球，"绿色金融"的概念也应运而生。全球唯一的环境金融杂志（Environmental Finance Magazine）将与气候变化问题相关的金融问题简称碳金融，碳金融主要包括：天气风险管理、可再生能源证书、碳排放市场和"绿色"投资等内容。世界银行（World Bank）自2002年开始已经连续出版9年的《碳市场现状和趋势》给出的定义，碳金融指为购买产生温室气体减排量项目提供资源，其定义限定为碳减排项目投融资。休·比格斯比（Hugh Bigsby）认为从生态链的角度看，树木能吸收二氧化碳，这使得树木吞吐的碳也能进入碳核算框架之内或进行碳银行业务，森林拥有者可以储存碳，储存碳可以获得报酬，而碳排放者可以向碳储存者借碳，并向碳储存者付费。索尼亚·拉巴特（Sonia Labatt）和罗德尼·R. 怀特（Rodney R. White）2007年出版的《碳金融：气候变化的金融对策》是全球第一本系统阐述碳金融的专著，他们认为碳金融是金融机构主导的，将碳排放因素引入金融理论和实践中，开发"为转移气候风险的基于市场的金融产品"。认为碳金融的定义包括：①代表环境金融的一个分支；②探讨与碳限制社会有关的财务风险和机会；③预期会产生相应的基于市场的工具，用来转移环境风险和完成环境目标。斯图尔特·哈德森（Stewart Hudson）定义了碳金融的三个主要特征：第一，缔造交易碳排放配额和碳抵消产品的市场；第二，与清洁能源有关的投融资项目；第三，企业的碳风险和效益评估，发掘低碳企业在低碳发展中的预期收益，以及因此对贸易和投资产生的影响。

欧洲复兴开发银行、世界银行等机构对碳金融均有自己的定义，虽总体统一，但存在一定的差异性，这与相关机构自身的实践密切相关。我国流行的观点认为碳金融可宽泛地理解为应对气候变化的金融解决方案。但现阶段国内金融机构的碳金融实践主要是为减排项目提供相关融资和金融咨询服务，并未大规模介入碳市场，国内排放权交易所和环境交易所也未开展碳期货和期权的交易，因此谈不上所谓的金融解决方案。鉴于此，本书将碳金融定义为：碳金融是指与碳排放权交易相关的各种金融交易活动和金融制度安排的总和，它既包括碳排放权及其衍生品的交易和投资、低碳项目的投融资，也包括绿色信贷以及相关的担保、咨询等金融中介活动。

金融法是调整金融关系的法律规范的总称，而金融关系主要包含金融监管关系和金融交易关系。所谓"金融监管关系"，主要是指政府金融主管机关对金融机构、金融市场、金融产品及金融交易的监督管理的关系；所谓"金融交易关系"，主要是指在货币市场、证券市场、保险市场和外汇市场等各种金融市场之间，金融机构之间，金融机构与大众之间，大众之间进行的各种金融交易的关系。

根据碳金融以及金融法内涵及外延的分析，本书将碳金融法定义为：调整在温室气体减排中与碳排放权交易相关的各种金融关系的法律规范的总称。由于本书中的碳金融界定为广义范畴，因此碳金融法自然也是一个相对广义的概念，它既包括调整与碳排放权及其衍生品交易、低碳项目投融资相关的各种金融关系的法律规范，也包括调整与绿色信贷以及相关的担保、咨询等金融中介活动相关的各种金融关系的法律规范。

目前金融法以及财税法中有关应对气候变化的成文法律法规较少，大多是以规范性法律文件形式制定的"通知""指导意见"以及政策。目前，我国碳金融法发展尚属初期，对于其含义的界定也没有统一或者明确的标准。而碳金融法所涵盖的碳基金法，依据碳基金内涵以及碳金融法的内涵，其含义应界定为调整在投资温室气体减排项目（一般是清洁发展机制（CDM）和联合履约机制（JI）项目）中运用资金购买碳信用等获取金钱或其他收益的法律关系的法律规范的总称。当前我国对于碳基金法的研究亦处于初期阶段，制度、概念以及法律体系的构建都亟待完善。

1.2 碳金融法的缘起

碳金融法的缘起离不开自然背景、市场前提以及规范对象：气候变化带来的生存危机构成了碳金融法产生的自然背景；碳市场的成型是碳金融法产生的市场前提；碳金融的出现则成为碳金融法直接的规范对象。

1.2.1 碳金融法产生的原因

早在1898年,瑞典科学家斯万·阿伦纽斯（Svante Ahrrenius）就曾警告说,燃煤与石油所产生的二氧化碳会导致全球气候变暖。他由此创造了"温室效应"这个名词。造成温室效应的气体称为"温室气体",它们可以让太阳短波辐射自由通过,同时又能吸收地表发出的长波辐射。这些气体有二氧化碳、甲烷、氯氟化碳、臭氧、氮的氧化物和水蒸气等,其中最主要的是二氧化碳。然而,他的论断在科学家们不断深入研究之后,直到20世纪70年代才被获得证实,并由此引发了人们对全球气候变化的广泛关注。

1955年美国科学家查尔斯·季林（Charles Keeling）发现大气层的二氧化碳水平升至315mg/L；1979年在首次世界气候大会上,与会代表提出证据证明人类活动影响气候；1988年美国太空总署科学家詹姆斯·韩森（James Hansen）在参众两院听证会上首次提出"全球气候变暖的情况已出现"；当年由世界气象组织（WMO）和联合国环境规划署（UNEP）召集各国政府,成立政府间气候变化专门委员会（Intergovernmental Panel on Climate Change, IPCC）,专门针对全球气候变化问题进行科学数据评估,该委员会分别于1990年、1995年、2001年和2007年完成了四份评估报告,成为国际社会认识和了解全球气候变化的主要科学依据。

根据政府间气候变化专门委员会的报告结论,自1750年以来,人类活动导致的全球大气中二氧化碳、甲烷和一氧化二氮的浓度有明显的增加,已经远远超过了根据冰芯样品测定出的千年前人类工业化以前时代的浓度,由此导致全球气候自1750年以来开始的变暖。自1906年至2005年的100年间,全球气温平均升高了0.74摄氏度,海洋温度也有所升高。更令人担忧的是,在1995年至2006年的12年间,有11年的温度排在自1850年地球有温度记录以来的全球表面温度最高的12年之列。根据该委员会的《第三份评估报告》:"过去50年我们观测到的全球平均温度的大部分增长可能是因为温室气体浓度的增加",而全球平均气温和海水温度的升高,已经导致冰雪大范围消融,致使全球平均海平面处于上升状态。其《第四份评估报告》更进一步指出:可察觉到的人类影响现在已经扩展到气候变化的其他方面,包括海洋变暖、陆地平均温度升高、极端温度和季风规律变化等。该报告更是指出,人类活动产生的温室气体如果按当前或超过当前速度排放,将导致全球进一步变暖,并在21世纪引发全球气候系统发生更大变化。并且,即使大气中温室气体的浓度稳定下来,由于气候变化的时滞性,人类活动导致的全球变暖和海平面上升仍然会持续数百年。

政府间气候变化专门委员会根据气候模型预测,到2100年,全球气温将上升

1.4～5.8摄氏度（2.5～10.4华氏度）。根据这一预测，全球气温将出现过去10000年中从未有过的巨大变化，从而给全球环境带来潜在的重大影响。

(1) 海洋方面

随着全球气温的上升，海洋中蒸发的水蒸气量大幅度提高，加剧了变暖现象。由于海水热膨胀和全球升温会引起地球南北两极的冰山融化，造成海平面上升。海平面上升的直接影响有以下几个方面：

①低地被淹。

②海岸被冲蚀。

③地表水和地下水盐分增加，影响城市供水。

④地下水位升高。

⑤旅游业受到危害（海平面上升50米，大连、秦皇岛、青岛、北海、三亚滨海旅游区向后31～366米，沙滩损失24%，北戴河沙滩损失60%）。

⑥影响沿海和岛国居民（占世界1/3的人口）的生活，使之受到威胁。如果极地冰冠融化，经济发达、人口稠密的沿海地区会被海水吞没，马尔代夫、塞舌尔等低洼岛国将从地面上消失，上海、威尼斯、香港、里约热内卢、东京、曼谷、纽约等海滨大城市以及孟加拉、荷兰、埃及等国也将难逃厄运。

(2) 人体健康方面

①全球变暖直接导致部分地区夏天出现超高温，因其而引发的心脏病及各种呼吸系统疾病，每年都会夺去很多人的生命，其中又以新生儿和老人的危险性最大。

②全球变暖导致臭氧浓度增加，低空中的臭氧是非常危险的污染物，会破坏肺部组织，引发哮喘或其他肺病。

③全球变暖造成某些传染性疾病的传播。当蚊子叮咬一个带有传染病毒的人时，这种病毒就会跟随血液进入蚊子体内开始繁殖，并通过下一次叮咬进入某个健康人体内完成病毒的传播。在一定温度范围内随着温度的升高，蚊子的繁殖速率和叮咬速率都大大提高，其体内病毒的繁殖和成熟速率也将随之提高。夜晚和冬季温度上升，大大延长扩展了蚊子的生活期和地域，使得靠它传播的疟疾、猩红热、黄疸、脑炎等恶性传染疾病的发病率提高。

④全球变暖会在不同地区造成不同的自然灾害，直接导致粮食减产，也使当地居民遭受饥饿和营养不良的威胁，同时会加速某些靠水传播的病毒或细菌感染性疾病的扩散，如脑炎、痢疾等。

(3) 动植物方面

气候是决定生物群落分布的主要因素，气候变化能改变一个地区不同物种的适应性并能改变生态系统内部不同种群的竞争力。自然界的动植物，尤其是植物群落，可能因无法适应全球变暖的速度而做适应性转移，从而惨遭厄运。以往的气候变化

(如冰期)曾使许多物种消失,未来的气候将使一些地区的某些物种消失。从全国来讲,我国把冬季1月0度等温线作为副热带北界,目前这一界线处于我国秦岭—淮河一带。研究发现,气温升高会使这一界线北移至黄河以北,徐州、郑州一带冬季气温将与现在的杭州、武汉相似。

为防止出现气温上升导致的灾难性后果,国际社会历次谈判达成的协议形成了国际碳排放管制体系。其中,最具影响力的两个条约为《联合国气候变化框架公约》和《京都议定书》,并为温室气体排放权交易机制奠定了制度基础。"碳排放权交易"的概念最早出现于1997年12月在日本东京签订的《京都议定书》,《京都议定书》把二氧化碳(CO_2)、甲烷(CH_4)、氧化亚氮(N_2O)、氢氟碳化物(HF-Cs)、全氟碳化物(PFCs)和六氟化硫(SF_6)六种气体确定为温室气体,碳排放权交易泛指各类温室气体(GHG)排放权的交易。由于在所有温室气体中,80%为二氧化碳,因此温室气体排放权的交易又被简称为"碳交易",从事排放权交易的市场被称为"碳市场"或"碳交易市场",碳市场构成了碳金融法产生的市场前提。为了减少温室气体排放,产生了各种与之相关的金融制度安排和金融交易活动,碳金融应运而生。为了规范碳金融的运作和发展,碳金融法也随之产生。

> **专栏1-1　　　　　　碳市场的全球分布**
>
> 　　碳交易市场是国家或企业间通过强制或自愿减排规定排放上限而建立的排放权交易市场。按照其法理基本可分为强制市场和自愿市场;按照其交易内容,碳交易市场可分为以欧盟排放交易体系为代表的,基于碳排放配额进行许可权交易的配额市场,和以项目为基础进行"碳减排"交易的市场,其交易基础是《京都议定书》规定的清洁发展机制(CDM)、联合履约机制(JI)等。
>
> 　　目前世界范围内没有形成统一的碳排放交易市场,各国家各区域市场对交易的管理规则不尽相同。各个国家按配额和项目分类的碳市场发育进展情况也各不相同,从实际情况来看,欧盟成员国在碳市场仍是领跑者。
>
> 　　目前,全球具有代表性的碳金融市场是欧盟碳金融市场,欧盟一直是世界上控制气候变化的倡导者和先行者,欧盟又以英国为代表性成员,其实践的配额交易机制和《京都议定书》中的减排三机制是国际碳交易市场的基础,碳市场构建的基本路径是"自上而下"。
>
> 　　世界最大的区域碳市场是欧盟排放交易体系,涵盖欧盟27个成员国和列支敦士登以及挪威共29个国家,有欧洲气候交易所(ECX)、伦敦能源经纪协会(LEBA)和巴黎Bluenext碳市场等8个交易中心,将近1.2万温室气体排放实体。
>
> (资料来源:中国碳排放交易网)

1.2.2 国外碳金融法的立法现状

1.2.2.1 国际层面的立法现状

《联合国气候变化框架公约》只是一个框架性的国际法律文件,仅仅对附件一缔约方率先削减温室气体排放的义务做出原则性的规定。《京都议定书》以市场为导向建立起高效实现应对气候变化的经济模式,创设的三种交易机制产生 AAUs(分配数量单位)、ERUs(减排单位)、CERs(核证减排量)等可交易的碳信用范畴,使碳信用具备金融衍生品属性,为国际金融市场充分介入碳交易奠定基础。在十几年的探索中,为碳金融活动建立了以下规制制度:

(1) 平台管理

首先,国家注册系统。《京都议定书》中每个承担减排义务的附件一国家建立一个国家注册系统,开设账户记录企业之间及缔约方之间的交易情况及排放配额持有情况,为实现联合国对配额转让的有效监管提供便利。

其次,国际交易日志。此为联合国法定碳交易中央注册系统,与各国注册系统以及欧盟排放独立交易日志系统相链接,监督《京都议定书》承诺期间(2012年前)碳排放配额的发放、转让和注销。

(2) 融资机制

世界银行碳金融部门,其使用经济合作与发展组织国家政府和企业的资金建立碳基金向发展中国家及经济转型国家购买以项目为基础的碳排放量;联合国专门机构国际金融公司为发展中国家私营部门的项目提供多边贷款和股本融资。

全球环境基金充当《联合国气候变化框架公约》过渡期融资机制,支付非附件一国家的报告费用,对国家级、区域级或全球级开发全球环境目标的项目,支付非附件一国家发生的额外的或"同意增加的费用",以弥补资金不足。

气候变化特别基金,资助发展中国家气候适应、技术转让、能力建设,是对《联合国气候变化框架公约》和《京都议定书》融资机制的补充。

(3) 监督机制

首先,CDM 执行理事会。其是监督 CDM 实施的联合国专门机构,根据《京都议定书》授权、缔约方会议协定的行动指南,用以批准新方法,认证第三方审定验证机构,项目批准并最终为 CDM 项目签发碳排放信用额度。

其次,联合履约监督委员会。其主要职责是实施联合履约项目,符合资格要求的缔约方,可遵照一个简单程序进行减排单位的转让或购买。不符合资格要求的缔约方,必须接受由联合履约监督委员会执行的核查程序。

(4) 额外性规则

《京都议定书》关于联合履约、清洁发展机制规定把减排单位授予基于项目的碳金融活动，条件是该项目达到"以其他方式产生的附加的温室气体减排量"的标准，该规则为碳交易审查设置了严格的标准。

1.2.2.2 区域层面的立法现状

（1）欧盟

早在20世纪70年代时期，欧盟成员国开始通过制定标准来避免产生环境问题，立法的指导思想就比较侧重污染预防，依靠和运用法律手段进行环境保护，比如英国的《有毒废物处置法》（1972年），它是世界上第一部有关危险废物控制的法律。欧盟积极引导全球解决严峻的环境问题，推动《京都议定书》的签署。在签署《京都议定书》之后，欧盟便立即开始了探索减排的有效措施，建立了欧盟碳排放权交易体系（Europen Union Greenhouse Gas Emission Trading Scheme，EU ETS，简称ETS），该体系是全球第一个跨国碳排放权交易机制，是欧盟履行《京都议定书》、推动减排目标的重大举措。

第一，欧盟碳排放权交易体系是以2003/87/EC号指令（2003年）作为基础。该交易体系的核心基础是"总量控制、均分负担"，即由欧盟制定减排目标进行碳排放的总量控制，碳排放的均分负担实行的是成员国之间和成员国内两个层次分配机制，以此为基础，建立以分配的碳排放权为标的的交易市场机制。

第二，2004年针对2003/87/EC号指令进行局部修改，形成2004/101/EC号指令。该指令的主要目的是与《京都议定书》中联合履约机制（JI）和清洁发展机制（CDM）的灵活合作机制进行有效对接，所以又称为"连接指令"。在联合履约和清洁发展机制框架下，欧盟成员可以从欧盟以外地区获得碳信用（Carbon Credits），这样的碳信用额度按照"连接指令"的要求转换为欧盟内可交易的碳信用，转换后可以在欧盟的碳排放权交易体系下进行交易，由此形成灵活合作机制与欧盟碳排放权交易体系的有机结合。

第三，2008年又针对2003/87/EC号指令和2004/101/EC号指令进行修订，形成2008/101/EC号指令。该指令于2009年获得欧盟投票的通过，指令的内容主要是将强制减排范围扩展至海运业和航空业，并明确了配额拍卖的基本原则，以及制定了与国际气候变化协议对接的灵活性制度安排。

因此，上述三项指令（2003/87/EC号指令、2004/101/EC号指令、2008/101/EC号指令）是欧盟碳排放权交易体系的法律基础，结合欧盟的国家分配计划和三项欧盟委员会规章（指令的实施细则）形成了欧盟碳金融法律制度体系。

（2）美国

作为发达国家的主要代表、《联合国气候变化框架公约》和《京都议定书》的倡导者和缔约国，美国最早建立碳金融制度体系，应对气候变化的行动在立法、行政、司法各个层面都有所突破，并引入多项气候变化法案。2001年美国以国家安全和国内经济为由，宣布退出《京都议定书》，但是美国联邦及各州，以及区域间的碳减排合作并未停止，碳金融法律制度也未终止。有关碳金融法律制度主要包括：①《能源税收法》（1978年）规定节能减排企业的税收优惠；②《全面环境响应、补偿和负债法案》（1980年）规定银行对客户的环境污染负责，并要求其补偿污染的修复成本；③《清洁空气法案》及其修正案（1990年）以SO_2排放权交易制度为重点，确立了美国现行的排放权交易制度；④《资产维持、贷款人责任和存款保险保护法》（1996年）规定了环境污染的责任主体需要承担治理费用的责任和连带责任，并且具有可追溯性，体现了责任主体对造成的环境污染治理需承担的责任；⑤《伯利曼-沃纳气候安全法案》（2008年）对《京都议定书》所提及的6种温室气体进行明确的规定，将建立排放交易和总量控制的制度；⑥《2009年美国清洁能源与安全法案》是第一个应对全球气候变暖的碳减排法案，该法案也采用了"限额与贸易"模式，制定了长期减排目标，并按照无偿发放和有偿拍卖两种分配方式进行分配，明确碳排放权的配额，无偿发放的分配方式将在2012—2050年间逐渐由有偿拍卖所取代。

在美国各州或各区域也出台了与碳金融相关的法律法规，如：1997年伊利诺伊州减排市场体制（1997年）、纽约州温室气体行动方案（2003年）、加利福尼亚州全球气候变暖解决方案（2006年）、西部气候倡议（2007年）、区域性温室气体倡议（2000年）、气候储备行动（2009年）、芝加哥气候交易所（2000年）、中西部温室气体减排协定（2007年）等。这些地方性法律法规尽管仅适用于所在区域，但是对于美国碳金融的法律体系有重要的贡献。

（3）部分发展中国家

现行国际法框架下，发展中国家尚未承担强制性的减排义务，但根据不同国家的国情，发展中国家也采取了必要的行动，如：墨西哥，最早在1972年联邦政府就明确提出面对环境问题，1982年宪法修订设立环境保护的司法和管理基础，1988年发布《生态平衡和环境保护法》，成为环境保护的基础法律。成立专门的环境保护综合机构——能源气候变化委员会，制定完善环境保护和气候变化的立法。

印度在气候变化方面没有具体的法案，政府通过培育研究机构为国家制定应对策略提供依据，同时积极参加国际事务，通过强调"人均"和可持续的生活方式维护发展中国家的利益和发展的优先地位。

韩国采取政府设立跨部门的专门机构，政府总理任主要领导的一体化应对策略，同时加快制定相应的国家行动计划，体现全民一致性的显著特征。

1.2.2.3 碳金融法律框架

综合各国情况，国外碳金融法律框架主要由以下五部分组成：

(1) 碳交易制度。目前国际碳交易主要基于排放上限与交易制、排放基线与信用交易制和排放抵补交易制。排放上限与交易制是指在确定一个国家或区域总量排放限额的基础上，对营运主体进一步分配排放限额，在营运主体实际减排的过程中与配额产生偏差，在碳市场交易的制度；排放基线与信用交易制是指基于每一减排主体主管机构事先确定排放基准，经过可核查的程序，实际减排量与基准排放量出现偏差而在碳市场交易的制度；排放抵补交易制是指针对新增设施或扩厂而增加的排放量，其新增排放需求应向既有排放者购买排放减量信用，以抵补其增加的排放量。整体来看，碳排放交易制度，包括交易主体、交易标的物、碳排放权的初始分配、碳排放权的权利移转、碳排放权交易监管机制及法律责任。

(2) 减排项目融资制度。政府引导生态投资、鼓励民间开拓灵活的融资方式（基金、股票、信托等直接融资方式）并对项目融资复杂的法律关系制定配套的政策与法律法规及政策。

(3) 碳保险。包括保险方式、保险责任的适用范围、碳保险责任免除、赔偿范围、保险费率、索赔时效和保险机构设置等。

(4) 碳交易市场监管。包括主体资格审查制度、排污申报登记、排放物指标登记和排污指标交易登记制度、污染指标报告制度和交易追踪制度，以及排放监测能力、统计和信息公开制度。

(5) 多元激励机制。例如美国二氧化硫排污权交易市场的"早期减排鼓励制度"，以税收减免或赠款的方式激励更多的机构及个人参与碳减排市场并积极引导企业进行碳信息披露。

1.2.3 国内碳金融法的立法现状

1.2.3.1 国内碳金融法的立法基础

1992年签署《联合国气候变化框架公约》以来，我国不断采取措施应对气候变化：2004年完成《气候变化初始国家信息通报》，并提交公约秘书处；2006年完成《气候变化国家评估报告》；2007年6月，中国政府正式发布了《中国应对气候变化国家方案》提出的中期减排目标，明确了到2010年中国应对气候变化的具体目标、基本原则、重点领域及其政策措施；同年公布了《中国应对气候变化科技专项行动》，以全面提升我国应对气候变化的科技能力；2008年8月，全国人民代表大会常务委员会颁布《关于积极应对气候变化的决议》；2009年11月25日国务院常务会议上，我国第一次以约束性指标的方式宣布，到2020年，中国单位GDP二氧化碳排放量将比2005年的下降40%~45%。我国处于工业化中期，40%~45%虽然不具有国际约束力，但是是具有法律约束力的国内自愿减排目标；2010年8月国家发改委《关于开展低碳省区和低碳城市试点工作的通知》确定八市开展低碳试点工作。"十二五"规划中应对气候变化的目标分解为单位 GDP 的能耗、碳排放强度、可再生能源比重以及森林碳汇,并辅以碳税、碳交易、低碳产品认证制度等政策工具帮助推动。

1.2.3.2　国内碳金融法的立法现状

(1) 融资方面的法律规范

①绿色信贷。从《关于改进和加强节能环保领域金融服务工作的指导意见》(下文称"《指导意见》")开始到《关于落实环保政策法规防范信贷风险的意见》,绿色信贷政策全面进入到我国环境保护与污染减排领域。2008 年 1 月,环保总局与世界银行共同制定《绿色信贷环保指南》,指导金融机构制定细化信贷规则。其中,《指导意见》进行了以下制度设计:

　　a. 坚持区别对待、有保有压的信贷原则,合理配置信贷资源。

　　b. 对鼓励类、限制类、淘汰类投资项目区别对待,提供不同的进入服务和信贷支持方式,按照信贷原则提供信贷支持要充分考虑项目的资源节约和环境保护因素。对有效益、有还贷能力的自主创新产品生产所需的流动资金贷款优先安排、重点支持,对资信好的自主创新产品生产企业可核定一定的授信额度,并在授信额度内,根据信贷结算管理要求提供多种金融服务。

　　c. 加强建设项目和企业的环境监管与信贷资金等管理。

　　d. 各级环保与金融部门要密切配合,建立信息沟通机制。

　　e. 建立和完善企业和个人信用信息基础数据库。

　　f. 建立联席会议制度,提高金融机构对环境风险的识别能力。

②绿色保险。绿色保险即"环境污染责任保险",就是以环境污染事故对第三人造成的人身和财产损害依法应承担的赔偿责任为标的的责任保险。该制度的建立以环保总局和保监会于 2008 年联合发布的《关于环境污染责任保险工作的指导意见》为标志,努力健全我国环境污染风险管理制度。该意见明确了环境污染责任保险的投保主体,建立环境污染事故勘查、定损与责任认定机制,制定环境污染事故损失核算标准和相应核算指南,建立规范的理赔程序,并要求建立健全国家立法和地方配套法规建设。

③绿色证券。绿色证券是指以上市公司环保核查制度和环境信息披露制度为核心,通过调控社会募集资金投向,遏制高能耗和高污染行业过度扩张,防范资本风险,并促进上市公司持续改进环境表现。主要法规依据为 2008 年环保总局发布的《关于加强上市公司环保监管工作的指导意见》,从事火电、钢铁、水泥、电解铝行业以及跨省经营的"双高"行业(13 类重污染行业)的公司申请首发上市或再融资的,必须根据环保总局的规定进行环保核查。环保核查意见将作为证监会受理申

请的必备条件之一。2007年下半年,环保总局下发《关于进一步规范重污染行业生产经营公司申请上市或再融资环境保护核查工作的通知》,2010年环境保护部进一步公布《上市公司环境信息披露指南》。

④绿色基金。绿色基金是指专门针对节能减排战略、低碳经济发展、环境优化改造项目而建立的专项投资基金,其目的旨在通过资本投入促进节能减排事业发展。目前,我国绿色基金法规主要有2010年颁布的《中国清洁发展机制基金管理办法》,该办法规定基金审核理事会为基金管理机构,明确基金资金筹集来源,基金有偿方式使用,推进绿色产业并挂钩金融机构开展理财活动,分别具体地规定了赠款项目、有偿使用项目管理程序及方式。

(2)交易方面的法律规范

在国际碳交易市场体系中"谁拥有交易标准的制定权,谁就拥有了项目认定减排流程、核算方法等一系列的话语权"。目前碳交易法制在我国基本处于空白阶段,但在熊猫自愿减排标准确定后,尝试碳交易规则的制定在不间断进行中。

2010年《国务院关于加快培育和发展战略性新兴产业的决定》中首次提到建立完善碳交易制度;2010年10月6日,国家发改委应对气候变化司员在联合国气候变化谈判天津会议上透露,《中国温室气体自愿减排交易活动管理办法(暂行)》(下文简称《办法》)已经过反复修改基本成熟,将"争取尽快出台",《办法》将解决国内自愿减排市场缺乏信用体系的问题,同时将明确自愿减排交易的交易产品、交易场所、新方法学申请程序以及审定和核证机构(DOE)资质的认定程序。其中,主要法律规则如下:

①建立自愿减排市场信用体系。自愿减排项目经国家发改委的核准,并对减排量进行审核签发后,才可在国家认可的自愿减排交易机构内进行交易,相关信息还要在由发改委统一管理的国家登记簿中进行登记。

②交易产品。申请核准和签发减排量的交易产品,既可以是依据联合国批准的清洁发展机制(CDM)方法学开发的项目产生的产品,也可以是依据国家发改委批准的新方法学开发的项目产生的产品,即获得国家发改委批准但未在联合国CDM执行理事会(EB)注册的项目具有申请自愿减排项目的资格,因为经认定的减排量具有国家信用。

③交易场所。将现有交易机构和拟新建自愿减排交易机构并用,交易所增加自愿减排交易业务,要经国家发改委审批,同时资质要求注册资本不低于1亿元人民币。

④第三方认证。国家发改委将批准自愿减排项目新方法学以及DOE资质等,拟成立自愿减排审核理事会,发改委将根据审核理事会意见,批准新方法学以及审定和核证机构(DOE)资质等。

（3）自愿减排熊猫标准

熊猫标准是我国建立的第一个自愿碳减排标准。熊猫标准主要用于农业、林业和土地利用等大农业概念项目，兼具扶贫和生态减排双重功能。该标准狭义上确立减排量检测标准和原则，广义上规定流程、评定机构、规则限定等，致力于建设高质量、易操作、透明化、可信赖的规则体系，培育中国初生的国内自愿减排碳市场。

①项目标准原则

熊猫标准1.0版确定了减排项目必须符合的核心原则：a. 真实性，即产生可预测可核查的事后温室气体减排和清除，不签发事前碳信用额；b. 额外性，即项目活动超出监管要求和常规实践并存在投资技术等普遍操作障碍，或者超过其监管要求及预先设定的绩效标准；c. 可测量、可核查、可报告，即温室气体减排或清除量相对基准线可以量化并经过独立第三方报告和核查；d. 唯一性，即项目活动产生的减排量或清除量不能重复计算；e. 永久性，即项目源减排量或固碳清除产生的信用额是永久的；f. 具有附加益处，即项目必须对环境、社区经济和社会产生正面影响并消除潜在的负面影响；g. 权属清晰性，即减排量为清楚明确的项目业主完全所有的合法财产。

②项目审批程序

熊猫标准1.0版引用新方法学批准程序：a. 技术委员会初评，即技术委员会在收到提交文件20个工作日内评估文件的有效性，并将初评意见送交秘书处；b. 公开征求意见，即秘书处将通过初评的申请文件在熊猫标准网站上公开征求意见（同时由新方法学、工具或程序相关领域专家评审）；c. 技术委员会批准，即技术委员会在结束公开征求意见后10日内发布对新基准线方法学和检测方法学、工具或程序的批准或进一步澄清的要求，并将决定提交秘书处；d. 第三方审定，即项目活动由独立的第三方审计机构评估、检测、报告并核查项目活动对环境和社区产生的附加益处；e. 注册，即项目方在熊猫标准协会的注册处开设账户，秘书处将注册申请提交技术委员会批准并得到第三方审定的肯定检查报告后进行注册，签发熊猫标准信用额到项目账户里。

专栏1-2　　　　　　　　碳金融市场广阔的前景

2005年2月，《京都议定书》正式生效，成为人类历史上首次以法规形式出现的限制温室气体排放的协议。根据《京都议定书》的要求，38个工业化国家在2008—2012年期间须将二氧化碳等六种温室气体排放量从1990年的水平削减5.2个百分点。由于在全球任何地方实现的温室气体减排对全球气候变化产生的作用都是相同的，那么将温室气体减排活动安排在减排成本最低的地方，就能够以最小成本实现最大的温室气体减排量。基于这一经济学原理，《京都议定书》建立了通过市场发挥作用的合作机制，使温室气体减排量成为可以交易的商品。

自此，全球碳金融市场交易便呈现出飞速增长的态势。2006年，世界二氧化碳排放权交易总量达到16.2亿吨二氧化碳当量，较2005年增长超过了一倍。此后直至2008年，全球每年碳信用交易额均以近100%的速度迅猛增长。2009年，由于受全球金融危机影响，工业产量骤降导致碳资源的需求减少。然而，尽管当年全球GDP负增长0.6%，工业化经济体更是达到了3.2%的危险比率，碳交易市场却依然表现出其应对危机的能力。根据世界银行发布的《2010全球碳市场现状与趋势》报告，截至2009年底，碳排放市场总值较上年增长6%，达到1440亿美元，交易量为87亿吨二氧化碳当量。据联合国和世界银行2012年的预测，2012年全球碳交易市场成交额将达到1500亿美元，有望超过石油市场成为世界第一大市场。且有报告显示，时至2050年，低碳能源产品价值将会达到每年至少5000亿美元的产量。由此可见碳交易市场依旧潜力巨大，基于其上而产生的碳金融市场发展前景广阔。

1.3 碳金融法的理论基础

1.3.1 法学理论

1.3.1.1 法律的秩序和正义

法律的秩序。法是约束人行为的一种秩序。秩序是法的形式价值目标，是法所追求的社会形式。人类天然具有对秩序的需要，秩序对于人类而言是一种最基本的价值。秩序分为两种，一种是自然秩序，一种是社会秩序。自然秩序是由各种各样的自然规律所构成的，自然秩序的存在是使自然界的物体的存在、运动、发展、变化处于有序状态，从而体现出人类对自然界是可以认知的、可以有限控制和利用的。社会秩序是指社会在日常生产实践中不断摸索出来的一种规则，这一社会规则对人的社会活动、言论、行为具有教育、警示、指引、惩罚等作用。社会秩序使人们对自我和他人的行为可做预测，使人们具有意识形式上的安全观，进而使人们对自我的行为进行调控。

法律的正义。正义是法所追求的社会实质形式，是法的实质价值目标。正义是人类主观精神上的一种精神、一种公平的意愿和一种承认他人的要求和想法的意向。

正义这种观念本身能直接调整社会秩序。正义是社会制度的首要价值，社会的基本结构，是合作体系中的主要社会制度安排。人们对一个正义社会的要求是这个社会的制度包含与人的多种需要相洽的价值。任何一种单一的价值内容都不可能构成一个正义的社会。社会正义的最基本内容是安全、平等、自由、效率这四种价值的结合。

1.3.1.2 环境法的秩序和正义

生态秩序。地球自存在以来就有其自身的存在方式，有序地存在和演变。传统法律价值取向青睐于人与人的社会秩序的维持。随着人类社会生产力的不断提高和科学技术的突飞猛进，人类在生态环境中的作用越来越大，影响着生态平衡，工业化的推进也导致了污染的加重，破坏了自然规律的平衡，威胁着自然界自有的生物链。所以我们的法律要从维护人与人之间的秩序为主发展到维护人与人的秩序和人与自然的秩序并重。将维护人与自然的可持续发展的价值取向予以确立。这一价值取向把包括人在内的整个自然界看成高度一致的统一体，放弃强烈的人类中心主义，改变以征服自然、统治自然来实现自身发展的价值取向。在尊重自然和保护自然的基础上，谋求人类自身的幸福和利益需要。在当今社会，人类社会与自然社会相互作用的时代，人类与自然界相互依存，只有依靠法律维护好自然的秩序，才能稳定人与人的秩序。

生态正义。正义是人类永恒的价值追求。正义与利益的分配或占有有直接关系。可持续发展的法律价值取向是既关注当代人之间自然资源利益分配的代内公平，又强调当代人与子孙后代的代际公平。在国际上要求通过法律制度的变革来解决国与国之间的自然资源利益分配上的公平，还要求法律制度的创新，以保障代与代之间在自然资源利益分配上的公平，形成人类共同体对自然资源的合理共享和分享。

1.3.2 物权法理论

大陆法系的物权法，基本被视为是有体财产法，虽未直接对碳排放权进行定性，但在后期的理论发展中，却将"物"的范围扩展到气、空间等类似于碳排放权物权客体的"特殊物"。普遍认为罗马法是有体财产法，但罗马法中的财产并不限于有体物。罗马法中有一项共有物制度，也就是归全人类共同享有的东西，包括空气、流水、海洋和海滨，但属于共有物的自然资源不能成立法律意义上的所有权，不是严格意义上的物。受罗马法的影响，《法国民法典》也将包括空气在内的自然资源划入公产范围。《德国民法典》提出"物必有体"，但在后期却费劲地扩大了有体物的范围，将电、气、特定空间等纳入物权法范围，理由是这些有体物在传输、使用等过程中因以有体物为存在载体，有了有体物的外观，可以看作是有体物。《日本民法典》虽然也坚持"物必有体",但制定了一系列特别物权法确定了一系列资源物权。日本还承认习惯法上的物权,比如流水利用权、温泉权。在当代国家民法典中,比如《意大利民法典》《西班牙民法典》《阿根廷民法典》,将"物"的范围扩展至山林、海洋、空间资源等,列入公产。所谓"公产",是归全人类共有,而非国家所有,世界上绝大多数国家的法律没有规定国家对这些处于自然状态的物的所有权。因此,民法上对于这些"公产"的权利界定,不是着重于所有权的界定,而是使用权的界定。

全球的碳总量保持不变,各个碳库的碳储量也基本保持稳定。但人类活动的干扰,使贮存在地质库和土壤库中不参与全球短期碳循环的固态碳释放出来,超出海洋、植物等的碳吸收量时,便会使大气中累积的碳储量增加,从而导致各个碳库碳储量和碳流量发生变化,直接表现为大气碳库中二氧化碳等温室气体浓度的升高。碳排放的基本途径是生命有机体的呼吸作用和微生物的分解作用,正是由于碳排放是一切生命有机体生存发展的必需,物权法一方面保护作为生存发展必需的碳排放,一方面限制超出全球碳吸收并影响当代和后代生存发展的碳排放。

在人类活动干扰全球碳循环的情况下,化石燃料的燃烧、土地利用方式的改变等源源不断地向大气碳库输送二氧化碳等温室气体,使有限的大气碳库空间容纳了越来越多的碳素。大气碳库空间的实质是大气环境,是一种具有稀缺性的资源。稀缺性的资源需要一定的配置机制才能保证资源的有效利用和永续利用。碳排放交易便是对大气环境使用权的一种配置机制。因此,碳排放权表面上看似排放以二氧化碳为代表的温室气体的一种权利,实际是对大气环境的占有和使用,权利的客体应是大气环境这种空间资源。

民法上的大气环境资源具有以下特征:

第一,大气环境的整体性和相对独立性。地质、海洋、大气、生态、土壤等几大碳库同时也是生态系统所栖生的空间,碳素就在各个生态系统之间进行着碳的循环与交换,使各个生态系统之间彼此依存,相互关联。碳素在不同的碳库中以不同的形态存在,不仅在各个碳库内部循环,也在各碳库间循环。大气环境是以二氧化碳为代表的温室气体存在的空间。气体是无形的,是大气中碳素的载体。大气中二氧化碳等温室气体的量是可以监测的,也是可以感触的实实在在的存在。

第二,大气环境资源的稀缺性。大气环境是地球资源的组成部分,是有限的环境资源。环境对环境影响物质或污染物质的容纳能力和净化能力是有限,对于二氧化碳等温室气体的净化能力就表现在全球碳吸收量的有限上。二氧化碳等温室气体的排放超出环境的容纳能力或自净能力时,对大气环境的使用便需要分配机制的出现。

第三,大气环境资源的公共性。大陆法系民法典普遍将空气、水、阳光等环境资源划入"公产",是就其自然属性和对人类社会具有极端的重要性而言。大气环境是人类赖以生存的基本环境条件，对大气环境的占有、使用等也是生存的必需，因此大气环境具有"公共产品"的属性。对大气环境的占有、使用等与公共利益紧密相连，大气中温室气体浓度升高，不仅影响大气环境质量，而且会引起全球气温升高，关系着全人类的生存与发展。

第四，大气环境资源的相对可支配性。由于大气环境的稀缺性和公共性，如果将大气环境视为公共资产，人们往往会为了自身利益而进行掠夺性的开发，而不会在意资源的可持续利用。将大气环境作为一种产权，人们就会通过交易达到最有效率的配置。尽管大气环境无限广阔，也不具有物理上的独立性，人类无法直接支配。但对这种产权进行划分以后，人们可以就产权划分后所体现的财产利益进行交易，实现财产的利用效率。因此，对大气环境的支配是一种间接支配，它直接体现为权利人对其所体现的财产利益的支配。

第五，大气环境资源的排他性。尽管大气环境是一个整体，但作为一种产权，被划分后的大气环境资源所代表的是属于不同权利主体的财产利益。被分割后的财产利益是具备排他性的。

综上所述，大气环境资源是排放特定二氧化碳等温室气体的空间，权利人通过特定的排放量实现对大气环境资源的占有和使用。大气环境资源是物权法上特殊的物。

碳排放权是权利人依法享有的对大气环境资源的占有、使用和收益的权利，是建立在大气环境资源之上的一种用益物权。根据《物权法》第117条规定，用益物权是指对他人所有的不动产或者动产，在一定范围内加以占有、使用、收益的权利。用益物权是以使用、收益为目的的定限物权，它是权利人对标的物的使用价值为单方面的利用的物权。换言之，用益物权人所支配的是标的物的使用价值。碳排放权是权利人直接支配国家所分配的二氧化碳排放量的权利，权利人可以根据意思自治原则来处置碳排放权，既可以抵减自己的排放量，也可以用于自由交易而不受限制。碳排放权是权利人直接享受物的权利，权利人可以通过持有、处分等方式实现对碳排放权所带来的各种利益的享受。碳排放权是排他性的权利，这就意味着拥有碳排放权的主体行使碳排放权能够对抗其他一切不特定的人。

国家作为碳排放权的名义所有人，全体公民作为碳排放权的实质所有人，则碳排放权权利人只拥有对于碳排放权的占有、使用和处分的权利，该权利是通过行政许可的方式获得，并且受到国际和国内法律的规制，该权利是建立在他人对于碳排放权所有权的基础上的权利，属于限制物权和他物权。根据物权法上所有权和使用权分离的理论，这类资源由国家代管，通过行政特许的方式向权利人让渡环境容量资源的使用权。让渡的方式应有两种，一是无偿取得，一是有偿取得。前者是对一般企业的无偿分配，后者是对于大企业通过拍卖等方式取得，拍卖价款通常应用于环境的治理等公共目的。

1.3.3 经济法理论

经济法是对社会主义商品经济关系进行整体、系统、全面、综合调整的一个法律部门。在现阶段，它主要调整社会生产和再生产过程中，以各类组织为基本主体所参加的经济管理关系和一定范围的经营协调关系。要从以下三点把握这个概念：第一，经济法是经济法律规范的总称；第二，经济法是调整经济关系的法律规范的总称；第三，经济法调整的是一定范围的经济关系。

经济法最早产生于资本主义国家。资本主义国家学界关于经济法的概念，主要见于德国、日本等大陆法系国家的学术文献中。德日学界对经济法有几种常见的解说：

①经济法就是和经济有关的法律的总称。比如德国的艾斯特豪思认为，经济法就是有关经济的法。德国的努斯鲍姆认为，经济法是以直接影响国民经济为目的的法律规范的综合。日本学者美浓部达吉也持此观点。这一学说是经济法产生初期，学者对经济法概念的尝试性定义，现已基本过时。

②经济法是对市场进行规制的法，以反垄断法和反不正当竞争法为中心内容。日本的丹宗昭信认为："现代经济法的核心是垄断禁止法""是国家规制市场支配的法"；日本学者正田彬也认为：经济法是规制垄断资本主义阶段固有的以垄断为中心的经济从属关系法。经济法的作用在于纠正这种垄断主体与非垄断主体之间显著的不平等关系。

③经济法是经济公法。有学者认为这是德国经济法学界的主流学说，这一观点认为应该坚守罗马法关于公法和私法的划分，规定国家公务的法律为公法；规定个人利益的法律为私法。经济法是国家对经济施加直接影响的法律，是官方组织和管理经济的措施。有一种比较狭隘的观点把经济法等同于经济刑法，理由在于经济法的规定大多包括了刑事责任的内容。这一观点已经随着经济法的发展而被摒弃。

④经济法是社会法。与"经济公法论"不同的是，此学说虽然也以公私法的划分为认识论基础，但认为在公法和私法之外存在一个独立的第三领域，即社会法。我国很多学者同意这一学说。

⑤经济法是企业法。德国的卡斯凯尔和库拉乌捷，日本的西原宽一等，主张以企业为中心来把握经济法的定义，认为经济法是关于企业的法，企业的概念构成了经济立法的出发点。法国有学者认为，经济法是对传统商法的扩展，人们更多地用经济法概念来代替传统的商法。这也可以归于"企业法说"的范围。

目前我国经济法采用的概念是：经济法是国家从整体经济发展的角度，对具有社会公共性的经济活动进行干预、管理和调控的法律规范的总称。包括三方面的基本含义：经济法属于法的范畴，属于国内法的体系，但它不同于国内法体系中的其他法的部门。

作为国家管理和协调国民经济活动的基本法律形式，以及国家基于社会公共利益介入经济活动的产物，经济法与现代经济社会发展的各种危机联系在一起，体现了危机对策法的特征。传统的观点认为环境保护是环境法规制的范畴，经济法体系中很少涉及这方面的规定。事实上，经济活动在产生经济效益、社会效益之外，更是通过对环境资源的使用产生了环境效益，所以环境效益不仅要体现在环境法中，更要对经济活动的规则提出要求，只有存在可持续利用的环境资源，才有可持续发展的经济。在环境保护领域，完善的法律制度的构建，可以保证其在无法依靠市场机制进行的时候能够运用法律的强制力来实现目标，并且法律具有全面调整的作用，是适应发展和现实的需要。应在法律的规范和引导下，促进生态环境与经济发展的结合。具体来说，基于实质公平理念、社会整体利益的考量，运用国家适当干预、经济安全等基本理念，在环境保护领域运用经济法来进行调控。

由于环境问题突出的外部性，本身的产权又难以界定，为了保障社会的整体利益，实现经济活动健康有序地运行，与自然环境相协调的可持续发展，经济立法不能只是被动、消极地做出反应。在碳排放权交易制度的构建过程中，要在经济法基本价值观的指导下，积极地从环境问题产生的生产过程、生产方式、自然资源的开发利用方式和消费方式等层面来着眼，明确政府的职责和责任，从社会整体利益的角度来协调和处理碳排放权交易各方的关系，从实质公平的角度来调整竞争行为，从效率优先、兼顾公平的角度来合理配置碳排放量。

1.3.4 环境金融法理论

环境保护项目具有投入大、工期长、收益慢等特点，往往面临资金瓶颈问题，这成为可持续发展的难题，有的学者提出了可持续性金融（环境金融）的概念，以金融工具来促进环保项目。环境金融是伴随着可持续发展理念的兴起而产生的一种新型金融模式。环境金融将循环经济、金融创新放在一个有机系统里，核心在于探讨能够提高环境质量、转移环境风险、促进循环经济发展的以市场为基础的金融创新。环境金融的手段主要有可交易的许可证或配额、绿色银行业务、债券或基金、环境项目融资等。环境金融的建立与发展需要相应的法律制度安排。《美国传统辞典》（2000）认为：环境金融是环境经济的一部分，它主要研究如何使用多样化的金融工具来保护环境、保护生物多样性。乔斯·萨拉查（Jose Salazar, 1998）认为，金融业和环境产业各自具有自己的体系、语言、方法和对于成功、失败的界定，而环境金融是金融业和环境产业的桥梁，通过分析金融业和环境产业的差异，可以寻求保护环境、保护生物多样性的金融创新。埃里克·考恩（Eric Cowan，1999）认为，环境金融是环境经济和金融学的交叉学科，探讨如何融通发展环境经济所需资金作为环境经济的一部分，环境金融能够从发展环境经济中受益。索尼亚·拉巴特等（Sonia Labatt，2002）认为，环境金融是研究所有为提高环境质量、转移环境风险而开发的、以市场为基础的金融产品。这样的环境金融产品必须满足两个条件：第一，建立在金融市场的合适位置上；第二，满足环境风险转移和减少排放物等环境目标。

所谓环境金融法是指以金融手段促进环境保护的法律规范的总称。从金融创新产品及业务的角度分析，其具体包括排放权等金融衍生品及其交易市场的法律制度、银行类环境金融产品及其业务的法律制度、环境基金类金融产品的法律制度、环境项目融资模式及环境保险的法律制度等。

按法学理论中部门法的划分标准，环境金融法不是一个独立的部门法，其既有金融法（属经济法的子部门）的内容，又有环境法的成分，但环境金融法的调整对象自成一体，因而具有显著的特质。

（1）交叉性与综合性相融合。环境金融法以环境法和金融法为基础，是经济法、环境科学、环境经济学和生态学相互交叉、融合的产物，是综合性的法律体系。因此，环境金融法体系中的每一种制度都将金融工具与环境问题结合起来，利用这种创新型金融模式来解决环境问题，实现可持续发展，比如环境保险制度。保险是一项历史悠久、发展成熟、应用广泛的金融制度，其基本功能之一是转移风险和分摊损失。而环境污染侵权具有危害地域广、受害人数多、赔偿数额巨大的特点，侵权行为人往往陷入支付能力不足而破产、关闭的境地，导致两败俱伤的结果——受害人得不到实际赔偿，同时企业又因赔偿负担过重而影响经济社会的发展。环境保险是以被保险人因污染水、土地或空气，依法应承担的赔偿责任作为保险对象的保险。环境保险制度的实施一方面使企业避免了破产或关闭的境地，另一方面使受害人能够得到充分的赔偿，实现了"双赢"的结果。环境保险制度是金融工具和环境问题结合的极佳范例，充分体现了环境金融法交叉性和综合性相融合的特点。

（2）国际性与趋同性相伴生。环境金融最早出现于1997年的美国。美国金融业素有创新传统，他们将环境因素引入到金融创新当中，开发出既能让其规避环境风险又能获取收益的环境金融产品，后来世界上许多国家的环境金融制度，包括国际环境保护领域都借鉴了美国的成功经验。比如由《京都议定书》衍生出的碳金融交易机制实际上是借鉴了美国的排污权交易制度。而今，最活跃的碳金融市场反而是在欧盟。再比如环境保险制度，最先也是由美国金融界首创，现如今已有许多国家实施该项制度。由此可见，环境金融制度往往具有超越国界的适用性，可以为国际社会所接受,并且制度的架构也基本大同小异。这都体现了环境金融法国际性与趋同性相伴生的特点。

(3) 公益性和私益性相协调。环境金融制度的出现并迅速发展是社会大环境使然。20 世纪以来,严重的环境问题无时无刻不在影响着人类的生存与发展,制造业往往被认为是环境问题的直接元凶,实际上,金融业也有不可推卸的责任。传统金融行业的盲目趋利性导致其只顾利润而不顾所放贷或投资的项目是否会对环境造成很大破坏或者潜伏着巨大的环境风险。反过来,盲目趋利性也给传统金融行业埋下了巨大的风险隐患,因为其所放贷或投资的项目可能因违反环境法律法规而被取消或延误。在此情况下,金融行业为了规避风险,将环境因素引入金融领域,实施绿色信贷,避免或减少由于环境问题而造成的经济损失。而后,金融业又创造出新型的环境金融衍生品出售给投资者,并从中获益。可见,环境金融最初的目的在于金融行业的私益。但我们不可否认,环境金融可引导资金流向,避免盲目追求数量型扩张,形成有利于节约资源、降低能耗、改善环境的可持续型经济模式,可以集中大量的资金投资于环境产业。从这一点而言,环境金融制度又具有明显的公益性。由此可见,环境金融制度是公益性和私益性相协调的良性制度。

随着排污权交易市场的不断规范化,与排放权有关的金融衍生产品及交易市场逐渐产生,同时,也产生了构建相应的规范这些金融衍生品及交易市场的法律制度。在二级市场上不同主体间转移的排放权交易涉及与排放权有关的金融产品,此类金融产品一般包括排放许可证、减排信用以及相应的期货产品等,又因涉及气体等污染物的指标交易,其交易模式、交易主体、交易场所、交易规则都有一定的特殊性。所以需要建立一整套的排污权交易市场的法律规范,包括交易场所或平台的法律地位及权利、义务、交易规则,公平竞争及信息披露规则,交易市场自律及监管、执法、违规罚则与纠纷解决机制等。

1.3.5 政府干预理论

政府干预经济的现象在 20 世纪并不少见。1929—1933 年世界经济危机后"凯恩斯革命"促成了罗斯福新政,使政府干预经济得以起步;而同时,德意日法西斯主义开拓了政府干预经济的新境界。"二战"后,政府干预逐渐成为国家或政府管理经济的主要形式。

政府干预与市场作用两者之间的权衡与选择,究竟是该强化宏观干预还是放任市场作用,抑或是两者兼而有之,逐渐成为当前中国经济政策的焦点。与任何实行市场经济的国家都没有放弃运用"国家之手"干预社会经济运行一样,在我国市场经济体制的建立和发展过程中,国家也没有放弃对社会经济运行的干预。

首先，政府自身的性质客观上要求它必须干预经济发展。而国家的存在和发展又是以一定的经济基础为前提的。这决定了任何国家的政府都必须把建立有利于国家存在和发展的经济基础作为自己的重要职能。因此，政府在市场经济发展中的作用应当取决于政府本身的特性。

其次，克服市场失灵的客观需要。所谓市场失灵，按照西方经济学家的观点，是指由于许多因素使市场在资源配置方面呈现出低效率运行的一种非理想的状态。而这种非理想状态为政府进行适度的干预提供了一定的空间。市场失灵的表现可以归结为公共物品或服务有效供给不足、外部性带来的负面效应等。应当说在市场经济条件下，在资源配置中起基础作用的是市场，但在关系到与提供公共产品有关的资源配置中，市场配置要受到一定的限制，相反政府干预则起着十分重要的作用。公共产品的提供，存在多种渠道，既可以通过政府筹措也可以通过私人生产而提供，但是公共产品的提供单靠市场主体或者一般企业是难以满足的，因为许多公共产品因私营企业的经济人性质难以符合国家要求的社会目标；或者因公共产品的提供需要大量的资金或高新技术，而投资的回报期较长，企业不愿提供。因此在这种情况下，基于公共需要，政府必须承担这种职能，如涉及低碳排放的生态环境保护、大型公共基础设施的建设等。

再次，从经济学的观点去分析，外部效应有正负之分，产生有利于他人影响的称为正的外部性效应或称外部经济；有损于他人影响的则称为负的外部效应或称为外部不经济。在低碳经济的框架体系中如大气污染给人或社会带来的不好的影响，这种负的外部效应是难以避免的，如环境污染。这种环境污染必然导致对人类共同生活的环境的侵害，但是污染者行为的成本却由社会来承担。如果要恢复并抑制这种负外部性的问题，只能通过政府承担公共建设的责任和强制征收排污费或责令赔偿损失等办法来加以解决。这充分表明负外部性只能通过国家法制干预才能消除不经济造成的影响，消除搭便车的现象，最终达到一种经济相对公平的状态。总之，市场经济发展中政府干预经济有其内在的必要性。

在我国政府干预经济的诸种手段中，随着依法治国方略的宪法确认，人们对法律手段在促进经济发展中的作用有了更进一步的认识。注重强调调控手段的法治化，其中包括把党和国家的政策及时地上升为法律规定，以便成为人们普遍遵守的行为规范而具有法律效力。作为宏观调控手段的法律机制是一个动态的系统，它总是在运行过程中，依据实际情况不断地加以完善，而完善的依据则是法律机制运行的实践。对低碳经济进行国家干预，并通过立法的形式以彰显其重要性，这与以下几个因素存在密切的联系：

第一，宏观调控的自身要求决定了低碳经济调控的法制化。我们知道，政府宏观干预经济的主要任务是要保持经济发展的基本平衡，逐步促进经济结构的不断调整，对资源进行优化配置，引导国民经济持续快速健康发展和社会全面进步。而宏观干预和可持续发展都存在一个资源的优化配置问题，而要使得资源优化配置，没有相关立法是很难进行的，立法活动本身也是社会资源的优化配置。

第二，国家干预经济以及低碳经济发展的国际化决定了低碳经济立法是经济发展的必然趋势。20世纪以来，经济的高速发展与全球温室效应不断增强的两难冲突，已经成了一个世界性的普遍的课题，不论工业发达国家还是发展中国家都难以回避。必须面对现实并加强低碳经济立法以应对全球气候变化而引起的温室效应问题。在这种情况下，要使我国适应经济发展的国际趋势，没有强有力的国家干预是不行的，同样没有低碳经济的立法也是不行的。

第三，市场自身消极方面决定了应对气候变化所产生的温室效应是国家干预的直接原因。市场机制的最大弱点是缺乏足够的自我调节机能。如对经济总量的平衡，经济结构、能源资源结构的调整，生态平衡和环境保护的矛盾等涉及全局性的经济关系，市场机制对它往往是无能为力的。必须通过国家干预的方式消除市场自身的消极变现，抑制外部性的不经济效应。

总之，市场主体的经济人有限理性定位催生了市场失灵现象，于是国家干预因此应运而生。伴随经济的发展带来的环境保护、能源资源的结构调整、公共产品供给，以及市场经济的外部溢出等问题，进一步要求国家干预的法治化，而将国家干预纳入法治化轨道更是依法治国的客观要求以及低碳经济发展的重要保证。

1.4 本章小结

碳金融法是指在温室气体减排中调整与碳排放权交易相关的各种金融关系的法律规范的总称。本书所述碳金融法是一个相对广义的概念，它既包括调整与碳排放权及其衍生品交易、低碳项目投融资相关的各种金融关系的法律规范，也包括调整与绿色信贷以及相关的担保、咨询等金融中介活动相关的各种金融关系的法律规范。

为防止出现气温上升导致的灾难性后果，国际社会历次谈判达成的协议形成了国际碳排放管制体系，并产生了以温室气体排放权为交易标的的碳市场；为服务于减少温室气体排放，产生了各种与之相关的金融制度安排和金融交易活动，碳金融应运而生；为规范碳金融的运作和发展，碳金融法也随之产生，这是人类利用市场手段解决气候变暖问题的浓墨一笔。

本章在界定碳金融法概念的基础上，分析其产生的原因，通过对国内外碳金融法的立法介绍，让读者能够对碳金融法的发展现状有个大致了解。最后，分别从法学理论、物权法理论、经济法理论、环境金融法理论和政府干预理论等方面，阐述了碳金融法存在的合理性和必要性。

❷ 碳金融法的渊源、调整对象及适用

2.1 碳金融法的渊源

碳金融的产生和发展有两个重要的国际法基础文件，即《联合国气候变化框架公约》（下文简称《公约》）和《京都议定书》。《公约》是规制全球碳减排活动的总指导规则，而《京都议定书》为碳交易机制的产生提供了直接的依据和强动力。

2.1.1 《联合国气候变化框架公约》

2.1.1.1 《联合国气候变化框架公约》简介

《联合国气候变化框架公约》（United Nations Framework Convention on Climate Change，UNFCCC，下文简称《公约》）是1992年5月22日联合国政府间谈判委员会就气候变化问题达成的公约，1992年6月4日在巴西里约热内卢举行的联合国环境与发展大会上通过。

1990年，政府间气候变化专门委员会（Intergovernmental Panel on Climate Change，IPCC）发布了第一份评估报告。1990年12月，联合国常委会批准了气候变化公约的谈判。在1991年2月至1992年5月期间，气候变化框架公约政府间谈判委员会（The Intergovernmental Negotiating Committee for a Framework Convention on Climate Change，INC/FCCC）进行了5次会议。参加谈判的150个国家的代表最终确定，于1992年6月在巴西里约热内卢举行联合国环境与发展大会，并签署《公约》。1994年3月21日，该公约生效。

缔约方自1995年起每年召开缔约方会议（Conferences of the Parties，COP）以评估应对气候变化的进展。1997年，《京都议定书》达成，使温室气体减排成为发达国家的法律义务。2007年，按照通过的《巴厘路线图》的规定，2009年在哥本哈根召开的缔约方会议第十五届会议诞生了一份新的《哥本哈根议定书》，以取代2012年到期的《京都议定书》。

《公约》是世界上第一个为全面控制二氧化碳等温室气体排放，以应对全球气候变暖给人类经济和社会带来不利影响的国际公约，也是国际社会在应对全球气候变化问题上进行国际合作的一个基本框架。《公约》的诞生是人类应对气候变化的里程碑，是国际气候谈判的基石。它是一个具有权威性、普遍性和全面性的国际框架，但并没有法律约束力，也没有具体的行动方案。但是，该公约规定可在后续从属的议定书中设定强制排放限制。到目前为止，主要的议定书为《京都议定书》，后者甚至比《公约》更加有名。

2.1.1.2 《联合国气候变化框架公约》基本原则

《公约》顾名思义是一个框架性的公约，公约只是概括规定了缔约国的义务，并没有明确和量化减排目标。其承认地球气候变化及其不利影响是人类共同关心的问题，并要求人类把空气中的温室气体排放浓度稳定在防止气候系统受到危险的人为干预水平上，公约确认了共同但有区别的责任原则、风险预防原则、国际合作原则、特别照顾发展中国家原则、可持续发展原则等应对气候变化的五个基本原则，具体如下：

（1）共同但有区别的责任原则

各缔约方应当在公平的基础上，并根据它们共同但有区别的责任和各自的能力，为人类当代和后代的利益保护气候系统。因此，发达国家缔约方应当率先对付气候变化及其不利影响。共同但有区别的责任原则是碳减排国际制度的一个基本原则，也是碳交易机制，尤其是清洁发展机制产生的一个基础。共同但有区别的责任原则是由于历史原因和各国国力等原因，各国对于温室气体的减排负有共同但有区别的责任。根据《京都议定书》的规定，发达国家一般都被赋予了各自强制减排的目标，而发展中国家则是量力而行，尽量减少温室气体减排和进行其他活动。

（2）风险预防原则

不确定性是气候变化问题的一个重要特点。首先是气候变化的影响，人为影响对于环境的作用大小或者到底造成什么样的影响，都是科学上仍在探讨的问题，频频出现的气候门事件也说明了目前气候怀疑者仍然很多。但根据《里约环境与发展宣言》的要求："为了保护环境，各国应按照本国的能力，广泛适用预防措施。遇有严重或不可逆转损害的威胁时，不得以缺乏科学充分确实证据为理由，延迟采取符合成本效益的措施防止环境恶化"①。《公约》也确认了此原则："各缔约方应当采取预先防范措施，预测、防止或尽量减少引起气候变化的原因，并缓解其不利影响。当存在造成严重或不可逆转的损害的威胁时，不应当以科学上没有完全的确定性为理由推迟采取这类措施。"② 气候影响的不确定性，没有妨碍国际社会对温室气体减排问题的探索，其实碳交易能否有效解决气候问题现在也是处于争论之中，美国气候之父詹姆斯·汉森就强烈反对碳交易，而碳税与碳交易之争也仍在继续，到

---

① 《里约环境与发展宣言》第15条。
② 《联合国气候变化框架公约》第3条第3款。

（3）国际合作原则

各缔约方应当合作促进有利的和开放的国际经济体系，这种体系将促成所有缔约方特别是发展中国家缔约方的可持续经济增长和发展，从而使它们有能力更好地应付气候变化的问题。为对付气候变化而采取的措施，包括单方面措施，不应当成为国际贸易上的任意或无理的歧视手段或者隐蔽的限制。此外，碳交易的产生离不开国际合作，全球温室气体减排需要各国市场、资金、技术等方面的协作。虽然目前全球性的碳市场还未形成，但如欧盟排放权交易体系等区际碳市场也证明了国际合作的重要性和作用。不论从碳金融产生的立法、碳金融的运行规则和国际规范规制等方面，各国的合作都起着极为重要的作用，"法律解决办法最终是建立在对全球共同利益的意识上，这标志着人类在合理开发利用气候资源的同时，也肩负起保护气候资源的历史责任"。

（4）特别照顾发展中国家原则

应当充分考虑到发展中国家缔约方尤其是特别易受气候变化不利影响的那些发展中国家缔约方的具体需要和特殊情况，也应当充分考虑到那些按《公约》必须承担不成比例或不正常负担的缔约方，特别是发展中国家缔约方的具体需要和特殊情况。

（5）可持续发展原则

各缔约方有权并且应当保证可持续的发展。保护气候系统免遭人为变化的政策和措施应当适合每个缔约方的具体情况，并应当结合到国家的发展计划中去，同时考虑到经济发展对于采取措施应付气候变化是至关重要的。

《公约》虽然没有明确规定减排义务，但是其确立了应对气候变化的基本原则和目标，正如凯瑟琳·廷克（Catherine Tinker）所说的，"国际软法阐述了全球目标和公众期待，一旦这些期待被表述出来，其将导致公众压力日益增大，最终国家可能视这些软法目标为可强制执行的国际禁令"。

2.1.1.3 《联合国气候变化框架公约》重要内容

《公约》将缔约方分为三类，分别为附件一缔约方、附件二缔约方以及发展中国家缔约方。附件一由24个OECD（Organization for Economic Cooperation and Development，OECD，经济合作与发展组织）国家、欧洲共同体成员以及11个向市场经济过渡的国家组成，附件二由24个OECD国家及欧洲共同体成员组成。

附件一缔约方，是指工业化国家缔约方和正在朝市场经济过渡的缔约方。这些缔约方"应制定国家政策和采取相应的措施，通过限制其人为的温室气体排放以及保护和增强其温室气体库和汇，减缓气候变化"。其中签署了《京都议定书》的缔约方答应要以1990年的排放量为基础进行减排，承担削减排放温室气体的义务。如果不能完成削减任务，可以从其他国家购买排放指标。

附件二缔约方不承担具体削减义务，但承担为发展中国家提供资金、技术援助等的义务，还应帮助特别易受气候变化不利影响的发展中国家缔约方支付适应这些不利影响的费用。

发展中国家缔约方不承担削减义务，以免影响经济发展，可以接受发达国家的资金、技术援助，但不得出卖排放指标。发展中国家缔约方能在多大程度上有效履行其在《公约》中的承诺，将取决于发达国家缔约方对其在《公约》中所承担的有关资金和技术转让的承诺的有效履行，并将充分考虑到经济和社会发展及消除贫困是发展中国家缔约方的首要和压倒一切的优先事项。

不同类型缔约方均需履行相应的承诺，缔约方承诺分为一般性承诺和特殊性承诺。一般性承诺面向所有缔约方，共有十项承诺，包括制定和定期更新国家清单和减排计划，在相关部门应用和传播减排技术，可持续管理库和汇，合作制定沿海地区综合性计划，评估减排措施对经济社会的影响，加强气候变化的科学研究，促进相关信息交流，提高气候变化教育水平和公众参与度。特殊性承诺是针对附件一和附件二的发达国家而制定的。特殊性承诺为附件一发达国家设定了共同的减排目标，要求其制定政策措施，定期评审和报告实施情况；同时要求附件二发达国家向发展中国家提供资金和技术支持。发展中国家的履约取决于发达国家有关资金和技术支持的有效履行。

2.1.2 《京都议定书》

2.1.2.1 《京都议定书》简介

1997年12月11日《公约》第3次缔约方会议通过《京都议定书》，2005年2月16日正式生效。议定书不仅在历史上首次以法律形式规定了具体碳减排义务，为限制温室气体排放设立了具有国际法强制约束力的减排义务；而且为控制减排成本，《京都议定书》还创设了三个灵活履约机制：联合履约机制、清洁发展机制和排放交易机制。

为了促进各国完成温室气体减排目标，《京都议定书》允许采取以下四种减排方式：

①发达国家之间可以进行排放额度买卖的"排放权交易"，难以完成削减任务的国家，可以花钱从超额完成任务的国家买进超出的额度。

②以"净排放量"计算温室气体排放量，即从本国实际排放量中扣除森林所吸收的二氧化碳的数量。

③可以采用绿色开发机制，促使发达国家和发展中国家共同减排温室气体。

④可以采用"集团方式",如:欧盟内部的许多国家可视为一个整体,采取有的国家削减、有的国家增加的方法,在总体上完成减排任务。

《京都议定书》量化了《公约》附件一缔约方的减排承诺。《京都议定书》规定的主要内容包括:第一,对减排指标的量化规定。比如欧盟和日本分别在1990年的基础上减排8%和6%。第二,规定了附件一所列缔约各国的履行减排义务,保持可持续发展时,应根据各国国情制定相关政策和措施。第三,三种灵活履约机制的规定。《京都议定书》为了帮助附件一缔约方履行减排承诺,规定了联合履约机制、清洁发展机制和排放交易机制三种履约方式。清洁发展机制主要规定在《京都议定书》的第十二条;联合履约机制与清洁发展机制类似,都是基于投资项目产生的信用交易,有所不同的是,这些项目是负有减排承诺的发达国家之间相互投资,并没有发展中国家的参与;排放交易机制是指某一附件一国家将其超额完成减排任务后剩下的额外排放限额出售给未完成减排目标的附件一国家的交易机制。

此外,额外性规则作为JI/CDM的配套制度,是针对项目减排效益设置的审核标准。依规则,JI/CDM项目进行中,温室气体排放量应低于同等条件下实施其他常规项目时的水平,即相对于其他常规项目,JI/CDM项目的减排量是"额外的"。CDM执行理事会(CDM EB)和联合履约监督委员会(JISC)是项目的监督机构。CDM EB负责制订方法、指定第三方认证机构(DOE)、批准项目并最终为通过第三方机构认证的项目签发碳排放信用。而JI项目审核相对简单,具有资格的缔约方,可按照一个简单程序买卖减排单位,若缔约方不符合资格要求,则须接受JISC核查。

《联合国气候变化框架公约》第17次缔约方会议于2011年12月11日在南非德班落下帷幕,大会通过了"德班一揽子决议",决定实施《京都议定书》第二承诺期并启动绿色气候基金。虽然德班会议为《京都议定书》延续了生命,但谈判过程艰难,发达国家与发展中国家的分歧难以消散,且会后加拿大宣布退出《京都议定书》,成为继美国之后第二个签署但后又退出的国家。面对越来越大的争议,以及美国等气候谈判的阻挠者为自己保留的"退路",《京都议定书》未来命运令人担忧。

2.1.2.2 联合履约机制

根据《京都议定书》第六条的规定,为履行第三条的承诺的目的,附件一所列任一缔约方可以向任何其他此类缔约方转让或从它们处获得由任何经济部门旨在减少温室气体的各种源的人为排放或增强各种汇的人为清除的项目所产生的减少排放单位。在该条的指导下,设立了联合履约机制。

联合履约机制是指允许附件一国家之间投资温室气体减排项目,项目投资国可以获得该项目产生的减排单位(ERUs),以履行其在《京都议定书》中的温室气体减排承诺。联合履约机制是附件一国家之间以项目为基础的合作机制,该机制的实施有助于帮助附件一国家以较低的成本实现其减排承诺。投资国通常是那些履行承诺时面临着较高减排成本的附件一国家，而东道国一般是那些减排成本较低的附件一国家。投资国投资于东道国的减排项目，以获得的减排信用抵消其自身减排义务，如图2-1所示。

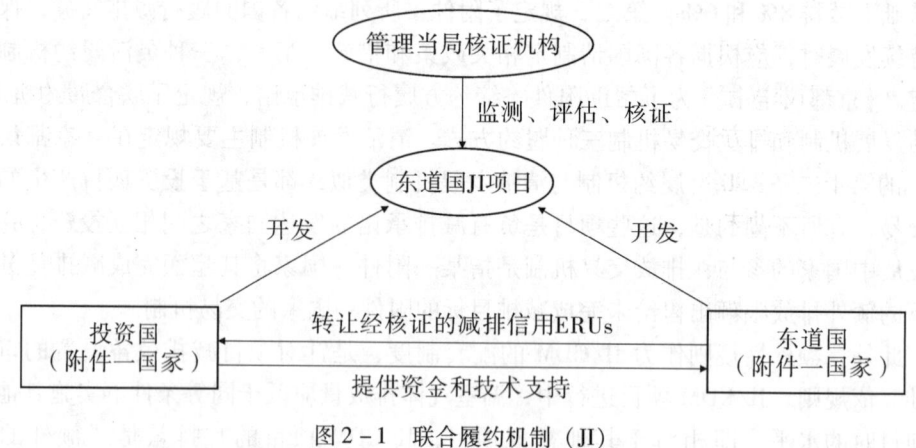

图2-1 联合履约机制（JI）

联合履约机制的相关机构除《公约》缔约方会议外，还包括：COP/MOP[①]、联合履约监督委员会、各国的批准机关和经认证的独立实体。根据《建立世界贸易组织的马拉喀什协定》，COP/MOP应对《京都议定书》第六条的执行工作提供指导意见，对联合履约监督委员会行使领导职权。联合履约监督委员会主要负责监督联合履约项目活动所产生的减排单位的核查，并负责向COP/MOP报告其活动。各国的批准机关主要负责审批联合履约项目。经认证的独立实体由监督委员会任命，主要职责是评估联合履约项目及其产生的减排量是否符合相关规则的基本要求。

联合履约项目的资质要求如下：
①项目必须经有关缔约方批准。
②项目所产生的温室气体减排量或者汇吸收量必须具有额外性。
③具有符合标准的适当基准和监测计划。
④进行了环境影响评价并提交了相关文件。

附件一国家参与联合履约机制的资格要求如下：
①是《京都议定书》的缔约方。
②按照相关规定，计算并记录了其分配数量。
③建立了计算其温室气体人为源排放量和汇吸收量的国家制度。

---

① COP/MOP：京都议定书的缔约方会议（Conference of the Parties serving as the meeting of the Parties）。

④建立了国家登记册。
⑤每年提交了最近期年度清单,包括国家清单和通用报告格式。
⑥提交了关于分配数量的补充资料,并对分配数量做了相应的增减。
⑦指定了审批联合履约项目的指南和程序,包括对利害关系方评论的考虑,以及检测和核查。

2.1.2.3 清洁发展机制

根据《京都议定书》第十二条规定,清洁发展机制是指允许承担温室气体减排义务的附件一缔约方通过在非附件一缔约国投资温室气体减排项目,获得核证减排量(CERs),并以此抵消其按照《京都议定书》所应承担的部分温室气体减排义务。其目的是协助未列入附件一的缔约方实现可持续发展和有益于《公约》的最终目标,并协助附件一所列缔约方实现《京都议定书》第三条规定的其量化的限制和减少排放的承诺,如图2-2所示。

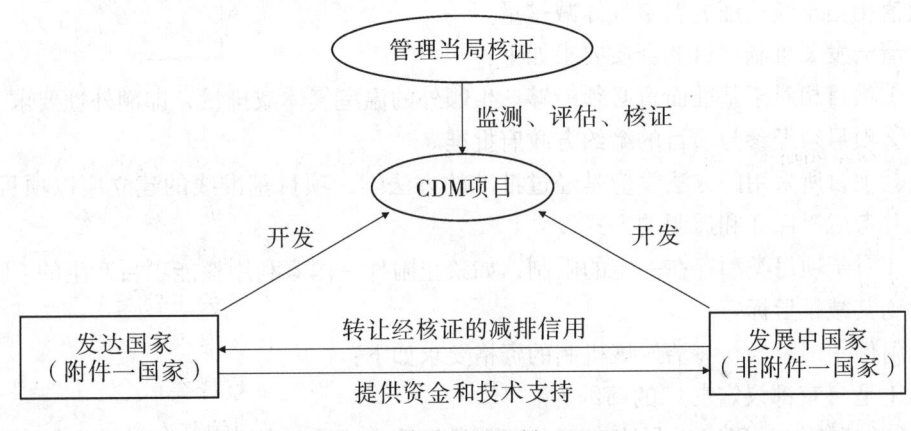

图2-2 清洁发展机制(CDM)

一方面,发展中国家通过合作可以获得资金和技术,有助于实现其自身的可持续发展;另一方面,发达国家通过合作可降低其减排成本,以最经济的方式履行其减排义务。可见,清洁发展机制是一种"双赢"的制度。清洁发展机制与联合履约机制类似,均为建立在项目合作层面之上的灵活履约机制。

清洁发展机制的相关机构除《公约》缔约方会议外,还包括COP/MOP、清洁发展机制执行理事会、各国的批准机关即指定国家机构和指定经营实体。COP/MOP对清洁发展机制具有管辖权并为其提供指导。清洁发展机制执行理事会在COP/MOP的主管和指导下监督清洁发展机制,并对COP/MOP完全负责。各国的批准机关即指定国家机构主要负责就该国的实体参与清洁发展机制项目出具批准函。指定经营实体主要负责清洁发展机制项目的审定、核查、核证等。指定经营实体应通过执行理事会对缔约方会议负责，并遵守清洁发展机制的相关规则。

清洁发展机制的程序规则主要如下：

①项目审定和注册。审定是指由指定经营实体按照清洁发展机制规定的要求，根据项目设计文件对某个项目活动进行独立评估的过程；注册是指经执行理事会正式认可一个经审定的项目，将其视为一项清洁发展机制项目活动。

②项目监测。项目参与方硬件检测计划列入项目设计文件中，按照所注册的检测计划为核查和核证目的，向其委托的指定经营实体提供检测报告。

③项目核查和核证。核查是指由指定的经营实体进行定期独立审评和事后确定，以核查相关核查期内注册的清洁发展机制项目活动所产生的已经监测到的温室气体减排量；核证是指由指定经营实体提出具有证明已核实某项目活动在某个期间内实现了所核查的温室气体减排量的书面保证。

④核证减排量的签发。核证报告构成向执行理事会要求签发核证减排量的申请，其数值相当于经核证的温室气体减排量。

清洁发展机制项目的资质要求如下：

①项目相对于基准而言必须能够产生额外的温室气体减排量，即额外性要求。

②项目须经参与项目的缔约方政府批准。

③项目所采用的方法学应是经过批准的方法学，项目基准线的建立应以项目为基础并考虑以保守和透明的方式设立。

④对于项目类型存在一定的限制，如禁止附件一国家利用核能项目产生的 CERs 来达到其减排目标等。

附件一国家参与清洁发展机制的资格要求如下：

①是《京都议定书》的缔约方。

②按照第 13/CMP.1 号决定（分配数量核算方式）计算和记录了根据《京都议定书》第三条第 7 款和第 8 款为其规定的分配数量。

③已经根据《京都议定书》第五条第 1 款以及由此决定编制的指南要求，确立了一个估算《蒙特利尔议定书》未予管制的温室气体各种源的人为排放量和各种汇的清除量的国家制度。

④已经根据《京都议定书》第七条第 4 款以及由此决定编制的指南要求，设立了一个国家登记册。

⑤已经根据《京都议定书》第五条第 2 款、第七条第 1 款以及由此决定编制的指南要求，每年提交了最近期年度清单，包括国家清单报告和通用报告格式。

⑥根据《京都议定书》第七条第 1 款以及由此决定编制的指南要求提交了有关分配数量的补充信息，同时根据第三条第 7 款和第 8 款对于分配数量做出增减，其中包括依据第七条第 4 款以及由此决定编制的指南要求第三条第 3 款和第 4 款涉及

活动的分配数量。

2.1.2.4 排放交易机制

根据《京都议定书》第十七条规定，《公约》缔约方会议应就排放交易，特别是其核查报告和责任确定相关的原则、方式、规则和指南。为履行其依第三条规定的承诺的目的，附件一缔约方可以参与排放交易。

排放交易机制是指一个附件一国家超额完成了其所承诺的减排任务，将其额外的排放限额出售给排放量超过减排目标的附件一国家的机制。在该机制下，可以交易分配数量、核证减排量、减排单位以及清除单位等，如图 2–3 所示。由于附件一国家之间的边际减排成本存在着差异，边际减排成本高的国家购买边际减排成本较低的国家出售的减排量，可以实现降低减排成本的目的。

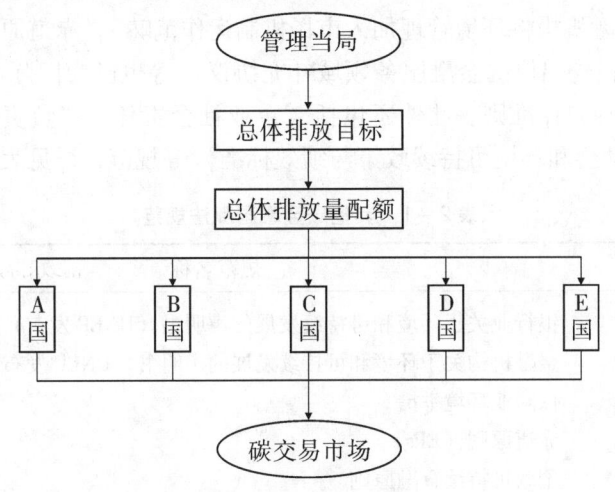

图 2–3　排放交易机制（ET）

附件一国家参与排放交易机制的资格要求如下：

①是《京都议定书》的缔约方。

②已按照分配数量核算方式的有关决定，计算和记录了按照《京都议定书》第三条第 7 款和第 8 款为其规定的分配数量。

③已按照《京都议定书》第五条第 1 款及由此编制的指南要求，建立了用于估算《蒙特利尔议定书》未予管制的温室气体各种源的人为排放量和各种汇的清除量的国家制度。

④已按照《京都议定书》第七条第 4 款及依据该款编制的指南的要求，设置了国家登记册。

⑤已经根据《京都议定书》第五条第 2 款、第七条第 1 款以及由此编制的指南要求，每年提交了所要求的最近期年度清单，包括年度清单报告和通用报告格式。

⑥根据《京都议定书》第七条第1款及由此决定编制的指南要求,提交了有关分配数量的补充资料,并根据《京都议定书》第三条第7款和第8款增加或减少分配数量,包括依据第七条第4款及由此决定编制的指南要求,计算了第三条第3款和第4款所涉及活动的分配数量。

2.1.3 其他国际法规范

除了《公约》和《京都议定书》两个核心公约外,现行碳金融法律保障制度体系还包括一些金融行业准则、外部政策法规和标准体系等,譬如:由联合国环境规划署(UNEP)发布的《银行业关于环境和可持续发展的声明书》和《金融机构关于环境和可持续发展的声明书》,其指出:可持续发展是政府、商业界和个人的集体责任,倡导金融机构将环境管理加入市场机制运作范畴。"赤道原则"《保险业环境举措》《全球报告倡议的金融服务领域补充协议》等也已为国际金融行业普遍接受,演变成为行业自律准则。此外还包括《企业社会责任》"负责任的投资原则"《国际金融公司社会和环境可持续政策与绩效标准》等规范,详见表2-1。

表2-1 其他碳金融国际法规范

类别	规范名称
行业自律准则	银行业关于环境和可持续发展的声明书(UNEP发布) 金融机构关于环境和可持续发展的声明书(UNEP发布) 保险业环境举措 赤道原则(EPs) 伦敦可持续金融原则 世界企业可持续发展委员会金融部门声明 全球报告倡议的金融服务领域补充协议(GRI-G3)
外部政府规章	联合国全球协议 可持续发展商业宪章 可持续管理的综合指导方针 企业社会责任(CSR) 负责任的投资原则(PRI) 社会责任投资(SRI)
标准体系	国际金融公司社会和环境可持续政策与绩效标准 ISO 14001系列标准 可持续发展报告指南(GRI发布) 社会责任SA 8000

此外，在国际法框架下还包含诸多制度安排，具有代表性的包括：联合国国际交易日志（ITL）、国家注册系统、CDM执行理事会（CDM EB）、联合履约监督委员会（JISC）、额外性规则以及资金机制。

联合国国际交易日志（ITL）是法定的碳交易的中央注册系统，与各国注册系统和欧盟排放独立交易日志系统（CITL）相链接，用以记录京都承诺期间排放配额的发放、国际转让和注销。该系统还能确保每个缔约方注册系统在每笔交易上遵守《京都议定书》。2008年10月16日实现了与欧盟排放交易登记机关的对接，使得欧盟企业进口经联合国认可的碳信用额成为可能。联合国方面称，除了塞浦路斯和马耳他之外，欧盟各成员国的登记机关以及共同体交易日志都在ITL于欧洲中部时间8：00重启后实现了与ITL的成功对接。这两个登记机关的对接使得欧盟各成员国能够进口CDM项目产出的CERs，帮助欧盟企业降低实现减排目标的成本。

国家注册系统是由各个附件二国家缔约方按照《京都议定书》规定建立的，以说明该方及该授权实体的排放配额持有情况。该系统还包括各种账户，以留出供履约之用的排放单位并从系统中消除排放单位。各账户持有者之间及各缔约方之间的转让与购买交易将通过这些国家注册系统进行。国家注册系统与联合国国际交易记录系统相链接，后者监督注册系统之间的配额转让情况。注册系统包括电子数据库，将跟踪、记录《京都议定书》温室气体碳贸易系统及各种机制下的所有交易情况。

CDM执行理事会由10位成员组成，理事会根据《京都议定书》缔约方会议（COP/MOP）的授权和指南，监督CDM项目的实施，并负责批准新的方法、认证第三方审定和验证机构、批准项目并最终为CDM项目签发碳排放信用。在2008年10月的第34次会议上，CDM EB否决了8个CDM项目，其中的5个项目有望在2012年之前产出400万吨CER。受影响最大的是英国交易排放公司，被否决的8个项目中有5个由该公司参与。CDM EB成为调控CDM项目二级市场泛滥的关键机构，它的监管保障了CDM项目的科学性和可行性。

联合履约监督委员会（JISC）是负责实施联合履约项目的委员会，其中有10位来自《京都议定书》缔约方的成员，3位来自附件B缔约方，3位来自非附件B缔约方，3位来自经济转型国家（EIT），1位来自发展中小岛国家（SIDS）。符合资格要求的缔约方，可遵照一个简单程序进行减排单位（ERUs）的转让和/或购买。不符合资格要求的缔约方，必须接受由联合履约监督委员会执行的核查程序。

额外性规则是根据《京都议定书》关于联合履约机制（JI）（第6条）和清洁发展机制（CDM）（第12条）的条款中的规定，把减排单位（ERUs和CERs）授予基于项目的活动，但条件是这些项目达到了以其他方式产生的附加的温室气体减排量。额外性规则为碳交易的审查设置了严格的标准，保证了碳交易制度的规范性，降低了交易风险。

资金机制可以从本质上分为《公约》内资金机制和《公约》外资金机制。《公约》内资金机制是指根据《公约》或缔约方大会（COP）决议成立的具有"官方地位"的资金机制。《公约》外资金机制则是由利益相关方自行发起、成立或命名的"非官方"机制。总的来说，目前国际气候资金机制呈现出《公约》内外资金机制并存的格局，既体现了国际社会应对气候变化的努力，也反映了不同政治团体在气候变化领域的利益诉求。同时也导致资金机制及治理安排的谈判异常艰难。

根据《公约》的相关条款，缔约方一致同意发达国家应为其历史积累排放和当前的人均高排放负责，并向发展中国家提供资金支持和技术转移。《公约》第11条同时规定，为了管理和支付《公约》下的资金，需要建立相关机制。《公约》指定全球环境基金（GEF）作为临时的资金机制，承担起《公约》资金主渠道的作用。随后在《公约》下又相继成立了气候变化特别基金（SCCF）、最不发达国家基金（LDCF）以及《京都议定书》下的适应基金（AF）。上述资金机制组成了《公约》认可的资金管理体系。

2.1.4 各国碳金融相关法律制度

各国关于碳金融相关法律制度的建立，其实是围绕着如何履行各国在《联合国气候变化框架公约》中做出的减排承诺而逐步展开的，进而相继制定了应对气候变化的相关法律法规，这些法律法规的确立为各国、各地区乃至全球碳金融的发展提供了重要的政策指导与法律保障。

（1）欧盟

欧盟一直是应对气候变化立法的积极倡导者，同样也是全球应对气候变化立法的积极实践者，早在2006年6月就启动了《欧盟气候变化计划》，该计划首次明确了欧盟应对气候变化立法的两项基本原则：一是利用市场寻求温室气体减排的最低成本；二是协同各经济部门实现国家减排目标。并建立了以下制度：①温室气体排放贸易机制。规定了温室气体排放许可、配额管理、排放监督和报告以及处罚制度，在世界范围内积极利用清洁发展机制，兑现国际承诺。②欧盟内部分配计划。成员国达成一项"减排量分担协议"，落实各国减排指标。③综合污染预防与控制。欧盟内部建立一个综合平台，综合控制成员国"三废"排放，并按规定安装相应设施。④推进市场自由化。欧盟内部逐步推进电力市场、天然气市场的开放，允许消费者用电用气渠道多元化。⑤新税种。如碳税将环境成本打入商品价格，引导生产者和消费者做出有利于减缓气候变化的理性选择。正是欧盟在碳减排方面的主动性，使得欧盟的碳金融发展也较为成熟。

(2) 美国

美国是最早开始排放权交易理论研究的国家，也是交易实践经验最丰富、取得成果最多的国家。即使美国最终退出了《京都议定书》，但依据相关理论却建立了一套美国式的排放权交易制度。可以说，美国的应对气候变化立法带有浓重的政治色彩，而且美国的联邦体制决定了政策不可能形成绝对的统一。自退出《京都议定书》后，美国于 2002 年出台政策性文件《晴朗天空与全球变化行动》，承诺 2012 年减排 18%；2009 年 6 月众议院审议通过《2009 年美国清洁能源与安全法案》，这是美国气候变化政策基础性纲领，规定了美国低碳经济的发展途径和具体措施。此外美国还颁布了《国家节能政策法规》《国家家用电器节能法案》《清洁空气法案》《固体废弃物处置法》《低碳经济法案》等法律法规，为低碳经济及碳金融的发展提供了可靠的法律保障。美国应对气候变化立法属于典型的政府主导型，即在国家政府政策的引导和支持下，以科学研究为基础，制定了自上而下的法律保障制度。美国的应对气候变化立法不仅确立了温室气体排放控制制度，而且致力于开创水污染排放权、二氧化硫等的排放权交易的法律规范体系。美国以自愿减排为出发点，通过税收以及政策优惠鼓励企业进行技术创新、产业结构调整，以降低能耗、发展低碳经济，从而履行企业社会责任，树立企业形象。美国的气候变化立法属于能动的内部驱动型立法。

(3) 部分发展中国家

现行国际法框架下，发展中国家尚未承担强制性的减排义务，但根据不同国家的国情，发展中国家也采取了必要的行动，典型介绍如下国家：

墨西哥联邦政府最早在 1972 年就明确提出面对环境问题；1982 年宪法修订设立环境保护的司法和管理基础；1988 年发布的《生态平衡和环境保护法》成为环境保护的基础法律；成立专门的环境保护综合机构——能源气候变化委员会，制定完善环境保护和气候变化的立法。

印度气候变化没有具体的法案，政府通过培育研究机构为国家制定应对策略提供依据，同时积极参加国际事务，通过强调"人均"和可持续的生活方式维护发展中国家的利益和发展的优先地位。

韩国采取政府设立跨部门的专门机构，政府总理任主要领导的一体化应对策略，同时加快制定相应的国家行动计划，体现全民一致性的显著特征。

2.2 碳金融法的调整对象

通过定义碳金融法的内涵，可以归纳出碳金融法的调整对象主要指可以在碳金融市场进行交易的碳排放权及其相关的衍生金融产品、其他可以买卖的金融服务和相关投融资活动等。主要可以分为三类加以概括：碳交易业务、碳融资业务和碳金融服务业务。

2.2.1 碳交易业务

随着国际碳市场的不断发展和成熟，并出于套期保值的需要，国际碳金融市场的交易产品不再局限于碳排放权的现货交易，而是逐渐开发出各种以排放权为基础的碳金融衍生产品。碳金融衍生产品是在原生碳排放权交易基础之上派生出来的金融产品，包括远期、期货、期权等。目前在碳金融衍生产品市场中，欧洲气候交易所推出了两种碳金融工具即期货合约和期权合约。衍生碳金融工具的价值取决于相关原生碳金融产品的价值，其主要功能不仅在于调剂资金的余缺和直接促进投资的转化，更重要的是能够控制原生碳金融工具相关风险的暴露。当然，大量的投机交易在碳金融衍生产品市场上也是存在的，高盛集团、摩根斯坦利集团等都把碳金融衍生产品市场作为重要的战略投资方向。由此看来，随着投资参与主体的不断增加，碳金融衍生产品市场的规模也将不断扩大，相关的碳金融衍生产品及服务将会为满足不同投资主体的需求而不断丰富创新。以下为主要的碳排放权及其衍生产品的交易业务。

（1）碳排放配额交易业务

碳排放配额，就是指由主管机关确定和分配的排放配额。最典型的就是《京都议定书》中规定的《公约》附件一中发达国家缔约国获得的"分配数量单位"（AAUs）和欧盟排放交易机制中各国获得的"排放权配额"（EUA）。根据欧盟排放交易的规则，碳排放配额除了可进行交易外，还可以用于储存和借贷。即如果一成员国的碳排放量低于分配数量的单位，富余的分配数量单位可以通过市场进行有偿转让，也可以储存，用于满足今后承诺期的排放要求，而且，如果一个承诺期内，某年的碳排放配额少于其实际的排放需求，其还可以从下一个年度内借贷一定的碳配额。

（2）碳减排信用交易业务

基于项目的碳减排信用是市场参与者通过采取基于项目来减少温室气体，而获得经权威机构认证的量化指标。排放超标的主体可以通过购买减排信用额度来抵消其超标部分。其中，联合履约机制项目产生的减排信用称之为减排单位（ERUs）；清洁发展机制产生的减排信用称之为核证减排量（CERs）。这两种项目减排信用机制因各国减排成本的差异性而存在，目的是使各个国家都能以最低的成本实现温室气体减排目标。因此，两个减排项目设计的最大不同在于参与主体的不同，联合履约机制是发达国家之间的合作，而清洁发展机制则是发达国家与发展中国家之间的合作。但两者产生的减排信用都具有额外性的法律特征，即项目所产生的减排效益必须是额外的，是因为在外来项目资金和技术的支持下才足以产生的减排信用。与此同时，碳减排信用也存在着巨大的政治风险、法律风险与经济风险。

（3）碳金融衍生产品交易业务

碳金融衍生产品，主要包括碳远期、碳期货及碳期权。在碳期货市场中，交易的客体是一种特殊的商品，是由交易所统一制定、实行集中买卖、规定在将来某一时间和地点交割一定质量和数量的碳排放配额的标准合约。期货合约本身不是现实存在的商品，而是一种金融产品。随着碳交易市场对于核证减排量需求的不断增长，欧洲气候交易所推出了经核证的减排量的期货合约，即赋予合约持有者在未来的一个确定的时间，以一个确定的价格，买进或者卖出确定单位的核证减排量的权利或者义务，从而有效避免核证减排量潜在价格波动风险。欧洲气候交易所碳金融合约（ECX CFI）、欧盟排放指标期货（EUA Futures）、核证减排量期货（CER Futures）是目前世界上发展较为成熟的三种碳期货交易。期权其实只是一种选择权，即期权持有人具有在未来某特定时间以特定价格买入或者卖出一定数量的某种商品的权利。期权持有者具有在规定的时间内选择买或者不买，卖或者不卖的权利。那么碳期权就是指期权持有者具有在特定的时间内以特定的价格买入或者卖出一定数量的排放配额或者经核证的减排量的权利。核证减排量期权（CER Options）和欧盟排放指标期权（EUA Options）是目前世界上发展较为成熟的碳期权产品。

2.2.2 碳融资业务

碳融资可以直接理解为相关的经济主体为了研发低碳技术、开发低碳产品、发展低碳产业和推动低碳经济，通过各种途径从社会上筹集资金的行为和过程。融资是碳金融市场得以成长的血液，不仅关系到碳金融市场的繁荣，也关乎着国家金融市场的稳定，碳金融法对其的保护与规制将是促进碳金融市场发展和稳定的重要保障。

目前，碳融资主要有直接融资和间接融资两种方式：间接融资较多主要包括商业银行的绿色信贷、碳基金、金融机构的抵押担保等多种渠道；而直接融资相对来说较少，其中国家财政投资的形式较为普遍，通过碳债券、碳股票进行融资的较少。目前，发展比较成熟的融资机制则主要是绿色信贷和碳基金，相关详细介绍如下。

2.2.2.1 绿色信贷

（1）绿色信贷简介

所谓"绿色信贷"是指："商业银行和政策性银行等金融机构依据国家的环境经济政策和产业政策，对研发、生产治污设施，从事生态保护与建设，开发、利用能源，从事循环经济生产、绿色制造和生态农业的企业或机构提供贷款扶持并实施优惠性的低利率，而对污染生产和污染企业的新建项目投资贷款和流动资金进行贷款额度限制并实施惩罚性高利率的政策手段。"目前发达国家关于绿色信贷的准入、管理、风险控制以及退出都有了较为系统的制度设计，其中最具代表性的是绿色信贷的发源地美国：美国政府不但积极实施鼓励和支持绿色信贷发展方面的相关金融政策，而且通过不断完善立法作为保障，从而引导、规范整个信贷市场向环境保护方面良性发展。

绿色信贷起源于国际上公认的赤道原则，就是在金融信贷领域建立环境标准准入门槛，利用经济手段遏制高耗能、高污染行业无序发展和盲目扩张，有效地切断环境污染违法者的资金链，解决环境问题，也通过信贷发放进行产业结构的调整。绿色信贷的对象不仅包括企业，还应该包括个人，比如对购买一些有害于环保的产品或服务进行限制；对于购买环保产品和服务，提供相应的优惠信贷或折扣来进行鼓励。

早在1992年，联合国环境发展大会推出《银行界关于环境与可持续发展的声明》，是金融业对环保事业最突出的贡献，全世界已有272个机构和团体成为该声明的成员。上海银行是我国第一个在声明上签字的金融机构，它标志着我国的银行为推动环保事业、推广环保理念和实现可持续发展，正在向"绿色银行"的目标迈进。中国人民银行在1995年发布了《关于贯彻信贷政策与加强环境保护工作有关问题的通知》，明确要求各级金融部门在信贷工作中，要重视自然资源和环境保护因素，把支持生态资源保护和污染防治作为银行贷款首要考虑的因素；将贷款项目是否落实、环保设施与主体工程是否做到"三同时"作为贷款的必要条件之一；对不符合环保规定、国家明令禁止的项目和企业，不得发放贷款；对有利于保护和改善环境的产业和产品，金融机构要予以积极的贷款支持。同时，原国家环保总局也印发了《关于运用信贷政策促进环境保护工作的通知》。但由于当时银行业和环保部门对绿色信贷政策的认识不足，缺乏执行绿色信贷政策的内在动力，同时缺乏相应的法律约束机制和信息沟通不畅等一系列的不利因素，没有得到金融部门的切实贯彻实施，绿色信贷政策没有得到足够的重视，严重影响了绿色信贷所应发挥的作用。

（2）绿色信贷的基础——赤道原则

赤道原则（the Equator Principles，EPS）是一套非官方规定的，由世界主要金融机构根据国际金融公司的环境和社会政策、指南制定的，旨在用于确定、评估和管理项目融资过程中所涉及环境和社会风险的一套自愿性原则。赤道原则本名为格林威治原则（Greenwich Principles），但为了引起全球性的影响，并且彰显赤道所代表的平衡，所以称之为"赤道原则"。

2002年10月，荷兰银行和国际金融公司在伦敦主持召开由9个商业银行参加的会议，会议集中讨论项目融资中的环境和社会问题。在会上就以往项目中的案例因为环境或社会问题所引发的争议进行讨论。随后，美国花旗银行建议银行尽量制订一个框架来解决这些问题。最后决定在世界银行和国际金融公司保障政策的基础之上建立一套项目融资中有关环境保护与社会风险的指南。该指南便是日后的赤道原则。2003年1月非政府组织发布了《关于金融机构和可持续性的科勒维科什俄宣言》，宣言提出了6条原则，即可持续性、不伤害、负责任、问责度、透明度以及可持续市场和管理。这个宣言对赤道原则影响很大，后来实际上成了非政府组织衡量金融机构环境保护与社会问题的参考标准。2003年2月，非政府组织公开针对赤道原则发起了向银行以及利益相关者征询意见，随后根据这些意见对赤道原则进行修改。2003年6月，包括4家发起银行在内的10家国际大银行在华盛顿的国际金融公司总部正式宣布接受赤道原则。2006年7月，根据国际金融公司修订后的《绩效标准》对赤道原则进行了修正并重新发布。

依据赤道原则规制项目融资时，实行赤道原则的金融机构仅为同时符合1至9条原则的项目提供贷款。赤道原则所确立的基本原则主要包括：评审和分类、社会与环境评估报告、适用的社会与环境标准、行动计划与管理体系、磋商和信息披露、投诉机制、独立审议、承诺条款、独立监测和报告、赤道银行年度报告制度等10项原则。其执行的社会和环境绩效评价标准涉及社会和环境评估与管理系统、劳动和工作条件、污染防治和控制、社会健康和安全、土地占用和非自愿迁移、生物多样性的保护和自然资源的可持续性管理，以及文化遗产等7项内容。同时，针对特殊行业的污染防治与控制绩效，赤道原则还制定了62个行业的环境、健康与安全指南。

（3）中国绿色信贷政策实施现状

2007年7月，国家环保总局、人民银行、银监会三部门联合发布了《关于落实环境保护政策法规防范信贷风险的意见》以后，标志着"绿色信贷"这一经济手段全面进入到我国污染减排的主战场。绿色信贷正是三部委为了遏制高耗能、高污染产业的盲目扩张，联合提出的一项全新的信贷政策。其目的是通过经济手段迫使企业将污染成本内部化，使企业向着事前自愿减少污染，而不是事后再治理污染的方向转型。中国环保部副部长潘岳更将绿色信贷作为环境经济政策中的金融和资本市场手段。绿色信贷政策下发后，银行业对绿色信贷给予了积极的响应和支持，特别是金融危机和哥本哈根会议之后，领导层和信贷管理人员对"绿色信贷"认识有了进一步提高，认为实施"绿色信贷"政策意义重大，是落实科学发展观的重要举措，是履行哥本哈根协议，推进资源节约型、环境友好型社会建设的有效手段。各级银监部门和人民银行各分支机构贯彻落实绿色信贷政策，还积极与地方环保部门合作，为地方绿色信贷政策的制定和实施出谋划策。

据中国银行一份内部研究报告显示，2009年前9个月，主要商业银行对钢铁、电解铝、平板玻璃等产业贷款增速分别为13%、19%和-45%，均大大低于2008年同期30%以上的平均增速，贷款结构得到一定调整。

各大商业银行也在积极执行绿色信贷政策，效果显著。兴业银行是中国节能减排贷款的先行者。2007年10月，兴业银行正式签署《金融机构关于环境和可持续发展的声明》，加入联合国环境规划署金融行动，并于2008年10月31日正式公开承诺采纳赤道原则，成为中国首家"赤道银行"。根据兴业银行2009年年报显示，2009年银行在水利、环境和公共设施管理业领域发放贷款700多亿元，同比2008年增加了7.06%，其中新发放节能减排贷款137笔，金额高达132.79亿元。12月22日公布了首笔适用赤道原则项目——福建华电永安发电2×300MW扩建项目。兴业银行还表示在今后3年里，至少投入100亿元人民币于节能减排和碳交易项目。目前兴业银行已与国际金融公司（IFC）签署了《能源效率融资项目（CHUEE）合作协议》，切入中小企业的能效融资项目。中国工商银行2009年年报显示，2009年该行控制对产能过剩行业及低水平重复建设项目的贷款投放，国家重点提示风险的产能过剩行业贷款余额当年净下降71.4亿元。

2008年1月，国家环保部与世界银行国际金融公司共同签署了合作协议，开展"赤道原则"标准研究与推广项目，计划在今后推出一系列针对污染、节能减排等重点行业的"绿色信贷"操作指南，使各个商业银行在执行审查信贷项目时能够有明确的行业环保标准来执行。2010年1月27日，在环境保护部政策法规司司长杨朝飞与渣打银行（中国）有限公司首席执行总裁林清德的见证下，环境保护部环境经济与政策研究中心与渣打银行（中国）有限公司签署了合作备忘录，双方将通过政银合作，进一步推动绿色信贷在中国的长期健康发展。2010年3月11日法国开发署署长塞韦里诺和中国财政部副部长李勇在此间签署协议，决定自2010年起将两国支持提高能效和可再生能源投资的中间信贷项目贷款总额扩大至1.2亿欧元，由招商银行、华夏银行、浦发银行共同实施，为中国商业银行开展节能减排项目提供资金支持，还为它们提供强有力的能力建设和技术支持，以鼓励它们在该领域更持久地发展业务。从中说明了通过信贷方法来解决环境保护和社会发展之间的问题已经成为社会各界的共识。

2.2.2.2 碳基金

（1）碳基金简介

碳基金是一种通过前期支付、股权投资或者提前购买协议，专门为减排项目融资的投资工具。国际上通常指清洁发展机制（CDM）下温室气体排放权交易的专门资金。

碳金融的快速发展催生了碳基金市场的活跃。为了规避风险获取利润，一些发达国家政府、金融机构、企业等成立碳基金，作为投资主体，专门从事碳交易活动。碳基金的适度投机，从现实层面上又进一步推动了CDM市场的发展和繁荣。碳基金是一种集合投资计划，是指从投资者手中获得资金，然后将资金集中起来用于购买碳信用或者直接投资到温室气体减排项目中（一般是清洁发展机制和联合履约机制项目），经过某一特定时间后，碳基金就会以碳信用或现金的形式回报给投资者。在国际上通常由政府、企业或者其他机构设立的、通过各种融资渠道参与二氧化碳减排指标买卖交易行为的资本金。例如：世界银行碳基金、欧洲碳基金、英国碳基金等等。

碳基金的历史可追溯至1999年，在世界银行的组建下，由6个国家政府和15个私营公司组成的清洁发展机制基金问世，基金总额达18亿美元，由世界银行控制并用来购买碳减排量，这是最早的碳基金雏形。随后，世界银行以及其他机构又相继建立了更多用于购买温室气体减排量的基金，这些早期的清洁发展机制基金的组建与运行大大促进了碳市场的交易和融资。但以往碳基金主要将碳减排项目所产生的碳信用作为投资对象，近年来，随着私人机构投资者的加入和逐渐活跃，越来越多的投资者选择将资金直接投资于低碳减排项目的开发，这种直接融资的投资形式往往被碳市场中具有丰富经验的机构所采用。"在2008年，尽管数量上只有25支基金提供直接融资，但其却提供了占总金额高达54%的资金来源。"黄金碳融资基金、韩国碳基金、绿色印度基金、ADB气候变化基金等是目前从事直接融资的主要几家基金。

（2）碳基金发展现状

在国际层面，国际碳市场上的各种碳金融交易活动都和碳基金存在各种密切的联系，深受市场欢迎。其主要原因：一方面，碳基金是以专业化分工为基础的碳排放权交易的中介机构，通过资金、技术的转移和开展造林等碳汇项目活动吸收二氧化碳，在一定程度上实现了较好的成本效益比；另一方面，由于国际碳基金的零风险和零成本的承诺，不仅可以降低投资者和东道国的风险，并在一定程度上降低企业成本，因此受到了企业的欢迎并得到了快速发展，有助于实现经济发展和环境保护的双赢以及发达国家和发展中国家双赢的目标。国际上，碳基金的发展越来越迅速，其运作规模及资金也越来越庞大。

在国内层面，根据《京都议定书》的规定，中国作为发展中国家，不能将减排信用直接出售到欧洲市场，只能通过清洁发展机制（CDM）出售给发达国家。目前我国作为清洁发展机制项目的潜力大国，国际上大量碳基金涌进中国，碳金融以及碳基金的市场发展逐渐壮大，但相关调整其法律关系、规范权利义务主体的碳基金以及碳金融的法律制度亟待健全与完善。

(3) 中国碳基金相关法律制度现状

我国尚无应对气候变化问题的专门的法律法规。2005年10月，我国颁布了《清洁发展机制项目管理办法》，规定国家从清洁发展机制项目减排量转让收入中收取一定比例的费用，用于应对气候变化工作。2006年8月，国务院批准成立中国清洁发展机制基金。2010年9月14日，国务院批准了《中国清洁发展机制基金管理办法》。但我国的清洁发展机制基金并非国际上的"碳基金"。

其中，《清洁发展机制项目运行管理办法》主要规定了《京都议定书》中的清洁发展机制（CDM）项目的运行管理，旨在促进和规范清洁发展机制项目的有效有序运行，不涉及"碳金融"法律关系；而《中国清洁发展机制基金管理办法》主要规定了清洁发展机制基金的管理，基金的宗旨是支持国家应对气候变化工作，促进经济社会可持续发展。但我国的清洁发展机制基金并不能完全等同于国际"碳金融"体系中的"碳基金"，其结合了国家自身发展的特点。

2.2.3 碳金融服务业务

随着碳交易市场规模的不断扩大，其流动性的增加，投资的风险也在与日俱增，因此，专业的金融中间服务的发展成为必然。碳金融服务业的重要作用就在于解决碳排放企业与投资人之间信息不对称的难题，为两者提供一个公平透明的交易平台以及相应的金融服务。

同时，碳金融服务业通过贷款、投资等手段为碳排放企业提供资金、融资服务，为投资人提供了一种新的盈利模式的同时，也可以直接购买碳排放信用额度。由此可见，碳金融服务业对于整个低碳产业链的发展起着重要的推动作用。早在2006年，欧洲国际保险公司（瑞士在保险公司的分支机构）推出了全新的碳保险产品，次年为了向企业减排提供咨询以及融资服务，成立了专门的碳银行。就欧洲金融服务行业而言，温室气体排放权管理业务已经成为其中成长最为迅速的业务之一。

随着碳交易市场规模的壮大，流动性的增加，透明度的提高，金融服务业已经不再仅仅局限于简单的中介服务的职能，而是不断向更加专业的碳金融服务领域扩展。如为碳排放企业与投资人提供交易平台、直接购买碳排放信用额度、通过贷款、投资等手段为碳排放企业提供融资渠道、发展新的保险险种，使碳减排项目的风险得以中和。碳服务产业的快速发展已经成为整个低碳链的润滑剂与助推器，但同样离不开法律的规制与保护。

2.3 碳金融法的适用与争议解决

2.3.1 碳金融法的适用

尽管在碳金融市场中，买卖双方均会对标的价格和履行期限等核心问题进行周详的谈判和约定，但交易对手双方仍会存在不少细节问题，增加履约风险和成本，甚至引发法律纠纷，这是由交易标的的抽象性和新生性决定的，此时将涉及法律的适用问题，也即准据法问题。

首先，价格作为交易过程中最为核心的条款。目前，通用的国际规则中无论是《京都议定书》《国际货物买卖合同公约》，还是其他相关的国际法律文件和惯例，都无法直接适用于碳排放权的价格确定。由于信息不对称以及议价能力的问题，合同文本的模板主要由作为发达国家的买方提供，合同模板必然倾向于买方利益，再加上一般提供的标准协议文本是英文版本，这种繁杂的文本内容使得很多细节性条款无法得到准确而恰当的翻译，这就使得非附件一的非英语国家处于严重不利地位。同时，由于价格的确定受到供需双方、发达国家对配额的总量限制、国际局势、国内政策等多重因素的影响，使得买卖双方对价格的确定更为不易，所以针对价格问题，买卖双方都应该权衡多方面因素来确定价格，保证双方的平等公平交易。

其次，履行期限也是一个重要而复杂的因素。在联合履约机制以及清洁发展机制下，由于项目开发和运营的长期性、不确定性，双方交付和转让碳排放权的期限很难确定。以清洁发展机制为例，其项目流程主要包括以下关键几步：第一，有CERs的卖方（项目业主）即《京都议定书》非附件一国家项目参与方，向本国相关机构提出申请，获得项目的批准函。同时，CERs的买方或卖方或一起委托指定经营实体对拟开发的CDM项目进行审定。第二，CERs买方获得批准函后，卖方或买方或一起根据审定合同委托指定经营实体向CDM执行理事会申请项目注册。第三，在获得项目注册后，卖方或买方或一起委托指定经营实体对项目产生的CERs进行核查和核证。第四，向CDM执行理事会申请签发由项目产生的CERs。第五，买卖双方根据CERs协议转让CERs。由于协议的签订一般是在项目获得注册之前，而且以上步骤的完成具有长期性和不确定性的特点，因此，项目是否能获得注册以及获得注册后何时能产生相应的减排量都直接影响协议的履行期限。一般而言，买方可能为了急需获得减排量而约定较短的履行期限，卖方则需要客观评估项目的开发运营时间、减排量的产生时间而拖延履行期限，期限约定的不合理，一方必然会面临违约风险，承担违约责任。

在碳交易市场中，由于买卖合同为涉外合同，一旦出现法律纠纷，则必然涉及法律的适用问题，由于通用的国际规则中无论是《京都议定书》《国际货物买卖合同公约》，还是其他相关的国际法律文件和惯例都无法直接适用，因此，准据法的确定对于合同履行、争议的解决方式以及责任分配将起到至关重要的作用。

在现实谈判当中，买卖双方都会力争适用本国法。虽然按照国际法最密切联系原则，当双方无法协商一致时应适用项目所在地法律，但是现实中适用较多的却是英国法。这对身为卖方的发展中国家而言显然处于劣势，因为作为英美法系的英国法承认判例的存在，而我国等其他法系的国家目前对判例适用不予认可。这就造成了非附件一的发展中国家在履行合同中处于被动地位，不利于保护卖方的权利，影响合同的公平履行。

2.3.2 争议解决

碳金融交易争议解决的方式有多种，根据争议是否有第三方介入，可以分为当事人自行解决争议的方式（如协商与和解）和第三方参与解决争议的方式（如调解、仲裁和诉讼）。根据争议是否裁判解决，可以分为裁判性争议解决方式（如仲裁和诉讼）和非裁判性争议解决方式（如和解、协商和调解）。协商、调解、仲裁等非诉讼纠纷解决方式又可统称为替代性纠纷解决方式（Alternative Dispute Resolution，ADR）。替代性纠纷解决方式一般是以当事人自愿为基础，"当事人意思自治"原则在替代性纠纷解决方式中发挥着非常重要的作用。由于替代性纠纷解决方式具有自愿性、快捷性、保密性、程序灵活、费用低廉等特点，因此被广泛用于解决由碳金融交易引发的争议。

2.3.2.1 协商方式

协商是指争议双方在自愿互谅的基础上，本着友好消除对抗情绪、平衡利益的原则，直接进行磋商，自行解决争议，不需要任何第三方介入的争议解决方式。协商解决争议的优势为：既能消除争议双方之间的误解和分歧，又不伤害双方之间的感情，有利于双方保持长久的合作关系；协商方式不拘泥于形式、时间、地点等因素，有利于争议双方节省费用和时间，避免争议带来的损失因解决争议程序的冗长复杂而扩大。因此，在很多协议的争议解决条款中，往往约定双方之间发生的争议应先通过友好协商解决，在一定期限内协商不成的，才寻求其他争议解决方式。

协商方式的特点决定着并非所有的争议都适合通过协商解决。协商是以争议双方自愿为前提的，双方都有解决争议的诚意是进行协商的基础。在协商过程中，争议双方互相尊重、平等、自愿、互利是协商成功的必要条件。由于碳交易双方往往来自不同的国家，有着不同的法律和文化背景，对某些事实的主观判断可能会有很

大的分歧。因此，在协商过程中各方是否能认真耐心地听取对方的意见，尊重对方的权利，遵守谈判规则，是否能在非原则性问题上做出让步和妥协，决定了争议双方能否握手言和，能否将争议彻底消除。如果争议双方之间的分歧严重，无论哪一方都不愿做出让步，或者在协商的过程中一方或双方毫无诚意可言，则协商可能就会变为一种徒劳的形式。

因此，尽管协商方式是解决争议直接、便捷的方式，但同时也存在一定的不足。由于协商完全依靠当事人双方的自律来解决争议，没有第三方的参与和制约，经争议双方协商达成的协议能否得到履行，取决于双方的诚意，所以更容易在实施阶段出现障碍。一般而言，协商达成的协议最好采用书面形式并加以公证，确保协议的有效执行。

2.3.2.2 调解方式

调解方式是一种介于诉讼、仲裁与协商之间的争议解决方式，是指争议双方自愿将发生的争议提交给他们均信任的第三方，由该第三方通过说服、劝导等适当的方式，促使争议双方达成互相谅解，达到化解争议的目的。此处的调解指的是狭义的调解，不包括法院和仲裁机构在诉讼或仲裁程序过程中进行的调解。通过狭义的调解所达成的调解结果一般不具有强制性，但并非绝对①。

与协商方式相比，调解也具有灵活性、快捷性、保密性等优点，只是第三方调解可能带来额外的开支和费用，增加解决争议的成本。但，正是中立第三方的介入，尤其是那些专门调节机构的调解员根据相关程序规则支持下的调解，争议双方更容易接受调解结果，履行调解协议的自觉性也会提高。如果调解不成功或调解协议未得到履行，争议双方可采用其他方式解决争议。在这种情况下，争议一方在调解过程中表示过的可能解决争议的意见或提出的建议、所做的声明或承诺、调解员提出的建议、争议一方对调解员提出的建议、表示的愿意接受的事实等，一般不得在其后的仲裁或诉讼程序中用来作为证据。

常设仲裁法院（Permanent Court of Arbitration，PCA）于2002年制定了专门用于调解自然资源和环境争议的程序规则——《常设仲裁有关自然资源和环境争端的任择性调解规则》（以下简称《环境调解规则》），对调解员的人数和任命、调解员的作用、调解程序、调解协议等方面做了具体的规定，使争议双方在解决争议时有规则可循。《环境调解规则》针对调解协议的执行问题，规定了执行委员会制度，

---

① 相关例证如，《联合国贸易法委员会国际商事调解示范法》第14条规定：如当事方各方达成解决争议的协议，则该协议具有拘束力和可执行性；我国最高人民法院《关于审理涉及人民调解协议的民事案件的若干规定》第10条规定：具有债券内容的调解协议，公证机关依法赋予强制执行效力的，债权人可以向被执行人住所地或财产所在地人民法院申请执行。

争议双方可以在调解员的帮助下建立执行委员会，由执行委员会协助争议双方执行调解协议。如要求一方或双方制定执行时间表，检查一方的执行报告并向另一方通报，按照争议双方约定的程序监督调解协议的执行情况，向没有适当执行调解协议的一方提出促进协议执行的措施等。调解协议执行委员会制度为调解协议的有效、快速执行提供了有力的保障。

2.3.2.3 仲裁方式

仲裁方式是指在争议双方不愿意通过协商、调解的方式解决争议，或协商、调解后未能解决争议的情况下，争议一方根据协议中的仲裁条款或独立的书面仲裁协议，将争议提交常设仲裁机构或临时仲裁庭，由其按照一定的程序规则对争议做出裁决的争议解决方式。仲裁与调解的共同点是，都由争议双方认可的独立第三方介入解决争议，而且仲裁也具有自愿性、灵活性、保密性等特点。不同点是，与调解相比，仲裁程序较为复杂，费用较高，但优势在于：仲裁员是以裁判者的身份对争议做出裁决，并且裁决是终局性的，对争议双方均有约束力。尽管仲裁机构都是民间性质的机构，但是各国立法和司法都明确承认仲裁裁决的效力，并赋予仲裁裁决和法院判决同等的强制执行效力。如果一方不执行仲裁裁决，另一方可以根据相关法律规定向法院申请强制执行。因此，仲裁的保障比调解更有强制力，更能彻底地解决争议。

对于碳交易引发的争议，仲裁相比诉讼具有两大优势：第一，专业性更强。被选择或指定解决碳交易争议的仲裁员除拥有丰富的法律知识和实践经验外，通常还具备环境领域或科技领域的专业知识，这使得专业性较强的碳交易争议能得到公平、及时的解决。如常设仲裁法院就专门制定了环境方面的仲裁员名单和科技专家名单，供当事人选择。第二，一国做出的仲裁裁决在其他国家更容易得到承认和执行。由于外国法院判决的执行方面没有一个国际公约存在，各国为维护自己的司法管辖权，一国法院的判决在其他国家很难得到承认和执行。但在国际民商事争议仲裁裁决的承认和执行方面，已达成的《承认和执行外国仲裁裁决公约》迄今为止已有140多个国家加入，这使得国际民商事争议仲裁裁决的承认和执行有了可靠的基础，仲裁裁决比较容易在国外得到承认和执行。

2.3.2.4 诉讼方式

当碳交易双方不通过协商、调节方式解决争议，而双方没有在协议中约定仲裁条款，在争议发生后又没有达成书面仲裁协议的，或达成的仲裁条款或仲裁协议无效的，诉讼便成为双方解决争议的终极手段。碳交易引发的诉讼一般为民事诉讼，所谓民事诉讼是指根据一方当事人的起诉，有管辖权的法院运用法律赋予的审判权解决当事人之间的民事争议的争议解决方式。诉讼与非诉讼解决方式相比，有以下特点：诉讼是由法院作为国家权力的代表对案件进行审批，而非诉讼纠纷解决方式都属于民间力量；诉讼不以争议双方的合意为基础，在发生争议时，只要符合诉讼的条件，一方到法院起诉，即使另一方不愿意，诉讼程序仍会启动；法院做出的已生效判决具有当然的强制力，而协商、调解达成的协议却不具有这种法律赋予的强制性；诉讼要遵守严格的程序和制度，所有参与诉讼活动的人都必须遵守，而仲裁规则可由争议双方制定或修改，协商和调解更是不拘泥于形式，由各方自由确定。

因国家强制力的介入以及一整套严谨的程序做保障，使得诉讼具有最高的权威性、严谨性和强制性。但也同时导致其在解决争议方面存在一些不足：严谨的诉讼程序导致诉讼时间长，程序繁琐，增加了争议双方解决争议的成本；因缺乏国际协议，一国法院的判决很难在其他国家得到承认和执行；诉讼方式存在缺乏保密性、当事人无自主性的问题。

2.3.2.5 混合方式

在协商、调解、仲裁和诉讼等解决方式中，除仲裁与诉讼相互排斥外，争议双方可以同时采用几种争议解决方式。无论是在仲裁还是诉讼中，争议双方都可以同时通过协商或调解的方式解决争议。争议解决方式的同时适用，有利于提高争议解决的效率。因此，在争议发生后，当事人不应只拘泥于一种争议解决方式，在法律和条件允许的情况下，应多方式并用，尽快化解争议，以节约时间，降低争议解决成本。

碳交易对手方发生争议时，可以从可行性、时间、费用、可执行性等多个因素进行综合考虑，选择合适的争议解决方式。当双方解决争议的积极性都比较高或存在相互妥协的可能性时，协商或调解不失为优先选择的争议解决方式；如果一方存在推诿、拖延等消极态度时，双方事先已达成仲裁条款或仲裁协议的，另一方应尽快将争议提交仲裁，否则应将争议提交有管辖权的法院通过诉讼的方式予以解决。

鉴于各国国内碳交易可适用法律框架的缺失以及仲裁的专业性、国际民商事仲裁裁决执行的广泛性等因素，碳交易双方可考虑在协议中约定仲裁条款，将仲裁作为最终的争议解决方式。在实践中，很多碳交易协议都约定仲裁作为争议的解决方式。关于仲裁机构的选择问题，为更易于达成一致，交易双方通常选择非任一方所在地的仲裁机构。实践中，对于一方为中国企业的碳交易协议，约定亚洲仲裁机构的不在少数，如常设仲裁法院及其亚洲附属机构、中国香港国际仲裁中心、新加坡国际仲裁中心等。

2.4 本章小结

《联合国气候变化框架公约》和《京都议定书》是碳金融产生和发展的国际法基础文件，是其重要的法律渊源。除了《联合国气候变化框架公约》和《京都议定书》两个核心公约外，现行碳金融法律保障制度体系还包括一些金融行业准则、外部政策法规、标准体系以及诸多制度安排。为履行在《联合国气候变化框架公约》中做出的减排承诺，各国相继制定了应对气候变化的相关法律法规，建立了碳金融相关法律制度，这些法律法规的确立为各国、各地区乃至全球碳金融的发展提供了重要的政策指导与法律保障。

根据碳金融法的内涵可知，碳金融法调整的对象主要为可以在碳金融市场进行交易的碳排放权及其相关的衍生金融产品、其他可以买卖的金融服务和相关投融资活动等，进而可以归纳为三类：碳交易业务、碳融资业务和碳金融服务业务。

在碳金融市场交易过程中，履约风险和利益纠纷是不可避免的，争议的解决将涉及相关碳金融法律的适用问题，也即准据法问题。碳金融交易争议解决的方式有多种，包括协商、调解、仲裁和诉讼等，争议双方可以选择其一或多种手段解决争议。

3 碳金融的法律关系

碳金融法律关系是指交易主体和有关交易参与人在碳排放权或其衍生品的交易过程中，根据有关碳排放权交易法律规定所形成的以碳排放权利和义务为内容的社会关系。一般认为，法律关系由主体、客体、内容三个方面构成。

3.1 碳金融的法律主体

碳金融的主体是指从事碳交易、基于项目产生的排放权信用交易和在排放权交易所从事自愿减排交易的出售方和购买方。除此之外，在国际碳交易市场上，还有一些投资者和环保主义者，这些既包含个人也包含机构。因此，碳金融的法律主体既包括配额交易主体也包括信用交易主体。

目前碳金融市场已经从一项协商下的政策工具，逐渐转型为具有经济机能的市场。买方、卖方、投机商等利益相关者从各方会聚而来。世界各国的金融机构，包括商业银行、投资银行、风险机构、基金组织等纷纷涉足碳金融领域。发达国家的交易主体非常广泛，既包括政府部门、政府主导的碳基金、私人企业与交易所，也包括世界银行等国际组织、世界自然基金会等非政府组织以及私募股权基金等其他交易主体。

政府参与碳金融市场主要体现在两个方面：一是协助交易机制设定和交易平台的搭建；二是设立政府碳基金直接参与，如意大利碳基金、荷兰碳基金等。私人企业则由于市场利益的驱动，为获取更多的碳排放权或出售富余碳排放权自愿出入交易市场。可见，碳金融产品的设计、流通以及交易平台的构建，是政府、金融机构以及私人企业与个人共同参与的结果。

除政府的主导力推动外，交易所是促进国际碳金融市场建立的另一重要因素。欧盟正是依托于自身发达的碳交易市场，快速建立并发展碳金融市场。欧盟拥有六家重要的交易所，它们分别是拥有82%欧洲碳信用现货交易份额的欧洲气候交易所；欧洲大陆参与排放实体最多的欧洲能源交易所；针对现货实时交易采用委托中介人模式，交易过程简单、成本低、风险小的Power-next交易所；占北欧市场能源交易量70%，具有绝对定价的北欧电力交易所；拥有世界最大碳排放信用现货交易规模的Blue-next环境交易所；业务集中在碳信用的现货和期权交易的Climate交易所。这六大气候交易所不仅降低了交易风险，还提供有益于交易双方进行及时、准确交易的信息。全球碳金融法律主体一览表如表3-1所示。

表3-1 全球碳金融法律主体一览表

交易主体	碳配额交易市场	自愿碳交易市场
国际组织	世界银行、联合国环境计划委员会	世界银行、联合国环境计划委员会
政府部门	缔约方国家、非缔约方国家	非缔约方国家
交易所	EUETS、UKETS 等	CCX、NSWGGAS
非政府组织	世界自然资源基金会	气候集团、世界经济论坛、国际碳交易联合会
金融机构	商业银行、投资银行、保险公司、证券公司	商业银行、投资银行、保险公司、证券公司
其他交易体	各类私募股权基金、企业与个人	各类私募股权基金、企业与个人

注：EUETS（EU Emission Trading System）—欧盟气候交易所、CCX（Chicago Climate Exchange）—芝加哥气候交易所、UKETS（UK Emission Trading System）—英国温室气体排放交易所、NSWGGAS（NSW Greenhouse Gas Abatement Scheme）—澳大利亚新南威尔士温室气体减排体系。

参与全球碳金融市场国家中的发达国家，都是通过较早进行工业化，通过高密度的碳排放而取得今日的地位，目前大气中的温室效应物质有80%源于发达国家，这决定了碳金融市场不同主体间"共同但有区别"的责任。

专栏3-1　　　　　　　　北京碳市场对个人开放

2014年12月22日，北京市发改委宣布自然人可以参与碳排放权交易。12月30日，一位长期从事艺术品投资的先生在北京环境交易所成功开户并参与交易。

2014年，北京市发改委依法对未按规定履约的重点排放单位进行了处罚。北京市发改委资环处（气候处）相关负责人介绍，北京市重点排放单位需要每年按规定报送上年度碳排放报告，并获得当年的碳排放配额。随着我国对节能减排的要求越来越高，碳排放配额也会变得稀缺。对于个人投资者来说，可从碳交易市场中买卖碳排放配额而获利。

从2013年北京碳交易的情况看，市场价格从交易初期的50元/吨，履约期最高达到80元/吨，而从开市至今，市场价格稳定在50～80元之间，波动并不是特别大。考虑到碳市场仍处于发展初期，存在一定风险，北京现阶段重点对有较多投资经验、较大风险承受能力的自然人开放，要求申请人的个人金融资产不少于100万元。

目前北京在风险防范方面采取了一系列措施，防止市场投机过度。首先就是准入门槛。申请参与交易的自然人的个人金融资产不少于100万元。其次，对投资者的持仓量进行了限制，不得超过最高限额。另外，北京碳交易还实行涨跌幅限制制度，公开交易方式的涨跌幅为当日基准价的±20%，防止价格出现大起大落。第三，该所建立了风险警示制度，一旦碳交易市场价格出现异常波动或参与人的交易量、交易资金、配额持有量异常，将采取谈话提醒、书面警示等方式化解风险。

让投资机构和散户参与碳交易，可能炒高价格，反而加重企业负担。但开放个人投资者入场交易也有其优点，一方面使得碳市场的参与主体更加多元化，另一方面也为碳市场注入了更多的流动性，对于提高民众的低碳意识，活跃北京碳交易等有重要意义。

3.2 碳金融的法律客体

法律关系客体是法律主体间建立一定法律关系所指向的具体目标，是通过人的意志和行为影响与改变的对象，是连接权利和义务并使其具有实际内容的现实载体。随着社会的进步和经济的发展，法律客体的范围不断扩大。碳排放权交易的法律客体，是指基于总量控制下，卖方通过节能减排措施或其他正当原因富余的碳排放权。碳排放权本质上属于一种可供交易的富余环境容量资源[①]。

碳排放权交易分为碳排放权基础产品的现货交易、远期合约交易以及碳排放权衍生品交易。其中，碳排放权基础产品主要包括两大类：一是配额市场上《京都议定书》所述附件一中发达国家所获得的"分配数量单位"（Assigned Amount Unit, AAU）和EU ETS中各成员国获得的"欧盟排放配额"（EUAs）；二是项目市场上经过有资质的认证机构核证的碳减排信用，即联合履约机制（Joint Implementation, JI）项目下产生的"减排单位"（ERUs）和清洁发展机制（Clean Development Mechanism, CDM）项目下产生的"核证减排量"（Certification Emission Reduction, CERs）。碳排放权衍生品包括期权、期货、互换等。如欧洲气候交易所的碳期货合

[①] 环境容量是指在人类生存和自然状态不受危害的前提下，某一环境能容纳的某种污染物的最大负荷量，又称环境承受力、环境承载力。由于环境的自净能力是有限的，过量的废物会将其破坏。因此环境容量资源受到法律的保护，环境容量资源也成为了法律关系的客体。将环境容量资源作为法律关系的客体，是对传统法律关系客体的一种发展。

约（EUA futures 和 CER futures）。再比如，为了与"京都三机制"相协调，欧盟规定 CDM 机制下产生的 CERs 可以在 EU ETS 中进行交易，并且可与 EUAs 进行互换，进一步增强了市场的活力。①

3.2.1 碳交易标的产权

表面上看，碳交易进行交易的是一种减排量，但是实质上交易的是一种权利，是向大气中排放温室气体的一种权利。碳交易的标的就是将权利变成一种可以有价计算的产权，并通过这种产权的交易最终实现对环境保护与经济发展冲突的平衡。但是，排放权毕竟和物权、债权等传统权利不同，排放权的计算和量化也不是完全绝对的清楚。从经济学的角度讲，资源合理配置的前提是产权明晰，而现今的碳交易市场关于交易标的的权属却并不清楚，这对于确认和保障碳交易的产权带来了一系列的问题。

首先，这个市场未来发展的最大不确定性就来自于国际公约的延续性问题。就连被普遍认为是环境保护国际合作最为成功的《京都议定书》对此规定亦不清晰，这种无法可依造成的不确定性给国际碳交易市场带来了极不稳定的因素，给碳交易市场的国际统一造成了极为不利的影响。

其次，减排认证的相关政策风险影响了碳交易市场的良性发展。在碳排放交易中，交付风险对当事人来讲可能是最为主要的风险。在造成交付风险的因素中，政策风险是造成交付不能的重要原因。因为对于碳交易通常事关两个以上国家的利益，各国的经济发展和历史文化均有较大差异，再加上碳排放与环境和公共利益密切相关，各国对此都十分谨慎。即使项目获得认可，也不能保证监管部门认可核证减排单位。各国对于碳排放权的认可标准截然不同，对于环境措施保护的力度也有区别，工业技术和经济政策也是随着时代的进步而变化，种种因素都给碳交易带来了风险。

再次，各国对于公共利益保护重视的提高，也会使得碳排放权交易的审查越来越严格。公共利益包括经济安全、环境保护、公共健康、人权保障、劳工权利等多个方面。碳排放本来就是一个多维度的问题，涉及不同的利益主体以及这些主体之间的不同矛盾。当一个国家的公共利益与碳排放市场的利益发生冲突时，公共利益保护优先是毫无疑问的。这使得碳排放交易的发展更是举步维艰，对于确认和保障碳交易的产权带来了更加不确定的因素。

---

① 韩良. 国际温室气体排放权交易法律问题研究. 北京：中国法制出版社，2009：128～134.

3.2.2 碳信用的配额型交易中的客体

欧盟在2005年建立了世界上最大的配额碳交易系统——排放交易体系（ETS）。欧盟设定了大规模的排放限制——涉及近12 000个排放CO_2的工业实体（约占欧盟碳排放的一半），以因应《京都议定书》中规定的8%的减排承诺。欧盟成员国均建立了自身的国家分配计划（NAP），计划详细描述了其国内主管部门对可交易的二氧化碳排放配额进行分配和拍卖。欧盟各国还通过分配"欧洲排放单位"，在超额排放与富裕排放实体间对碳信用进行交易。2002年，英国启动了国家的排放交易体系，该体系是除了基于《京都议定书》的AAUs碳交易市场外，全球第一个利用经济手段进行交易的大规模温室气体交易平台，该平台设立的目标有二：一是为了英国的企业能从碳交易中获利；二是为了帮助国家实现减排指标。然而，由于欧盟排放交易体系的要求，该平台于2005年结束运作。澳大利亚于2007年加入了《京都议定书》，其国内以新南威尔士温室气体减排体系（NSW Greenhouse Gas Abatement Scheme，NSWGGAS）为代表确立了包括2007年开始实施的"新南威尔士州可再生节能目标"（NSW Renewable Energy Target，NRET）以及2005年开始实施的澳大利亚首都领地温室气体减排计划（Australian Capital Territory Greenhouse Gas Abatement Scheme，ACT GGAS），2007年开始实施的澳大利亚维多利亚州可再生节能目标计划（Victorian Renewable Energy Target Scheme，VRET）等国内的减排交易市场。其中澳大利亚在新南威尔士设立了为期十年的州一级温室气体减排体系。该体系通过对许可排放量的适当分配，达到了碳信用的实际交易。迄今为止，虽然美国并未签署《京都议定书》，然而，其从2003年12月即建成了全球首家气候交易市场，该市场是整合芝加哥气候交易所和其后的期货交易所组成的。通过该市场的运作，美国的碳交易制度得到了进一步的细化。芝加哥气候交易所的成员有200多个，并在2004年于欧洲建立了首个分支机构——欧洲气候交易所和2005年在加拿大蒙特利尔建立的气候交易所。

3.2.3 碳信用的项目型二级交易市场中的交易客体

《京都议定书》的清洁发展机制和联合履约机制中规制了一级市场中的项目型交易。而项目型碳交易的二级市场则多由大量从事碳投资基金的投资行为导致，并使其建立了不受国际法约束的、规模巨大的碳金融市场。

社会责任投资基金（Socially Responsible Investment，SRI）建立以来，全新的、与可持续性相一致的金融工具层出不穷。这类的投资基金从作为环保项目的二级市场投资中获得了可观的利益，然而，这并非国际法应对气候变化的机制所能预料的。

这类市场的交易模式为，碳交易投资基金与发展中国家项目业主签署合同，而后将购得的碳信用转售给《京都议定书》所述附件一中包含的国家。虽说二级市场的出现是基于纯粹的投机行为，然而，作为一种有效的碳金融形势，若其能在合法的轨道上发展，必将使CDM机制得到进一步的完善。当前数量庞大的碳投资基金活跃在市场上，这些基金在促进碳交易市场繁荣的同时，也不可避免地为市场经济带来了泡沫的巨大风险。

3.2.4 碳排放衍生品交易市场的交易客体

碳信用目前已在不同类型的市场上体现出作为金融衍生品的特质。如，在欧盟排放交易体系中，场外柜台交易以及双边交易占据了欧盟碳信用的75%的份额，但是50%以上的场外柜台交易都是以交易所进行结算的。

欧盟的碳期货平台在全世界范围来说是相对公平的，因其引入了较为标准的合同模式。当前碳信用期货或者期权交易都可在欧洲的期货交易所与芝加哥气候交易所进行。碳金融衍生交易的繁荣也使得碳排放交易市场逐渐沦为与减排温室气体无关的金融组织获取利益的源泉。《京都议定书》正式生效后，其所形塑的碳交易制度极大地促进了国际金融碳排放信用衍生品的迅速发展。纽约商业交易所控股有限公司，作为全球最大的实物商品期货期权交易所，宣布了有关温室气体排放权期货产品的上市计划，并且将建立全球最大的环保衍生品交易所。该交易所上市的品种涵盖了环保期货和互换合约，主要有再生能源、碳排放物的各类环保市场。其初始交易品种包括了联合国按清洁发展机制发放的碳排放信用、欧盟排放交易计划下发放的碳排放额度等。2008年，我国在北京和上海组建了环境能源交易所，计划实施碳排放交易，不过就目前而言，它们的运作聚焦在节能环保技术的转让上，至于二氧化硫、二氧化碳的排放仍处于摸索阶段。综上所述，在《京都议定书》之外，市场上还存在着许多供交易方选择的碳排放权的交易方式。

3.3 碳金融的法律关系内容

碳金融的法律关系内容是指交易主体依据碳排放权交易的法律法规所享有的权利和义务。碳交易通过买卖双方签订合同的方式进行，因此买卖双方的权利和义务可以在我国现有的民商法框架内进行规制。但是，由于碳排放权人是通过行政主管部门的行政许可取得的对国家所有的环境容量的使用权，它与行政主管部门形成的是一种行政法律关系，因此碳交易制度又具有一定的公法属性。

总体而言，在碳交易的法律关系中，卖方享有的主要权利有：按照自己的意志出售碳排放配额的权利；因出售节余碳排放配额而请求对方给付一定数额的金钱作为对价的权利。卖方应履行的主要义务有：通过合法的途径节省碳排放配额；依法转让节余碳排放指标，并确保没有向其他碳排放者转让该指标；及时到原发放碳排放许可证的环境保护主管部门办理变更登记；在转让期间自己不使用相应的碳排放指标等。

买方所享有的权利有：按照自己的意志确定选择购买交易相对方的权利；协定金额、付款方式、付款期限的权利；请求转移碳排放配额并排他使用的权利等。买方所应履行的义务主要有：按照双方协定的交易价格支付价款；及时到所在地环境保护主管机构办理变更、申报备案等。

具体而言，目前碳交易市场存在两大类：基于项目的交易市场，如《京都议定书》项下的清洁发展机制和联合履约机制，和基于配额的交易市场，如《京都议定书》项下的排放交易、欧盟排放贸易体系以及芝加哥气候交易所的配额交易等。每一类别的交易参与者不尽相同，各参与者的权利与义务、职责也不尽相同，但存在类似之处。由于我国参与的是清洁发展机制，因此以该市场为重点，阐述清洁发展机制项目开发、运营以及交易过程中主要参与者的权利、义务及职责。

3.3.1 项目参与者的权利与义务

3.3.1.1 项目参与者在清洁发展机制国际规则项下的权利和义务

（1）项目参与者的主要权利

根据《清洁发展机制的模式和程序》以及相关的国际规则规定，项目参与方主要享有如下权利：

①项目参与者有权要求 CDM 执行理事会和指定经营实体对从其处获得的标明为专有或机密的信息进行保密；未经信息提供者书面同意，CDM 执行理事会以及指定的经营实体不得对外透露从清洁发展机制项目参与者处获得的标明为专有或机密的信息，但国家法律另有规定者除外。

②如果因暂停或撤销指定经营实体的委任而给清洁发展机制项目带来不利影响，项目参与者有权要求 CDM 执行理事会进行听证。

③选择并与指定经营实体订立协议的权利，以及就指定经营实体进行的清洁发展机制项目审定和 CERs 的核查核证与指定经营实体沟通。

④清洁发展机制项目产生的 CERs 签发后，就转让和分配 CERs 向 CDM 执行理事会发出指示，并且有权接受该项目产生的 CERs。

⑤就清洁发展机制项目在注册和签发的过程中发生的复审及复审结果，有知情权。

（2）项目参与者的主要义务

尽管清洁发展机制相关规则在规定项目参与者义务时未区分是由附件一国家项目参与者承担还是由非附件一国家项目参与者承担，但是从这些义务的性质和履行的方式来看，大多服务于清洁发展机制项目的开发运营，因此，大多是由作为项目业主的非附件一国家项目参与者承担或需要项目业主的大力配合，其中主要的义务如下：

①与指定经营实体签订协议，委托其对清洁发展机制项目进行审定，并对该项目产生的CERs进行核查和核证。

②按照清洁发展机制相关规则编制项目设计文件。

③向相关指定国家机构申请批准函。

④根据清洁发展机制相关规则编制监测计划，并应执行已注册的项目设计文件所载监测计划和编写相应的监测报告。根据监测计划，项目参与方还应：a. 收集和归档所有对估计或计量项目边界内计入期温室气体人为源排放量所必要的相关数据；b. 收集和归档所有对确定项目边界内的计入期温室气体人为源排放量基准所必要的相关数据；c. 查明计入期内项目边界外数量可观且可合理归因于项目活动增加的温室气体人为源排放量的所有潜在根源，并收集和归档有关数据；d. 定期计算拟议清洁发展机制项目活动，减少人为源减排额以及泄漏影响。

⑤在收到关于澄清和提供进一步资料的请求后，5个工作日内通过秘书处将有关项目注册和CERs签发复审的答复提交给审评组。

除清洁发展机制相关国际规则对项目参与者的义务做出规定外，各缔约方国内法也会对项目参与者的义务做出补充规定。如，我国《清洁发展机制项目运行管理办法》第十七条就对项目参与者的义务做出明确规定，根据该规定，项目参与者（项目实施机构）的义务包括：

①承担清洁发展机制项目的对外谈判。

②负责清洁发展机制项目的工程建设，并定期向国家发展和改革委员会报告工程建设情况。

③实施清洁发展机制项目，编制并执行清洁发展机制项目温室气体减排量的自我监测计划，保证该温室气体减排量是真实的、可测量的、长期的和额外的，并接受国家发展和改革委员会的监督。

④接受经营实体对项目合格性和项目减排量的核实；提供必要的资料和监测记录，并报国家发展和改革委员会备案。在信息交换过程中，应依法保护国家秘密和正当商业秘密。

⑤向国家发展和改革委员会报告清洁发展机制项目产生的经核证的温室气体减排量。

⑥协助国家发展和改革委员会以及清洁发展机制项目审核理事会就有关问题开展调查，并接受质询。

⑦承担应由其履行的其他义务。

此外，根据《清洁发展机制项目运行管理办法》第十八条，在中国境内申请实施清洁发展机制项目的中资和中资控股企业，以及国外合作方应当就拟议的清洁发展机制项目向国家发展和改革委员会提出申请。

3.3.1.2 项目参与者在核证减排量买卖协议项下的权利和义务

清洁发展机制创设的初衷是协助非附件一国家实现可持续发展，并协助附件一国家实现《京都议定书》项下限制和减少排放的承诺；该机制的特殊性决定了清洁发展机制项目除了要受《京都议定书》等相关国际法规则的约束外，还应受到东道国法律的约束。一般来说，项目参与者就清洁发展机制项目缔结的购买和销售项目产生的 CERs 的协议，即核证减排量买卖协议，属于私法调整的范畴。因此，除了《京都议定书》等相关国际法规则赋予项目参与者的权利与义务外，项目参与者还会通过核证减排量买卖协议为双方创设各种权利和义务。

（1）项目参与者在核证减排量买卖协议项下的权利

非附件一国家项目参与者即核证减排量买卖协议的卖方享有的权利主要有：

①要求核证减排量买卖协议的买方接受 CERs 交付的权利。

②要求核证减排量买卖协议的买方支付已交付的 CERs 价款的权利。

③核证减排量买卖协议赋予卖方的其他权利。

附件一国家项目参与者即核证减排量买卖协议的买方享有的权利主要有：

①要求核证减排量买卖协议的卖方依约交付 CERs 的权利。

②要求核证减排量买卖协议的卖方将其列为项目参与者的权利。

③核证减排量买卖协议赋予买方的其他权利。

（2）项目参与者在核证减排量买卖协议项下的义务

非附件一国家项目参与者即核证减排量买卖协议的卖方承担的义务主要有：

①按照核证减排量买卖协议向买方交付 CERs。

②按照项目设计文件开发和运营清洁发展机制项目。

③核证减排量买卖协议规定的卖方应当承担的其他义务。

附件一国家项目参与者即核证减排量买卖协议的买方承担的义务主要有：

①就已交付的 CERs 按照核证减排量买卖协议向卖方支付价款。

②及时设计买方 CERs 注册账户以便接受 CERs 的交付。

③核证减排量买卖协议规定买方应当承担的其他义务。

3.3.2 CDM 执行委员会的法律地位与职责

CDM 执行理事会负责在作为《京都议定书》缔约方会议的公约缔约方会议（COP/MOP）的主管和指导下监督清洁发展机制，并对 COP/MOP 完全负责。CDM 执行理事会由《京都议定书》缔约方中的 10 位成员组成，会议至少需 2/3 的理事出席方可举行，出席的理事中必须有代表附件一缔约方的多数成员和非附件一缔约方的多数成员，CDM 执行理事会每年至少召开三次会议。除 CDM 执行理事会另有决定外，CDM 执行理事会的会议应允许所有缔约方和《联合国气候变化框架公约》认证的观察员和利害关系方以观察员身份出席。

CDM 执行理事会应尽量通过协商一致做出决定。如果已尽力争取但仍没有达成一致意见，决定应当由出席会议并参加表决的 3/4 多数理事通过后做出。主席应确定协商一致是否已经达成，如果执行理事会的任一理事或代行理事职权的任一候补理事明示反对拟议的决定，主席应宣布不存在协商一致。每一理事都有一票表决权，候补理事可以参加理事会议事活动，但无表决权。候补理事只有在代行理事职责时才能够投票。"出席会议并参加表决的理事"是指出席进行投票表决的会议，并投赞成票或反对票的理事，对表决弃权的理事应被视为未参加表决。

根据 COP/MOP 第 1 次会议第 3 号决定（3/CMP1）的附件《清洁发展机制的模式和程序》的规定，CDM 执行理事会的主要职责为：

①酌情就清洁发展机制进一步的模式和程序向 COP/MOP 提出建议。

②酌情就 CDM 执行理事会议事规则的修正或补充向 COP/MOP 提出建议。

③就此活动向 COP/MOP 每届会议提出报告。

④按照《制定基准指南和监测方法的职权范围》的规定批准与基准线、监测计划和项目边界有关的新方法学。

⑤审评有关小规模清洁发展机制项目活动的简化的模式和程序的规定，向 COP/MOP 提出建议。

⑥按照《经营实体认证标准》负责认证经营实体，并依照《京都议定书》第十二条第 5 款就指定经营实体向 COP/MOP 提出建议，这一责任包括：关于重新认证、暂停和撤销认证的决定以及认证程序和标准的实施。

⑦酌情审查《经营实体认证标准》中的认证标准并提出建议供 COP/MOP 审议。

⑧向 COP/MOP 报告清洁发展机制项目活动的区域和分区域分布状况，以便查明其公平分布方面的体制或系统障碍。

⑨根据需要公布向其提交的关于需要资金支持的拟议清洁发展机制项目活动和关于寻求投资机会的投资者信息，以便协助为清洁发展机制项目活动安排资金支持。

⑩公布受命编制的任何技术报告,在完成文件和向 COP/MOP 提出任何供审议的建议之前,应留出至少八个星期由公众就方法和指南的草稿发表评论。

⑪发展、维持并公开提供一个核准规则、程序、方式和标准的数据库。

⑫发展并维持清洁发展机制登记册。

⑬发展并维持可公开查阅的清洁发展机制项目活动数据库,包括注册的项目设计文件、收到的意见、核查报告及其决定和所有发放的核证减排量的信息。

⑭处理与项目参与者和/或经营实体遵守清洁发展机制的模式和程序有关的问题并就此向 COP/MOP 报告。

⑮拟定开展清洁发展机制项目开发过程中所涉及的复审程序并建议 COP/MOP 在下一届会议上通过,除此之外,还包括有关便利审议缔约方、利害关系方和经认证的公约观察员审议资料的程序。

⑯履行《清洁发展机制的模式和程序》、COP/MOP 的有关决定规定的任何其他职责。

3.3.3 指定经营实体的法律地位与职责

指定经营实体(Designated Operational Entity,DOE)是依据《京都议定书》第十二条第 5 款规定确定的法律主体,其由 COP/MOP 指定并由 CDM 执行理事会委任。指定经营实体是一个独立审计机构,由其来评估拟议的项目是否符合所有 CDM 适格条件(审定)以及项目是否已经成功地减少温室气体排放(核查和核证)。指定经营实体在清洁发展机制项目运营过程中发挥非常重要的作用,是对项目的实施进行监督和核查的最关键机构,其通过 CDM 执行理事会对 COP/MOP 负责,并应遵守《清洁发展机制的模式和程序》以及 COP/MOP 和 CDM 执行理事会所做有关决定中规定的模式和程序。通常情况下,同一清洁发展机制项目的审定机构和核查核证机构不能为同一指定经营实体,但 CDM 执行理事会同意的除外。目前,对小规模清洁发展机制项目进行审定和核查核证的指定经营实体可为同一指定经营实体。

根据《清洁发展机制的模式和程序》的规定,指定经营实体的主要职责为:

①审定提议的清洁发展机制项目活动。

②核查核证温室气体人为源排放量的减少。

③在履行审定和核查核证职责时,遵守项目活动所在缔约方的适用法律。

④表明其本身及其分包商与被挑选从事审定或核查核证工作的清洁发展机制项目活动参与者没有实际的或潜在的利益冲突。

⑤针对特定的清洁发展机制项目活动履行审定或核查核证的职责。

⑥公开其审定、核查核证过的所有清洁发展机制项目活动清单。

⑦向 CDM 执行理事会提交年度活动报告。

⑧按照 CDM 执行理事会的要求，公开从清洁发展机制项目参与者处获得的信息，但未经信息提供者书面同意，不得透露注明为专有或机密的信息，国家法律要求者除外。

此外，CDM 执行理事会在其第二十一次会议上决定，CDM 执行理事会还可委托指定经营实体履行下列职责：

①自愿承担新基准线和监测方法学的预先评价工作。

②确定及提交偏移请求。

3.3.4 指定国家机构的法律地位与职责

清洁发展机制项目的注册以及 CERs 的签发均由 CDM 执行理事会负责，但是清洁发展机制项目毕竟是在缔约方内部开发和运营，因此，清洁发展机制项目能否按照清洁发展机制规则运行在很大程度上还要依靠缔约方的监督和管理。根据《清洁发展机制的模式和程序》规定，每一参与清洁发展机制的缔约方均应指定一个清洁发展机制国家机构，该指定国家机构（Designated National Authority，DNA）便是由一缔约方指定，负责对参与清洁发展机制项目进行授权和批准的实体。

由于指定国家机构是缔约方的国内政府机构，《京都议定书》与《建立世界贸易组织的马拉喀什协定》对于指定国家机构的建立方式及其职责仅提供了有限的建议。因此，指定国家机构的建立方式及其职责作为缔约方内政主要还是由缔约方自行来决定，不同国家对指定国家机构可能会有不同点诠释。由于《京都议定书》各缔约方的政治制度、现存机构以及责任分配方式不同，指定国家机构的设立方式有所不同，目前存在的情形包括：

①成立于某既存政府部门内部，特别是负责外商直接投资部门、贸易部门、环境部门或能源部门，例如，我国的指定国家机构为国家发展和改革委员会。

②直接成立《联合国气候变化框架公约》于该国的办事处。

③成立新的独立的专门办事机构。

总体来看，不论采用何种模式，设立指定国家机构需重点考虑三个因素：

①指定国家机构必须提供一个明确的联络窗口，方便任何希望开发清洁发展机制项目者联络。

②指定国家机构必须能促进清洁发展机制项目高效地批准。

③指定国家机构必须能便于整个政府的协调，以便任何促使批准函签发所必需的政府间要求和批准均能及时获得。

根据《清洁发展机制的模式和程序》的规定，指定国家机构最大的职责便是就清洁发展机制项目签发批准函,但各国也可根据该国指定国家机构的成立框架及其行政能力赋予其他职能。大体而言,指定国家机构应该能给项目参与者及投资者带来便利,为达此目的,指定国家机构的职责应包括:

①确保所有与清洁发展机制项目有关的利益相关者了解所有与该项目有关的国家政策及法规。

②拟订一套评估清洁发展机制项目是否符合该国可持续发展的程序和标准(如果该程序和标准尚未由其他政府部门开发)。

③帮助清洁发展机制项目潜在投资者理解、掌握特定领域(如,能源或森林部门)的法规或者其他与外商直接投资、税负相关的法律法规。

④开发一套监督机制,以确保已获得批准函的清洁发展机制项目持续符合可持续发展的标准。

⑤提供一套指定经营实体为在东道国管辖区域内审定、核查核证清洁发展机制项目而应当遵守的操作规则。

⑥定期报告国家清洁发展机制项目,并向东道国政府提供相关建议。

⑦决定不同类型清洁发展机制项目开发的优先顺序,并收集清洁发展机制市场活动所需的相关信息。

我国《清洁发展机制项目运行管理办法》明确了国家发展和改革委员会是中国政府开展清洁发展机制项目活动的指定国家机构,同时明确了其作为指定国家机构的主要职责:

①受理清洁发展机制项目的申请。

②依据项目审核理事会的审核结果,会同科学技术部和外交部批准清洁发展机制项目。

③代表中国政府出具清洁发展机制项目批准文件。

④对清洁发展机制项目实施监督管理,与有关部门协商成立清洁发展机制项目管理机构。

⑤处理其他涉外相关事务。

3.3.5 联系人的法律地位与职责

清洁发展机制项目在向CDM执行理事会提交注册申请时应同时提交一份经所有项目参与方签署的通讯模式。注册成功后,项目参与方和CDM执行理事会以及秘书处之间的所有正式联系都应当按照通讯模式进行,而在通讯模式中被指定代表项目参与方负责与CDM执行理事会和秘书处进行联系的人即为通常所说的联系人(Focal Point)。根据《项目参与方与执行理事会之间的通讯模式程序》的规定,联系人是指由所有项目参与方通过通讯模式指定的就项目相关事宜与执行理事会和秘书处进行联系的一个或多个实体，而不论其是否在相应的清洁发展机制项目活动中被注册为项目参与者。

联系人在清洁发展机制项目中的作用重大，若项目参与者意欲将已签发的CERs从CDM执行理事会暂存账户转到指定项目参与方的账户，就离不开联系人与CDM执行理事会以及秘书处的沟通，这也是联系人最重大、最主要的职责。此外，联系人还应就下列事项与CDM执行理事会和秘书处联系：

①请求增加和/或自愿撤回项目参与者。

②其他任何与注册和签发有关的事项。

项目参与者应在其提交给CDM执行理事会的通讯模式中明确联系人的有关前述三种职责的被授权权限范围。根据其被授权的权限范围的不同，联系人分为唯一联系人（Sole Focal Point）、共享联系人（Shared Focal Point）和联名联系人（Joint Focal Point）三类。

唯一联系人是指联系人的某种或全部职责被排他性地授予一个实体，其发出有关该职责的通讯只凭其签名就能够生效。

共享联系人是指对于联系人的某一特定的职责，由两个或两个以上实体共同担任联系人角色。对于就该职能发出的任何通讯，只需任一联系人的授权签字人签字就能使其生效。

联名联系人是指对于联系人某一特定的职责，有一个以上的实体被指定为联系人，对于与该职责有关的每一个通讯，需要所有指定的联系人签字。

对联系人指定的变更需经过所有项目参与方同意，且只有提交一份新的通讯模式后，该变更才能生效。

3.4 本章小结

碳金融法律关系是指交易主体和有关交易参与人在碳排放权或其衍生品的交易过程中，根据有关碳排放权交易法律规定所形成的以碳排放权利和义务为内容的社会关系。由碳金融的法律主体、法律客体与法律内容三部分组成。

碳金融的主体是指从事碳交易、基于项目产生的排放权信用交易和在排放权交易所从事自愿减排交易的出售方和购买方。碳交易主体非常广泛，既包括政府部门、政府主导的碳基金、私人企业、交易所与个人，也包括世界银行等国际组织、世界自然基金会等非政府组织以及私募股权基金等其他交易主体。

碳排放权交易的法律客体，是指基于总量控制下，卖方通过节能减排措施或其他正当原因富余的碳排放权。碳排放权本质上属于一种可供交易的富余环境容量资源。碳交易的客体为排放权的基础产品及碳排放权的衍生品。

　　碳金融的法律关系内容是指交易主体依据碳排放权交易的法律法规所享有的权利和义务。在碳交易的法律关系中，卖方享有的主要权利有：按照自己的意志出售碳排放配额的权利；因出售节余碳排放配额而请求对方给付一定数额的金钱作为对价的权利。卖方应履行的主要义务有：通过合法的途径节省碳排放配额；依法转让节余碳排放指标，并确保没有向其他碳排放者转让该指标；及时到原发放碳排放许可证的环境保护主管部门办理变更登记；在转让期间自己不使用相应的碳排放指标等。买方所享有的权利有：按照自己的意志确定选择购买交易相对方的权利；协定金额、付款方式、付款期限的权利；请求转移碳排放配额并排他使用的权利等。买方所应履行的义务主要有：按照双方协定的交易价格支付价款；及时到所在地环境保护主管机构办理变更、申报备案等。

4 碳配额的法律待遇

本章所指"碳信用""碳排放权""碳配额"等代表的均为碳交易单位的相同概念，由于碳交易市场包括基于配额的市场和基于项目的市场，为论述的方便，本章将可以交易的碳排放权统称为碳配额，包括京都单位（Kyoto Units）是《京都议定书》框架下的特定的交易单位，以及特定的国内或地区交易体系下的交易单位，如欧盟排放权交易体系中的欧盟排放配额 EUAs（European Union Allowances）。欧盟排放配额（EUAs）是指欧盟各成员国政府根据欧盟排放交易体系（EU ETS）向各自的排放设施分配的排放配额，每一个配额相当于在该计划承诺期内可以排放的一吨二氧化碳。

京都单位既包括京都配额（Kyoto Allowances）、分配数量单位（Assigned Amount Units，AAUs）和去除单位（Removal Units，RMUs），同时包括京都减排信用额（Kyoto Emission Credits）。京都配额是指在"限额与交易制度"（Cap-And-Trade）体制下由《京都议定书》制定、分配或拍卖的减排配额。而京都减排信用额是指通过实施项目削减温室气体而获得的经国际权威机构核证的减排权证，包括清洁发展机制产生的核证减排量（Certificated Emission Reductions，CERs）（包括 tCERs 和 lCERs）和由联合履约机制产生的减排单位（Emission Reduction Units，ERUs）。

其中京都配额 AAUs 反映《京都议定书》对所指附件一缔约方的首次分配，由政府持有和使用。政府根据《京都议定书》的第 17 条进行京都配额的交易。同时法律实体亦可以被授权代表其政府交易京都配额。京都配额还可以再分配给某些法律实体，如 EU ETS 即将配额授权给法律实体进行。

减排单位 ERUs 由私人投资产生，有时由公共基金共同投资产生。一个减排单位（ERUs）代表通过联合履约项目（JI）获得的一吨的二氧化碳当量温室气体减排量。减排单位不是由政府分配，而是从京都配额转化而来；其转让主要通过缔约方的账户进行；减排单位主要是由缔约方来履行《京都议定书》的排放义务，或者作为温室气体排放交易系统的交易单位，由实体在国内法律层面为履行义务而使用。

核证减排量（CERs）由私人投资产生，其由联合国机构即 CDM 执行理事会 EB（Executive Board）负责签发并直接向 CDM 项目注册的项目参与人交付；如果条件允许，可以转让给他人。一个 CER 表示通过 CDM 项目取得的一吨二氧化碳当量的温室气体减排量。核证减排量亦由缔约方用来遵守《京都议定书》下所承诺的减少温室气体排放量的义务，或作为温室气体交易系统的交易单位，由实体在国内法层面为履行减少温室气体排放量的义务而使用。

事实上,京都单位有双重来源。它们既是《京都议定书》附件一国家依据排放交易体系强制的一种"权利"(Right),同时也是来源于CDM或者JI项目中自愿创设的一种"信用"(Credit)。无论其来源如何,所有减排单位都代表相同的物理价值——一吨二氧化碳当量,同时也代表在碳交易市场中相同的经济价值。

随着新的国家和地区碳交易市场的建立,一些新的被认可的交易单位也随之产生。但是一般而言,碳交易单位不被外国交易市场认可,也不能在外国市场出售和赎回。目前,唯一的例外就是在EU ETS和《京都议定书》的灵活机制之间存在链接。根据欧盟指令,CERs和EURs可以在EU ETS中使用,以履行EU ETS下的义务。

4.1 碳配额的法律性质

碳配额,尤其是京都单位法律性质的确定,首先,有助于缔约方在履行《京都议定书》时获得法律确定性。其次,通过对碳配额的法律性质的分析,有关转让JI/CDM信用的当事方和法律实体可以知道通过合同安排可以获得什么、买卖什么,且能知悉他们商务活动的哪些方面将受到影响(如财产、会计、税收等)。同时,因欧盟温室气体排放从2008年起以AAUs(分配总量单位)为欧盟的计量单位,那些和欧盟排放权交易体系(EU ETS)相关的人有必要知道被确切分配的配额是什么,相关当事方可以为此获得什么样的权利。总的来说,碳配额的法律性质的确定可以促进碳市场流动性,有助于增加碳市场功能。

第一,在经济学家眼里,碳配额是一种产权。碳配额作为一项法律权利,只不过是法律对经济学家设计的这种产权加以认可并纳入法律的调整范围而已。作为一种产权,它具有以下特性:①稀缺性。其稀缺性是由环境容量的有限性决定的。随着碳排放的增加,碳气体的环境容量越来越小,可分配的碳排放指标也就相应地减少,这使得碳配额的稀缺性越来越强。②全球性。由于地球大气环境是一个不可分割的整体,故碳气体环境容量资源的分配必须在全球体系下方可进行。一个国家和地区不可能单独实行碳排放的产权化和减排方案。③法定性。在国际气候公约和各国国内法的安排下,碳配额不再是一种可以任意获得和行使的权利。这种产权必须依照各国法律,通过法定的形式和程序获得。获得之后,对权利的行使和处分也必须接受法律的调整。④可交易性。碳配额可以在不同国家或地区,以及不同权利主体之间进行交易和流转。⑤客体的非特定性。碳配额的客体并非碳气体本身,而是排放这些气体所占据的大气空间容量。而不同主体之间所占有的环境容量,除了数量以外,是无法进行区分的。也即某一主体占有的环境容量并非特定的,其排放后占有的大气空间也并非特定的。⑥公私兼具性。碳配额具有私益性，对碳配额的占有和使用往往让占有者获取直接的个体经济或生活利益。但另一方面，碳排放往往涉及公共环境利益，且碳排放需要由公权力加以分配和许可，故该种权利又具有明显的公法性质。⑦生态属性。自然资源是具有明显的生态价值的，碳配额是基于地球生态环境保护而设置的权利，其生态属性不言而喻。

第二，从法律的视角分析，关于碳配额需要特别注意两点。

（1）碳配额是一种用益物权。物权依据"对标的物的支配范围为标准可以分为所有权和定限物权。"所有权是指在法律限制范围内对于所有物进行全面支配的物权；定限物权是指所有权以外的仅可以在一定界限内对物进行支配的权利。依定限物权所支配的内容为标准，可以分为用益物权与担保物权。用益物权是指对他人的物，在一定范围内，加以使用、收益的定限物权。目前我国环境法学者多将排污权定义为一种"特殊的"用益物权。也有学者认为排污权是一种准物权，但我国《物权法》第一百二十三条规定："依法取得的探矿权、采矿权、取水权和使用水域、滩涂从事养殖、捕捞的权利受法律保护。"事实上已将长期以来学界所讨论的准物权明确为特殊的用益物权，并由特别法进行规制。因此，将排污权称为特殊的用益物权或准物权并无实质区别。将碳配额视为一种特殊的用益物权有四个理由：①在权利客体上，碳配额的客体是环境容量资源；②在客体是否为不动产上，碳配额的客体环境容量"不是人为可以对其进行移动、搬动的"，因而具备了民法上的不动产的特性；③用益物权是对"他人之物"的利用，碳配额的客体环境容量是属于国家所有的资源，碳配额事实上是对国家资源的利用；④用益物权以占有为前提，而碳配额人对环境容量的占有是一种通过排放二氧化碳等温室气体的间接占有。

（2）碳配额是一种具有强烈公权色彩的私权。对于判断一项物权属于公法物权还是私法物权，一直都是民法学界关注的焦点，并产生了多种学说。对于一项物权公权性和私权性的区分，将引致法律制度及对物权具体规则制定的不同，若一项物权为私权，则法律规则和制度的设计应偏重于意思自治和契约自由等取向；若一项物权为公权，则法律规则和制度的设计应偏重于国家控制、强行性规范为主的取向。环境法学界对于碳配额的公权性和私权性已进行了一些讨论，并形成了较为统一的观点，即排污权是一种具有公权色彩的私权。而评判标准则主要采用了折中说的标准。折中说认为一种物权的公权性和私权性判定应结合物权的内涵、特征进行，其判断理由有三点：①碳配额的产生是在国家制定碳容量总量计划的基础上，经过法定程序进行初始分配而产生的，是对国家资源的一种利用。因此，在产生上，存在着浓厚的公权色彩。②在碳配额的交易过程中，特别是碳配额的移转，均受到国家公权力的干预，所以事实上碳配额的交易在一定程度上体现了国家公权力的意志。③虽然碳配额的产生、移转均受到国家公权力的影响，但碳配额本质上仍是为满足碳配额人需要而产生，经法定程序后分配给各碳配额人，并允许其进行交易，而在具体交易中也遵循意思自治和契约自由原则，因此，碳配额本质上仍属于一种私权。综上所述，排污权应视为一种具有浓厚公权色彩的私权。

碳配额是否属于"财产"？回答这一问题，首先要考察财产的特征以及这些特征是否适用于碳配额。一般而言，可自由交易的财产通常具有下列特征：该财产是可以清晰界定的；在一个明确的法律框架下该财产是可确定和存在的；该财产有清晰的所有权，且该所有权是不可撤销的，除非出现了事先规定的撤销条件；该财产是可转让的，并且可以在该项财产之上登记第三方权利。

考察欧盟排放交易体系指令和包括登记条例在内的相关欧盟立法，比较财产的上述特征，可以发现欧盟配额具有如下典型特征：每份配额有共同的单位，即一吨碳含量，被核证的二氧化碳排放量；该配额存在于欧盟排放交易体系中；配额向经营者发放且所有权在配额隶属的国家登记账户中是可以确定的；配额在一定期限内是不可撤销的；任何人可以在登记系统账户中拥有配额或开立账户；在 EU ETS 指令和登记条例中规定和确保了配额可以全部被转让的权利；登记系统规定了一个清晰的电子架构，依据此构架，欧盟配额可以被持有、收受和转让；依据登记条例，欧盟成员国在其登记系统中规定第三方可以对配额账户享有控制权。

通过比较，一个重要的结论就是上述大部分特征是构建一个流动透明的配额交易市场所必需的。如果这些特征在每个成员国的执行立法中被保留和反映，那么这些特征实质上就是将配额视作和财产权相似的某种东西。市场参与者也确信他们能够自由交易配额，而不受任何公约和管理当局随意的干涉。

其次，另一个重要的结论是碳配额的特定性质需依据问题提出的法律背景来判断。例如，如果问题是一项涉及配额交易是否需要纳税还是受欧盟或其成员国的金融服务法律约束，此时答案则需在相关税收法律或金融服务法律中去寻找。但就其根本意义而言，对于自由运作的市场而言，最重要的是，碳配额是不可撤销和可以自由转让的，而不仅仅是将其看作财产这样的一种明确宣示。

就京都单位的法律性质问题，Mathieu Wemaere（马蒂尼·魏玛）和 Charlotte Streck（夏洛特·施特雷克）做了至今被认为比较详尽的分析。根据他们的研究，"排放权贸易源于可交易排污权的创设"。这样一项权利具有公权、行政或者管制的性质（因为配额是基于国际法依据《京都议定书》第 3 条和所述附件一分配给相关政府的），然后该权利被转化为私人权利（通过创设一定权利，授权排放一定温室气体）。因此，碳配额是同时具有公权和私权性质的混合物。在 Mathieu Wemaere 和 Charlotte Streck 看来，欧盟排放配额 EUAs 能够在行政或公权性质（基于其运行排放温室气体授权的特征）、货物（可移动资产）、商品（其具备可替代能交付的货物性质）、无形动产（一项债务或流通票据），或者是证券或金融工具之间进行定性。

4.2 碳配额运作的法律事项

4.2.1 碳配额的取得

碳配额是基于地球大气环境容量资源的分配而形成的一种环境产权,而这种容量资源属于全人类的公共资源。只有在国际社会通过公约的签订并把这些有限的容量资源分配给各个国家和地区,进而再分配给各个企业或单位,最终才能成为私有环境产权,进而方可转让和交易。可见,碳配额的初始取得必须通过碳气体环境容量资源的国际分配和国内出让两个阶段才能完成。

《京都议定书》规定,到2010年,所有发达国家排放的二氧化碳等6种温室气体的数量,要比1990年减少5.2%。同时,明确规定了各发达国家从2008年到2012年必须完成的削减目标。发达国家必须根据这些强制减排目标,确定一定时期内的国内碳排放总量,从而实现大气环境容量资源在各国间的初始分配。当然,发展中国家和其他国家,也可以根据自己国情自愿确定碳减排目标及一定时期内的碳排放总量,自愿加入到减排行列中来。随着人口的膨胀,环境容量稀缺性日益明显,正是这种稀缺程度的提高促成了碳排放权交易制度的产生,因此一国政府如何配置这一环境资源成为碳金融制度建构中争议最大的一个问题,因为它关系到企业财务负担和社会中的利益集团的利益,因此在选择分配方式上,应当慎重。对碳配额的国内初始分配通常可以通过三种方式进行,一是无偿分配,二是政府定价,三是拍卖。这三种分配方式各有利弊,以下将分别分析之。

(1) 无偿分配

①无偿分配的优势

目前世界很多国家以及我国大部分地区排污权的初始分配都采用无偿的方式,如美国采取的就是以无偿分配为主的初始分配方式,欧盟排放权交易机制指令也规定:在2005—2007年的第一个交易周期,至少95%的配额要无偿发放;2008—2012年的第二个周期,至少90%的配额要无偿发放。这种方式的优势在于它在推行中遇到的阻力较小,因为在构建一个制度时,首先要考虑的就是该制度能否被公众认识与接受,无偿分配由于是无偿取得配额,且剩余的配额又可以到市场上进行交易获得额外收益,因此在推行中最易被现有的碳排放企业所接受。另外,各国温室气体排放约束制度和发展阶段不一致,对于处于国际竞争环境中的本国企业,如果竞争对手不需要支付排放成本,本国的企业将会在国际竞争环境中处于劣势,而免费配额的发放可以帮助本国企业解决这一问题。无偿分配的标准则是企业的历史排放量或者其他历史参数,因此它也被称为"祖父分配法",当历史排放量或其他历史参数都无法获得时，企业现有排放量也可以作为分配依据。

②无偿分配的弊端

这种分配方式也存在很多弊端，对企业而言，对碳排放权的无偿分配等于是一种变相补贴，政府掌握着的这种"权力资源"易造成权力寻租等不公平现象。除此之外，在新建企业和已建企业之间也存在不公平，因为无偿分配是在已有企业之间进行分配，而新建企业必须有偿取得。再者，这一方式也不符合污染者付费这一环境法基本原则，被无偿分配到这种权利的企业无须支付任何费用即可使用环境容量资源，使得这种资源的价值无法体现出来。另外，免费配额分配的多少直接关系着企业的自身利益，因此利益团体很可能游说政策制定者对于相关规定进行改动或是制定特殊的条款来"保护"自己的利益，使得具体的实施方法可能会变复杂并且缺少透明度，造成社会损失。

（2）政府定价方式

政府定价每单位配额以固定价格出售给需求企业。理论上，如果政府可以掌握各个企业的减排成本，就可以根据明确的减排目标量确定配额价格，排放企业直接依据排放量支付费用。固定价格出售需要对配额价格进行初始评估，如果设定的价格过高则会增大企业的生产成本，价格过低又会失去对企业的约束力。由于实践中存在信息不对称的问题，政府很难准确测算企业的减排成本，而且测算中企业存在对政府隐瞒实际减排成本的冲动，使得出售价格就难以确定。政府无法掌握准确且恰当的价格信息，那么它所确定的价格将无法有效地反映环境容量资源的稀缺程度，也无法及时反映市场供求关系，而这些都将导致市场机制无法有效运转。另外也可能会出现政府部门操纵价格滥用权力的现象。

（3）拍卖方式

①拍卖方式的优势

相比无偿分配与政府定价方式，拍卖方式更具优势，这些优势体现为以下几个方面：通过各竞拍企业激烈的竞争，拍卖价格得以达到最大化，而这些资金作为政府的财政收入，能够为环境治理提供更多的资金支持；公平地对待所有的参与人包括新进入者；避免过多的分配可能造成企业的不劳而获；拍卖相对简单透明，对行政和管理的成本要求较少；激励企业进行技术创新，向低碳排放的产品调整；拍卖产生的收益可用于减少税收的扭曲效应；提供配额的市场价格信息，为企业决策者进行长期的减排决策提供信息；拍卖通过价高者得的形式可以将碳排放权赋予最具有污染治理潜力的排放者；拍卖更能体现公平公正原则。当然这要建立在政府部门严格监督的前提下。

②拍卖方式的弊端

拍卖方式还是存在一定弊端的，拍卖方式的弊端是它可能会导致大企业依靠雄厚的资金恶意地囤积居奇，进行市场操纵，排挤竞争对手，造成不正当竞争。

国际上现行的主要初始分配方法是以免费分配为主，公开拍卖、标价出售等为辅的混合机制。免费分配占据主导地位并不是因其在各方面要优于其他的分配方式，其实在理论研究中，大多数学者更加青睐公开拍卖，之所以形成现有的分配格局是因为考虑到了政策推行之初的一些阻力因素，在过渡时期采用更加易行的免费分配，并逐步过渡到以拍卖为主的分配方法上。

专栏 4-1　　　　　　　　澳大利亚碳配额的分配

澳大利亚采取政府定价、免费分配（第一阶段）和拍卖（第二阶段）的分配方法。

对于政府固定价格出售，澳大利亚政府给出了明确的价格：2012—2013年碳价为每吨23美元，2013—2014年碳价为每吨24.15美元，2014—2015年碳价为每吨25.40美元（只限于当年使用，政府不设定出售碳配额份额的上限）。同时，在第一阶段的免费分配的过程中，针对不同的企业性质提出了"工作和竞争力计划（Jobs and Competitiveness Program）"和"燃煤电厂扶持计划（Coal-fired Generation Assistance Package）"。工作和竞争力计划依据企业上一年度的产量对其进行配额的免费分配，在该计划所涵盖的面对贸易竞争的活动中，根据各生产活动排放的碳强度的不同，企业可获得66%~94.5%的免费配额。燃煤电厂扶持计划每年将4170.5万份免费配额分配给该计划扶持的燃煤电厂，最终根据年度扶持因子（Annual Assistance Factor）对电厂进行配额的发放。

在第二阶段的分配中，分配方法是拍卖分配和免费分配相结合，其中大部分份额通过拍卖的方法发放给企业。在拍卖的初期为了维持配额价格的稳定性，设定拍卖的价格上限和下限（价格上限是在2015—2016年国际碳价预期价格基础上加上20美元，价格下限是15美元，2016—2017年是16美元，2017—2018年是17.05美元）。

针对我国的碳配额初始分配，理论上很多学者支持采用拍卖的方法进行分配，但是从社会和政治的角度出发，以拍卖的方法进行分配在短期内全面实行还有些困难，且具体的拍卖细则也需进一步地探索。因此，根据我国现阶段的国情，我国碳排放权的分配应当采取拍卖为主，无偿分配和政府定价相结合的分配模式，在拍卖中应始终坚持公平公正原则，将碳排放权初始分配置于一个透明的环境之下，加强信息透明度，加强对分配过程的监管。

总体而言，碳配额的取得方式包括原始取得和继受取得。原始取得除基于国内初始分配外，还包括权利主体的投资、建设，及其产生的减排效果在CDM项目中获取碳配额（即CERs）。继受取得基于碳配额的可分割性和可流转性，通过交易和继承而取得。

目前我国清洁发展机制下的碳配额交易中碳配额的取得主要依据以下规定：2005年发布的《清洁发展机制项目运行管理办法》（下文简称《管理办法》）第3条规定"在中国开展清洁发展机制项目合作须经国务院有关部门批准。"《管理办法》第13条规定，"国家气候变化对策协调小组下设立国家清洁发展机制项目审核理事会"（简称项目理事会），清洁发展机制下的碳排放减量项目由项目理事会进行审核。同时《管理办法》第16条规定，"国家发展和改革委员会是中国政府开展清洁发展机制项目活动的主管机构，"负责受理清洁发展机制项目的申请，依据项目审核理事会的审核结果，会同科学技术部和外交部批准清洁发展机制项目。《管理办法》第18条规定，"实施机构邀请经营实体对项目设计文件进行独立评估，并将评估合格的项目报清洁发展机制执行理事会登记注册。""实施机构在接到清洁发展机制执行理事会批准通知后，应在十日内向国家发展和改革委员会报告执行理事会的批准状况。"《管理办法》第20条规定"国家发展和改革委员会或受其委托机构将经清洁发展机制执行理事会登记注册的清洁发展机制项目产生的核证的温室气体减排量登记。"因此，在我国碳配额的取得方式为：由项目理事会审核并获国家发改委批准后，向清洁发展机制执行理事会进行注册登记后方能取得碳配额。显然，国内这一行政许可程序，给碳配额添加了浓厚的公权色彩。

> **专栏4-2　　2014年度广东省碳排放配额有偿发放竞价情况**
>
> 广州碳排放权交易所于2014年9月26日举行了广东省2014年度碳排放配额第一次有偿发放竞价活动。
>
> 本次竞价发放总量为200万吨，共有25家控排企业、2家新建项目单位及6家符合规定的机构参加。有效申报总量达322.0963万吨，13家控排企业、2家新建项目单位及4家机构竞价成功，竞买总量为200万吨。
>
> 本次竞买底价为每吨25元人民币，最高申报价格为35元人民币/吨，最低申报价为25元人民币/吨，平均报价为27.56元人民币/吨，最终竞买统一价为26元人民币/吨，总成交金额为52 000 000元人民币。
>
> 广州碳排放权交易所于2014年12月22日举行了广东省2014年度碳排放配额第二次有偿竞价发放活动，计划竞价发放100万吨，竞价底价为30元/吨。

> 经统计，本次竞价发放的最高申报价为 37 元/吨，最低申报价为 30 元/吨，企业有效申报量为 701 442 吨，共有 10 家控排企业、2 家新建项目企业竞价成功，均以竞价底价（30 元/吨）成交，总成交金额为 21 043 260 元人民币。
> 根据《广东省 2014 年度碳排放配额分配实施方案》规定，本次竞价发放的剩余配额（298 558 吨）将收回到市场调节配额，原则上不再用于最后两次配额有偿发放。

4.2.2 碳配额的交易

碳排放配额交易的源头是《京都议定书》第十七条所确立的排放贸易（ET）机制。该机制目前主要用于发达国家之间的温室气体排放贸易合作，随着国际局势的转变，配额交易因具市场运作的特点有向全球推广的趋势。其原理是"限额与交易"机制，具体实施步骤为：政府根据国际谈判中制定的未来 CO_2 减排目标与时程，首先评估 CO_2 排放的管制总量，然后发行一定量的 CO_2 排放权在公开市场上拍卖或免费分配。这些排放权的所有者在特定时间内的排放总额若低于排放上限，便可以在公开市场出售其差额；若高于排放上限，则必须从市场中购入相应超出量，否则将受到重罚。该机制透过自由市场的运作，利用价格体系的机能，促使污染的外部成本内部化，以达到最优的 CO_2 排放水平，同时使减排总成本达到最优，所以是一种效率相对较优的减排策略。

《京都议定书》颁行之后，一些国家、企业以及国际组织为其最终实施开始了一系列的准备工作，并建立起了一系列的碳交易平台，其中，欧盟所取得的进展尤为突出。2005 年 1 月，欧盟正式启动了欧盟排放交易体系（EU ETS）。所有受排放管制的企业，在得到分配的排放配额后，可根据需要进行配额买卖。

如果履约实体在规定的履约期末没有足够的配额交出，它们将被迫支付很重的罚款。例如，欧盟排放权交易体系（EU ETS）决定在第一阶段（2005—2007 年）对未能交出配额超过总量控制的公司处以每吨二氧化碳罚款 40 欧元，在第二阶段（2008—2012 年）罚款每吨 100 欧元。因此，配额不足的履约实体就需要通过交易获得足够的碳配额。

根据《京都议定书》的规定，国与国之间可以开展碳配额交易，企业与企业之间也可以开展碳配额交易。不能完成减排任务的国家和企业，可以从别的国家或企业购买其剩余的未实际排放的碳排放指标。我国在清洁发展机制下开展的 CDM 项目中，已经获得超过 260 个签发，总签发量约 2.1 亿吨 CO_2 当量，这些 CERs 大部分已经转让给了参与项目的发达国家。目前碳配额交易主要通过各地区或国家专门的交易所完成。

碳配额是全球碳市场交易的基本单位，然而其价格不是静止的。碳配额的价格随着天气的变化而变化，例如，降水量低的年份影响水电的发电量。又如经济不景气，碳配额的价格就下降，因为对能源的需求减少，进而履约实体只需要更少量的配额来排放温室气体；而且配额价格还会因投资银行的市场投机行为而变化；或者配额价格可能受环境非政府组织购买配额以限制履约实体排放温室气体的能力的行为而发生变化。

配额价格的波动和履约实体需确保有足够的配额，否则它们将面临严重的罚款，因此现行碳市场包括或可能包括许多金融工具以管理这些风险。这些工具，即碳配额衍生工具，包括期货合同、期权合同、交换合约等。在欧盟排放权交易体系中，大部分交易的工具不是配额本身，而是配额衍生工具。据资料表明，自2006年10月欧盟配额期货市场建立以来，欧洲气候交易所期货合同的使用权获得了显著增长，并且这种衍生品交易市场随着交易体系的国际链接将会继续扩展。因碳配额价格的极易波动等因素，美国碳市场对碳配额衍生工具的交易极为重视。

4.2.3 碳配额的登记与公示

碳配额作为一项具有财产属性的准物权，它的取得通常要具备特殊的确权途径和公示程序。这是因碳配额具有一定程度的公法属性所决定。首先，抽象的碳配额虽由法律创设，但具体的一定量的碳配额的形成和取得却必须经过一定的行政安排和许可行为。其次，碳配额实为一种大气环境容量资源的使用权，其客体与一般有形物不同，非常抽象，且该种权利具有强烈的时效性和动态性。这致使人们对该种权利的有效性和行使状态难以把握，交易风险大，成本高。对行政管理机关来说，将导致监管难甚至无法实施。登记和公示有利于权利的动态确定以及政府的监督，从而降低交易成本和风险。第三，碳配额涉及社会公共利益，对其规定一定的确权和公示程序，有利于社会监督和公共利益的保护。

鉴于前述理由，对于碳配额宜参照排污权许可证制度，实行行政许可。无论是通过无偿分配和拍卖等方式取得若干量的碳配额，首先应由政府颁发许可证，然后到碳减排主管机构进行登记，只有依法登记后碳配额方得以确权。确权后，若发生诸如权利主体变更，许可的碳排放已经履行等情形，权利主体应当在法定时间内去主管机关备案。碳配额转移应以变更登记为有效要件。另外，登记本身也是一种公示程序，它可以为市场提供交易信息和权利状态的查询，可以促进交易安全和效率。同时，公示也可以促进社会对权利主体进行监督。

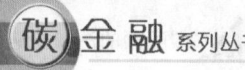

4.2.4 碳配额的消灭

碳配额是不能永久存在的,当一个碳配额产生之时,到一定日期就注定会被使用或失效。碳配额实为允许一定量的碳排放指标,当权利主体通过一定量的实际碳排放后,这一碳配额就因权利的行使而消灭。这些碳配额就不能再转让或出卖给其他主体。另外,碳配额是具有一定有效期限的,当某个主体的碳配额超出了该特定期限,那么该排放权也就因此而失去效力,权利主体不能享有相应的碳排放权利。

4.3 碳配额在金融服务条例中的待遇

金融服务管理体制依据交易的投资行为的性质来管理金融服务。一些国家规定了一系列特定的受管制的投资行为,而另一些国家则对配额属性相关的特征做出了规定。碳配额在金融服务条例中的法律待遇将决定碳交易在多大程度上受金融服务条例的约束,并影响哪类交易参与者将受到条例的管制。

欧盟新修正的投资服务指令（Investment Services Directive，ISD Ⅱ）[①] 对欧盟成员国的投资服务管理行为有约束力。ISD Ⅱ中的投资服务和行为从广义上界定为附件1的A部分所列明的任何服务和行为,该服务和行为需与附件1中C部分列明的金融工具有关。ISD Ⅱ的附件1中为碳配额是否适用ISD Ⅱ提供了明确的参考,具体如下:

"(10) 气候变化、运费费率、排放配额或通胀率或其他官方经济统计数据有关的期权、期货、互换合约（SWAPS）、远期利息合同（Forward Rate Agreements）的任何其他衍生合同,以及任何其他资产、权利、义务和任何本部分未提及的指引和措施有关的其他衍生合同。"

依据ISD Ⅱ,C部分的"其他衍生金融工具"仍没有界定。此外,在该指令第2条和第3条还包括诸多豁免情形。因此,碳配额衍生工具在多大程度上受ISD Ⅱ影响仍不确定。每个欧盟范围内碳交易的参与者需考察涉及投资的特定情形,以及与该投资有关的活动,并判断豁免情形是否适用。欧盟成员国在国家层面设计投资管制计划时应当考虑金融服务条例对于小型碳交易参与者的影响以及对市场管制成本的影响。

---

① 欧洲议会和理事会于2004年4月21日就金融工具市场通过了2004/39/EC指令。该指令对欧洲议会和理事会85/611/EEC和93/6/EEC指令以及93/22/EEC指令进行了修正。依据该指令第70条,成员国须在该指令生效的24个月内将指令转化为国内立法。

4.4 碳配额在会计准则中的待遇

依据 IAS《国际会计准则》的规定,从 2005 年 1 月 1 日起每个会计年度,如果欧盟成员国公司在一成员国的规范市场交易其证券,那么其需准备和国际会计准则相一致的报表。国际会计准则并不自动适用于欧盟,但已经通过欧盟会计管理委员会制定的 1606/2002 条例予以采用。[①]《京都议定书》的其他缔约方和非缔约方就配额的会计处理问题有着不同的会计标准。

2003 年 5 月,国际会计报告解释委员会(IFRIC)[②] 就排放体系配额交易的适当待遇问题发布了一个解释草案。该解释草案关于碳配额主要有以下六个观点:

第一,排放污染物的配额满足资产的定义,因为其是"企业因过去事件而获得的可控制资源,同时从该资源中企业可获得未来经济利益"。

第二,执行与已经产生的排放相等额的配额的义务是 IAS 第 37 条条款下的责任,或有的责任或有的资产,其主要由履行配额或净值罚款来决定,或由二者一起来决定。责任的产生只有当排放产生时才发生。被认可的责任以覆盖排放额之必需的配额的市场价格值来确定。

第三,低于市场公平价值(如免费)的配额分配产生政府授权问题,因为其满足 IAS 第 20 条关于政府授权的会计和政府协助的披露规定。该条规定,政府作为对企业过去或将来遵守企业经营活动有关的规定的回应,将某种资源转移给企业,则构成政府协助。

第四,配额是无形资产,而不是金融资产;配额符合 IAS 第 38 条关于无形资产的定义,即"一项可确定的没有物理存在状态的非货币资产,持有该资产是为了生产或提供货物或服务,或出租给他人,或行政目的"。其不符合 IAS 第 39 条关于"金融工具"的定义,因为它们既不是股权手段,也不是可以获得现金或其他金融资产的合同。

第五,配额时,若配额价格低于市场价值,它们应当首先以市场价值进行估价。

第六,在因排放而招致的配额和责任之间没有合同关联,因为当一个实体在使用其用以履行其义务的配额时,其不能被强制履行。相反,它可以选择出售配额和减少排放或支付罚款。因此,资产和责任的抵消是不被允许的。

---

① 欧洲议会和理事会于 2002 年 6 月 19 日就国际会计准则的适用问题通过了第 1606/2002 号条例,OJ2002L243/1,第 4 条。

② 国际会计报告准则(IFRS)由国际会计标准委员会(IASB)发布,其目的是发展一套全球会计标准。IFRIC 是 IASB 的解释机构。IFRIC 的作用在于考察在没有权威指导意见时可能面临不同待遇的会计问题,旨在基于现存的国际会计报表准则之上的适当待遇达成一致意见。

IFRIC 的解释草案因诸多原因受到严重批评。其中一个重要的关注点是，该解释所规定的待遇导致在公司收入报表中人为地造成部分收入的消失，因为一些收入和损失在收入报表中体现，而另一些在股权中体现。当一种收入以排放权（配额）的价值被计入在股权中，而与排放有关的责任再评估的损失被计入利润或损失时，不匹配就出现了。同时，碳排放权的价值的损失将被计入，以对应以前计入股权的收入，但与排放责任再评估相关的收入被计入为利润或损失。因此，该解释草案未能反映排放交易体系的经济结构。

IFRIC 承认，配额的某些特征使其看来更像金融资产而不是无形资产：尤其是配额在市场作为交易对象和作为特定产品的定价机制时（即一吨二氧化碳）。对配额以市场价值定价是有原因的。IFRIC 认为在配额低于市场价值被分配时它们应当以市场价值定价。尽管可以选择以名义价值对配额定价，但是这将导致实体在其资产负债表中没有体现被分配时的配额，而是体现购买的配额。这种做法不是一个特定实体可控制的资产的真实体现。

2003 年 12 月，在考虑上述这些反应时，IFRIC 注意到有关会计不匹配项的关键因素，并提议为配额、为类似货币的其他资产和现在的流动市场修正 IAS 第 38 条，创设一种新类型的无形资产；授权这种无形资产通过计入收入和损失报表来体现资产和责任估价的变化。配额被看作是一种货币，这种货币被用于履行支付足够的配额以覆盖过去的排放额。会计委员会决定加速其替代 IAS 第 20 条的工作，同时考虑对配额进行会计处理的影响。并建议 IFRIC 同时再次公布其草案解释，因为 IASB 有意撤销 IAS 第 20 条和修正其第 38 条。

2004 年 12 月，IFRIC 发布了有关排放权的规定，该规定要求公司对从政府收到的配额作为无形资产，并以最初公平价值进行会计记录。该规定也要求公司交付配额以覆盖排放的义务与责任，在会计上进行体现。

就 IFRIC 解释草案的其他问题，该草案仅对公司遵守配额要求的会计处理予以考虑，而对于碳配额经纪商的会计如何报告没有做出规定。如果经纪商将其视为金融工具，那么这些配额将以金融工具的方式进行会计处理。但是对于那些既要遵守配额规定，又进行配额交易的公司而言该如何对其进行会计处理，至今还不明确。在国际会计标准正式通过之前使用何种会计标准，存在法律上的争论，因为这将导致不同公司采取不同的会计待遇。

总之，会计标准决定了碳配额的适当待遇，没有必要单独讨论这些交易单位的法律性质。然而，与碳配额相关的会计对于公司的会计报告有重大影响。在一个非活跃的市场，公司如何在会计报告中对碳配额进行定价非常困难。公司资产负债表中将体现新的资产和负债，相关的利润和损失亦将反映在公司收入报表的权益账户中。公司将面临向股东解释 EU ETS 对财务报告的数据。一些大型跨国公司亦将受诸多会计标准的影响。在一些国家，税收待遇服从会计待遇，公司同时意识到在交易和策略的选择时，会计和相关税收问题的存在。

4.5 碳配额在税法中的待遇

一种资产交易的税收待遇是由资产性质、交易性质和交易双方的性质决定的。因此，碳配额交易的特征很大程度决定了交易相关收入费用的税收待遇。就EU ETS中欧盟成员国的配额交易税收待遇而言，欧盟成员国中，截至2004年5月只有荷兰就配额交易的直接税收待遇发布了官方指南。因此，税收问题在大部分欧盟成员国悬而未决。

4.5.1 关于直接税收：公司税

在欧盟层面上缺少直接税收立法，有关欧盟配额交易的公司收入税收待遇主要取决于成员国的法律。在成员国之间，不同种类的纳税人适用不同的规则，税收待遇亦依配额持有不同能力的变化而变化。成员国之间配额待遇的不同主要体现在以下六个层面：

①配额在国家税收征收中的特征表现；
②配额如何进行税收定价（如历史成本还是市场成本）；
③与配额有关的期货、期权和其他衍生品在税收上具备何种特征并如何定价；
④衍生合同的国家税收待遇是与基础产品配额的税收待遇一致还是不同；
⑤国家税收待遇是与经营排放设施的公司或二级市场交易商的会计报表的会计待遇一致还是不同；
⑥排放设施运营商过度排放的罚款是否可以在税收中抵扣。

在直接税收上，关键是上述问题怎样阻碍或扭曲欧盟范围内有效的配额跨境市场形成。如果在一些成员国的直接税收待遇更为优惠，那么配额二级市场可能就会转移到税收更为优惠的成员国，这在一定程度上损害了欧盟统一市场的功能。依据EU ETS，当事方可以选择注册系统持有他们的欧盟配额。那些有着优惠税收待遇的成员国的注册系统可能会吸引大量的碳交易。

关于税收的一致性，配额交易的税收待遇的不同将产生影响EU ETS的流动性和有效性的不匹配问题。国际财务报告解释委员会（International Financial Reporting Interpretations Committee，IFRIC）建议配额应当被看成是一种无形资产或者一种货币（被用于履行公司的义务以支付充足的配额以约束过去的排放），但这些建议还没有被欧盟或其成员国接纳。

关于过度排放处罚的不同税收待遇对于市场的扭曲是潜在的。依据 EU ETS 指令，未能获得充分的配额以抵消其排放的公司应该支付过度排放的罚款。许多欧盟成员国并未明确这些罚款是否计算在公司收入税收时扣除。过度排放罚款在芬兰和英国不为公司收入税收目的而扣除。相反，在德国这些罚款被看成是一种严格责任罚金的税收扣除形式，而非不可扣除的刑罚罚金。如果一些成员国允许税前扣除，而另一些成员国不这样做，这潜在地扭曲跨境市场交易，同时这种赌博式的策略会妨碍过度排放处罚政策的执行。

4.5.2 增值税（VAT）

尽管在 VAT 指令的解释和执行方面存在差异，且国与国之间的 VAT 费率存在不同，但欧盟成员国的 VAT 构成基本相似。不过以下问题仍将潜在地扭曲或影响配额交易市场的有效性：

①成员国对排放设施公司首次有偿发行或拍卖配额是否不属于 VAT 范围或不在可征税范围内。

②配额在二级市场的销售是否属于 VAT 意义上的货物或服务供应，如果是，是可征税还是可以税收豁免。

③二级市场交易的供应地是否属于成员国的销售或交付行为，且对于跨境交易而言，"供应地"的一致理解是否必须。

④跨境成员国的区别的 VAT 税率是否造成 EU ETS 运行的市场扭曲或有效性问题。

⑤成员国不支付或延迟支付 VAT 退税以及 VAT 的遵守要求是否会造成 EU ETS 的问题。

关于碳配额一级市场的交易是否属于 VAT 征收范围的问题，欧盟部分成员国认为，配额的首次发行或拍卖属于第六号 VAT 指令第 4（5）条，因此不属于 VAT 的范围。但是欧盟委员会认为，配额的发行或拍卖属于可征税的服务供应，否则将严重扭曲欧盟范围内的竞争。例如，会造成在不征税的成员国发行或销售配额免税，但是相对方却因销售而征税。

欧盟委员会和大部分成员国同意二级市场碳配额的销售属于第六号 VAT 指令第 4（5）条的服务供应。几乎全部欧盟成员国（除了瑞典）和欧盟委员会都考虑将这种交易看作可征税供应。但瑞典认为，这种交易属于第六号 VAT 指令第 13B（d）（5）条的金融工具服务，属于免于征税的范畴。这种观点对于瑞典排放设施公司和二级市场交易商而言可能限制 VAT 收入税的补偿事宜。

在跨境交易中，"供应地"规则适用于判断 VAT 在哪征收和是否征收的问题。

2004年，在欧盟成员国之间关于配额在二级市场的销售服务供应地存在分歧，主要是卖方所在地与买方所在地的区别。一些成员国，尤其是英国，考虑到依据第六号 VAT 指令第 9（1）条的规定，认为供应地位于卖方所在地。欧盟委员会和大部分成员国则依据第六号 VAT 指令第 9（2）条认为跨境交易的供应地位于买方所在地。如果这种分歧持续存在，可能出现卖方和买方都征收 VAT 的情形。

欧盟 VAT 委员会希望能够就配额的行为、拍卖和交易行为发布欧盟范围内有效的指令。2004 年 10 月，欧盟 VAT 委员会开会并同意排放交易应当征收 VAT，且该税收应当于欧盟范围内交付地征收。[①]

成员国间 VAT 税率的不同对于全额征税且能够要求抵扣所有进项 VAT 的买方而言不存在困难，但是对于那些买方不是营业方或部分免税的交易商，如金融机构而言，则可能会出现扭曲行为。区别税收也会使得位于低税率成员国的买方处于竞争劣势。

4.6 本章小结

明确碳配额的法律性质，有助于缔约方在履行《京都议定书》时获得法律确定性，有助于明确交易参与方的权利与义务。碳配额法律性质的确定可以促进碳市场流动性，增加碳市场功能。"碳信用""碳排放权""碳配额"等代表的均为碳交易单位的相同概念，本章将可以交易的碳排放权统称为碳配额。在经济学家眼里，碳配额是一种产权；从法律的视角分析，一方面，碳配额是一种用益物权，另一方面，碳配额是一种具有强烈公权色彩的私权。

碳配额是基于地球大气环境容量资源的分配而形成的一种环境产权，这种产权的取得、交易、登记与公示、消灭等环节都有诸多法律相关事项，需要加以界定。碳配额的法律性质也直接或间接决定了其在金融服务条例、会计准则、税法中的待遇，只有明确了以上问题，才能深入地认识碳配额，利用碳配额服务人类，进而改善环境。

---

① "EU tax chief decide tax rules in trading scheme", 20 October 2004, Point Carbon, available at www.pointcbrbon，com/article.php/articleID=4925&categoryID=147.

第二篇 碳金融法律规制

随着各国政府对气候变化问题的日益重视，尤其是欧盟国家的大力推动，全球碳交易规模呈现爆发式增长，碳排放权逐渐演变为具有投资价值和流动性的金融资产，并在全球各地形成了日益成熟的碳金融市场。碳金融的产生与发展始终是在法律的框架内进行的，在市场运作的各个环节都由相对应的法律规章进行规制约束。

中国作为最大的碳信用供应国，碳金融市场具有巨大的发展空间。如何建立健全我国的碳金融市场，需要借鉴国外碳金融市场发展的经验和教训，完善我国碳金融市场的法律与规制。从实务角度出发，研究学习碳金融市场运作中的法律问题知识，能对我国碳金融市场的发展与创新提供理论参考和经验借鉴。

本篇从碳金融法律实践制度展开，包括7个章节，分别论述了碳交易核证、碳交易登记结算、国际碳交易合同、碳排放税收和碳标签等法律制度，同时分析了碳贸易法律规制与WTO规则的冲突及协调，最后对中国碳金融法律体系的构建进行了研究和建议。

5 碳交易核证法律制度

5.1 碳交易核证的涵义及其基本原则

碳交易所依据和支撑的减排方面的数据应当建立在准确、真实的基础上，通常，这些数据只能够依赖于项目实体提供获得。鉴于实践中存在的数据有出入或者造假的情形，就迫切需要有一个独立的第三方，不受碳排放交易主体、监管主体影响对减排数据进行检测、核查，才能确保减排数据的准确性。

一个完整的核证制度包括诸多方面，碳交易核证也不例外。碳交易核证既包括对核证本身的规定，也包括对碳交易核证主体、相关主体法律职责的规定以及核证程序等。

5.1.1 碳交易核证的涵义

碳交易核证是指由第三方核证机构为了确认参与碳排放权交易的排放主体的温室减排量是否真实而设立的一种核查、认证制度。具体而言，碳交易核证就是由独立的第三方核证主体对排放主体减排后的温室气体排放进行定期独立评审与事后确定，是一种对排放主体在一定阶段内的减排量进行独立评估与事后核定的制度。温室气体排放权交易客体的特殊属性决定了其不同于一般商品，减排后的温室气体排放权或减排量是看不见摸不着的，即是无形商品。因此，若未经过指定的专门机构根据法定核查与认证程序对温室气体减排量进行专门测量与审计，就无法形成公信力，进而则难以在国际碳排放权交易市场上转让其减排量以获得价值。

同时，碳排放量或者减排量若要进行交易，应根据交易规则的要求，首先进行碳交易的核证过程以确保双方的交易更加值得信任，尤其是对于自愿减排的碳交易过程，核证是必不可少的过程之一。而且，针对自愿实行碳审计的企业或产品进行第三方核证，更能够反映出企业或产品碳排放信息的准确性、透明度和一致性。

碳交易核证目的在于协助企业在改善能源使用效率、减少温室气体排放、控制经营环保风险、提高企业竞争力等方面迈向成功之路。2007 年，SGS（Societe Generale de Surveillance）（通用公证行）开始在中国开展第三方碳核证工作。随着中国企业环保意识的不断提高，企业碳核证机制受到越来越多国内知名企业的青睐与认可，成为企业提升社会形象的一张具有高含金量的通行证。

5.1.2 碳交易核证的基本原则

虽然国际上存在不同形式的温室气体排放权交易机制，且不同的交易机制对其核证均具有不同的规定，但是各国以及各地区在指定排放权的核证时通常都需遵循以下基本原则，从而保证温室气体减排量的准确性、真实性与核证质量。

（1）一致性原则

一致性原则即是指独立的第三方核证主体务必要参照监测计划与监测报告中规定的内容与方法对减排量进行核证，以确保核证结果与监测计划及报告的一致性。

（2）全面性原则

全面性原则是指独立的第三方核证主体对减排量进行核查与认证时，应该充分全面考虑各种相关数据域因素，同时应考虑检测中出现频率较高的问题。

（3）精确性原则

精确性原则是指独立的第三方核证主体必须要根据国际与国内规定的程序对减排量进行核查与计算，进而确保所获得的核证数据的准确性。

（4）证据的可证实性原则

证据的可证实性原则是指要求独立的第三方核证主体在出具核证报告时，需有相关证据做支撑，其核证必须具有科学合理而可证实的依据。

在核证过程中，独立的第三方核证主体需考虑影响排放量核证的所有定量与定性信息，其中定量信息来源于定量检测报告，定量检测报告由项目的参与主体向核证主体提交，而定性的信息主要来自于项目内部的管理、计算、计量、校准及数据读取、存储、转移和内部审核等定性的资料。

独立的第三方核证主体要严格遵守以上四个基本原则，并进行综合考量后得出核证结论。

5.2 碳交易核证机构及其法律地位

5.2.1 碳交易核证机构的定义与特点

（1）碳交易核证机构

碳交易核证是由经过认证的、独立的第三方实体来实施。碳交易核证机构是指国内的法律实体或国际机构，并由相关的证明文件予以证明的独立法律实体。根据联合国与相关国家的规定，碳交易核证机构必须具备相应的法定资质特点，并需经过有权机构的认证与评审。

(2) 碳交易核证机构的特点

第一，独立、合格的法律实体。碳交易核证机构应独立于经营者和利益相关主体，以一个良好的、客观的专业方式开展工作。即碳交易核证机构必须是一个独立的法律实体，是国内的法律实体或是国际机构，需有相关的证明文件做证明。合格的碳交易核证机构，应当符合公正性、组织机构的无关联性要求、职能的无关联性要求、机构的无关联性要求、保密要求。

第二，健全的组织机构。碳交易核证机构应具有健全的组织机构与足够的具备必要核证能力的人员，使其在领导的指引下高质高效地从事其核证工作范围内的一切必要职能。

第三，稳定的财务状况。碳交易核证机构应具备与其从事的核证活动相适应的资源与保险，并具有稳定的财务能力做支撑与保证。

第四，适当的法律安排。碳交易核证机构应对由于其从事的核证活动所导致的财务负债和法律责任有充分安排。

第五，完备的内部程序。碳交易核证机构务必具有从事相应核证业务的内部程序，对于机构内部的责任分担及处理投诉程序有明确、具体的规定，并及时向公众公开这些程序性规定。

第六，严密的组织管理。碳交易核证主体机构内部应具备严密的管理组织，能够从整体上对该核证主体的业务操作和执行承担责任。

第七，专业化。碳交易核证机构的内部应具有必要的专家从事相应的核证业务，特别是要充分了解以下内容：联合国缔约国会议的相关决议和执行指导方针；与环境问题相关的技术层面的业务；相关的环境审计要求和方法学；核算减排量的相关方法学。了解关于其从事的核证业务的相关标准和指导原则；了解与正在进行的核证活动相关的立法、规章以及行政要求；了解排放装置中每个排放源的所有相关信息，尤其是排放数据的收集、测量、计算与报告。

第八，没有未决的诉讼。碳交易核证机构应没有关于玩忽职守、欺诈及其他与碳交易核证机构所从事的核证业务不符的任何其他活动的未决诉讼。

5.2.2 碳交易核证机构的法律地位

碳交易核证主体向联合国主管机构提交核证报告，即签发经过核证的减排量申请后，若联合国主管机构在收到之日起15天之内，参与项目的缔约方或该机构至少有3个成员未提出对此签发申请实行审查，则可认为此签发申请自动获得批准。若参与项目的缔约方或该机构有3个以上成员对此签发申请提出审查要求，则此主管机构就会对核证报告进行审查，但审查内容仅局限于碳交易核证机构自身是否有欺骗、渎职以及资质是否合格的问题。

做出上述规定正是由于碳交易核证制度是排放权市场的特殊性所造就的一种社会中介性质的资信机制,同时也是一种社会监督机制。核证机构的核证行为决定了作为排放权交易客体的减排量是否能够签发以及具体的签发数量,为了保证核证的公正性和促使遵循法定程序和业务要求。如果核证主体严重不负责任,甚至渎职,出具虚假的核证报告或者与被核证的项目参与主体联手欺诈社会公众,则在客观上违背了核证制度的初衷,应当撤销其核证主体的资格,给利益相关人造成损失的,要承担赔偿责任。

5.3 碳交易核证程序及其科学性

5.3.1 碳交易核证程序

(1) 碳交易市场的主要碳排放权单位载体及其监督核证机构

碳交易是碳排放权的交易。碳交易的对象——碳排放权是一种特殊的商品,它本质上是一种碳信用。碳信用是需要认证的,是在一定市场认可机制下经过特殊的程序完成的。表5-1所示的是碳交易市场目前的主要碳排放权单位载体及其监督核证机构。

表5-1 全球碳排放权所属机制及监督核证机构

排放权单位载体	所属机制	监督核证机构
AAUs 分配数量单位	ET 国际排放贸易机制	《京都议定书》附件一国家的国家登记处 (National Registry)
RMUs 清除单位	ET 国际排放贸易机制	《京都议定书》附件一国家的国家登记处 (National Registry)
EUAs 欧盟排放配额	ET 国际排放贸易机制	欧盟国家分配计划 (National Allocation Plan, NAP)
ERUs 减排单位	JI 联合履约机制	《京都议定书》第六条规范的"监督委员会" (Supervisory Committee)
CERs 核证减排量	CDM 清洁发展机制	清洁发展机制执行理事会 (Executive Board, EB)
VERs 自愿减排量	自愿减排机制	非《京都议定书》限定的独立第三方评估和核实

续上表

排放权单位载体	所属机制	监督核证机构
CFI 碳金融工具	自愿减排机制	非《京都议定书》限定的独立第三方评估和核实
VCS 自愿碳标准	自愿减排机制	非《京都议定书》限定的独立第三方评估和核实

（2）碳交易核证程序

参照联合国缔约会议对 CDM 机制的核证程序的相关规定，碳交易核证程序可设计如下：

第一，核实。项目开发者首先要与碳交易核证机构进行签约，由碳交易核证主体负责对项目的所有申报资料与文件加以核查与认证，并出具结论性报告，包括项目的设计文件、监测方案基准线的研究等。只有经过碳交易核证机构的核实的项目方可成为合格项目。

第二，审定。项目减排量的审定，需对项目的排放进行监测。而项目的监测计划包含在项目设计中，同时，项目监测计划所使用的方法需经联合国主管机构批准与独立第三方碳交易核证机构的审定。项目开发者需严格按照注册项目设计文件中的监测计划实行监测，并把所监测报告提交给独立第三方碳交易核证机构。在 CDM 项目中，联合国执行理事会有可能要求项目开发者向国内指定的 CDM 项目主管机构提交项目运行的监测报告。

第三，核证。独立第三方核证机构对已经在联合国注册的项目减排量进行周期性的审查与确认，同时根据所审定的监测数据、计算程序与方法，计算出项目减排量。若独立第三方核证机构认为监测方法正确且项目已具备完备、透明的文档，则其会向项目参与主体、相关缔约方以及联合国主管机构提交核证报告，以证明在特定的时期内，项目取得了核查减排量。需注意的是，此时独立第三方核证机构所提交的核证报告，即是申请签发与核证减排量相等的减排量。

5.3.2 碳交易核证程序的科学性

随着中国"十二五"期间碳减排指标的分解，欧美发达国家征收"碳关税"山雨欲来，碳核证必将是一片新"蓝海"。

碳交易核证又是指对温室气体排放清单的核证，是国际上为减少温室气体排放，应对气候变化提出的新措施，是以政府、企业等组织为单位，计算其在某一时间段内，在运营和生产活动中各环节直接或者间接排放的温室气体，即算"碳账"、摸清碳排放家底的过程。

（1）国际通行的主要碳标准

碳核证的报告依据：碳核证标准包括 GHG Protocol（温室气体核算体系）的系列标准、ISO 14064 系列标准、英国的 PAS 2050 标准。①GHG Protocol（温室气体核算体系）是由世界资源研究院（World Resource Institute）与世界可持续发展商会（World Business Council for Sustainable Development）共同颁布的。它包含了 4 个相互关联的标准：企业碳盘查与报告标准、项目碳盘查标准与指南、企业价值链碳盘查与报告标准、产品全周期碳盘查与报告标准。②国际标准化组织（ISO）的相关标准：ISO 14064：2006，其分 3 个子标准，分别是温室气体在组织层面和项目层面的量化和报告以及审查和核证的规范及指南；ISO/TS 14067：2013 是关于产品碳足迹方面的碳标准。③英国标准协会（British Standard Institution，BSI）推出的碳标准：PAS 2050 是 2008 年颁布的全球第一个用于评价产品碳足迹方法学体系，现行的最新版文件为 PAS 2050：2011。该体系主要适用于三种商品：B2B 商品、B2C 商品和服务。

上述主要标准体系在组织层面、项目层面及产品和服务层面各有侧重，因此企业和组织要根据自身的需要和条件，选择使用上述标准。

然而，中国政府还没有公布碳核证方面的标准或体系。

目前，诸多信号显示，摸清碳排放的家底已成为政府和企业的必然选择。一场由政府、企业、碳咨询公司、NGO（Non-Governmental Organization，非政府组织）和第三方认证机构联袂出演的碳盘查、核证掘金大戏正徐徐上演。

针对企业的具体情况，碳资产公司可为企业制定碳盘查、温室气体排放管理、碳审计、配额管理、碳交易管理、碳资产会计与资产计量处理制度一系列规范性文件，制定碳资产管理的管理制度及具体实施细则，从制度层面理顺碳资产管理的流程。

（2）开展碳交易核证的积极影响

①管理温室气体风险并找出减排量机会

编撰一份全面性的温室气体排放清册可以让企业更加了解本身的温室气体排放状况以及可能面临的责任与风险。同时也能通过对温室气体排放的估算、审计，协助企业将最具有成本有效性的减排量机会挖掘出来。

②降低营运成本

提升能源与物料使用效率，更借由开发新产品与新服务，进而降低客户或供货商的温室气体排放。

③树立良好的社会责任形象

随着对气候变化的关注愈来愈多，愈来愈多的非政府组织、投资人或其他的利害相关者都要求公司披露更多的温室气体排放相关信息。公开披露企业的温室气体排放信息可以强化与利害相关者间的良好关系，从而建立企业在顾客和一般大众间的"社会责任，环境经营"的声望。

④加入温室气体排放权交易市场

近年来在一些地区开始实行具备市场机制的方法，用以进行温室气体排放的抵减。这些交易方案需要较实际的排放与既定排放目标或上限，来决定是否要购买或可卖出排放权，且通常都会要求估算直接排放的部分。同时，为了协助进行独立查验工作，这些排放交易系统都要求参加的企业，对其提报的温室气体信息，建立一个可供认证的线索。

⑤规避未来温室气体总量/单位产品排放量限额超标风险

企业进行碳交易核证，可以为国外未来可能实施的"碳关税"和其他类似的碳贸易壁垒以及国内可能实施的单位产品企业碳排放量限额做好前期准备，合理拟定企业碳管理计划，降低由于企业温室气体策略失误带来的巨大潜在的经济损失。

⑥有利于获得政府更多的支持

中国作为能源消耗和生产大国，在哥本哈根会议上承诺到2020年，单位GDP二氧化碳排放比2005年下降40%~45%，这一承诺无疑为我国敲定了未来经济的发展方向——低碳经济。据《易碳家期刊》了解到，为落实低碳经济，政府将会通过减免税收等各类经济激励和支持措施，鼓励企业节能减排、发展低碳经济，而以碳核证为基础展开的企业碳管理，必然使得企业在争取政府支持方面占据有利的位置。

⑦领先于对手，加强国际竞争能力

实施标准的碳核证将是企业提升能源使用效率，降低成本，满足客户环保要求，展现企业社会责任形象的必由之路，可以预见不远的将来，越来越多的企业将在温室气体排放量及报告方面力求获得第三方认证，以增强在全球"绿色"采购中的竞争力，尽早在全球贸易中获得"绿色"通行证。

5.4 强制性减排的核证

5.4.1 欧盟排放配额的核证

在《欧盟温室气体排放交易指令》（以下简称《指令》）和欧盟排放权交易机制的规定中，欧盟排放配额（EUAs）的监测、报告和核证程序是最耗费时间的。因为在考虑制订和执行一个新计划时，不仅要考虑到现有的采集频率和精确性，还要考虑到数据供给者或者排放报告中的能源数据是否能够满足数据核查的需要。据

《指令》第十四、十五、二十三条以及附件四和附件五中的相关规定，监测、报告和核证制度是紧密结合在一起的。在2003年9月30日之前，欧盟委员会要求造成附件一中列举的各种温室气体排放的排放实体，根据《指令》第二十三条第二款规定的程序，对其排放活动进行监测和报告。对于这些监测和报告的指导方针主要规定在附件四和附件五中。

欧盟排放配额的核证标准是成员国要确保经营者按照《指令》第十四条第三款提交报告时根据附件五规定的标准进行核证，并且告知主管当局。成员国要确保在每年的3月31日之前，如果经营者没有按照附件五规定的标准提交上一年关于温室气体的令人满意的、经过核证的报告，就不能进一步转让其配额，直到其报告得到令人满意的核证为止。成员国要确保其温室气体的排放是按照指导方针的相关规定进行监测的。

欧盟排放配额的核证要求首先应当在对排放源装置从事的所有活动进行战略分析的基础上进行，要求核证主体对排放源的所有活动及其排放的重要性有一个总体认识。核证主体在适当条件下，应该对排放主体提交的信息在排放装置的所在地进行核证，通过使用现场检查的方式来确定报告中的数据和信息的可靠性。核证主体应当提交排放装置中包含的所有排放源，以便评估每一种排放源在装置的总体排放中所占比例的数据的可靠性。在对此进行分析的基础上，核证主体应明确容易出现误差的排放源和确定总排放量时容易在监测和报告中出现误差的其他方面。这尤其涉及排放因数的选择和确定单个排放源的排放水平时必要的计算，应特别注意那些具有高误差风险的排放源和上面提及的监测程序的有关方面。

此外，核证主体还应当考虑到排放源企业为了将不确定性最小化所采用的有效的风险控制方法。

5.4.2 项目核证

根据《京都议定书》的规定，JI项目和CDM项目产生的减排信用相对于通过其他任何方式产生的削减排放来说，都应该有额外性，但是并没有规定具体的计算方法。因此，JI项目与CDM项目一样都存在夸大减排量的诱因风险，需要建立一套减排信用的认证和核证体系以及独立的核证主体与之相配套。

（1）核证主体的职责

项目核证主体就是专门运作联合履约机制项目的中介公司，它主要依据项目机制的各项规则要求，对项目发起人申请的作为温室气体减排的项目进行核证，并在认为该申请项目符合特定条件后提交给联合国相关主管机构（清洁发展机制提交给执行理事会，联合履约机制提交给监督委员会）批准注册；并负有在项目执行之后对项目所产生的温室气体减排量进行核实，向联合国相关主管机构申请签发经过核证的减排量的义务。

核证主体应当通过执行理事会或者监督委员会对《联合国气候变化框架公约》和《京都议定书》缔约方会议负责，并履行以下主要职责：

第一，审定提交申请的 CDM 机制和 JI 机制项目活动。

第二，核证、核查温室气体排放源中的各种人为排放量的减少。

第三，遵守项目活动所在的缔约方国家的适用法律。

第四，表明其项目本身及其分包商与被挑选从事核证、审定工作的 CDM 机制项目或 JI 机制项目的参与主体不存在实际的或者潜在的利益冲突。

第五，在特定的项目活动方面履行审定或者核证的职能。

第六，公布其审定或者核证的所有 CDM 机制项目和 JI 机制项目活动的公开清单。

第七，向 EB 或者监督委员会提交年度活动报告。

第八，按照 EB 或者监督委员会的要求，公开从项目参与主体处得到的信息。但是，未经信息提供者提交书面同意，不得透露或者注明表明为专有或机密的信息，但国家法律要求的除外。

（2）核证主体资质的丧失

执行理事会或者监督委员会应当向《联合国气候变化框架公约》和《京都议定书》缔约方会议建议已经达到其认证标准的核证主体，保持一份可公开提供的所有指定的核证主体的名单。如果执行理事会或者监督委员会进行了评估，发现某核证主体不再符合《联合国气候变化框架公约》和《京都议定书》缔约方会议决定确定的认证标准或适用规定时，可向缔约方会议建议暂停或者撤销对该核证主体的认证；在该核证主体获得听证机会后，执行理事会或者监督委员会就可以正式建议暂停或撤销对该核证主体的认证，并应当立即书面通知所涉核证主体。一旦执行理事会或者监督委员会做出正式建议，该建议立即生效，并在缔约方会议做出最后决定之前始终有效。执行理事会或者监督委员会和缔约方会议的此类建议应当公布。

5.4.3 减排量单位的核证

减排量单位（Emission Reduction Units，ERUs）是在联合履约机制项目下交易的指标，是根据联合履约机制、经东道国审查批准和认证的或者经该国与联合国联合履约监督委员会共同审查批准和认证的指标。

（1）核证客体

实施联合履约机制项目，可采用以下两种方式：第一种方式是允许东道国政府采用自身的程序，要求东道国政府符合《建立世界贸易组织的马拉喀什协定》中的相关合格性要求；另一种方式是在东道国没有达到合格性要求的情形下所采用的方式。在这种情况下，JI 项目产生的 ERUs 数量必须要经过联合国监督委员会的核准。

联合国监督委员会是继《京都议定书》之后，为了落实 JI 机制专门成立的十人委员会，其职能、职责与 CDM 机制中的 EB 相似。项目参与主体必须准备项目设计文件，由监督委员会认证的独立核证主体来评估。该评估是为了确保项目具备适当的基准线和检测计划，从而能够保证温室气体的排放和清除得到精确的评估。基准线和检测计划必须根据权威标准来制定，而且项目设计文件中还应该包括环境影响评估。根据项目参与主体的评估和报告，独立核证主体就会确定由东道国颁发的 ERUs 的合格性。

为了落实《京都议定书》中的项目机制，欧盟发布了 2004 年第 101 号指令，对 2003 年的温室气体排放交易指令进行了修正，并对联合履约机制项目下 ERUs 的核证进行了细化规定。

（2）核证程序

第一，初始核证。经过认证的独立核证主体（以下简称核证主体）通过联合国秘书处公布项目设计文件，从公布之日起三十日内，征求项目参与方、投资方和其他相关方的意见以及任何支持信息。由核证主体来决定以下事项：项目是否经过相关方的批准，是否实现了额外性减排，是否具有符合标准的适当的基准线和检测计划，参与方是否已经向经过认证的独立实体提交了项目活动的环境影响分析报告以及是否根据东道国政府要求的程序进行了环境影响评估。核证主体应通过联合国秘书处公布其决定和做出此决定的理由；同时，应对收到的评论做出总结并在声明中说明以及对此评论做出了适当考虑。

第二，核证声明。对项目设计文件的最终决定要自核证主体的决定公开之日起四十五天内做出，除非项目的任何相关方或者监督委员会的三名成员要求进行复查。如果被要求复查，监督委员会要在不超过六个月的时间内或者在提出复查要求后的第二次会议上做出最终决定。监督委员会将其决定和理由告知项目参与方并进行公布，该决定是终局性的。

第三，核证报告。项目参与方根据其最初减排监测计划出具检测报告，并提交给核证主体，该报告是公开的。只要这些减排量是根据监测计划和相关规定进行监测并计算后得到的，核证主体会在收到监测报告后，通过秘书处做出确定减排量的决定及其理由，并向公众公布。关于确定减排量的报告将在公布后的十五日内做出决定，除非项目的相关方或者监督委员会在下一次会议或者在正式做出复查决定后的三十日内做出决定。如果监督委员会确定该复查要求是有益的，则会决定复查，并在三十日内完成，然后将复查结果通知项目的参与方，并向公众公布复查结果和理由。

5.5 核证减排量的核证

5.5.1 核证减排量的定义与特点

(1) 核证减排量的定义

核证减排量（Certified Emission Reductions，CERs）是根据清洁发展机制并经过东道国和联合国清洁发展机制执行理事会严格审查批准和认证程序颁发的指标。核证减排量是清洁发展机制（CDM）中的特定术语。根据联合国执行理事会（EB）颁布的 CDM 术语表（第七版），核证减排量，是指一单位符合清洁发展机制原则及要求，且经 EB 签发的 CDM 或 PoAs（规划类）项目的减排量，一单位 CERs 等同于一吨的二氧化碳当量，计算 CERs 时采用全球变暖潜力系数（GWP）值，把非二氧化碳气体的温室效应转化为等同效应的二氧化碳量。

(2) 核证减排量的发展情况

①全球核证减排量

世界上签发的 CDM 项目，核证减排量较多的国家有中国、印度、巴西。其中，中国的核证减排量已占世界 60% 以上。截至 2014 年 6 月，全球签发的 CERs 为 14.68 亿吨二氧化碳当量（CO_2e，carbon dioxide equivalent），若按照 10 美元/吨的价格计算，转让收益将超过 146 亿美元。

②中国核证减排量

中国是世界上公认的可以提供大量 CDM 项目的国家。中国注册成功的 CDM 项目数、项目产生的预期年减排量、获 EB 签发的核证减排量（CERs）均位居世界第一，中国在全球 CDM 市场已全面处于领先地位。根据清洁发展机制网信息，截至 2014 年 12 月 16 日，中国已获得的 CERs 签发的全部 CDM 项目为 1428 项，获得签发的 CERs 为 337 711 311 吨 CO_2e，按照 10 美元/吨的价格计算，转让收益将超过 33 亿美元。

③核证减排量的产生流程

按照 CDM 的规格，CERs 的产生必须经过严格的流程，并交由联合国执行理事会（EB）审批，其中包括减排项目开发—审定—注册—监测—核查与核证—签发。

a. 减排项目的开发。减排项目的开发实际是对潜在 CDM 项目的识别和表述。一个 CDM 项目必须具有真实、可测量、额外的减排效果。为了确定项目是否具有额外性，必须将潜在项目的排放量同一个合理的基准线的参考情景的排放量相比较，项目参与者应该采用经批准的方法并依据项目的具体情况制定基准线。

b. 项目的审定。指定的经营实体将考察项目设计文件，并经公众评议后，交由 EB 决定是否批准该项目作为 CDM 项目。根据每个项目类型不同，寻找具有审定认证资质的指定的经营实体。

c. 项目的注册。签约的指定的经营实体确认该项目符合 CDM 的要求，签署审定认证报告，向联合国 CDM 执行理事会提出注册申请。审定报告中需要包含项目设计文件（PDD）、东道国的书面批准文件以及对公众意见的处理情况。在 CDM 执行理事会收到注册请求之日起 8 周内，如果没有 CDM 执行理事会的 3 个或 3 个以上的理事和参与项目的缔约方提出重新审查要求，则项目自动通过注册。执行理事会主要审查项目是否符合审定条件。最终决定由 CDM 执行理事会在接到注册申请后的第二次会议之前做出。如果该项目被 CDM 执行理事会驳回，企业可以修改，修改后重新提出申请。

d. 项目的监测。一个碳减排项目如果没有经过指定的核实程序专门测量和审计其碳排放，就不可能在国际碳排放市场上转让其碳量以获取价值。因此，一旦 CDM 项目进入运作阶段，项目参与者就必须按照批准的监测计划，监测、测量及报告一个监测期内产生的减排量，并提交报告给一个经营实体（DOE）申请核查。如果项目在监测期内发生重大变化以致影响额外性或监测计划无法执行，项目业主方必须修改项目设计文件并重新交由经营实体核查和 EB 审批。

e. 核查与核证。核查是由经营实体独立完成的，如第三方验证机构 SGS，它是对监测报告上的减排量进行事后鉴定。经营实体必须查明产生的减排量是否符合项目的原始批准书标明的原则和条件。通过详细的审查之后，经营实体将提出一个核实报告并对该 CDM 项目产生的减排量予以确认。核证是对一个项目产生的经核实的减排效果的书面保证书，证明在一个周期内，项目取得了经核查的减排量。

f. CERs 的签发。指定的经营实体提交给 CDM 执行理事会的核证报告，申请 CDM 执行理事会签发与核查减排量相等的 CERs。在 CDM 执行理事会收到签发请求之日起 15 天之内，参与项目的缔约方或至少三个执行理事会的成员没有提出对 CERs 签发申请进行审查，则可以认为签发 CERs 的申请自动获得批准。如果缔约方或者三个以上的 CDM 执行理事会理事提出了审查要求，则 CDM 执行理事会需要对核证报告进行审查。在收到了审查要求的情况下，CDM 执行理事会会在下一次会议上确定是否进行审查。如果决定进行审查，审查内容仅局限于指定经营实体是否有欺骗、渎职行为及其资质问题。审查应在确定审查之日起 30 天之内完成。

专栏 5-1	我国七个试点省市建立碳排放权交易第三方核查制度

我国是世界能源消耗大国，"高能耗、高污染、低产出、低效益"问题突出。据了解，为鼓励用能单位建立能源管理体系，运用管理节能手段实现节能

降耗目标,2009年10月,国家认监委发出《关于开展能源管理体系认证试点工作的通知》,开展能源管理体系认证试点工作至今,共有37家认证机构在冶金、化工、钢铁、机械、造纸、纺织等13个行业开展了能源管理体系认证试点工作。

截至2013年12月底,试点的37家认证机构共颁发能源管理体系认证证书373张,其中列入发改委万家企业的有228家,占总获证组织数量的61%,发证量最多的前三位行业是建材、钢铁和化工。已签订认证合同尚未发证的企业有288家。很多获证企业反映能源管理体系的建立和认证对于促进企业节能减排、减低成本起到了积极的重要的作用。

截至2014年3月底,我国已累计颁发节能、可再生能源、新能源产品及能源管理体系认证证书24 479张,以节能产品认证为例,2013年获得认证的节能产品共实现节能约4435.37万吨标准煤,减排约1.63亿吨二氧化碳。

随着近年来全球气候问题的日益凸显,国家认监委与国家发改委密切配合,联合其他相关部委,2013年2月正式出台了《低碳产品认证管理暂行办法》,同年4月成立低碳认证技术委员会,同年8月发布《低碳产品认证目录(第一批)》,初步建立了我国低碳产品认证制度。

低碳产品认证制度结合我国目前实际情况,创造性地提出了产品部分生命周期碳排放量化方法,确保了低碳产品认证制度的可操作性,并与我国现行的节能产品认证制度密切衔接,是国内碳排放认证制度一项重要的创新成果。

我国政府在气候变化领域内推行了几项重要制度,其中包括:温室气体自愿减排交易制度、碳排放权试点交易制度、重点企事业单位温室气体报告制度。

在这几项重要制度的实施过程中,认证认可的技术手段对排放和减排数据的真实性和可靠性的质量保证起到了至关重要的作用。

其中,在温室气体自愿减排交易制度方面,2012年国家发改委颁布了《温室气体自愿减排交易管理暂行办法》,明确规定申请备案的自愿减排项目需经国家主管部门备案的第三方机构审定和核证,并出具审定报告和核证报告。目前国家发改委已经批准3家第三方审定核证机构,已有120多个自愿减排项目进行网上公示。

在重点企事业单位温室气体报告制度方面,2014年国家发改委发布了关于开展重点企事业单位温室气体报告工作的通知,要求组织第三方机构对重点排放报告的数据信息进行核查。其报告主体定义为2010年综合能源消费总量达到 5000 吨标准煤的法人企事业单位，涉及全国范围内约 4 万家企业。

我国低碳产品认证制度的建立，得到联合国开发计划署及欧洲国际同行的高度认可。联合国开发计划署以及英国政府分别提供资金支持在湖北省、广东省和重庆市开展低碳产品认证试点。目前，我国已培养了一支约 100 人的低碳产品认证队伍，完成了汽车、水泥、铝合金型材、电动机等多种产品的低碳标准和认证实施规则。

国际气候变化谈判仍在继续，全球翘首期待 2015 年巴黎第 21 届联合国气候变化大会能达成 2020 年以后的全球性协议。我国作为发展中国家，在争取发展空间和时间的同时，也将继续采取减排行动，坚定地走低碳发展道路。只有采取可监测、可核查的减排行动，走可量化、可考核的低碳发展之路才能取得减缓气候变化的成效，赢得国际社会的信任。为此，我们必须建立更为完善的碳排放认证认可制度，为我国的减排行动和低碳发展提供可靠的数据质量保证。

截至 2014 年 3 月底，我国累计颁发各类认证证书 122.5 万余张，获证组织达 44.4 万余家，认可各类合格评定机构 6503 家，证书数量和获证组织数量连续多年位居世界第一，成为在国际上具有重要影响的认证认可大国。

（资料来源：《法制日报》）

5.5.2 核证减排量的核证

（1）检测方法

在清洁发展机制项目的指南和相关文件中，并没有明确指出关于检测方案的问题，但是作为核证的最基本和最重要依据，监测方案至关重要。在 IPCC 的良好操作规范和欧盟的排放交易机制中对项目的监测都有明确的规定。监测方案要遵循完整、准确、一致、可比性和透明性的原则，并且要保证没有错误或者遗漏；在排放数据的收集和整理时，要保证其准确性和透明性。审计员会根据设计信息追溯到原始的数据进行误差检查，所有被发现的误差都将被更正；一般来说，如果误差小于 5%，则可以被忽略；无法校正的误差则要在"事实"条款中列出。

（2）核证客体

清洁发展机制项目的核证客体包括：核查项目设计文件；利用登记的项目设计文件和检测计划中列出的一致的方法确认项目的额外性；实施现场检查；使用来自其他来源的补充数据；检查使用的监测方法是否是合适的；文件记录是否透明而且

保持完整;评审监测的结果;在必要之时,建议项目参与主体对监测方法做出适当的修改;识别并告知项目参与主体任何关于项目活动登记与项目实施不一致的地方,相关的项目参与主体应该对这些问题予以关注并提供相应的补充信息;公布监测报告。

(3)核证程序

实施了监测方案之后,提交监测报告,CDM 机制项目就进入到了核证减排量的阶段。首先,核证是指由 DOE(Designated Operational Entity,指定经营实体)定期独立审评和其所做的事后确定,核查在有效期内登记的 CDM 项目活动所包含的已经监测到的温室气体源的人为排放量的减少。其次,核证是 DOE(指定经营实体)CDM 中的第三方独立审核机构对于注册成功的 CDM 项目在一定阶段的减排量做出的周期性评估和事后决定的制度。最后,核证是为了证明某项目活动在一个具体时间内实现了所核证的温室气体排放源的人为排放量的减少已经得到核实。根据经过注册的计算机方法和程序以及经过核证的监测数据,DOE 就可以计算出 CDM 机制项目的减排量。

①初始核证

初始核证的目的是为了核查 CDM 项目是否按照监测计划实施、确定监测系统已经到位并得到有效执行,保证项目可以产生高质量的 CERs。

CERs 的初始核证是非强制性的,主要取决于项目参与主体的主观意愿。项目参与主体如果想进行初始核证,就要向指定的经营实体提交项目设计文件及委托报告,进行项目登记;两周后由指定的经营实体准备核证方案,然后进行现场访问,并提出意见。如果存在问题,则要先解决必要的问题,然后提交最终的初始核证报告和准备方案。

②周期性核证

周期性核证是为了对核证期的 CDM 减排量进行定期的独立复审和事后的确认。周期性核证是由项目参与主体提交监测报告,由指定的经营实体进行文件评审,在必要时,要进行现场访问以确认项目的合规性和相关数据的真实准确性。周期性核证主要包括以下内容:第一,核查实际的监测系统和程序是否符合监测计划中的规定;第二,评估对温室气体减排数据和说明报告的温室气体减排是否具有较高的可信度;第三,是否有充分的证据支持这些减排数据。DOE 根据每次核证结果,出具一份书面的有法律效力的核证报告,并且要将结果通知利益相关方。

③文件评审

通过对项目设计文件的评审,指定的经营实体应当对该项目有较全面的了解。因此,项目文件评审至少要包括以下内容:第一,最新的项目设计文件及其附件,包括监测报告;第二,最新的前一次审定报告和初始核查报告;第三,如果存在周期性的核证报告，则也包括在内；第四，流程图、设备记录、性能记录等其他相关文件。

④现场评审

现场评审必须能够使指定的经营实体确信该 CDM 项目已经具备了产生高质量 CERs 的条件。在评审过程中，核证主体应该根据追踪线索对现场进行调查，并检查已有的监测计划和记录。

⑤改正行动

如果发生 CDM 减排不能在后续周期性核证中进行验证的风险或者当项目出售方必须马上行动以确保后续产生的减排量情况时，就会有改正行动的要求。

⑥初始核证声明

核证完成后，核证主体将为项目申请者出具初始核证证明，包括肯定声明和否定声明：当 CDM 项目设计文件和现场评审都可以证明该项目已具备运行的条件，不需要做进一步调整时，指定的经营实体就可以出具肯定的初始核证声明；当 CDM 项目尚未具备产生 CERs 的条件时，即当存在减排在今后的周期性核证中无法核证的风险时，项目应当采取必要行动确保今后的周期性核证能够产生 CERs，核证主体就会出具否定的初始核证声明。

⑦核证报告

在核证 CDM 项目产生减排量后，指定经营实体应该向项目的参与主体、相关缔约方以及国际主管部门 EB 提交核证报告，并将该报告公开。该核证报告应该包括请求联合国执行理事会出具与已经经过请求发放经过核证的温室气体减排量，即 CERs。

5.5.3 中国核证减排的现状、问题与对策

5.5.3.1 我国核证减排的现状

我国作为发展中国家，根据国际规则，目前不承担国际碳减排义务，但是在清洁发展机制下我国可以作为项目参与方在国际碳排放权交易市场上进行交易，而我国交易市场主要是清洁发展机制项目下的信用型交易市场，也称为项目型市场。全球已形成了一个规模日趋扩大的碳排放权交易市场，有望超过石油市场成为世界第一大市场，"碳排放"技术及其产品也成为重要的战略资源和资产。随着中国经济的发展，参与到国际碳排放权交易中的企业日渐增多，比如我国的宝钢和一些煤电公司。世界银行碳基金在中国购买的首个 CDM 是晋城煤业煤气项目，晋城煤业通过煤体层（瓦斯）发电，减少二氧化碳气体排放 450 万吨，世界银行碳基金按照 4.25 美元/吨的价格，支付 1900 万美元。据专家预测，中国在 2030 年二氧化碳减排可达

20亿～30亿吨，超过欧洲国家减排量的总和。根据国家发展和改革委员会的统计，截止到2012年2月21日，已有3851个CDM项目成功获得国家发改委的批准，中国已然成为全球核证减排量的最大供给国，但是在全球碳排放权交易市场的交易额却不足百分之二十，除了CDM项目本身成本投入的高昂性、流程的复杂性和不确定性等国际市场原因外，更多是因为我国碳排放权交易中现存的很多法律问题以及配套制度体系的欠缺，且没有相关制度的指导和规范，交易必然是无序低效，甚至出现"劣币驱逐良币"现象。

5.5.3.2 我国核证减排面临的问题

从1997年《京都议定书》生效以来，中国通过制定实施一系列CDM的法律法规与政策规定，使CDM交易制度日趋完善。CDM项目交易带来了一系列积极影响：有助于引进发达国家的技术，在促进经济发展的同时也减少了温室气体的排放，促进了中国的可持续发展；通过CDM项目交易，使企业与公众对气候变化及其影响有更多的了解，从而有助于更多的企业与公众自觉参与到保护全球气候的行动中。重要的是，CDM交易的成功实施，增强了国际社会通过合作减少温室气体排放的信心。但作为一个新生事物，CDM交易制度在我国的发展仍然存在较多问题，问题主要体现为：制度问题、法律风险问题、发改委审批项目在联合国注册成功率低、缺少专业的方法研究机构与交易中介机构，交易程序复杂、未形成统一的对外交易市场。

(1) 制度问题

中国目前的绝大部分碳排放权交易都是CDM项目下的核证减排量交易，且现实交易中法律关系的复杂化，使得可据以援引的法律法规并无针对性，相关的制度问题仍然较多。我国的核证减排主要存在以下问题：

第一，碳排放权法律定位的缺失。碳排放权交易源于现代产权学派的经济学理论，根据科斯的产权理论，任何一种资源在市场上进行交易，只有通过清晰的产权界定才能使交易顺利进行。我国目前的法律法规并未对碳排放权的法律性质予以清晰界定。我国《清洁发展机制项目运行管理办法》第24条规定，中国政府享有温室气体减排量资源的所有权，而清洁发展机制项目所产生的温室气体减排量的所有权归开发企业所有。然而，该条款关于碳排放权所有权的规定无法明确开发企业享有的究竟是哪种权利以及关于温室气体减排量资源和减排量的关系，这些立法缺失使得现实中很多意图开发CDM项目的企业因后顾之忧而望而却步，进而不予尝试，这不仅不利于激励我国企业实体积极参与国际碳排放权的交易，也不利于我国温室气体减排和环境保护。更为重要的是，权利的不确定会影响到其他相关制度的建立，比如碳排放权的融资租赁制度、质押制度、保险制度等，也会波及未来碳排放权交易金融市场的建立。因此，当务之急是通过法律明确碳排放权的法律性质和权利归属。

第二，高位阶规范体系的缺失。目前，我国《清洁发展机制项目运行管理暂行办法》属于部门性规章，法律地位较低，而项目涉及面较为广泛，包括外资和技术的引入、能源的开发利用、项目审核和批准、相关法律责任承担，部门规章因效力较低无法管理和解决所有问题。同时，该办法里没有规定对CDM项目具体实施的指导措施、法律风险控制、项目参与方资质资格的认定标准和行为要求、各参与方法律责任等内容。例如由于指导规则缺失，国内CDM实体为省事，在应用方法学时，对计算方法进行变动，从而经常被指定经营体审核不通过。

第三，相应配套制度的不完善。我国作为CDM项目的参与方，尤其是项目所在地一方，相关配套制度的不健全不仅不利于改变我国当前的不利地位，同时不利于未来我国碳排放权交易的拓展和秩序的建立。具体表现为三个方面：

①碳排放权总量控制和配额制度缺失。分配是交易的前提，碳排放权初始分配的公平性直接关系碳排放权交易的公平、效率以及碳配额市场的建立和发展。碳排放权因其稀缺性而具备交易价值。因此，我国目前碳排放总量控制制度的缺失直接影响到申请CDM项目的实体数量，从而影响碳排放权的产量，最终影响到国际碳排放权交易市场的交易价格。目前我国作为CDM项目碳排放权的最大供应国，碳排放权总量控制制度的缺失也是导致碳排放权交易价格异常低廉的原因之一。

②中介制度、信息公开制度和监管制度的不健全。其一，中介制度包括相关的知识培训、法律服务、经济审计、信息发布、碳排放量认证等相关制度。目前，我国所参与的CDM项目交易，面临着语言问题、交易相对方的资格审查问题、商务谈判问题、协议文本的草拟和审核问题、争议解决等问题，很大程度上源于我们国内没有相关的组织服务，而组织的建立、服务、监管皆需要法律的引导和规制。其二，市场虽然是配置资源的最佳方式，但是市场存在失灵状况，此时需要政府的宏观调控和相关法律制度的保障，虽然暂行办法规定了一些处罚措施，但是由于规定的笼统性，无配套细则指导实施，再加上该部门规章效力层级较低，使得监管和处罚措施基本空置。目前市场上存在的违规套利、出具虚假证明文件以及空壳公司参与交易等欺诈违规行为，无不与信息披露、法律责任等具体监管制度缺失有关。

③碳金融制度的缺失。我国碳排放权交易前景广阔，市场潜力巨大，但是由于没有配套金融制度的建立，很多意欲参加碳排放权交易的实体因为资金或风险等原因而未敢涉足，如期货、保险制度等。在碳排放权交易市场上存在很多不确定风险，尤其对于CDM项目，其开发成本的耗资巨大和取得注册签发的不确定，以及市场价格的不稳定，严重影响着市场参与者的积极性。在市场中，由于未来碳排放权交易价格的不可预测性，交易者无法决定现在是否应该囤积碳排放权以待将来卖出，抑或尽快参与交易，而期货制度将有助于规避此类价格风险，期货市场总体上可以使

供求双方在价格竞争上形成一个趋势，有利于反映现实中的供需状况，增加价格的可预测性和透明性。同时，碳排放权交易保险制度的建立有助于交易参与者减少风险损失，保证碳排放权交易市场的高效运作。

(2) 法律风险问题

我国现在主要以 CDM 项目中卖方身份参与国际碳排放权的交易。因此作为卖方除了在交易语言、协议模板、国际规则熟悉度及市场信息的掌控度上处于劣势，还面临着与我国国情相关的一系列市场风险和法律风险。CDM 项目风险除了具有项目融资所存在的风险以外，在各个不同的操作阶段还存在着自身特有的风险，比如，概念开发阶段面临方法学可能被拒绝的风险，建设阶段面临着建设成本过高及承包商不履约的风险，运行阶段面临的主要风险主要发生在监测与核实过程中，签订 CREs 购买合同阶段面临 CREs 价格波动风险。

①CDM 交易协议风险及防范

我国实体作为 CDM 项目的参与方，且主要作为 CERs 的卖方出现，作为交易关键环节的合同法律风险，将直接影响我国实体的切身利益。

首先，在合同约定中，我国实体应注意对合同标的做明确约定。在实践中，我国的参与实体经常认为自己投资较少，最终还可以获得收益而欣然与买方签订合同，而对合同中的具体条款不加斟酌。在 CDM 的交易合同里面，虽然标的都是项目最终所产生的减排量，但是由于 CDM 项目运作流程中存在两个阶段的减排量，即核证阶段的核证减排量以及最终所签发的减排量，实践中往往这两个的数量不一致。在我国实践中，实际核证的减排量往往要少于 CDM 执行理事会最终签发的减排量，而买方通常会要求购买"核证减排量"。因此，我国在与发达国家买方签订合同时，必须明确，最终所交付的碳排放权是核证减排量还是最终签发的减排量。否则，我国实体可能会出现因违约——履行数量不足或不能履行，导致解约或巨额的赔偿风险。

其次，"交付"条款约定不明的法律风险。由于 CDM 项目流程的复杂性和参与主体的多元性，导致项目交付时间和最终签发 CERs 的时间存在不确定性。因此，我国实体在与买方签订合同时，一要明确约定"交付"的具体含义，为了减少我国实体违约风险，最好在谈判中约定以 CDM 执行理事会签发时视为交付，而不是划拨到买方电子账户，因为实践中，从 CDM 执行理事会签发 CERs 到转移至买方账户仍然可能有不确定因素，比如电子系统的障碍等风险。二要写明核证减排量的交付时间。许多作为买方的发达国家都倾向于在合同中约定，因任何原因导致项目不能按计划完成和交付不能按期完成即视为卖方违约，而这种情况在我国实务中通常视之为不可抗力因素，因此在合同约定中，我国实体应尽力将此种双方不能决定的外因约定为不可抗力或者约定此类风险由买卖双方共担，以此减少我方违约的情形。

再次，购买选择权条款带来的法律风险。在 CDM 项目下的交易合同，买方经常会在合同中约定选择权条款,即对于项目最终额外产生的减排量享有购买选择权。项目最终产生的碳减排量有可能多于合同的约定额,有可能少于合同的约定额,是否违约决定于买卖双方在合同中约定的 CERs 的确定方式。在买方约定项目产生多于其购买数额的碳减排量时,买方享有购买选择权,即碳排放权价格走低时,买方购买,反之不购买。这导致我国实体处于弱势地位。为防范由此带来的风险,在协议条款设定时,卖方应尽可能不授予买方购买选择权,但是若由于买方处于谈判优势地位,卖方可以选择赋予买方享有与第三方同等条件下的优先购买权,这样可以使得卖方不必承担太多义务,降低自身法律风险。

最后,买方主体资格、协议文本和法律适用带来的法律风险。具体表现为:

第一,我国碳排放权交易市场处于起步阶段,国内相关实体对 CDM 的游戏规则并不熟悉,甚至国内一些实体为把握赚钱机会,直接签订一些合同性文件,如法律意见书等。买方主体资格不适格,如空壳公司等,很可能导致合同无效或买方履行不能,即使通过诉讼方式解决,除了诉讼成本高昂之外,即使是我方胜诉,也可能因买方没有偿付能力而无法得到任何赔偿或补偿。因此,双方在订立协议之前,最佳方法是通过相关的交易平台或委托专业机构,比如专门碳排放权交易法律服务组织,对买方的资格加以全面审查,虽然需要付出些许成本,但这避免了以后更大的法律风险。

第二,我国是非英语国家,但现今通行的碳排放权交易协议模板几乎都是英文版的,对买方利益保护较为侧重,而且对于协议模板的翻译版,很可能与原版的内容有所出入。因此,我国相关实体在与买方商谈中,应该尽可能把模糊的词语含义界定清晰,在存在多种语言版本的时候,我方应尽可能选择中文文本为最终解释文本。

第三,目前国际碳排放权交易市场上的法律适用法多见于欧美国家的法律,且约定适用英国法居多。但我国并不承认英美判例法,且我国的法律渊源和程序与英美法具有很大的差距,如果采用英国法,在协议履行,尤其是合同争议解决方面将处于不利局面。因此,我国实体应尽可能与买方约定适用我国的法律,如果不能,也应当约定适用我国实体所熟悉的国家或地区法。同时,在设置争议解决条款时,可以另外约定争议适用法。我国实体为了避免因为对法律不熟悉而导致权益得不到有效保护的风险,应尽可能约定以我国法律法规作为争议时的准据法,以防止因法律适用问题带来的风险。

②CDM 项目运营过程中的风险及防范

对于作为卖方的我国实体而言,在 CDM 项目运作流程中主要存在以下法律风险。

首先,项目开发的成本风险。目前,CDM 项目一般是在项目设计之后,项目获得批准之前，由卖方寻找买家，在寻得买家之后，再经过审定，最终项目能否获得注册仍然无法确定。而一旦项目无法获得注册，那么前期所投入的项目搜寻成本、文件设计成本、买家寻找成本、指定经营实体的审定费用以及注册费用等都将付诸东流，这些成本并非一般企业所能承受，所以目前国内很多企业因顾虑这些高额的开发成本，而对CDM项目望而却步。一旦一个企业开始投资CDM项目，应对整个项目可能付出的所有成本和公司自身经济状况做客观评估与权衡，以防止过高的成本风险。

其次，CDM项目的额外性风险。额外性不符合规定带来的风险是CDM项目开发运营过程中经常遇到的风险。《京都议定书》规定，CDM项目活动应具备可测量的和长期的效益，其减少的排放量应具有额外性。CDM项目活动如果实现了以下目标即具有额外性：温室气体源人为排放量减至低于不开展所登记的清洁发展机制项目活动情况下会出现的水平。10个中国的风电CDM项目在2009年CDM执行理事会会议上被拒绝。CDM执行理事会之所以认为上述CDM项目不具有额外性，可能与中国政府下调风电上网定价有关，CDM执行理事会认为中国故意压低风电上网电价，以此帮助中国项目获得CDM补贴。因为项目设计和审定阶段都会涉及额外性的调查和评价，额外性不符合要求都将导致该阶段的中止或影响后续阶段的顺利进行。因此，我国实体在项目识别阶段和项目审定阶段必须明确我国的相关规定和CDM的相关规定，最好能充分了解以往因额外性不符而未能注册的案例。

再次，在项目设计和国内批准阶段。第一，项目的设计文件格式和模板应符合CDM执行理事会的相关规定，否则可能会给后期项目的审定和注册带来不确定法律风险。目前非附件一缔约国经济发展程度低，再加上CDM规则流程的复杂性及相关法律文件的英语版本性，导致很多发展中国家即碳排放权交易的卖方，对CDM的国际市场规则认知程度不够，使很多项目的设计文件和模板格式不符合规定，影响项目后期注册。因此，我国实体为了防范这些风险，应尽可能委托CDM市场上的一些经验成熟、在业界具有较好口碑的专业咨询机构对开发项目出具建设性的意见或编制高质量的项目设计文件，同时在项目设计阶段时刻关注CDM最新的规则要求，从而最大程度地降低基础成本，防范未知风险。第二，在国家主管机关批准阶段，我国实体需要特别关注自身相关的资格问题、股权结构以及企业过去经营的合规性。我国为了严格履行自己的国际义务和维护本国的对外形象，对参与碳排放权交易的实体规定了严格的准入制度。例如，CDM项目如果不符合相关要求或违反相关法律规定，比如存在企业股权结构不符合要求、项目设计文件质量不过关、企业的营业执照未进行年检等问题，则项目可能面临无法获得批准的法律风险。

最后，项目检测阶段的风险。项目获得注册之后，项目的业主需要负责对项目所产生的减排量进行监测，如果监测计划没有按照项目设计文件进行或者检测所采用的方法学不符合规定，都会影响实际的减排量。碳排放权交易市场上的典型案例是巴西的 Salvador da Bahia（萨尔瓦多港）填埋气项目，该项目在获得注册投入运营后，出具的第一份监测报告显示，项目第一年的减排量仅为项目设计文件提出的 56.4 万吨 CO_2 当量的 8%，虽然不是所有垃圾填埋项目都是同样的结果，但是该项目总共产生的 CERs 量将被认为大大低于项目设计文件的设计值。

(3) CDM 项目在联合国的成功率较低，并缺乏专业方法学的研究机构

①项目在联合国注册成功率较低

中国作为 CDM 交易市场的重要参与者之一，在碳交易市场上占有举足轻重的地位。如自 2005 年《京都议定书》实行以来至 2008 年 6 月 24 日的近三年时间内，得到中国 CDM 项目主管机构——国家发展改革委员会批准的 CDM 项目总共 1388 个，但仅有 176 个在联合国清洁发展机制执行理事会注册成功，显然注册成功率未达到 8%，且已经获得联合国 CERs 签发的项目仅仅有 56 个，仅达到约为 30% 的签约率。

显而易见，从发改委审批的数量与联合国注册的项目数量比较来看，两者之间存在着巨大的比例差距，原因主要是审批机构在审查 CDM 项目时，更注重形式上的审查，而未能从本质上对企业进行审查，进而导致 CDM 项目在联合国注册成功率较低，并进而增加了企业成本。

②缺乏专业的方法学专业机构

在温室气体减排项目实施过程中，为确保项目减排交易环境效益的完整性，有必要建立一套透明、有效、可操作的方法学。到 2007 年 7 月 24 日，联合国执行理事会共审查通过 44 个普通方法学，1 个统一方法学，24 个小型方法学，共计 78 个方法学。然而，我国成功注册的项目仅仅使用了 13 个方法学，且使用这些方法学的项目数量与相应的减排量分布极不均衡。导致以上现象的主要原因是 CDM 项目的实施需应用许多方法学，且在数据获取上也存在一定的难度，因而，非专业机构很难具有 CDM 项目开发与执行能力。现实情况是当前通过的方法学大都局限于常规 CDM 项目方法领域，仍有待于进一步补充与不断完善。以上说明我国很多行业未有效利用现有的方法学来开发 CDM 项目，同时也说明我国缺乏专业的方法学研究机构，从而导致未能及时开发新方法学以满足中国的现实需要。

(4) 缺乏交易中介机构

CDM 交易的产品属于虚拟商品，因而其交易规则非常严格，开发程序也相应十分复杂，销售合同涉及境外客户，合同期限长。同时在 CDM 项目实施过程中，基于市场规模小，市场信息不对称，导致买卖双方对排放权交易的认知较差，进而导致交易双方的高成本，一定程度上抵消了项目交易所应获得的经济收益，最终导致市场萎缩。因此，中介组织在连接和激活市场方面显得尤为重要。

①缺乏指定经营实体

指定经营实体作为核证职责的法律实体，是CDM项目交易中的一个重要中介机构，同时其必须由联合国执行理事会根据国际认证标准严格认证并最终由缔约方会议指定。目前，联合国执行理事会认证并指定的四家经营实体中并不包括中国的机构主要原因是CERs的购买方多为西方国家或各种国际组织，通常使用英语或西班牙语。语言障碍以及专业培训方面的不足使得我国主要依靠西方国家的咨询机构。更为甚者，因为经营实体在中国境内设立的分支机构所聘用的中国员工的不合格，导致联合国执行理事会对此经营实体的不信任，通常监督指定经营实体再次进行核证，延长了审批时间，也大大降低了项目效率。

②缺乏高素质的专业中介机构

中介机构可为CDM的发展提供不同的建议甚至提供技术支持与服务。但中国目前仍然缺乏此种高素质的专业中介机构来为CDM提供服务与支持，且在对公众与企业的宣传方面也做得不是很到位。

中介机构的匮乏降低了我国的讨价还价能力，增加了交易成本，从而限制了CDM项目交易的迅速开展。

(5) 交易程序复杂，未取得市场定价权

①交易程序复杂

我国确定了能效、可再生能源、能源替代、植树造林与二氧化碳固存5大类的18个类别作为CDM项目开发的领域。根据规定，CDM的项目审批程序十分复杂与繁琐，且任一环节出现问题均会导致较大的风险与成本支出。

②未取得市场定价权

CERs是CDM项目参与主体交易的"最终产品"，因而，CERs的价格关系到CDM项目参与主体的利益。虽然缔约方会议决议中明确规定了CERs的非商品性与CERs的非市场性，然而，在各国的实践中，CERs严重受到发达国家交易市场供求关系的干扰，成为中国实施CDM项目的一个不容忽视的问题。

当前，CDM项目市场呈现出极明显的买方市场特点，购买方往往采用直接谈判或招标的方式进行采购，而作为卖方的发展中国家的CDM项目业主具有较弱的议价能力，因此处于劣势。同时由于我国目前的市场机制尚不完善、成熟，国内碳交易市场混乱，卖方市场存在恶性竞争，从而导致了过低的CERs价格，严重挫伤了中国企业开展CDM项目的积极性。

5.5.3.3 完善我国核证减排的对策

(1) 完善中国CDM交易机制

如上所述，因为目前中国CDM交易制度仍处于初步发展阶段，不可避免地会出现各种制度问题，因此，只有逐步完善CDM交易制度，才能更好地推进CDM项目的发展，从而进一步促进中国的可持续发展目标的实现。

从法律视角来看，交易结构是影响风险控制的决定因素，交易结构同时又取决于交易的参与主体、项目融资模式等因素。为了控制与降低法律风险，则应完善合同制度。当前 ERPA（Emission Reduction Purchases Agreement，《减排量购买协议》）使用的都是购买方文本，侧重于保护买方利益，进而把 CERs 价格波动风险全部转嫁给身为东道国的中国企业，尤其是 CDM 项目的现行时期，CERs 的买方通常是财务实力较强的组织，但是，在规模与财力上都与卖方相差甚远。因此，我国应不断完善 ERPA 的相关安排，充分保护自身利益。

第一，确定交易主体。从以上分析可知，不同的交易主体会导致交易双方承担不同的风险。中国企业应根据自身的风险承受能力与技术水平来决定是采用 CERs 还是 VERs 作为交付标的。

第二，合理分配监管成本。交易双方应合理分配监管成本。同时为避免发生歧义与纠纷，在 ERPA 中应对监管成本进行明确界定。通常，监管成本包括 CERs 的确认、登记、监测、核证、颁发与转让等环节及在项目基准线还有信用期的调整方面发生的所有成本。

第三，超额 CERs 的购买权。超额的 CERs 是指相对于合同 CERs 而言，一个 CDM 项目产出的 CERs 总量超出合同中约定交付的 CERs 数量的部分。交易双方应对超额 CERs 数量、价格以及交付程序进行相应规定。

（2）构建适合中国的碳排放权交易的基本法律制度

参照国际经验，并紧密结合我国实际国情，构建适合中国的碳排放权交易的基本法律制度，以防范与降低法律风险。

①确认碳排放权的合法性

由于我国目前碳排放权交易市场面临无法可依所带来的一系列法律风险问题，因此我国有必要建立碳排放权交易的法律制度以更好地维护我国 CDM 项目参与方的利益。但要建立碳排放权交易的法律制度与碳排放权交易市场，首先必须从法律上确认碳排放权，明确将其纳入企业产权范围。

②尽快建立属于我国的碳排放权交易的法律法规，并积极与国际法律法规接轨

碳排放权交易法律法规的建立与完善既要从我国的实际国情出发，同时又要积极与国际的相关法律法规进行有效接轨，从而更有助于中国 CDM 项目企业规避或降低法律风险以及解决交易纠纷问题。

（3）加大审批力度与成立方法学研究机构

我国国家发改委对 CDM 项目的审批是联合国注册的前提，只有加大审批力度，对 CDM 实行严格实质性审查，才能为企业提供更好的项目指导，进而提高项目在联合国的注册成功率，从而提高效率。

方法学是 CDM 项目的技术基础，但是目前中国仍然缺乏专业的方法学研究机

构，既限制了中国 CDM 项目实施的范围，又使中国国内正在运行或审批阶段的 CDM 项目不得不使用国外的方法学，从而增加了项目参与方的成本。

因此，我国要有效地推动 CDM 又好又快地发展，就务必开发出适合我国国情的方法学，可通过由研究机构进行针对性的研究，或由行业内部实行技术的自我更新两种方式来实现。

（4）培养高质量的中介机构

培养指定经营实体。针对发展中国家的实际情况，对其指定经营实体应做出灵活安排。

首先是分期支付申请费用。为方便发展中国家经营实体的申请，发展中国家经营实体可选择分期支付不可退回的申请费模式；也可在提出申请时先交 50% 的申请费；或在申请实体经过执行理事会的成功认证并暂时指定时再支付剩余部分申请费。

其次是分阶段进行认证。为加强发展中国家的专家参与审核进程，可在审定、核证与部门范围方面允许实行分阶段认证，旨在避免登记用于见证申请实体业绩的提议的 CDM 项目方面的任何延误，同时，也有利于促进发展中国家经营实体的进入。

因此，中国应当积极有效把握机会，充分利用联合国执行理事会的安排，尽快拥有自己的指定经营实体，从而提高项目投资方的讨价还价能力，进而推动 CDM 项目的发展。同时，中国应采取各种措施来调动其他中介参与 CDM 项目的积极性。

（5）尽快在中国碳排放权交易所实行 CDM 产品交易

考虑到现行的 CDM 项目在定价上形成的买方市场的不利局面，中国应有效建立国内碳排放权交易市场，从而有利于在与国际买方谈判中掌握 CDM 项目的定价权。

5.6 自愿性减排核证

5.6.1 自愿性减排的定义与特点

（1）自愿减排的定义

自愿减排是指个人或企业在没有受到外部压力的情况下，为中和自己生产经营过程中产生的碳排放而主动从自愿减排交易市场购买碳减排指标的行为。自愿减排量（Voluntary Emission Reductions，VERs）是指经过联合国指定的第三方认证机构核证的温室气体减排量，是自愿减排市场交易的碳信用额。

（2）自愿性减排的主要特点

①自愿减排市场是随着《京都议定书》中清洁发展机制（CDM）的发展相伴形成的。直到 2002 年左右，由于人类活动导致全球变暖现象引起越来越多的企业和个

人的关注,自愿减排市场才开始进入快速发展阶段。

②自愿减排量的需求方和认购方是在没有强制性减排指标的约束下,完全出于义务的驱动减排和对环保公益事业的积极响应。

③自愿减排所形成的自愿减排市场不属于京都体制,但却又与清洁发展机制(CDM)市场平行存在。自愿减排项目通常从以下几类项目中产生:第一,自愿减排项目主要是指森林碳汇项目。第二,由于前期成本过高或其他原因而无法进入清洁发展机制开发的碳减排项目。第三,部分项目没有达到联合国气候变化框架下CDM执行委员会(Executive Committee,EB)签发经认证的减排信用(CERs)的标准时就可以考虑通过VERs市场进行碳交易的申请。

5.6.2 自愿性减排的核证

自愿性减排的核证制度主要是指对碳排放削减额度的核证,是为了评估减排项目的执行效果,保证监测是依据事先确定的监测计划进行的,并用来证明监测活动的结果。在大多数情况下,核证安排是为了使温室气体的减排得到正式的认可。几乎现有的所有自愿性减排计划都要求或者强烈推荐对碳排放削减额度进行核证。而且在大部分情况下,核证必须由独立于项目发起人或项目管理人的第三方来进行。此外,几乎所有的自愿性减排计划都要求从事先已经批准的核证主体名单中选择核证主体,并对核证主体的资格和认证标准进行了专门规定,仅仅是具体的核证程序上有所区别。

(1)碳排放削减额度的一般核证要求

各种减排计划之间以及每个计划内部之间最大的区别就在于对核证频率的要求不同。一般的核证频率是根据核证所涉及的项目活动类型的不同而不同。但也有例外,如新南威尔士的减排计划就是根据具体的项目来确定核证频率而不论项目的类型。

(2)碳排放削减额度的文件要求

不同的减排计划中的核证对需要提交的具体文件要求也不同。一般来讲,每个减排计划都要求提交项目发起方记录的项目申请报告以及持续监测和核证活动的报告,但是,没有任何两个计划是采取完全相同的文件形式要求。此外,一些核证标准和计划虽然没有固定的标准形式,但是却非常详细地列出了必须提供的有关核证信息的类型,并允许项目发起人根据自身的实际情况选择适当的格式。

(3)碳排放削减额度的监测要求

所有的碳排放抵消额度计划和标准都要求对项目进行监测,但是每个减排计划在具体要求上又有很大区别。有些排放计划阐明了对监测的一般性要求,但是同时还规定在具体项目上必须进行细化；其他的排放计划则是对事先确定的项目类型的监测要求进行了详细说明。

5.6.3 中国自愿性减排的现状、问题与对策

虽然中国自愿减排交易量呈逐年上升的趋势，但自愿减排交易市场的发展仍存在不确定性，主要表现在：自愿减排没有限制，供需难以平衡；市场分布比较松散，价格相差较大；交易欠缺透明，信用基础薄弱；监管措施不得力，无统一标准；交易所遍地开花，配置不合理；立法严重滞后，无法保障其有序运行。

针对以上这些问题，可从政策和法律上加以规范。在交易内容方面，明确交易商品；扩大交易主体；确立核证标准，保障交易透明、公平和规范；实行适合国情的柔性总量控制。在法律监管方面，界定碳排放权的权利属性；尽早出台规范全国自愿减排交易机制的法律；整合现有的碳交易所；建立规范的交易核证制度和有效的交易激励机制。在交易监管方面，建立交易信息披露制度，形成由政府主管机关、行业组织和交易平台三位一体的监督管理体系，促进中国自愿减排交易市场的健康发展。

2011年12月11日落幕的德班会议虽然保住了《京都议定书》第二减排承诺期，使得清洁发展机制等碳减排交易机制得以继续发挥作用，这对于全球碳排放权交易市场（以下简称碳市场）来说是一个利好消息。但会后加拿大宣布正式退出《京都议定书》，日本和俄罗斯也很可能不加入第二减排承诺期，又给全球碳市场蒙上了一层阴影。目前，中国主要是通过 CDM 项目参与全球碳交易，德班会议对中国的碳市场带来较大的影响。依据国际能源署预测，中国人均 CO_2 排放将在 2015 年超过欧洲，历史 CO_2 排放将在 2035 年超过欧洲，并接近美国的水平，人均排放与历史排放这两个中国气候谈判的主要武器正慢慢失去效用。可以断定，中国作为当前世界最大的碳排放国，在 2020 年后很可能被要求与其他发达国家一起承担强制性的碳减排义务。由于碳排放权交易是一种具有成本优势的市场减排措施，届时中国有可能开启全国性的强制减排市场。现在离 2020 年还有 5 年，在这段时间内应当快速推动 CDM 项目进场交易，循序渐进地发展中国自愿减排市场，引导企业从国际碳市场价值链低端位置中走出来。值得庆幸的是，国务院在 2010 年 10 月公布的《关于加快培育和发展战略性新兴产业的决定》和 2011 年 12 月公布的《"十二五"控制温室气体排放工作方案》中明确提出，建立自愿减排交易机制，国家发改委在 2012 年 6 月 13 日，以发改气候〔2012〕1668 号印发《温室气体自愿减排交易管理暂行办法》。

自愿减排作为一种自愿参与减少 CO_2 排放的形式，一直是全球碳市场的有效补

充,同时也是中国开展碳交易的市场准备和必要途径。

(1) 中国自愿减排交易的现状

中国已有不少的交易机构、企业甚至个人在国内开始了自愿减排交易,并且交易量呈逐年上升的趋势。截至 2011 年 4 月底,上海环境能源交易所自愿减排交易平台的开户数已达 20.2361 万户。上海正逐渐成为中国活跃的自愿减排交易市场之一。

目前,中国的自愿减排交易主要有以下五种形式:

第一,成交比较大的交易往往是以大型活动、项目为基础或背景。大型活动具有一定影响力,通过自愿减排交易抵消活动产生的碳排放,以树立低碳绿色的社会形象。例如,在北京奥运会期间,中国国际民间组织合作促进会和美国环境保护协会等机构发起的"绿色出行"行动,总计减排 8895.06 吨 CO_2 当量。2009 年 8 月 5 日,这些减排量全部由上海天平汽车保险股份有限公司购买,并在北京环境交易所正式达成交易,用于抵消该公司自 2004 年成立以来至 2008 年年底公司运营过程中产生的碳排放,这也是国内第一宗自愿碳减排交易。

第二,金融机构与环境交易所合作,开发对接性金融产品。如兴业银行与北京环境交易所、上海环境能源交易所合作,构建碳减排个人购买平台,为个人购买自愿减排指标提供了银行交易的渠道。持卡人可以通过这张低碳信用卡主动在环境交易所的网站购买自愿减排指标,以此中和或抵消个人产生的碳排放。

第三,金融机构与企业合作,提供从项目融资到减排额二级市场交易的全流程金融服务。如国家开发银行依托贷款客户开展碳排放权交易业务,积极开发包括风电、生物质发电等在内的碳排放权交易项目,并于 2009 年 11 月率先完成国内商业银行第一笔碳排放交易咨询服务,累计促成 383.3 万吨 CO_2 交易当量。

第四,大型企业与环境交易所结合,企业从社会责任的角度出发购买一定自愿减排指标。如中国石油天然气集团公司、摩托罗拉(中国)电子有限公司、远大空调有限公司、劲量(中国)有限公司等 28 家企业向天津排放权交易所递交了意向函,要求加入"企业自愿减排联合行动"。

第五,公民主动参与碳减排、实现个人的碳中和。2010 年 4 月 27 日,上海市杨浦区常委、副区长庄少勤成为世界博览会自愿减排网络平台首位购买自愿减排指标的个人。

2011 年 6 月 26 日,北京环境交易所发起并联合众多专业机构共同发布了中国企业自愿减排 2010 年度排行榜,共有 41 家机构入选中国企业自愿减排排行榜。这些机构通过购买自愿减排指标的方式抵消自身在运营企业或者组织活动过程中所产生的温室气体排放,共计减少温室气体排放量约 21 万吨。其中,中国光大银行作为中国首家碳中和银行,在 2010 年度以最大规模的碳抵消行动排名榜单之首。除了光大银行之外，中国国际航空公司推出国内首个绿色航班；兴业银行发行了国内首张低碳主题认同信用卡——中国低碳信用卡；百度成为国内互联网行业首次试水碳减排量购买抵消碳排放的行业领袖。

从整体上看，中国企业的自愿减排行动仍然只占少数，特别是来自高耗能行业的企业仍不多见。随着国家自愿减排市场的不断完善，碳市场各方的积极努力，相信在不远的将来，会有越来越多的企业参与自愿减排，通过科学的碳排放管理，实现可持续发展之路。

（2）中国自愿减排交易存在的主要问题

从以上自愿减排的现状看，中国目前尚无对 CO_2 排放源和气体的统计监测，参与交易的碳排放指标缺乏相应的核证标准，考核与惩罚机制也尚未建立。因此，中国自愿减排交易市场的发展存在较大的不确定性。此外，自愿减排交易的排放指标在金融市场进行交易时，如何有效规避和防范风险，也是中国自愿减排交易面临的重要问题。主要问题如下：

①减排无限制，供需难平衡。自愿减排市场的交易主体由企业、公司、非政府组织和个人组成，这些主体进行的交易不受法律的约束或强制性的减排义务所限制。自愿减排的需求方和认购方都没有强制性的减排指标，而是完全出于义务和对气候变化减缓的积极响应，这些都影响了自愿减排交易的动态供需平衡。

②市场较松散，价格相差大。中国自愿减排市场比较松散，分布于北京、天津、上海等地，不同地区在相关制度上存在较大差异。如自愿减排指标的价格相差较大。一般来说，自愿减排指标根据项目类型、所处区域、签发时间、认证标准的不同，价格都有所区别。上海环境能源交易所的自愿减排指标价格为 20 元人民币/吨，北京环境交易所的自愿减排指标价格为 35 元人民币/吨。

③交易欠透明，信用基础弱。CDM 是个透明的系统，自愿减排交易则不同。碳减排信用的形成绝大多数需要通过可靠的标准体系的开发和第三方的标准认证。形成可信的碳减排信用是进行自愿减排交易的基础和关键。国内碳减排信用核证机构缺乏资质认定，核证标准不统一。一个项目可根据多个认证标准多次申请碳减排信用，一个项目有可能卖给多家，碳减排信用产生后转给谁，第三方不知道。此外，自愿减排指标登记也缺乏专门机构监督管理，碳减排信用产生后交换给谁的中间过程，没有任何登记系统可以很清楚地显示出来，难免会有作假的碳信用额掺入其中。

④监管不得力，标准欠统一。中国多个自愿减排市场并行存在，目前还没有一个统一的监管机构，负责制定和执行统一的有关"确认减排量"开发和交易的质量标准。而且，在自愿减排交易中，什么项目有资格产生减排量、按照什么标准核查减排量，国内缺乏统一的标准。

⑤交易平台多，配置不合理。由于自愿减排交易的生产、核证、注册、定价和

交易等主要环节中都存在风险，所以，作为推动市场健康、有序发展的中介机构交易平台的作用凸显。国内的交易所"遍地开花"，数量正在以惊人的速度增长。如果碳交易试点为了探索不同技术路径、交易模式，在当地建立碳交易所，这是合理的。但20多个地方搞碳交易所，显然是过热了。省市级交易所难以形成一定规模的交易量，难以提高交易效率，也不利于碳交易产品的国际对接。

⑥法律保障差，有序运行难。从法律层面来说，交易平台的创设绝不能毫无制度和秩序，而应有一个明确的条件和程序，以确定一个合理的市场准入制度。面对各地地方政府或投资者的申请，发改委不能随意决策。

中国目前还没有一套详尽规定碳减排交易的法律或法规，《清洁发展机制项目运行管理办法》仅规定了对目前在国内开展清洁发展机制合作项目机构的管理和项目审批等方面的内容。中国要建立碳交易机制，必须有完善的法律、法规作为基础保障。只有这样，才能促进碳市场的良好运行。否则，任何一个碳市场都不可能健康、有序地运行。

（3）中国自愿减排市场问题成因的分析

形成上述问题的原因主要有：

①自愿减排市场非国际主流碳市场。自愿减排交易在全球碳市场这块大蛋糕中仅占微小的一块（2010年全球自愿减排交易量达1.3亿吨，约占全球碳交易量的1%），与强制碳市场相比是微不足道的。但相对前几年，全球自愿减排交易发展迅速。目前，中国还处于自愿减排交易的探索阶段，关于碳交易的业务还不是很多。但中国仍在积极开拓自愿减排交易的发展空间。据《天津滨海时报》2011年11月29日报道，天津气候交易所自成立以来，至2011年9月交易所组织进行的自愿碳交易达517 506吨CO_2当量。

②中国不具备参与全球碳市场竞争的基础条件。一是缺乏原动力。自《京都议定书》生效以来，中国一直秉持发展中国家在《京都议定书》第一减排承诺期、第二减排承诺期不需要承担强制性的减排义务的观念，没有积极参与国际碳市场竞争的意识和紧迫感。二是缺乏内生力。国内没有形成一套可以对CO_2排放源和气体的统计监测、报告和核证的碳排放交易体系和规则，其他国家的企业无法对此进行有效的分析评估，因而不敢在中国进行碳交易。三是缺乏推动力。碳排放的激励与惩罚机制尚未建立，不能有效地推动自愿减排交易的开展。

③企业自愿减排的动力不足。中国在哥本哈根会议之前宣布了到2020年要在2005年的基础上单位GDP的CO_2排放降低40%~45%，非化石能源占一次能源比重要达到15%左右，增加4000万公顷的森林面积和1亿立方米森林蓄积量的目标。因这一行动目标是相对量减排的目标，也就是单位GDP强度减排目标，所以，中国政府给企业下达的目标也是类似单位GDP下降强度的目标，或者说单位产品能耗的

指标。由于没有对企业下达 CO_2 总量控制的目标，无论是市场需求还是企业自愿减排的动力都不足。

④企业与公众的低碳环境保护意识仍然不高。当前，中国虽然成立了许多碳交易所，也进行了一些自愿减排交易，但总体来说，国内大多数的企业还未深入认识具体的气候变化及国际上相关规则的变化会给企业带来的风险。大多数企业对减排的认识仍仅仅停留在负面影响上，即会增加企业成本。现实中，多数企业仅仅把低碳这个概念当作一种环境保护牟利的宣传手段，并没有真正从节能减排上下功夫。此外，公众对于低碳的认知也停留在肤浅的知识层面上，生活方式依然粗放，这些都是造成自愿减排交易所几乎都陷入进退两难困境的主要原因。

⑤国内减排与国际气候变化谈判基调相一致。中国属于发展中国家，目前在《京都议定书》第一减排承诺期、第二减排承诺期内不承担任何强制性的碳减排义务。同时，在《联合国气候变化框架公约》的历次缔约方大会上，均坚持《京都议定书》规定的"共同但有区别"原则，要求发达国家尊重人均排放与历史排放，充分保障发展中国家的发展权。在这样的背景下，政府部门相关机构担心在国内实施 CO_2 总量控制目标会成为发达国家要求中国履行义务的借口。为了不给国际气候变化谈判增加负担，中国不想对国内企业下达 CO_2 总量控制的目标，只在特定区域或行业内探索性地试行碳排放强度考核制度，探索控制温室气体排放的体制机制。

(4) 中国自愿减排市场问题的对策——构建中国自愿减排交易机制

①内容方面

第一，交易商品。自愿减排量 VERs 可从以下五类项目中产生：一是在未批准《京都议定书》的国家或不具有支持清洁发展机制项目开发基础设施的国家进行的项目；二是尚未在清洁发展机制下登记注册的项目；三是清洁发展机制范围以外的项目；四是规模太小，无力承担清洁发展机制项目批准所需费用的项目，或未达到 EB 签发经认证的 CERs 标准，考虑通过自愿减排市场进行碳交易的项目；五是专门为自愿减排市场开发的项目，主要指森林碳汇项目。不过，一个减排项目能否成为可交易的 VERs，必须通过相应标准的认定。只有通过了第三方审核机构审核认证后的自愿减排指标，才能成为可交易的商品。

第二，交易参与者。交易参与者必须多元化，因为碳市场不仅仅是企业的事情，银行、私募基金、对冲基金、中间商、服务商、交易所等都应该参与进来。就中国现状而言宜以企业为主，允许少量的环境保护非营利组织及个人参与。此外，为加大碳减排交易市场的流通性和规模化，也要鼓励一些投资者和中介机构加入进来，如专门进行碳减排交易的碳基金，专门从事碳排放额交易的投资代理机构等。

第三，碳配额分配。在碳减排交易推行时期，建议根据核算区域总量和各交易参与企业以往和当前的碳排放状况，无偿分配相应的碳排放权配额。但是，无偿分配存在公平性、减排激励和分配成本上的不足，而且，采取无偿分配模式可能会使企业有"现在减排多，以后所分配到的碳排放权就少"的顾虑，中国在分配模式上还需要向有偿拍卖的方式转变。结合国情，渐进式地对碳排放量大的行业优先降低相应的无偿分配的比例，建议50%以上的碳排放权配额应当采用拍卖方式进行分配。并从拍卖所得中拿出部分建立碳基金，用于减排补贴推广到其他产业，最后形成以拍卖为主要分配形式的公平、高效的市场化的碳排放权分配制度。

第四，柔性的总量控制。柔性的总量控制是中国自身碳排放交易制度的一个特点。它将管制排放量分为两个部分：已有的排放设施的排放量为存量；未来新增投资或设施的排放量为增量。对于存量部分根据其历史排放量和减排目标，以配额形式分配碳排放额度，并允许进行交易。对于增量部分以技术标准设定碳排放基准线，经过一定年限后可以计入存量。这样保障了试点区域行业的发展权，也不会抑制新投资、新生产能力的进入，同时刺激低碳技术研发和相关产业的发展，促进经济低碳化转型。

第五，确立自愿减排标准。为使中国积极参与国际交易规则的制定，减少配额之间较大的价格差异，需要确立中国自主的统一减排标准，实现中国碳减排交易市场的稳定并逐步走向规模化。2009年12月中国发布了自愿减排标准——"熊猫标准"，在探索建立自身碳减排交易市场上迈出了重要的一步。2010年10月，中国参照国际规则自主研发的首个完整的自愿碳减排标准体系《中国自愿碳减排标准》在上海世界博览会联合国馆正式发布，经过该标准审定和核查的碳减排量将具有国际权威性，得到国内外市场的认可，为建立统一标准的中国自愿减排交易市场打下了良好的基础。在标准的实施过程中还需要不断分析、修正标准基准，以期通过明确的交易标准保障碳减排交易的透明性、公平性和规范性，使中国自愿减排交易市场获得健康、有序的发展。

②法律监管方面

第一，界定碳排放权的法律属性。界定碳排放权的产权属性，就是以法定形式明确某种有形或无形资源的所有权，以使该资源稀缺化。这也是根据科斯产权理论实现以相对较低的社会成本影响资源的配置。但是，运用科斯产权理论的前提是该资源的权利属性必须有相应的法律制度做保障。因此，构建碳减排交易制度，必须从法律制度上明确界定碳排放权的权利属性。碳排放权是指法律实体所具有的受法律保护的，在大气所承载的能力范围内，向大气排放一定碳当量的权利。如果个体所排放的气体超出本身权利边界，必须要进入碳减排交易市场购买相应的权利份额。以此界定它的稀缺性、排他性和可交易性，才能使中国的碳减排交易制度有法律上的权利保障。

第二，尽早出台规范全国碳交易市场的法律或政策。目前，中国还没有出台一部全国性的明确的法律或政策支持碳交易市场，许多省市政府的相关部门或民间都在试水碳排放交易。不可否认，碳交易和碳市场建立的首要条件之一，就是要有坚强的法律体系作为依据和支柱。碳市场与金融、股票和证券市场一样，每时每刻都有大量的交易产生，也随之会发生各种商业纠纷，需要有力的法律作为依据，进行裁决与惩罚。若没有全国统一的法律支持，地方各自谨慎为之，整个国家的碳交易和碳市场的活跃度就上不来。毕竟许多的碳交易行为还需要有中央政策的指引和法律的规范。碳交易所知道怎么做，才能有一个明确的方向和行为，如果没有法律支持，可能会有一个碳交易所之名，却无真正的交易之实。

第三，整合现有的碳交易市场。全球的碳交易所累计不过几十个而已，而中国的碳交易所已经超过了20个，估计未来还会更多。碳交易市场本身有一定的交易规模限制，如果是无序且不合理的配置，势必会造成资源的无端浪费，而且也难收到实效。特别是规模不大的碳交易所，将来在整个经营上就无法提供其应有的服务和功能，或是提升服务效率。因此，在中央明确政策之前，地方与地方应该合作，将现有的碳市场整合成2～3个大的碳交易所，只有这样，效率才会更高，才能获得更多的资源。

第四，建立规范的交易核证制度。自愿减排交易项目实施的最终结果就是获得可交易的自愿碳减排信用，即VERs。而VERs的获得，需经由联合国指定的第三方认证机构的核准。因此，在中国自愿减排交易的法律制度中，要明确规定交易核证的具体内容。国内温室气体的核证应由有一定资质和条件的独立的第三方担任，在核证程序上可以参照清洁发展机制的核证进行。具体要明确规定交易核证机构的申请条件和资格、委任核证机构的程序以及作为核证机构的职责。以期培育和规范国内各个专业领域第三方核证机构，使自愿减排交易的程序简单化和明确化，从而降低自愿减排交易的成本，提高各个领域自愿减排项目开发的成功率，减少项目开发的风险。

第五，建立有效的交易激励机制。可借鉴英国、日本对参与者的奖励制度和补贴方法，构筑一套完善的市场化的政策激励体系，调动企业和个人的积极性。具体而言，就是在国家发展和改革委员会领导下，各财政、税务、工业、环境保护等部门统一协调，为碳减排交易参与者提供可行的政策支持，制定可行的方案。如给参与者优先安排节能方面的技术改造支出、加大项目贷款贴息、所得税优惠、进口节能设备关税优惠、排污收费的减免或返还、总量控制和许可制度中的优惠待遇、标志和认证制度宣传、国债贴息贷款和投资补贴等方式鼓励企业和投资者。同时，还可以通过奖励、媒体宣传或是授予节能减排标识等方式提高公众对参与企业产品或节能减排管理的认可度。

③交易监管方面

虽然碳减排交易制度是以市场机制为主导的环境经济制度，但是碳减排交易市场中存在一定的盲目性和局限性，尤其是在中国碳市场的初期培育阶段，确立政府及相关机构的有效监督体制是必不可少的。

第一，健全信息公开披露制度。使用注册系统可以降低多次出售同一个自愿减排额度的可能性，因为建立注册平台，所有项目的注册信息都可以通过这个注册系统公开查询，参与者可清晰地看到哪些项目的哪些自愿减排额已经出售，自己所购买的是不是由新项目产生的唯一的减排信用额。借鉴国外交易注册登记平台的做法，健全碳排放权信息公开披露制度，以保证信息的准确性、透明性、公开性，从而使购买者对碳信用有更大的信心，促进碳交易量的上升，维护中国自愿减排交易市场的健康发展。

第二，"三位一体"的监督管理制度。为保障自愿减排交易的有效运行，建立由环境保护部门、行业协会和环境交易所三方共同协调的"三位一体"的监督管理制度。环境保护部门负责碳交易的总量控制以及碳排放权的监测标准和操作办法的制定，指导监督核证机构的工作。行业协会作为行业的自律组织，可以建议各地成立碳交易协会，规范和指导企业的减排行为，并通过培训专业人才负责监测和调查，指导企业形成自我监测、自我约束和自我公开的模式，积极参与碳交易市场。碳交易所制定交易环节、结算环节和违约处理方面的交易制度，监控企业的碳排放权减排额的登记和交易，反映给主管环境保护部门。此外，碳交易所还应具有灵敏的市场价格监测、交易操作监控等职能。通过以上三类主体的协调合作，逐步建立起稳固的配套制度，解决碳排放权监测管控的难题，为中国健康、有序地开展自愿减排交易保驾护航。

专栏 5-2　　　　　　天津首笔中国核证自愿减排量交易完成

2014年11月4日，天津天丰钢铁有限公司与中碳未来（北京）资产管理有限公司通过天津排放权交易所完成了6万吨天津首笔中国核证自愿减排量（CCER）交易。这是天津首家纳入碳交易试点企业（控排企业）通过购买CCER用于抵消下年度温室气体排放量（配额）。

据了解，CCER抵扣机制在成熟的碳交易市场被广泛应用，该机制不仅可以帮助控排企业以较低的成本完成碳配额履约任务，还可以为配额富余的减排企业通过CCER交易带来额外收益，为企业进行碳资产管理和社会资本进入碳交易市场提供了有效途径。按照本市碳排放权交易试点工作实施方案，允许纳入企业通过购买核证自愿减排量抵扣其部分碳排放量，比例不得超过年度排放量的10%。此次天津控排企业首次与CCER交易运营商合作，既确保了控排企业能够低成本完成履约，又使企业尝试了碳交易的市场运作，对碳金融有了更进一步的认识。同时，这也是机构投资者首次将其持有的CCER通过市场模式提供给国内控排企业，标志着中国碳市场正在向成熟市场迈进。

(资料来源：《天津日报》)

5.7 芝加哥气候交易所核证

5.7.1 芝加哥气候交易所

5.7.1.1 芝加哥气候交易所

随着《京都议定书》的签署生效，国际社会对弹性的基于市场的减少温室气体排放的机制取得了广泛的共识和政治支持。随着国际社会对气候变化的关注和重视，对温室气体减排的呼声将越来越高，对交易的需求也会随之增加，正是在这样的国际背景下，芝加哥气候交易所应运而生。

芝加哥气候交易所成立于2003年，是全球第一个具有法律约束力、基于国际规则的温室气体排放登记、减排和交易平台。各会员自愿参与，它试图借用市场机制来解决温室效应这一日益严重的社会难题。

5.7.1.2 芝加哥气候交易所的交易产品及其特征

(1) 芝加哥气候交易所交易的产品

芝加哥气候交易所（以下简称CCX）交易的产品为碳交易金融合约（CFI）。碳交易金融合约由交易指标和交易补偿量所组成。指标是根据会员各自的基准线和交易所制定的减排时间表分配给会员的。补偿量是因补偿项目产生的。每一单位碳金融合约代表着100吨的二氧化碳当量。

(2) CCX交易产品具有以下特征：

①自愿性和自律性

CCX实行会员制，现有会员近200个，分别来自航空、汽车、电力、环境、交通等数十个不同行业。会员分两类：一类是来自企业、城市和其他排放温室气体的各个实体单位，它们必须遵守其承诺的减排目标；另一类是该交易所的参与者。该交易所开展的减排交易项目涉及二氧化碳、甲烷、氧化亚氮、氢氟碳化物、全氟碳化物和六氟化硫等6种温室气体。

以自愿加入原则广泛接纳全球范围的会员，具体程序为拟加入的自然人、法人或其他社会组织先向交易所会员事务委员会申请，填写交易所制定的申请书，经会员事务委员会审查,认为符合交易所会员规则后,批准其会员资格。此时该申请者尚不具备交易的资格,要成为法律意义上的会员,申请则需与交易所签订入会协议,接受并遵守交易所各项规章制度。自协议生效之日起,成为正式会员。此时会员在交易所内开立账户并获得交易平台的登录账号和密码。因此,会员与交易所之间的关系受其所签署的合同制约。总之,CCX是具有法律约束力的自愿性交易所。

②以排放总量控制基准线为基础的减排权贸易

CCX产品的交易仍是在限制—交易原则的基础上进行,根据会员以前的温室气体排放情况,按照交易所公布的基准线标准确定基本年度的排放基准线,所有的减排量计算都是建立在此基准线基础上的。

基准线的确立标准分为两种:第一,一期合约的会员(2003—2006年减排目标为每年减1%,4年共减4%):1998年、1999年、2000年和2001年每年排放量的平均值作为基准线;第二,二期合约(2007—2010年):对于一期的老会员平均每年减排0.5%,4年共2%的减排义务,基准线依旧。对于二期会员要求承担年排放1.5%,4年共减排6%的义务;基准线为1998—2001年平均值或2000年的排放量。

③交易产品的多样性

根据自愿交易的特点,CCX开发出的碳交易金融产品包括温室气体排放额、经过验证的排放补偿量和经过验证的先期行动补偿量三种基本产品。

首先,温室气体排放额产品涉及二氧化碳、甲烷、氧化亚氮、氢氟碳化物、全氟碳化物、六氟化硫等六种温室气体。产品的计量单位为100吨CO_2,其他非CO_2的温室气体均计算成CO_2的当量进行交易。

其次,经过验证的排放项目补偿量产品。已经在CCX简历方法学并具有具体交易规则和标准合约的减排项目种类包括以下八种项目:农业甲烷气排放补偿项目、垃圾填埋甲烷处理减排项目、农田土壤碳排放、林业碳减排项目、可再生能源项目、煤层气收集项目、牧场土壤碳减排管理、销毁臭氧消耗物质排放项目。还包括需要个案审批的项目:能效提高和置换减排项目与适当的CDM项目。

a. 农业甲烷排放补偿项目。CCX主要考核以下内容:第一,时效性:在1998年12月31日后运行;第二,持续性,在2003—2010年期间能产生减排效果;第三,合法性,项目报送方必须出具其拥有该甲烷处理项目产生的减排量证明;第四,折算率,每燃烧一吨甲烷相当于18.25吨CO_2;第五,适用范围为甲烷收集和燃烧、持续休耕、轮耕、种草造林等农业项目。

b. 甲烷填埋场甲烷气处理减排项目。该项目满足以下要求:第一,时效性,即项目必须是1991年1月1日以后实行的项目;第二,额外性,美国法律要求必须收集甲烷气体以外的项目,即不是法律要求必须收集的;第三,持续性,在2003—2010年期间能持续产生收益;第四,合法性,项目所有人拥有减排效益,权属清晰；第五，核证性，即项目必须经 CCX 认可的核证机构核证；第六，适用性，应包括甲烷发电在内的各种垃圾填埋甲烷收集项目。

c. 农田土壤改造减排项目。第一，已经登记注册的农田必须休耕至少五年（2006—2010 年）的合同义务；第二，每亩地每休耕一年折合 0.5 吨 CO_2；第三，自 1999 年 1 月 1 日起在 CCX 签约的县种植新草，每亩草地每年折合 0.75 吨 CO_2；第四，碳隔离项目必须通过在 CCX 注册的集成商注册；第五，所有项目都须经过独立核证。

d. 牧场土壤减排管理项目。第一，不少于 5 年的合同义务；第二，在未被破坏的牧场实行畜牧存栏量控制，减少过度放牧，实行牧场轮放制等保护植被措施；第三，对已遭到破坏的牧场在 1999 年 1 月 1 日后采取限量放牧，牧场轮放等恢复牧场原生态的措施；第四，项目所在地常年降雨量在 14～40 毫升之间；第五，根据项目所在地和项目种类，补偿量折算为每亩地每年减排 0.12～0.52 吨 CO_2；第六，所有项目都需经过独立核证。

e. 林业碳减排项目。第一，时效性，自 1990 年 1 月 1 日启动的植树造林和老林更新项目；第二，相关性，在指定的区域内，与新造林区比邻的森林保护项目可能获得 CCX 的减排量认证；第三，实质性，证明整个项目地区都得到切实的管理；第四，延续性，证明项目采取了长期保持 CO_2 的措施；第五，量化性，采用经批准的计量 CO_2 储存的方法；第六，客观性，采用独立的第三方核证。

f. 可再生能源项目。第一，时效性，2005 年 1 月 1 日后开始运行；第二，持续性，2003—2010 年期间持续运行；第三，合法性，项目的环境效益的所有权；第四，额外性，非政府依法强制要求建立的项目，项目产生的电力没有当作绿色电力销售；第五，唯一性，项目产生的环境效益只能在 CCX 处登记；第六，补偿量，项目产生的每 1000kW/h 电折合 0.4 吨 CO_2；第七，适用性，风能、太阳能、水力、生物质能发电项目。

g. 煤气层收集项目，该项目收集或消灭本应排放到大气中的煤气层。第一，项目从 1999 年 1 月 1 日起运行，并可以持续在 2003—2010 年运行；第二，每吨收集或消灭的煤气曾折合 18.25 吨 CO_2；第三，项目所有人权属清晰；第四，包括发电在内的煤气层收集项目也可通过基于替代性排放的可再生资源获得排放补偿量；第五，必须由 CCX 认可的机构核证。

h. 销毁臭氧消耗物质排放项目。第一，臭氧消耗物质项目开始于 2007 年 1 月 1 日或以后；第二，非法律所要求；第三，持续性；第四，项目所有者权属清晰；第五，所有销毁必须与相关的操作和执行要求相符；第六，必须由 CCX 认可的机构核证。

i. 能效促进和燃料置换减排项目。接受旨在减少化石燃料的使用或减少 CO_2 排放的项目,目前采用一案一议的方式分别对待。第一,项目报送方必须拥有和运行管理能够产生减排效果的设备;第二,项目报送方必须出具能够明确证明其拥有由该项目所产生的环境效益的法律文件;第三,所有项目必须具备可核证性;第四,对不同项目的减排效益进行计量核证的方式均有所不同。总之,采用对项目实施前后确定的排放指标进行比较的方式。

最后,经过验证的先期行动补偿量产品,它是发给1995—1998年期间完成的项目。它必须由CCX会员最初承担或赞助,直接减排或隔离必须毫无争议地由CCX会员所有,可以计量和认证,在1605b、USIJI(美国联合履约创议 US Initiative on Joint Implementation)或其他相当的登记系统上登记。只有享有最初的所有权会员才能将它用于履行义务。项目类型为:第一,重新植树、造林、避免森林滥伐项目;第二,美国的垃圾填埋场甲烷处理项目;第三,燃料置换或其他USIJI能源项目,先期补偿量以1995—2006年期间的合格项目减排的总吨数为基础发放。会员可以采用先期行动补偿量来履行义务。但除非先期行动补偿量得到CCX的授权,先期行动补偿量作为碳金融工具不能在登记账户持有者之间交易。第四,核查核证的独立性和公正性,交易采用国际标准化的第三方核证核查体系,具有公正的特点。由交易所认定具有资质的核证核查机构,制作名录予以公布,会员可以从名录中自行选择核证核查机构。如果会员委托的核证核查机构不在名录之内,则需要改由机构向交易所申请,经审查批准后方可确认并将其加入交易所的名录内。第五,市场价格的公开透明性,所有产品的价格向公众公开,交易过程透明,防止暗箱操作;第六,交易形式的便捷性,所有的交易都通过电子交易平台完成,并直接与交易所的登记结算系统连接,为会员节约交易费用。

5.7.1.3 芝加哥气候交易所的交易主体

CCX实行会员制,会员总数已超过200个,行业分布广泛。交易会员的类型如下:

①基本会员(Members):直接排放温室气体的排放源,如钢铁、化工、交通等。基本会员与交易所订立具有法律约束力的协议,承诺承担减排时间表上的义务,并需接受核证核查机构的年度确认。基本会员根据其基准线分配到排放指标,并与交易所订立减排时间表。直接排放源会员做出以下具有法律约束力的承诺:一期合约(2003—2006年)的会员,承诺通过减排或购买补偿项目的减排量做到在2003—2006年每年从1998—2001年的平均基准线上减少1%的排放,4年减排4%。二期合约(2007—2010年),对于一期的老会员平均减排0.5%,4年共减排2%的减排义务,基准线仍旧。对于二期会员要求承担年减排1.5%,4年减排6%的义务,基准线为1998—2001年平均值或2000年的排放量。

②副会员(Associate Members):间接排放源,行业主要分布在零售业、旅游服

务、金融服务、科研技术、文化娱乐、非政府机构等。虽然未直接地排放，但由于用电、商务旅行或其他活动均会产生间接的排放，主要包括建筑照明、暖通等实际能源消耗和由业务运营所产生的实际交通燃料消耗。减排方式是通过CCX交易平台购买当年全部排放量的补偿额。审计核证主要针对其年度间接CO_2排放总量，完成合约的情况。排放数据需要经过FINRA（美国金融行业管理局）的认证。

　　副会员每年需完成的步骤：第一，列出清单并详细向交易所汇报一年的间接排放量，并得到核查和确认，报告主要包括建筑物的能源消耗和商务旅行所产生的排放；第二，通过交易所购买碳金融合约来补偿每年全部间接排放量。

　　③参与者会员（Participant Members）：a. 供应商：第一，用于分离、销毁或减少温室气体的合格补偿项目权利所有者，能够直接在交易所销售该项目的有效碳排放额；第二，可作为技术持有方和业主按照约定共同享有项目产生的碳排放补偿额；第三，可受项目业主委托代为销售补偿额，不得重复销售。b. 减排项目集成商：不直接拥有隔离、销毁或减少温室气体排放的项目，但受业主委托，可将若干减排量较小的项目直接打捆在CCX上销售；第二，不得将同一补偿额在其他市场重复进行销售；第三，承担履行与项目业主及有关各方所签订的委托销售代理合同规定的全部责任。c. 投资交易商：第一，在CCX平台上从事以盈利为目的的投资或投机性交易的商业实体和个人；第二，具有1000万美元以上的资产作为条件；第三，可以在CCX进行排放权和补偿额的现货期货和选择合同买卖交易。d. 专项交易参与商（Exchange Participants）：进行专项交易的参与者，指那些把购买的碳金融工具予以注销以抵消特殊事件或特定活动排放的实体或个人。

5.7.1.4　芝加哥气候交易所的作用

　　第一，通过芝加哥气候交易所这个交易平台，会员可以对可持续发展和温室气体减排做出更系统的计划，及早采取具有信用度的减排和认购补偿行动；

　　第二，也可定期测量排放量，有选择地采用各种减排技术和缓解措施；

　　第三，通过这个交易平台，会员可以了解碳交易市场的走向，以便为各自的企业做好全球交易准备；

　　第四，这个交易平台还可以向股东、评议机构、市民、消费者和客户展示关于气候变化的战略远景；

　　第五，通过这个交易平台，某些已达标的会员可以卖出超标减排量并获得额外利润，而未完成减排目标的会员可以通过农业碳汇等手段去弥补，但是其所购买的碳汇量的比例不能超过其目标减排量的一半。所谓碳汇是指将空气中的碳固定到土壤里，这主要是通过采用免耕、植树、植草等方式增加土壤中的有机物含量来实现。美国农业局管理公司和有意愿实施连续五年免耕的农民签了合同，并帮助他们在芝加哥气候交易所进行碳交易，美国的农民们就可以从这种时兴的保护性耕作中获益，从而也为减少温室气体的排放做出贡献。科研结果显示，采用免耕后，每年每英亩可以减少0.17～0.35吨碳排放，相当于每英亩0.5～1吨二氧化碳，而参与碳汇交易的农民获得了每年每吨碳约3.5美元的收益，当然根据不同地块的土壤和气候条件，每英亩农田每年的获益也有所不同。依阿华州的农业主管部门从2003年开始实施碳汇一举成功，促使他们将碳汇市场扩大到全美。

5.7.2 芝加哥气候交易所核证

芝加哥气候交易所是自愿性减排交易的典型代表，是由交易所的会员设计和治理，自愿形成的一套排放权交易规则。在芝加哥气候交易所进行的排放权交易必须根据交易所自己制定的核证制度进行核证。

（1）核证主体

由于芝加哥气候交易所采用的是由交易所自己制定的、独立的温室气体减排和交易的核证体系，因此排放权交易客体的核证主体也是由交易所来认证的。

①核证主体的认证

芝加哥气候交易所将其确定的、具有相应资质的核证主体制作成名录并予以公布，会员可以从该名录中自行选择核证机构。同时，交易所还为其会员提供了一种灵活机制：如果交易所会员欲委托的核证机构不在该名录之内，则可以由该核证机构向交易所抵消委员会提出申请，经抵消委员会审查批准后加以确认，并将其加入交易所的核证机构名录内。芝加哥气候交易所采用的是国际标准化的独立第三方核证核查体系，保证了核证的透明性、精确性和完整性。

②核证审核机构

芝加哥气候交易所与美国证券交易商协会（NASD）达成了协议，由美国证券交易商协会辅助，并执行监督职能。美国证券交易商协会主要是基于年度排放数据，而不是每个月的排放数据来履行其职能，包括对核证主体的认证以及对核证主体的整个核证过程的监督。

（2）核证客体

根据芝加哥气候交易所的交易规则，会员必须以1998年至2001年的排放量为基准，每个会员通过减排或购买抵消项目的减排量的方式，每年减少1%的排放；在2003年至2006年的第一个阶段结束时，要比基准排放量下降4%，并保证截至2010年，所有成员实现6%的减排量。具体来说，就是允许那些已经超额完成减排义务的会员，将自己多余的排放权指标有偿地转让给那些达不到指标的会员。其中，通过购买抵消项目的方式来实现减排的会员，其获得的碳抵消额度指标（Offset），都必须是经过交易所认证的核证主体核证的减排指标。所有的芝加哥气候交易所的碳抵消额度处理都是基于一种回溯估算的方法，也就是说，是参照温室气体减排发生的年度适用的碳金融工具来确定抵消额度指标。因此，芝加哥气候交易所的核证客体主要是其会员的抵消项目。

（3）核证程序

尽管不同类型的项目有不同的适当性和量化要求，但是所有的抵消额度指标都必须通过相同的、标准化的登记、核证和确认过程。交易所的工作人员将帮助抵消额度指标的所有者评估其项目，并对整个核证过程提供技术支持。

①提交报告

芝加哥气候交易所的会员必须提交季度排放报告，由于交易所的会员主要是电力行业，季度排放报告必须由会员根据1990年美国的《清洁空气法案》界定的代表来签售。从事林业生产的部门每年报告一次；抵消项目的报告每年或者每个季度进行一次；其他行业的会员，季度排放报告必须由公司的管理人员签售。排放和抵消项目的报告以及依据的数据都要受到核证和审计规则的制约。

②文件评审

项目参与方提交项目建议书或项目调查问卷表，交易所可以对此提供指导。建议书提交给抵消委员会审查并做出初步同意意见后，提交给科技咨询委员会。

③独立核证

一旦抵消项目经过抵消委员会的批准，项目所有者或集成商必须得到由交易所认证的核证机构的核证确认。核证机构利用项目所有者或集成商提供的信息，来准确地评估抵消项目每年实际的温室气体隔离或者毁灭情况。核证确认报告将再次由交易所工作人员复查，以确保完善和准确。

④登记注册

通过登记注册就成为交易所抵消项目的供应商或集成商。加入交易所成为项目供应商或者通过既有的抵消项目集成商加入到项目中，项目供应商或集成商加入项目不受数量限制，但是每个项目都必须进行独立登记。

⑤抵消

接受碳金融合约作为项目的抵消。在抵消项目委员会同意的前提下，交易所向抵消项目供应商或集成商颁发与项目温室气体隔离或毁灭等量的碳金融合约作为抵消额度。

专栏 5-3　碳配额与核证自愿减排量（CCER）——从强制减排到自愿减排

自重庆碳市场开市，我国正式形成了7家碳排放交易试点齐放的碳交易市场。企业依法取得向大气排放温室气体（二氧化碳等）的权利，可称之为"碳排放权"。经当地发改委核定，企业会取得一定时期内"合法"排放温室气体的总量，即为配额。现阶段我国7大碳排放交易试点根据7个试点地区的经济发展情况、能源结构和产业结构制定不同的配额分配机制，分配给各控排企业一定数量的碳配额。当企业实际排放量超出所分配的碳配额，超出部分需购买；当企业实际排放少于碳配额，结余部分则可在碳交易市场上出售。除了企业外，目前自然人也可以在交易所内从事各类排放权产品交易。

核证自愿减排量（CCER），英文全称为 Chinese Certified Emission Reduction，是中国经核证的减排量。目前我国共有6家CCER审定与核证机构，分别为中国质量认证中心、广州赛宝认证中心服务有限公司、中环联合（北京）认证中心有限公司、环境保护部环境保护对外合作中心、中国船级社质量认证公司、北京中创碳投科技有限公司。

如果说碳配额的分配和履约是强制减排，那么，开发和管理核证自愿减排量则可以称之为自愿减排。其实，自愿减排交易活动在我国已有比较长的时间，但成交数量非常小，自愿减排以企业社会责任作为交易前提，因此，长期以来处于不温不火的状态。但目前国家大力推动强制减排的发展必然将带动自愿减排的发展，最直观的可从7个试点颁发的各个碳排放管理办法中有关碳配额和CCER的抵消机制来看，如表5-2所示。

表5-2 各试点抵消机制一览表

试点	深圳	上海	北京	广东	天津	湖北	重庆
抵消机制	最大10%	最大5%	最大5%，且50%以上应是本市项目生产	最大10%，且70%以上应是本省项目生产	最大10%	最大10%，且全部由本省项目生产	最大8%，项目应于2010年12月31日投入运行的特定类型

以深圳市为例。根据深圳市人民政府令（第262号）《深圳市碳排放权交易管理暂行办法》第三十七条，"管控单位可以使用核证自愿减排量抵消年度碳排放量。一份核证自愿减排量等同于一份配额，最高抵消比例不高于管控单位年度碳排放量的百分之十"。如控排企业年底碳排放配额为10 000吨配额，可以使用核证自愿减排量抵消年度碳排放量的10%，即1000吨核证自愿减排量。每吨国家核证自愿减排量相当于1吨碳排放配额。

此抵消机制的运行势必将极大地鼓励企业开发碳资产，使我国核证自愿减排交易"死水"变"活水"。从自愿减排到强制减排再到自愿减排，这条碳减

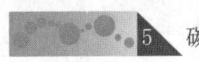

排的漫漫长路要走好，前提就是统一市场，充分利用碳资产的特性，以市场促减排成本差，形成机制并成为习惯。

(资料来源：中国碳排放交易网)

5.8 本章小结

　　碳交易核证是指由第三方核证机构为了确认参与碳排放权交易的排放主体的温室减排量是否真实而设立的一种核查、认证制度。虽然国际上存在不同形式的温室气体排放权交易机制，且不同的交易机制对其核证均具有不同的规定，但是各国以及各地区在指定排放权的核证时通常都需遵循一致性原则、全面性原则、精确性原则、证据的可证实性原则，从而保证温室气体减排量的准确性、真实性与核证质量。

　　碳交易核证是由经过认证的、独立的第三方实体来实施。碳交易核证机构是指国内的法律实体或国际机构，并由相关的证明文件予以证明的独立法律实体。

　　参照联合国缔约会议对CDM机制的核证程序的相关规定，碳交易核证程序可设计如下：第一，核实；第二，审定；第三，核证。

　　强制性减排的核证主要是指欧盟排放单位配额的核证、项目核证和减排量单位的核证。

　　核证减排量是根据清洁发展机制并经过东道国和联合国清洁发展机制执行理事会严格审查批准和认证程序颁发的指标。核证减排量是清洁发展机制中的特定术语。核证减排量的核证主要是介绍其检测方法、核证客体和核证主体，以及中国核证减排的现状、问题和对策。

　　自愿性减排的核证制度主要是指对碳排放削减额度的核证，是为了评估减排项目的执行效果，保证监测是依据事先确定的监测计划进行，并用来证明监测活动的结果。而且，本节还介绍和分析了中国自愿性减排的现状、问题与对策。

　　芝加哥气候交易所核证是指在芝加哥气候交易所进行的排放权交易必须根据交易所自己制定的核证制度进行核证。

6 碳交易登记结算法律制度

如果碳信用交易环节被称为碳金融交易市场运行的"前台",注册和结算登记环节就是碳金融交易市场运行的"后台",登记系统不仅承担着排放指标的在线储备功能,还负责记录排放单位的持有、交易、排放报告以及用来履约的排放单位的提交,其效率性、安全性以及和交易系统的匹配性是促进气候交易市场有效发挥经济功能的基础,也是衡量市场是否成熟、有效的重要标志。

登记结算系统是构成气候交易市场顺畅、合理运行的关键要素,它是有效发挥气候交易市场经济功能的基础和衡量一个碳交易市场是否有效、是否成熟的重要标准,它具有效率性、安全性以及和交易系统的匹配性的特点。在碳交易核证分类的基础上,本章从强制交易体制下的登记结算制度、清洁发展机制下的登记结算制度、自愿交易体制下的登记结算制度和气候衍生品交易的登记结算制度四方面对温室气体排放权交易市场的登记结算制度进行介绍。

6.1 强制交易体制下的登记结算

在京都体系下进行的温室气体排放权交易是一种强制性交易,在《京都议定书》的要求下,欧盟及其一些区域性的减排计划不仅促进了区域性交易制度的建立,而且也促进了区域性登记结算制度的建立。

6.1.1 登记结算制度组成

《京都议定书》项下的强制性碳交易体制的登记结算系统包括:国家登记系统、清洁发展机制登记系统和国际交易日志。

根据欧盟议会的 280/2004/EC 号决议,欧盟要求所有的成员国都设立一个全国性的注册平台,在欧盟的层面上还有一个独立的注册平台。欧盟的这些交易平台又通过欧盟交易日志(Community Independent Transaction Log, CITL)这个电子记账系统链接起来。CITL 记录了这些交易平台所有的发售、交易、取消或存储 EUAs 的信息。2008 年,CITL 实现了和联合国国际交易日志(Independent Transaction Log, ITL)的对接,ITL 记录着《京都议定书》下各减排机制的指标的交易情况。

(1) 国家登记系统

根据联合国的规定，《京都议定书》附件 B 中的 38 个缔约国家实施的是国家登记结算制度，主要是以国家名义或者国家授权、拥有和交易排放单位的法律实体的账户，使附件 B 缔约方国家遵约付清分配的排放权数量单位。

（2）清洁发展机制登记系统

清洁发展机制登记系统主要用于没有减排义务的国家或实体，即非附件一国家，该登记系统是由《联合国气候变化框架公约》秘书处在清洁发展机制项目执行理事会的授权下进行管理，主要负责登记和签发清洁发展机制产生的减排信用并将它们分配到国家登记系统。清洁发展机制登记系统内的账户只能由清洁发展机制项目的参与方持有，因为该登记系统不接受这些账户之间的排放权交易。

（3）国际交易日志

《京都议定书》为工业化国家设定的 2008—2012 年的减排目标以允许排放水平（即分配数量单位）来表示，并以二氧化碳当量为单位，一般称为"京都单位"。对于这些国家通过京都三机制获得的排放权指标数量需要有一个登记结算系统实施跟踪。因此，国际交易日志应运而生。国际交易日志本质上也是一个登记系统，但与国家登记系统的相关功能相比，其功能相对较少，只涉及排放单位的签发、内外部划拨和取消。

6.1.2 登记结算系统的功能

（1）国家登记系统和 CDM 交易机制登记系统的功能

国家登记系统和 CDM 机制登记系统的功能除了用于记录"京都单位"的持有状况外，还兼具对交易进行结算，即同时具有登记与结算的双重功能；目的是为了核查已经交易的项目信息，并保证项目交易的完整性，国家登记系统和清洁发展系统为排放权交易顺利进行奠定了基础。

（2）国际交易日志的功能

实际上，联合国的国家交易日志在清洁发展机制项目交易中发挥着重要作用，它是所有关于清洁发展机制项目交易的登记系统的连接中枢。它具有以下双重功能：第一，为碳市场交易的交付提供了确定性。国际交易日志通过协调交易和进行对账方式为系统之间的安全交易提供支持，保证了交易在符合《京都议定书》要求的范围内进行；第二，维护和确保了《京都议定书》的履约核算体系的顺利运行。通过跟踪排放配额的国家之间的转移情况，核查记录每个附件 B 缔约方国家对于排放单位持有状况并将其与分配的排放单位数量相比较等方式，保证所有的交易符合《京都议定书》的规则。

6.1.3 登记结算系统的运行

强制交易体制下的登记结算系统所包含的三个部分是相互联系、相互制约的。每个涉及清洁发展机制项目交易的登记系统都要通过与联合国的国际交易日志连接来进行操作，并受到联合国清洁发展机制秘书处的管理。国际交易日志负责对登记系统的交易进行适时核实，从而保证它们不与《京都议定书》确定的规则相冲突。当国际交易日志发现一个交易违背甚至是侵害到《京都议定书》的规则时，有权要求登记系统立即终止该项交易。在对登记系统的排放权交易进行核实时，要求国际交易日志提供独立的核查单，保证排放单位的持有状况在登记系统有精确的记录。《京都议定书》承诺期结束后，每个附件B的缔约方国家对排放单位的最终持有者会与其承诺减排目标比较，并以此为依据来评估其是否已经履行了京都承诺，是否完成了减排目标。

如欧盟的排放权交易登记系统，根据联合国的规定，只要利用"京都单位"的国内或者区域内的排放交易计划，都要保证必须通过该国家或者区域的登记系统进行结算。例如，在欧盟排放交易计划（European Emission Trading System, EU ETS）的第二个阶段，欧盟排放配额（EUAs）被认定为合格的交易单位，因此，对于欧盟排放配额的交易就要被自动地记录在《京都议定书》项下的交易中，也就必须遵守联合国的上述规定。

由于欧盟排放交易立法对交易规则的规定超出了其在《京都议定书》中的协议规定，欧盟委员会还实施了补充的交易日志制度——欧盟交易日志（CITL）。CITL于2005年正式实施减排交易机制的时候开始建立，并且正在运行中。

对于从2008年开始的承诺期来说，欧盟的"欧盟交易日志"也要与国际交易日志相连接，国际交易日志将对所有的欧盟和非欧盟登记系统提议的排放交易进行"京都核查"。当该交易涉及欧盟登记系统时，国际交易日志会向"欧盟交易日志"提供相关的信息，使之能够在欧盟交易体系下进行补充核查。

另外，清洁发展机制项目登记系统已经得到了成功的更新，能够为它的账户持有人提供更加全面的服务。清洁发展机制项目登记系统的一个关键性的新功能就是账户持有人都可以通过在线登录，获得关于他们获取的排放单位的各种详细信息。这种新的功能一旦成功地与国际交易日志相连接，就开始准备将这种新版本与附件一缔约方的国家登记系统相连接，并将CERs划拨到附件一缔约方国家的登记系统中。

6.2 清洁发展机制下的登记结算

6.2.1 项目登记结算的运作流程

(1) 签发 CERs

联合国 EB 一经做出签发 CERs 的指示，CDM 机制登记系统的管理人会立即将制定数量的 CERs 签发到执行理事会在清洁发展机制登记系统的未决账户。

(2) 扣除相关费用

根据分配协议签发的 CERs 所获得的收益，登记结算系统只有在能够支付清洁发展机制项目管理成本的条件下才可以发挥作用。因为如果取得的 CERs 的收益还不能支付成本，则不能结算。

清洁发展机制项目交易的管理成本主要包括：第一，在给定的年份里签发的 CERs 达到 15 000 吨二氧化碳当量的，每份 CERs 收取 0.1 美元的费用；如果预计年均减排量不足 15 000 吨二氧化碳当量的清洁发展机制项目，无须缴纳管理费。第二，在给定的年份里签发的 CERs 的数量超过 15 000 吨二氧化碳当量时，超过部分每份收取 0.2 美元的费用。其中，登记费用在以上管理成本中扣除。第三，在签发 CERs 时，还会扣除 2% 的收益份额用来援助发展中国家，尤其是那些容易受到气候变化负面影响的发展中国家来支付其适应费用。但是，在最不发达国家实施的清洁发展机制项目不需要支付以上费用。

(3) 将 CERs 从未决账户划拨到项目参与方的持有账户

清洁发展机制登记系统会根据项目参与方的要求，将 CERs 转移到其登记账户，对于 CERs 的分配决定只能由项目参与方做出。项目参与方通过清洁发展机制秘书处，采用登记时规定的交流形式与执行理事进行沟通。对于 CERs 分配的要求原则上不能修改，除非所有的签字方一致同意并在适当的文件上签字。在单方交易中，对于 CERs 的部分分配请求也是允许的。

①持有账户的申请

清洁发展机制登记系统内的账户主要有两种：永久性账户和临时账户。得到《京都议定书》非附件一缔约方国家的授权参与清洁发展机制项目活动的实体可以在第一次获得 CERs 签发时，在清洁发展机制项目登记系统申请一个临时账户，而且每个被授权实体的账户都会与对其授权的缔约方国家的登记系统相连接。清洁发展机制登记系统为附件一国家缔约方设立的临时账户是为了使这些国家的项目参与方能够通过清洁发展机制项目登记系统和这些国家设置的国家登记系统对接，使之能够接收 CERs，并将 CERs 从未决账户提交到国家登记系统的账户中。因此，清洁发展机制登记系统使非附件一国家和来自于非附件一国家的实体能够将CERs从他们在清洁发展机制登记系统的持有划拨到国家系统，实现交易的可能性。

②划拨或者移交申请

将CERs从联合国执行理事会的未决账户划拨到项目参与方的持有账户的申请采用的是电子提交方式，并且根据项目活动的登记信息形式进行拷贝。将CERs从未决账户划拨到项目参与方的持有账户的指令的程序：第一，填写完整的请求划拨的表格；第二，签发CERs时，将相应的CERs划拨到项目参与方的代码；第三，提交的排放单位类型，即CERs是否是tCERs；第四，排放单位要移交的每个账户的名称和数字标识码；第五，移交给每个账户的精确的排放单位数量。

该表格还需要根据项目活动的登记联络方式进行签字，也就是说，当申请者是两个实体或者仅需要一个实体或者个人签字。

排放单位提交相关账户时，只能提交划拨到清洁发展机制项目参与方在清洁发展机制登记系统的临时或者永久性持有账户，或者是他们获得授权参与清洁发展机制项目的附件一缔约方的国家登记系统的相应账户。

6.2.2 项目登记结算的具体要求

（1）管理人的职责

作为清洁发展机制项目登记系统的管理人，执行理事会将建立并维护清洁机制项目的登记系统，保证对未涵盖在附件一缔约方国家的CERs的签发、持有、划拨和获取进行精确计算。而且，执行理事会指定一个管理人，该管理人在其授权下对登记系统进行维护。

（2）登记系统的形式

清洁发展机制登记系统采取的形式是标准化的电子数据库，包括与CERs的签发、持有、划拨和获取相关的各种日常数据。清洁发展机制登记系统的结构和数据格式符合缔约方会议规定采用的技术标准，保证了国家登记系统之间以及与清洁发展机制登记系统和国际交易日志之间数据的准确性、透明性和有效性。

（3）清洁发展机制登记系统的账户

清洁发展机制登记系统存在多个账户，而且每个账户都有其独特的功能，相互之间不可混淆。这些账户中包括：

①设在执行理事会的未决的账户，主要用来存储已经签发但是还没有划拨到项目参与方或者其他账户的CERs；

②没有包含在附件一缔约方国家的每个项目当事方应当至少设立一个持有人账户，该账户从事清洁发展机制项目；

③至少有一个用来取消 ERUs、CERs、AAUs 和 RMUs 以及多余的 CERs 的签发的账户；

④至少有一个用来持有和划拨 CERs 的账户，用来将收益中的一定份额作为清洁发展机制登记系统的管理成本和费用。

（4）持有账户的申请

清洁发展机制项目登记系统的持有账户的申请采取的是电子提交方式，并根据清洁发展机制项目活动的登记联络方式进行拷贝。每个申请应当包括以下内容：

①申请实体根据要求填写的请求在清洁发展机制项目登记系统开立持有账户的完整表格；

②关于申请实体的现有地位的相关证明，即公司登记注册证明；

③授权单独完成申请表格填写的人必须是合格的实体，并且要有授权证明书，如委任书、董事会的决议等文件；

④作为开立账户的代表人的身份证明，如身份证或者护照等。

（5）单一性安排

签发的每个 CERs 在特定的时间内只能在一个登记系统内的一个账户中持有。

（6）登记系统的账号要求

在清洁发展机制登记系统内的每个账户都将有一个唯一的账号，该账号由以下要素构成：①缔约方或者机构的标识码拥有账户的缔约方使用经过国际标准化机构（ISO 3166）定义的两个字母组成的城市代码，在涉及未决账户和用来管理 CERs 的收益份额账户时，采用执行理事会或者另外一个恰当的机构的代码。②唯一的号码。对于保持该账户的缔约方或者机构来说，那个账户号码是唯一的。

（7）CERs 的划拨要求

在执行理事会关于对清洁发展机制项目活动签发 CERs 的指导下，清洁发展机制项目登记系统的管理者将根据第十三次缔约方会议决议规定的交易程序签发特定数量的 CERs 到执行理事会的未决账户；然后提出用来补偿根据第 12 条第八段中规定的管理费用和适应性费用的相应数量的 CERs，并划拨到清洁发展机制项目登记系统的适当账户用来持有和划拨这些 CERs；最后将剩余的 CERs 根据项目参与方和涉及的缔约方的要求划拨到相应的登记账户上。

（8）关于 CERs 的要求

对于每个 CERs 都要求有一个独特的系列号，该系列号包含以下要素：承诺期、发起方、CERs 的类型、排放单位、项目标识符。

（9）关于取消账户的要求

当执行理事会对经过认证的指定经营实体做出撤销或暂停执业的决定时，多余的 ERUs、CERs、AAUs 和 RMUs 就会被划拨到清洁发展机制登记系统的取消账户中。这些被划拨到取消账户中的ERUs、CERs、AAUs和RMUs就不能再划拨到其他账户或者用来履行缔约方的减排承诺。

(10) 关于公开信息的要求

清洁发展机制项目登记系统要及时将不涉及商业秘密的信息进行公布，并通过网络向公众提供用户界面，使有兴趣的用户可以进行查询和浏览。具体包括以下要求：

①对以上的信息还应当及时更新，包括所有最新的信息。

②对于登记系统的账户信息要包括持有账户的账户名称、代表标识码、账户持有人的代表人的姓名和联系信息。

③清洁发展机制项目活动的以下信息：项目名称、项目地点、签发CERs的年份、对项目活动进行审定、核查和核证的指定经营实体、项目报告。

④根据格林尼治标准时间（GMT）确定的每个公历年的与清洁发展机制项目登记系统相关的持有和交易信息，包括：在年初时，每个账户的CERs的总量；签发的CERs的总量；划拨的CERs的总量；正在获得的账户和登记系统的确认；根据《京都议定书》第12条第八段取消的ERUs、CERs、AAUs和RMUs总量；每个账户中目前持有的CERs的总量。

6.3 自愿交易体制下的登记结算

在《京都议定书》体系下，欧盟成员国以及其他一些国家运用清洁发展机制、联合履约机制和排放贸易机制所开展的温室气体排放都是强制交易体制下的行为。由于美国退出了《京都议定书》，美国发展起独具特色的芝加哥气候交易所的自愿减排模式。

6.3.1 芝加哥气候交易场所登记结算系统

芝加哥气候交易场所具备登记、注册、竞价、交易、结算、清算、认证、监督等体系。首先建立会员注册（CCX Registry）操作平台，随时提供注册会员碳金融交换、会员数据纪录服务；其次，注册会员可透过交易操作平台（Trading Platform）系统机制买卖温室气体，此交易平台提供会员交易往来信息，并自动更新市场价格行情，有效协助会员减少排放、了解会员执行情况；最后的清算、结算操作平台（Clearing and Settlement Platform），则负责处理交易所内每日的活动讯息，并将当日所有处理结算后的交易数据，传达给注册会员，提供市场监视和确定的排放数据，有效达成排放减量目的。

（1）CCX 登记系统

CCX 登记系统是为 CFI 合同提供数据，记载持有和交换的电子数据库。所有的 CCX 会员都拥有 CCX 登记账户。CCX 登记系统是一系列的温室气体排放配额跟踪系统，向 CCX 登记账户的持有者提供一系列的支持其温室气体排放配额和历史排放信用额交易的管理指导。CCX 登记账户的所有者可以将其用来：①管理温室气体排放的详细清单（查询排放摘要）；②管理 CFI 持有情况（查询持有情况摘要）；③搜索交易以及配额转换（查询交易历史记录）；④检视会员报表（查询每日清算报表或月度清算报表）；⑤获得只有会员可以获得的信息（查询相关文件）。

（2）CCX 交易平台

CCX 交易平台是管理 CCX 登记账户持有者之间的交易及完成，以及公布双边经谈判达成交易的网络市场体系。CCX 交易平台是买卖双方 CFI 合同的匿名的完全电子化的系统，电子交易系统有利于 CCX 标准碳商品交易价格的透明度。所有的交易都将由 CCX 清算和结算系统来加以保证。在交易发生的当天，CFI 合同就会在 CCX 登记账户所有者之间进行交付。

（3）CCX 清算及结算平台

CCX 清算及结算平台公布每日交易平台所有交易活动的信息。为便利当日交易活动中 CFI 合同的交付，这一系统直接与登记系统链接，为登记账户持有者提供服务。所有在交易平台上进行的买卖活动都通过 CCX 清算及结算系统进行。CCX 的 CFI 合同相应地也在登记账户间转移。CCX 登记账户持有者间的 CFI 合同的交付应在交易当天进行。CCX 会员可以登录 CCX 登记系统获得每日或每月的结算报表，关于当天的交易信息一般会于每天下午 3：30 后予以公布。会员清算报表的内容主要包括：①CFI 合同的交易活动；②交易量的通知；③CFI 的交付活动；④费用及部分退款信息；⑤结算指令；⑥CFI 持有情况。

（4）CCX 认证体系

通过 CCX 获得的温室气体减排量须提供 NASD（National Association of Securities Dealers Automated Quotation，全美证券交易商协会）认证的独立第三方核证意见书。虽然 CCX 不是一个管制型的交易所，但是作为金融监管的提供者——NASD，成为 CCX 的监管服务提供者，保证了 CCX 项目的高度市场诚信度。NASD 的职责在于：第一，审计 CCX 会员的第一及第二阶段的所有排放基准线和排放报告书的精准度和完整性以确保其符合 CCX 减排计划表的要求；第二，运用其市场监测技术监察 CCX 的交易活动；第三，检查所有核查人提供的抵销交易的报告书。

（5）CCX 温室气体排放权交易机制

①交易机制基本框架

CCX 的交易机制建立在"限额与贸易"基础上，并以排放抵消项目为补充。

CCX 基于会员以前年度及现阶段排放情况订立减排计划,若会员超额完成其减排目标,则可以将多余减排份额卖出或储起,而未能达到减排目标的会员,则需购买排放权。以 CCX 的碳金融工具合约为例,其交易标的包括交易所配额(Exchange Allowances)和交易所抵消信用(Exchange Offsets Credits)两大类,配额由交易所依据每个会员的减排基准和减排时间表分配给减排会员,而抵消信用则由合格的抵消项目所产生。

CCX 温室气体排放权交易体系下的排放抵消项目,是该交易体系的重要补充,与排放配额共同构成交易体系的核心要素。从本质上来说,CCX 的排放抵消项目与清洁发展机制(CDM)项目及联合履约机制(JI)下的项目是一致的,都是能够减少温室气体等排放的项目,并将经核定的此类项目产生的减排量纳入交易体系,对于被限制排放的企业来说,购买减排量也就相当于得到了排放配额。

依据 CCX《交易所规则》,每一年度有一个结算期,在这一期间,对每一会员当年的排放量是否跟其拥有的、账户上的配额数相当进行检测。如果其当年实际温室气体排放量超过了其排放限额,该会员还有一次机会从公开市场上购买配额。但是,其所购买的配额数量是受到一定限制的,依据 CCX《交易所规则》第 4 条,在减排的第一阶段,每个会员用于履约的净购买量为:2003 年至多为 3%,2004 年至多为 4%,2005 年至多为 6%,2006 年至多为 7%。

②排放抵消项目运作机制

CCX 将排放抵消项目纳入市场,促进了低成本气候解决方案的形成。这是一个能够分散风险的减排做法,可以让没有排放限制的地区和单位也可以参与气候解决方案,能够促使人们认清社会和生态的相互影响关系,在更大的范围内,减缓温室气体排放,可增强减排管理体系的负荷能力。目前,CCX 交易体系中的交易对象,还是以企业实际减排为主,这部分约为 90%,而排放抵消的数量仅约 10%,人们更重视的是抵消项目的广阔发展前景以及由此可能带来的商机。

a. 抵消项目基本要求

排放抵消项目在环保方面要达到规定要求,并需要有专家独立认证。抵消项目的基本要求包括:第一,是真实有效用的项目;第二,在农业上有很大潜质;第三,在森林业上有很大潜质;第四,对社会有益,比如能源利用效率高、有保障,可促进可再生能源系统发展等。CCX 发送排放抵消量到会员账户之前,需要有关于抵消项目的独立认可报告。单位参与排放抵消项目必须完成注册,注册需考核专业能力、经验、独立性、财政能力等。所有想注册 CCX 排放抵消量且自己工厂有明显温室气体排放的单位,必须承诺以 CCX 减排计划定出的标准来管理排放,才有资格获得排放抵消量。

b. 抵消项目检定规程制定

CCX温室气体抵消项目制定有完备的检定规程，相关规则及方法由来自大学、政府、非营利机构、CCX、工业等领域的专家制定，具体程序包括证明项目合格性、周期性检查、项目表现检定等。检定者会进行实地巡视来验证项目合格性，也会通过一些数据，比如树木量度、视线检查、电子生产数据、甲烷流量等来计算项目实际GHG（温室气体）减排量。项目开始时会经过一个检定，之后每年都要进行检定。检定报告需要给CCX和FINRA（The Financial Industry Regulatory Authorrity，美国金融业监管局）审核，如果报告没经过CCX合格检定者检定，该报告只可用作参考。

c. 抵消项目运作流程

CCX排放抵消项目运作流程包括四个主要步骤。虽然不同类型项目有不同的资格和量化要求，但都按照同一标准的登记、核定和抵消过程来运作。

第一，向CCX提交建议书和/或调查问卷。CCX工作人员将提供调查问卷或建议规格指导。建议书将提交到CCX委员会做审查和初步批准，并可能会进一步提交到科学技术咨询委员会。

第二，获得独立核定。经委员会审批后，客户必须获得CCX核查员的独立核定。核查员使用客户或汇集得到的资料，也有可能进行实地考察，以准确评估项目每年实际的温室气体排放抵消量。核查报告会由CCX工作人员以及FINRA审查其完整性和准确性。

第三，登记成为CCX抵消供应商或汇集商（CCX Offset Provider or Offset Aggregator）。加入CCX以成为抵消供应商或向现有的Aggregator（汇集商）登记。客户或Aggregator可注册无限数量的符合资格项目用于抵消。投资组合中的项目必须独立注册，汇总的注册则要一起注册。

第四，收到碳金融工具（Carbon Financial Instrument）合同作为排放抵消量。经委员会批准后，CCX会向排放抵消项目提供者或代理商，发出与温室气体排放抵消项目所降低的温室气体排放量相同数量的CFI合同，CFI合同会每年发出。

③会员温室气体排放量管理

对CCX会员的温室气体排放量进行监测、报告、核定是重要的基础性工作，此项工作决定了交易体系的登记结算环节能否合理、顺利地进行。

a. 会员温室气体排放量监测

监测应包括所有由排放源发出的温室气体排放量。2003/87/EC规定，温室气体排放许可证中，应包含对排放行为、排放监测装置安装的描述，应包含监测要求、具体的监测方法和频率。监测方法应当经过主管当局，按照CCX标准核准。会员国或其主管当局，应确定监测方法要在许可证或在符合指令2003/87/EC情况下被详述。

监测计划应包含以下内容：第一，对安装和被监测的装置所进行活动的说明；第二，监测责任和监测装置所报告的信息；第三，排放量来源流清单；第四，采用的计算方法或测量方法说明；第五，排放活动数据、排放对象和每个被监测来源流的转换系数说明和清单；第六，测量系统介绍，以及每个被监测来源流的说明，确切位置和转换系数；第七，展示符合每个来源流的排放活动数据和其他参数（如适用）的证据；第八，每一个来源流测定的净热值、碳含量、排放因子、氧化因子、转换因子或生物量分析方法说明；第九，数据采集、处理、控制和说明活动程序描述。

b. 会员温室气体排放量报告

排放量报告覆盖了报告期间每年的排放量。该报告应按照会员国根据2003/87/EC所设立的详细规定核实。操作者应在每年3月31日之前向主管部门提交核查过去一年排放量的报告。每家营办商均应包括下列资料。

第一，确定安装的规定以及其独特的许可证号码数据（2003/87/EC）。

第二，对所有排放源或来源流排放总量，选择的方法（测量或计算）、活动数据、排放因素和氧化转换因素。下列不能用排放量说明的项目应报告为备忘项目：燃烧或用于过程的生物量；生物质释放的二氧化碳（tCO_2）排放；从安装释放的二氧化碳（tCO_2）；使安装作为部分燃料的固有二氧化碳。

第三，如果有使用连续排放监测的情况，操作者应报告化石燃料二氧化碳每年的排放量以及生物质所排放的二氧化碳。此外，经营者应报告每种燃料，或其他用于材料和产品的相关参数的每年平均净热值及排放因子的补充资料。

第四，临时或永久性变化的原因，变化的开始日期和结束日期。

第五，任何其他在安装方面可能相关的变化。

c. 会员温室气体排放量核定

核定的目标是确保排放量已按照指导方针被监测以及确保是根据2003/87/EC报告的可靠、正确的排放数据。会员国应考虑欧洲认可合作组织（European Cooperation for Accreditation）发表的指导意见。

核定者应以专业的怀疑态度计划和执行核定。核定者应意识到年度排放报告中的资料会有重大误报的可能性。作为验证过程的一部分，核定者应采取下列步骤。

第一，战略分析。验证监测计划已被主管部门批准以及验证它是否是正确版本；了解装置、装置内的来源流，用于监测或量度数据的计量设备，应用的排放系数和氧化/转换因素，任何其他用于计算或量度排放量的数据，设备安装操作环境里的每个活动；了解运营商的监测计划、数据流以及它的控制系统，包括其组织的监测和报告工作。

第二，风险分析。核定者应完成以下工作：分析固有风险，控制风险经营活动和排放源来源的范围和复杂性,以及可能导致重大误报和不符合有关规定的风险;制订与风险分析相称的核查计划。核查计划应描述核查活动如何进行,也包含核查方案和数据采集计划。

第三,核定。核定者应完成以下工作:以收集数据来执行核查计划,数据依照确定抽样方法、随机测试、文件审查、分析程序和数据审查程序来操作;确认核准的监测计划已实施,并了解监测计划是否为最新的;达成最后核查意见前,要求经营者提供任何丢失的审计线索,解释排放数据的变数,若有这些问题,或修改计算,或调整报告数据。核定者应报告所有不符合和误报。

第四,核定报告。核实过程最后阶段,核查员应编写一份内部核查报告。核查报告应包括战略分析、风险分析和核查计划,并提供足够信息以支持核定意见。内部核查报告也应能够促进主管机关及认证机构的评价;核查员应在核查报告中提出验证方法、调查结果和核查意见。核查报告将由经营者提交,年度排放报告则交给主管当局。如果总排放量没有重大误报,核查员认为没有任何资料不符合,每年排放报告会被核证为"令人满意"。

④CCX温室气体排放权市场的外部监管

作为一个《商品交易法》下豁免的私人商业市场,CCX不受CFTC或其他相应的政府监管机构监管,实施自律监管。CCX设有理事会,理事会下有执行委员会、环境遵守委员会、交易与市场委员会、抵消委员会、会员委员会和林地(Forestry)委员会,各自分别负责一个方面的职能。CCX还与NASD签订了协议,约定由NASD协助交易所对会员进行注册登记、市场监督、承诺履行监管,防范欺诈和市场操纵,并负责对交易所会员的排放基准外部审核。

作为一个自愿参与的减排交易市场,CCX与会员之间的关系是一种私人合同关系,当一个实体要成为CCX会员时,它必须同意遵守交易所规则。因此,当会员未遵守交易所规则,违反减排承诺时,其所要承担的法律责任实质上是一种合同违约责任。至于这种违约责任的形式,按照CCX的《交易所规则》,包括罚款、暂停交易权以及最为严重的惩罚——终止会员资格。

6.3.2 芝加哥气候交易所的抵消项目登记制度

在芝加哥气候交易所(CCX)交易的产品包括三类:温室气体排放配额、经过核证的排放抵消指标和经过核证的先期行动减排信用。其中经过核证的排放抵消指标涉及的抵消项目需要在CCX通过相应的程序进行登记。

(1)抵消项目登记主体

具有在CCX进行减排项目登记资格的主体包括三类:基本会员、抵消项目供应商和抵消项目汇集商。

①基本会员

基本会员指的是直接排放温室气体的企业。其与CCX订立具有法律约束力的合约，承诺承担减排时间表上的义务，并需接受核证核查机构的年度确认。基本会员根据其基准线分配到排放指标，并与CCX订立减排时间表。

基本会员要做出以下具有法律拘束力的承诺：一期合约的会员承诺通过减排或购买抵消项目的减排量做到每年减少1%的排放，4年减排4%。在二期合约的时间内，一期的老会员平均每年减排0.5%，4年减排共计6%的义务，基准线为1998年至2001年平均值或2000年的排放量。最终的结果为：截至2010年，所有基本会员将实现6%的减排量。减排量超过时间表规定的额度的会员可以出售或储存剩余的指标，没有达标的会员为了履行减排义务则需购买碳交易金融合约。

②抵消项目供应商

抵消项目供应商是指用于分离、销毁或减少温室气体排放的合格抵消项目的权利所有者。其主要作用为：直接在CCX销售该项目的有效碳排放补偿额；作为技术持有方和项目所有人按照约定共同享有抵消项目产生的碳排放补偿额；受项目所有人委托代为销售补偿额，但不得将同一补偿额在其他市场重复销售。

③抵消项目汇集商

抵消项目汇集商是不直接拥有隔离、销毁或减少温室气体排放的项目，但是受减排项目所有人委托，可以将若干减排量较小的项目打捆直接在CCX销售的机构。

抵消项目汇集商不得将同一补偿额在其他市场重复销售，承担履行与项目所有人及有关各方所签订的委托销售代理合同规定的全部责任，他们之间的任何纠纷与CCX无关。

（2）登记的抵消项目种类

CCX已经形成了一套成熟、标准的颁发碳金融工具合约的办法，相应的，在CCX进行登记的抵消项目需要遵循该规则。能够在CCX进行登记的抵消项目包括农业甲烷排放抵消项目等。

6.3.3 芝加哥气候交易所登记、认证和确认程序

芝加哥气候交易所（CCX）抵消项目在签发之前，必须得到抵消委员会的批准。一旦抵消项目被抵消委员会批准，项目所有者或汇集商必须聘请CCX认可的独立第三方认证机构进行认证。CCX采用独立的温室气体减排和认证体系，能够保证认证的透明度、精确性和完整性，同时为会员提供管理温室气体的标准化程序。认证机构所使用的信息由项目所有者或汇集商提供，结合可能的实地调查，准确地评估该项目实际

 碳交易登记结算法律制度

的每年的温室气体隔离和毁灭。抵消项目的启动取决于最初的认证，自登记注册之日起至期满为止每年还需认证。CCX 的抵消委员会将重新核查认证报告。

尽管不同类型的项目有不同的适当性和量化要求，但是所有的抵消项目都必须通过同一个标准化的登记、核查和确认过程。CCX 工作人员将帮助项目所有者评估其项目，并对整个认证、确认过程提供技术支持。程序如下：

（1）提交项目文件

项目文件是指项目建议书或项目调查问卷，CCX 可以对此提供指导，建议书提交给抵消委员会审查并做出初步同意意见后，提交给科技咨询委员会。

（2）获取独立的项目认证

抵消委员会通过后，项目所有者或汇集商必须得到由 CCX 认可的独立第三方认证机构的认证。认证机构利用项目所有者或汇集商提供的信息，并在条件允许的情况下结合实地调查，准确评估项目每年实际的温室气体隔离或毁灭情况。认证报告将再次由 CCX 工作人员及 FINRA 复查，以确保完善和准确。

（3）登记成为 CCX 的抵消项目供应商或汇集商

相关机构加入 CCX 成为项目供应商或者通过既有的抵消项目汇集商加入项目。项目所有者或汇集商加入合格项目不受数量限制，但每一个不同的项目都必须独立登记，所有的汇集项目必须在合并基础上进行登记。

（4）结算碳金融合约作为项目抵消

在抵消项目委员会同意的基础上，CCX 向抵消项目供应商或汇集商发放与项目温室气体隔离或毁灭等量的碳金融工具合约。

6.3.4 芝加哥气候交易所的结算制度

芝加哥气候交易所（CCX）的结算平台用来处理每天在交易平台上发生的所有交易活动的日常信息。它与登记系统直接相连，便于向登记账户持有者交付当日发生的碳金融工具合约的交易活动。

（1）CCX 具体结算制度

CCX 的产品交易一共有三种形式，针对不同交易形式的具体情况，CCX 采用不同的结算制度。

①次日结算制度

次日结算制度是 CCX 的匿名交易的一种结算制度，也是 CCX 最常见的结算制度。根据碳金融工具合约的规定，该种交易在交易日当天结清，但整个合约的价值在下一个营业日结算。在整个交易和结算的过程中，CCX 担当的角色是匿名交易人的交易对手，以保证交易的顺利完成以及履约。实行次日结算制度的主要原因是考

虑到银行的因素。

②控制合约转移制度

控制合约转移制度是针对双边交易的一种结算制度。双边交易在 CCX 的交易平台上进行交易，但结算是在双方当事人之间直接进行，不通过 CCX 的结算平台，在这种交易中，CCX 扮演的角色是控制合约的转移。

③报告制度

报告制度是针对整组交易的一种结算制度。整组交易是双方当事人之间的一种私下的议付业务，该种交易可能通过 CCX 的结算平台进行结算，也可能不通过 CCX 的结算平台进行结算。但不论如何，在结算后的一定时间内，该种交易和结算需要报告给 CCX。

（2）结算报告的内容

碳金融工具合约根据登记账户发生转让，会员可以通过登录 CCX 的登记结算系统获得每日和每年的结算账目报告。CCX 的结算报告主要包括交易账户的碳金融工具合约的活动等内容。

6.3.5 我国自愿交易登记结算的现状

我国的自愿减排市场在监管体系比较完备，金融服务完善，社会公众对新事物接受程度高的北京、上海和天津这三个直辖市得到了先行的发展。三地均实现了企业和个人的自愿减排交易，同时天津碳排放权交易所推出了我国首个温室气体自愿减排电子公示查询系统——自愿减排服务平台，为建立具有公信力的登记系统进行尝试。2014 年 4 月 27 日，上海环境能源交易所建立了中国首个自愿碳减排交易平台，其交易系统包括了远程交易、即时报价、网上交割以及核证标准等技术系统，同时还建立了登记结算系统。随着交易系统和交易机制的进一步完善，这一平台将具备与国际机构同等的碳交易技术能力。

现阶段我国的自愿减排市场主要是基于项目的场内和场外的交易，除了大家熟悉的 CDM 机制下的 CERs，还包括了自愿减排市场上认可度高的标准——自愿碳标准（VCS）下的 VCU。北京环交所正致力于生态补偿项目标准的设计和相关审查以及核定机构的建设，并准备推出中国权威的生态补偿减排项目交易市场，生态补偿项目日后将成为自愿减排市场的重要交易产品。近期，国家发改委正就《自愿减排交易管理办法》征求各方意见，并将于近期出台这一政策，推动建立自愿减排的国家级登记和托管系统，规范国内的自愿减排交易。总的来讲，我国的自愿减排市场是为形成全国统一的总量控制下的碳排放权交易体系所进行的规则、程序、方法和技术上的探索和检验。

但目前我国的自愿减排市场缺少全国统一的具有公信力的登记系统，无法保证交易的可信性。尽管天津排放权交易所已经建立了自愿减排服务平台，进行减排交易的信息查询，但是进行 CDM 和自愿交易市场注册和结算的全国性平台建设是必要的。一方面提高了交易的公信度和信息透明度，另一方面，统一的结算平台有助于市场监管和风险防范。

6.4 气候衍生品交易的登记结算

在当今世界的气候交易所中，推出气候衍生品的有欧洲气候交易所（ECX）和芝加哥气候期货交易所（CCFF），其中 CCFF 的相关产品的交易通过 CCX 的结算平台进行结算，ECX 的相关产品的交易通过伦敦清算所（LCH）进行结算和清算。LCH 的气候衍生品交易的结算方式主要包括三种：净额结算、保证金和逐日盯市。

6.4.1 LCH 在气候衍生品交易结算中的地位

当一笔交易经由 LCH 登记之后则会用两个新的交易替换它们，每一笔新的交易均以 LCH 为交易对手，即在气候衍生品交易结算中，LCH 所扮演的角色是交易会员的中央对手方。

LCH 作为中央对手方目的是未来帮助市场参与者管理交易对手的违约风险。由于相关交易在合约上市与最终交割之间通常有几个月的时滞，市场参与者之间会产生巨大的未决债务，若亏损的一方在交割前违约的话，则收益的一方的获利将不复存在。为降低市场参与者的违约风险，可通过充当结算后台中央对手方的 LCH 来降低对手风险。作为中央对手方的 LCH 以新合约对手来代替原有的交易对手的行为为合约更替，进而 LCH 可增加交易的稳定性，且市场参与者的双边信用风险也被中央对手的标准信用风险所取代。

LCH 作为买方的卖方与卖方的买方后，市场参与者原有的双方合约终止，被与 LCH 的新合约取代，进而双边交易对手风险被 LCH 所面临的单边对手风险替代。

6.4.2 净额结算

净额结算是金融衍生交易中的一种结算方式，也是国际资本市场上普遍应用的结算方式，在我国金融市场实践中也有存在，比如目前在上海证券交易所和深圳证券交易所，交易所与券商之间实行的"净额交收制度"。尽管券商一天中多次地买入或卖出股票，但不与交易所就每一笔股票交易进行逐笔交割，而是在每一清算期中，对其应收、应付的股票和相应价款进行轧差冲抵，只对冲抵后的余额进行支付。

这样一方面可以减少系统风险，另一方面又可大大降低手续费、税费等大量成本。

净额结算是指在交易双方相同的交易中，对交易一方而言，有的交易有盈利即正向价值，有的交易有亏损即负向价值，交易双方根据主合约中的净额结算条款或者净额结算合约之约定将全部交易的正向价值和负向价值进行抵消或轧差，得出一个净额价值，并以该净额价值作为双方之间交易需要支付的金额，这种结算方式就是净额结算。

在国际金融衍生交易合约的条款安排中，净额结算是其支柱性制度之一，许多的国际组织和国家在金融体系中也对净额结算问题进行了深入研究。国际掉期交易协会（International Swaps and Derivatives Association，ISDA）组织更是在其2002年主协议中开宗明义地提出该协议的主要目的是推进金融衍生品之间的净额结算，声明该协议除了其他目的外，主要是被设计用于推进跨越不同金融衍生品交易的净额结算，表明了净额结算问题的重要性。

根据不同的标准，净额结算还可以细分为不同的分类，实务中以是否涉及违约、破产等合同非履行情形为标准将其分为两大类：支付净额结算和终止净额结算。

6.4.3 LCH 的保证金制度

在期货市场结算风险管理方面，保证金制度是一个核心。保证金制度是为了解决部分会员的逆选择与道德风险问题，而被结算机构所采取的一种主要的防范手段。通过提前缴纳保证金，结算机构就可以解决或者说避免部分会员可能出现的逆选择与道德风险。此外，提前缴纳了保证金有助于避免、打消在价格合理变化时违约对会员的吸引力。保证金制度的运行关键就在于准确地计算保证金水平，并根据市场状况动态及时进行相应的调整。

基于同样的道理，由于 LCH 在气候衍生品交易结算过程中提供中央对手方（CCP）服务，基于 LCH 的信用，交易方基本上不存在 LCH 违约的风险，但对于 LCH 来说，则存在交易方违约的风险。为了降低交易方的违约风险，在气候衍生品交易中实行保证金制度是十分必要的。

（1）保证金制度防范风险的机理

通过撮合的交易合约，均有最低初始保证以及维持保证金水平的相关规定。这种保证金水平主要依据合约的历史价格变动率、当前及预期市场状况以及其他相关信息所确立。不同合约，其履行保证金水平也不同，并且这种保证金水平是随时变化和调整的，以反映价格变动率和其他因素的波动。从性质上讲，初始保证金、维持履约保证金都属于诚意定金，主要是为了保障衍生品合约的履行。另外，维持保证金水平是交易所允许结算会员持有的部位或组合潜在损失所必须收取的一个最低金额。如果存入的履约保证金低于了维持水平,那么结算机构就会要求该会员把保证金补足至初始水平,这也是为了更好地防范风险。显然,不限于前述内容,为了更好地防范结算风险,合理地选择结算时间、结算周期以及保证金收取方式,这些措施都有助于提高保证金制度的风险管理功能。更频繁的每日结算可以缩小交易执行与结算之间的时间差,这有助于会员清偿债务,也更加能够保障结算机构之财产安全。但是,日中多次结算又可能使银行电汇、账户维护的成本攀升。

(2)净额收取:LCH 收取保证金的基础

在考虑采用保证金计算方法之前,收取保证金需要确定结算机构保证金是基于何种方式,是持有头寸的净额还是全额计算。所谓结算会员的净头寸,是指将所有客户的多空头寸互相冲销所得的净额结果。比如,LCH 的结算会员甲,其拥有客户 A 持有的 60 张 EUA Futures 多头合约和客户 B 持有的 50 张该种合约的空头头寸,那么,会员甲须向结算机构缴纳的初始保证金即为 10 张净头寸。如果初始保证金每张系 2000 美元,那么甲须缴纳 2 万美元给结算机构;甲则必须向其客户收取至少 22 万美元的初始保证金(基于总额的 110 张合约)。与之相反,在总额制度之下,甲须交纳的初始保证金为依据总额 110 张合约的 22 万美元。LCH 是基于持有头寸的净额收取保证金的,即净额收取保证金。

(3)LCH 的保证金类型

LCH 收取的保证金包括:初始保证金(Initial Margin)和变动保证金(Variation Margin)。在计算初始保证金时,是以能够满足支付会员违约造成的损失为原则的。计算方式是根据所有持仓部位统一计算的。但是,要分开、独立地计算会员及其客户的初始保证金。结算会员缴交保证金的方式包括现金、抵押品或银行保证金,会员可选择使用交纳方式。同时,结算会员必须从其客户那里收取保证金。通常而言,每日都要计算初始保证金,但如果市场价格的波动过大,LCH 也可能提出交纳日中保证金的要求。在每日收盘后,所有持仓期货或者选择的部分,或者尚未交割权益的交易,依照当日之收盘价与前一交易日之收盘价的差额做计算,所得的数额即为变动保证金。损益在计算出来以后可以累积到交割之前,会员不必每日支付损失或者领取利得。

6.4.4 LCH 的逐日盯市制度

逐日盯市制度又称无负债结算制度,是指 LCH 根据每天市价及投资者手上的合约计算出盈亏来调剂投资者保证金账户中的资金。它的计算方法是分级结算法,首先对结算会员进行结算,再由结算会员对非结算客户进行结算,会员再向 LCH 或者客户追加保证金。

6.5 中国碳交易的登记结算系统

6.5.1 中国碳交易登记结算的现状及原因

登记结算系统是碳交易市场合理运行的关键要素，国际碳交易的登记结算方式主要有强制交易体制下的登记结算制度，自愿交易体制下的登记结算制度和气候衍生品交易的结算制度。就中国的实际情况而言，我国主要是通过参加清洁发展机制（CDM）项目开展碳交易，即中国的碳交易市场也是 CDM 市场。对我国而言，碳排放交易登记结算就是实际上的 CDM 项目登记结算。

虽然 CDM 项目交易在中国的开展取得了一些可喜成绩，但我国目前仍然未建立适合自身的登记结算系统，这主要包括两方面的原因：第一，联合国已经建立了 CDM 登记结算系统以进行有效管理；第二，我国对 CDM 未给予高度重视，以至于使我国仍处于相对比较被动的局面状态。然而，登记结算作为碳交易必不可少的要素，其作用是不容小觑的。因此，法律应该完善我国的 CDM 制度，并在此基础上确立其登记结算系统。

6.5.2 中国碳交易登记结算制度的法制完善

参与国际 CDM 项目合作对于促进我国国内碳交易市场的形成，推动我国碳交易法律制度建设，提高我国资源使用效率，促进我国的可持续发展有着重要意义。但现实情况是，我国 CDM 项目在开发过程中经常会面临缺少金融机构融资服务的严峻形势，直接导致我国 CDM 项目在国际市场处于弱势地位，碳交易成交价格也远远低于国际市场价格。根据《京都议定书》以 2012 年划定的碳减排阶段，以及应对气候变化在国际上的认同度，当发达国家普遍承担相应的强制性碳减排任务时，我国也必然要求承担相应的强制性碳减排任务。那么，现在低价卖出的碳减排量将来可能要花几倍的高价才能买回来，这对中国开发 CDM 项目的企业来说无疑是一笔重大的损失。虽然我国已经建立了环境能源权益交易平台，包括北京环境交易所与上海环境能源交易所，但实际上这两个交易所的交易内容基本上还局限于技术交易和股权转让层面，极少真正涉及碳交易这种国际上最活跃的环境产品。因此，我国首要的目标是完善我国的清洁发展机制（CDM）项目，通过法律规范和完善我国的 CDM 市场机制。

目前，我国已经制定了《清洁发展机制项目运行管理办法》，初步形成了实施 CDM 项目的法律保障制度。但与国外立法相比较，单纯依据这一办法仍然存在着不少缺陷，使我国 CDM 市场的发展面临着制度障碍。要完善我国碳交易市场的法制环境，就必然要求从总体上加强实施清洁发展机制（CDM）的法律能力建设。

第一，建立合理透明的评估标准和批准程序。力求明确、合理、透明，以便CDM项目能够被快速和有效地审批和实施，并减少风险。除了CDM交易本身以外，还涉及参与主体的多方合作、咨询等服务。中国CDM交易市场尚未在咨询服务方面设立明确的法律规定，应该通过法律法规予以完善。同时，还应从法律规范的角度建立完善、有效、透明的管理政策等配套法律支持体系。

第二，制定对技术转让的规定。目前我国CDM市场还在逐渐完善的过程之中，企业投身CDM项目交易，主要是基于经济利益的驱动；从实质的可持续发展角度而言，CDM项目又不仅仅只是商业交易，还能够带给交易双方共同的环境利益。因此，我国应从法律层面提出对CDM技术转让的硬性要求。

第三，制定明确的CDM项目标准。包括：需求方的质量控制，即由碳减排量的买方制定一定的标准以控制项目的质量；短期内提高价格，因为现有项目的价格远远低于在发达国家实施减排的成本；与发展中国家结成联盟，增强讨价还价的能力，保证项目为本国带来真正的利益。总之，法律法规应从以下几个方面完善我国的CDM项目运行管理办法：首先，制定相关的程序规定，明确当出现项目在报批时还没有找到国外买方的情况时，产生CERs的能够相对容易地转出；其次，取消我国政府从CDM项目中收取利益的规定，实施CDM项目所获得的利益应全部归实施项目的企业所有；再次，取消CDM项目股本结构的限制，降低在中国直接投资CDM项目的门槛，以最大限度地吸引国际投资；最后，取消CDM价格必须由国家发改委审批的规定，实行CDM交易价格由市场调节确定的定价方式。

6.5.3 中国碳交易登记结算系统的功能界定

登记结算是碳交易顺利进行的一个不可或缺的条件，登记结算系统在一定程度上充当电子登录系统的功能，个人要想成功登录登记结算系统，首先必须要在该系统进行有效的注册。碳交易的交易主体、时间和地点等相关情况都会被记录在登记结算系统中。因此，登记结算系统的主要功能可界定为：为碳交易提供登记结算服务，并监督相关交易的合规性，进而保证碳交易的规范性与完整性。

（1）充当我国碳交易的国家登记结算系统

鉴于2008年的国际交易日志的正式运行，则2012年前的CDM项目的相关产品交易务必要经过联合国国际交易日志的核证。因而，我国的碳交易登记结算系统类似于欧盟碳交易体系中各成员国成立的国家登记结算系统，而联合国CDM登记结算系统的功能与欧盟的独立交易日志的功能相似。

（2）充当我国碳交易的主管机构的监管系统

我国的碳交易登记结算系统可有效精确记录 CERs 与相关产品的持有、转让及撤销的数量值，以利于准确而高效地进行结算，从而形成对碳交易主管机构的监管。第一，可提高我国对 CDM 项目的审批效率，从而提高 CDM 项目在联合国登记的成功率，与此同时，也可提高联合国 CDM 执行理事会的工作效率；第二，可为我国碳交易提供相应的服务与经验借鉴。

6.5.4 中国碳交易登记结算系统的流程

我国的碳交易登记结算系统的流程包括如下步骤：第一，初始化登记结算系统；第二，开立碳交易账户；第三，记录账户之间的交易情况；第四，确认交易并进行结算。

（1）初始化登记结算系统

初始化登记结算系统的程序是交易主体正式进入碳交易登记结算系统的必要环节。为更好更快地适应联合国对 CDM 的要求，并使我国碳交易更好地与国际接轨，我国的碳交易登记结算系统初始化应主要借鉴联合国制定的数据交换标准进行设置。

第一，设置数据交换系统。我国碳交易登记结算系统之间以及我国碳交易登记结算系统与国际交易日志之间必须实现安全、实时交易的交流。所谓数据交换标准是指对通过网络使用加密的信息的传输控制协议或网际协议连接所进行的一种具体说明，且严禁通信在传输过程中被修改和被偷听的标准。我国的碳交易登记结算系统应采用与国际交易日志相同的技术解决措施，如使用简单对象访问协议网络服务、虚拟个人网络的硬件设置、符合联合国所规定的可扩展标记语言、数字签名鉴定以及网络时间协议等。

第二，初始化登记结算系统的内容。参照联合国的要求与国际实践，我国的碳交易登记结算系统应包括碳交易指标的发放、转移、抵消、撤销与协调等过程，并确保 24 小时清算和交易情况查询及包括交易日志、协调日志、内部审计日志和信息档案文件在内的数据日志要求和标志码格式的不同。具体内容如下：数据库的结构和容量；网络中心与数据群；数据传输安全性的保证；通信的具体要求；数据格式与时间确认说明，以及实现误差最小化的措施和结束交易的程序，防止未经授权的操作和操作失误的措施等规定。

因此，我国的碳交易登记结算系统的开发者应该与联合国 CDM 登记结算系统和国际交易日志的开发者和管理员保持紧密联系与沟通，后续功能开发进度要及时进行沟通，并尽量保持步伐一致。

（2）开立碳交易账户

第一，账户的种类。根据中国当前的 CDM 项目交易现状，可将我国的碳交易登记结算账户划分为如下四类：CDM 项目业主账户、国内排放权交易账户、中介机构账户以及个人账户。其中，CDM 项目业主账户是拟实施 CDM 项目的所有者或经营者专门用于从事 CDM 项目交易的账户。国内排放权交易账户是参与主体专门用于从事国内排放权交易的账户。中介机构账户是各种中介机构如世界银行、投资商等在我国开展 CDM 项目交易时所开立的账户。个人账户是指各类环保主义者如各种机构与自然人想通过自愿减排方式减少国家温室气体排放所开立的账户。更为重要的是，只有具有独立法律实体地位的自然人或者法人机构才有资格成为我国碳交易登记结算系统的账户持有者。

欧盟成员国的排放权交易的国家登记结算系统存在四种账户：国家账户、排放装置账户、自愿提交减排信用账户以及个人账户。其中，排放装置账户不需额外申请，收到排放权配额发放通知的排放装置运营者会在国家登记结算系统中自动获得一个分配的账户。考虑到我国当前并未承担减排义务，且国内未实施类似的减排交易计划，因此，欲在中国 CDM 项目登记结算系统开立交易账户的各主体必须提交正式的开户申请，且任何达到条件的自然人或法律实体均有权开立。

第二，账户的管理机构。交易主体在中国进行 CDM 项目交易和排放交易前，必须按照要求开立相应的账户。申请开立 CDM 项目交易账户和国内排放权交易账户的主体应当提交相关证明文件和材料来证明其合格的法律实体地位，并按照要求填写开户所需的相关数据和信息。鉴于中国现行的 CDM 项目的主管机构是国家发展和改革委员会，同时为了提高管理效率，中国的 CDM 项目和排放权交易账户的管理应由国家发展和改革委员会下设一个专门的账户管理机构来受理账户的申请与开展相关管理工作。参照联合国国际交易日志和欧盟独立交易日志的实践经验，中国的账户管理机构还应选定登记系统管理员，以负责对 CDM 项目产生的减排信用额的发放、转化、划拨/移交、撤销等操作，从而有助于明确责任主体，减少风险与降低不必要的协调成本。另外，鉴于登记系统管理员在排放权交易的登记结算系统与整个项目的交易过程中担任重要的职责，因此有必要对其任职资格制定严格的认证规则与规定。

第三，账户的设置。每个交易账户都具有唯一的 ID，主要包括如下要素：企业代码、账户类型、交易账号与交易账户的 ID。在欧盟很多成员国的国家交易系统内，因为被纳入到减排计划范围内的排放装置账户与个人账户都属于交易账户，因此，以 0 作为其交易账户共同的 ID。中国的排放权登记结算系统可参照此做法。即每个交易账户持有人均必须设立一个用于登录到中国排放权交易登记结算系统的账号。

（3）记录账户之间的交易情况

在中国排放权登记结算系统中拥有账户的任何独立的法律实体均有权进行排放

权指标的交易，交易的产品种类包括：CERs、VERs、tCERs 以及各种 CDM 项目产生的排放信用额的其他产品。交易双方在达成交易协议后，需要将交易提交到中国登记结算系统，并进行确认。

由于进行交易的 CERs 或相关产品均有一个独特的 ID，可准确记录拥有排放权指标的主体，因而可进行识别。而且，排放权交易的方式与网上银行类似，在提交给登记结算系统进行核查时，一定要说明排放权指标拟转出的账户与拟接收的账户及具体的转移数量。

(4) 确认交易并进行结算

排放权交易账户持有者提交给中国 CDM 项目登记结算系统的每笔交易均需要通过此系统的核查并获得确认与结算。若登记结算系统未提出反对，则会对提交的交易进行确认与结算。然而，若提交审查的交易在 24 小时之内未得到登记结算系统的确认，则交易会被自动撤销，此时，账户管理员会收到撤销通知，该交易必须重新发起。基于国际交易日志在 2008 年开始运行，因此 CDM 项目的交易最终需通过其核查后方可进行。

交易成功后，排放权指标的卖方必须进行授权将其账户内的对应数量的减排信用额转移到买方的账户。只有当排放权的交易进入登记结算系统，且账户之间完成移交减排信用额后，整个交易过程才算结束。

专栏 6-1　　　　我国碳交易注册登记系统建设现状

2014 年 12 月 18 日，国家应对气候变化战略研究和国际合作中心在北京国宏宾馆召开了国家碳交易注册登记系统非试点地区培训会，其主要内容包括国家碳交易注册登记系统框架设计、系统开发与功能、用户手册及系统演示，以及国家碳交易注册登记系统业务流程介绍。清华大学教授段茂盛对国家碳交易注册登记系统框架设计做了精确阐述。段教授指出，注册登记系统的目标是为了准确记录配额及减排量指标（包括 CCER）的创建、流转、取消等所有相关信息和结果。它能够实现国家、省级、企业、个人多级管理，支持国家、省级、企业、个人等多种用户；它能够满足全国碳市场建立初期的近期需求，也考虑了将来与其他国家/地区注册登记系统连接的长期需求；能够服务于全国碳排放权交易，也能够服务于自愿减排交易。

国家碳交易注册登记系统的开发单位对系统功能做了介绍。值得注意的是，即将推出的注册登记系统并不能对 CCER 的产生年份进行识别。因此，某些试点地区，如北京对 CCER 产生年份做出的规定，目前是不能够通过注册登记系统来识别的。

> 《碳排放权交易管理暂行办法》和国家碳交易注册登记系统，以及各省级碳交易主管部门的能力建设，都是全国碳市场建立的基础工作。从已颁布的《碳排放权交易管理暂行办法》和此次培训的国家碳交易注册登记系统来看，各省级碳交易主管部门担负了市场监督管理的绝大部分工作，将是全国碳市场中的重要角色。
>
> （资料来源：低碳工业网）

6.6 本章小结

登记结算系统是碳交易市场合理运行的关键要素，在碳交易核证分类的基础上，温室气体排放权交易市场的登记结算制度包括强制交易体制下的登记结算制度、清洁发展机制下的登记结算制度、自愿交易体制下的登记结算制度和气候衍生品交易的登记结算制度。

《京都议定书》项下的强制性碳交易体制的登记结算系统包括：国家登记系统、清洁发展机制登记系统和国际交易日志，且彼此是相互联系、相互制约的。

清洁发展机制下的项目登记结算的运作流程：签发 CERs、扣除相关费用、将 CERs 从未决账户划拨到项目参与方的持有账户。

自愿交易体制下的登记结算主要指芝加哥气候交易所登记结算系统，即芝加哥气候交易所具备登记、注册、竞价、交易、结算、清算、认证、监督等体系。

在当今世界气候交易所中，推出气候衍生品的有欧洲气候交易所（ECX）和芝加哥气候期货交易所（CCFF），其中 CCFF 的相关产品的交易通过 CCX 的结算平台进行结算，ECX 的相关产品的交易通过伦敦清算所（LCH）进行结算和清算。LCH 的气候衍生品交易的结算方式主要包括：净额结算、保证金和逐日盯市。

目前，我国主要通过参加清洁发展机制项目开展碳交易，碳排放交易登记结算实际上是 CDM 项目登记结算。虽然 CDM 项目交易在中国开展取得了一些可喜成绩，但我国目前仍然未建立适合自身的登记结算系统，首先应完善我国的清洁发展机制项目，通过法律规范完善我国的 CDM 市场机制。

中国登记结算系统的主要功能可界定为：为碳交易提供登记结算服务，并监督相关交易的合规性，进而保证碳交易的规范性与完整性。

我国碳交易登记结算系统的流程包括：第一，初始化登记结算系统；第二，开立碳交易账户；第三，记录账户之间的交易情况；第四，确认交易并进行结算。

7 国际碳交易合同法律制度

7.1 国际碳交易合同的基本内涵

根据《联合国气候变化框架公约》和《京都议定书》的规定,碳交易即碳排放权交易,其基本原理是合同的一方通过支付另一方获得温室气体减排额,买方可以将购得的减排额用于减缓温室效应从而实现其减排的目标。其核心思想是以法律赋予碳排放权以商品的性质,通过买入和卖出达到碳排放量的总体控制。国际碳交易行为的完成需要交易双方通过签订和履行合同的方式实现。不管哪一种交易机制都存在碳交易合同及其背后的法律问题。

7.1.1 国际碳交易合同的概念和种类

7.1.1.1 国际碳交易合同的概念

国际碳交易合同,是指地处不同国家的买方按照京都机制设定的或自愿的交易体系约定俗成的目的,而与为获得资金或技术的他国卖方签订的以碳排放配额或碳信用为标的的买卖协议。[1] 依交易机制不同,碳交易的主体、标的、内容也不同,国际碳交易合同的种类繁多,范围十分广泛,它并不是单指某种特定的合同,而是在碳交易过程中所涉及的各种合同的统称。总体来说,国际碳交易合同和普通民事合同一样,规定了碳交易主体之间的权利和义务,是国际碳交易最基本的法律文件。在国际上,所有的碳交易都采用了书面的合同模板。

7.1.1.2 国际碳交易合同的法律性质

国际碳交易合同是典型的国际商事合同。国际商事合同(International Commercial Contract)的概念,在《国际商事合同通则》(以下简称《通则》)中并未做规范性解释,但根据《通则》及其注释的精神,国际商事合同可以定义为:从事跨国商业主体之间,基于商业经营的目的所订立的有关相互之间在交易活动中的权利和义务的协议。[2] 从国际碳交易合同的概念,我们可以看出,国际碳交易合同所约定

---

[1] 黄小喜.国际碳交易法律问题研究.北京:知识产权出版社,2013:107.
[2] 周晓燕.国际商事合同通则.北京:法律出版社,1996:1-2.

的商品，是一类新型的商品——碳排放权，在国际碳排放交易市场形成后，该类商品作为一种国际性可流转的金融性商品来交易。政府在排放权一级市场上，采取招标、拍卖等方式将排放权有偿出让给排放者，排放者购买到排放权后，在二级市场上进行排放权买入或卖出。此外，国际碳交易合同建立在国际平台基础上，具有交易、登记、划拨、结算等程序，且有现货、期权、期货等交易模式，是一种典型的国际市场商品交易形式。另外，从国际碳交易合同的主要条款与订立程序来看，也与国际商事合同无本质上的区别。由此可见，国际碳交易合同是一种国际商事合同。

7.1.1.3 国际碳交易合同的基本特征

如前所述，国际碳交易合同是典型的国际商事合同，因此国际碳交易合同具有国际商事合同的一些基本特征，同时也有碳交易合同本身的特性，具体有以下几个特点：

(1) 国际性

国际性指国际商事合同是一种含有国际因素的合同，这里的国际性包括合同的主体、订立或履行合同的行为在不同的国家以及作为国际商事合同标的的财产或其他权利、利益在合同主体之间必须经过跨国或跨境流转才能实现合同主体的合同目的。① 国际碳交易市场的产生一方面在于碳资产在世界各国分布不同，另一方面在于减排的实质是能源问题。发达国家的能源利用效率高，能源结构优化，新的能源技术被大量采用，因此本国进一步减排的成本极高，难度较大。而发展中国家，能源效率低，减排空间大，成本也低。这导致了同一减排单位在不同国家之间存在着不同的成本，形成了高价差，从而导致国际碳交易主体跨国度交易。由此国际碳交易合同的主体营业地在不同国家，具有显著的国际性特征。

(2) 商业性

这里的商业性是从合同的目的出发的，其内容不仅涉及各种有形商品的交换活动，也包括各种以营利为目的的投资、融资活动以及服务、技术等无形商品的交易。国际碳交易原是为促进全球温室气体减排，减少全球二氧化碳排放所采用的市场机制。从经济的角度看，碳交易本质上是一种金融活动。金融资本直接或间接投资于创造碳资产的项目与企业。没有减排义务或者有剩余排放配额的国家和企业就可以通过碳交易获得经济利益。不管是京都机制下的三种机制还是欧盟排放交易体系（EU ETS），碳交易都具有明显的商业性。

(3) 双务合同

国际碳交易合同中双方当事人的权利和义务是相互关联的，一方的权利正是对方的义务，从而形成对价关系，当一方违反合同时，另一方可以寻求相应的救济。

---

① 温国民. 全球化与国际商事合同规则的国际统一. 中国法学, 2001 (3): 158.

(4) 关系复杂

在国际碳交易合同的订立和履行过程中，不仅需要合同当事人的行动与合作，也需要第三方的协助，如政府、国际交易所、金融机构、中介公司、第三方认证机构等。而且在国际碳交易合同的履行过程中，当事人也无法避免国际组织或一国政府依其职权对国际商事贸易进行管理或管制。如 CDM 项目，在开发阶段就要进行项目文件设计、卖方和买方政府审批、购碳协议签署、第三方认证、联合国注册等程序。由此可见，国际碳交易所涉及的关系是非常复杂的。

(5) 合同标的特殊性

国际贸易合同的标的是货物，即有形资产，不包括股票、债券、流通票据或其他财产。所有的国际碳交易都是碳排放权交易，即在京都机制条件下的三种机制、欧盟排放交易体系（EU ETS）或自愿减排体系确定的不同国度之间的碳排放权的转让，包括配额和信用两种形式的标的。① 这种标的不是实物，也不是股票、债券等无形资产，它是一种新型的标的，需要法律的强制或自愿约定才能执行。

(6) 适用法律的特殊性

国际商事合同适用的法律有《联合国国际货物买卖合同公约》《国际商事合同通则》《国际贸易术语解释通则》《欧洲合同法原则》等。在国际碳交易合同中，京都机制碳交易（ERUs、CERs、AAUs 的交易），适用的法律条款首先必须是《京都议定书》所设定的相应机制条款，及其 EB 所设定的相关交易规则；非适用京都机制的碳交易，如欧盟碳排放交易，则适用欧盟排放交易体系规则第 23 条及其他相关规定，自愿减排交易体系则适用各交易所制定的交易规则。

7.1.1.4 国际碳交易合同的种类

根据碳交易的三种机制，国际碳交易被区分为两种形态，一种是基于配额的交易，如欧盟排放权交易机制的"欧盟排放配额"（European Union Allowances，EU-As）交易，另一种是基于项目的交易，如清洁发展机制和联合履约机制。每一种交易合同均不尽相同。具体来讲，国际碳交易合同有以下种类：

（1）按交易的主体来划分，国际碳交易合同有两类：一是政府之间的买卖协议，如国家政府之间关于分配数量单位（AAUs）的交易合同和欧盟排放交易体系（EU ETS）下的欧盟配额交易合同等。二是政府、国际组织与私人实体之间的买卖合同，如《京都议定书》附件一国家政府与非附件一国家清洁发展机制（CDM）项目业主之间的核证减排量（CERs）交易合同。

（2）按照交易标的来划分。尽管国际碳交易合同的标的在国际上只有配额和信用两种，但由于根据国际条约、协定、规则、国内规则以及交易所规则所创制的配

---

① 黄小喜. 国际碳交易法律问题研究. 北京：知识产权出版社，2013：108.

额和信用有所区别，因此以按该方式划分的合同种类繁多。如在京都机制条件下的ERUs、CERs、AAUs交易合同，在欧盟排放贸易体系下的EUAs交易合同，在芝加哥气候交易所平台下的碳金融工具CFI的交易合同等。

（3）按合同的内容和性质来划分，可分为代理合同、核证合同和碳排放权交易合同、其他衍生合同。由于碳交易在交易初期，涉及许多严谨复杂的技术规范和评判标准，因此交易双方一般会签订委托代理合同，将有关碳交易的各类专业事项委托给代理机构代为操作。核证合同是碳交易的卖方即核证碳排放权的申请方必须与联合国清洁发展机制指定的独立第三方认证机构签订核证合同，对准备核证项目的认定、核证的具体事项、费用承担等做出约定。而碳排放权交易合同是指买方为了履行减排义务、投资或其他目的，卖方为了获得现金或技术而以卖方的配额或信用作为交易标的达成的买卖合同。[1] 此外，碳排放交易中还涉及资金、技术、设备、人力等有关要素的开发与投入，需要签订技术转让、投资等相关合同来确定各合同方的权利和义务法律关系。这就是由碳交易衍生的合同。

（4）按照交易类型来划分，国际碳交易合同可以分为两类：一类是现货交易合同；一类是衍生品交易合同。前者包括即期交易合同、远期交易合同和交易所现货交易标准合约等；后者包括期货标准合约、期权标准合约等。

7.1.2 国际碳交易合同的订立程序

7.1.2.1 国际商事合同订立的一般程序

合同订立的程序一般要经过要约和承诺。国际商事合同的订立往往也要经过这两个程序。国际商事合同订立的过程是一个交易磋商的过程，通常要经过询盘、发盘、还盘与接受这四个环节。询盘即是买方为了购进货物或卖方为了销售货物而向对方提出有关交易条件的询问。发盘在法律上成为要约，即买方或卖方向对方提出各种交易条件，并愿意按照这些条件达成交易、订立合同的一种意思表示。还盘又称还价，即反要约，是受盘人收到发盘后，对发盘内容不完全同意而提出修改或变更的意思。接受即承诺，是买方或卖方接受并同意对方在发盘中提出的各项交易条件，并愿意按照这些交易条件与对方达成交易、签订合同的一种肯定的表示。[2] 发盘一经接受，交易达成，合同即告成立，对双方都具有法律约束力。

7.1.2.2 国际碳交易合同订立程序的特殊性

国际碳交易合同是一种特殊的商事合同，但订立合同同样要经过上述的四个环

---

[1] 刘雪莲，刘晶. 对中国碳减排合同法律适用问题的实证分析——以中国碳交易第一案为例. 西部法学评论，2012（11）：12.

[2] 王晓川. 国际商事合同法. 北京：北京师范大学出版社. 2010：32 – 38.

节。而且国际碳交易合同，根据合同的分类有直接交易的合同，也有基于碳项目交易的合同，后者在建立碳交易合同的过程中，为碳排放权形成的碳项目融资、碳项目开发、碳项目排放权的核定或认证等也成为碳交易合同的一部分。具体来讲，国际碳交易合同的订立主要有以下几个特殊性：

（1）国际碳交易合同订立过程中磋商的主体较多。国际商事合同订立过程中，协商与谈判的主体一般是交易的双方，很少涉及第三方，但如上所述，国际碳交易事关各国之间履行国际承诺和义务，不管哪种机制下的碳交易，双方都要有一个磋商与认同的过程，而参与国际碳交易协商与谈判的主体，除了碳交易买卖合同的双方当事人，还有为买卖合同的签订提供交易平台、咨询服务、中介服务的单位，包括碳交易所、各类咨询服务机构、金融机构、监管部门等。

（2）国际碳交易合同大量采用招投标的方式。订立国际碳交易合同时，买家或卖家多采用招投标的方式确定碳排放权交易的对象。国际招投标是一种国际上普遍运用的、有组织的市场交易行为，是国际贸易中一种商品、技术和劳务的买卖方。这种贸易方式既适用于采购物资设备，也适用于发包工程项目。如上所述，国际碳交易不同于一般的商品买卖，在确定交易对象时多数采用招投标的方式，如比利时联邦政府已经开展了三次 JI/CDM 招标工作。

（3）国际碳交易合同订立的程序越来越简化。国际碳交易合同的订立多数是围绕国际碳交易平台的规则和标准合约进行。为了加速推进各类减排碳交易机制的形成和有序发展，各国际碳交易所创设了各种简易的交易规则，并创设了各种配额和信用的期货、现货等标准合约，如核证减排量买卖协议，从而使交易更加高效、经济、安全。

专栏 7-1　　　　　　　　中国碳交易第一案

　　世界著名认证企业挪威船级社的一纸否定性审定报告，让一家中国水电企业预期的 30 万欧元碳减排收入打了"水漂"。这家水电企业向代理此项业务的太比雅环保公司"兴师问罪"，被逼急了的太比雅环保公司将北京挪华威认证有限公司告上了北京市朝阳区法院，认为后者"未能在约定的期限内履行义务"，且"涉嫌合同审定日期倒签"。此案被称为"中国碳交易第一案"。

　　此案基本案情是：原告上海太比雅环保公司与浙江能源集团华光潭水电有限公司签订协议，太比雅公司帮助华光潭水电公司进行碳减排交易。按照联合国对碳减排市场的设计，太比雅公司必须提交材料给联合国指定的认证机构，由认证机构签发自愿减排额度。2008 年 11 月 13 日，国际碳减排认证权威机构——挪威船级社的下属公司北京挪华威认证有限公司与太比雅公司达成一项

《气候变化服务协议》。根据该服务协议的约定,北京挪华威认证有限公司应于项目截止日2009年11月19日前,向太比雅公司提供该服务协议项下所约定的提供审定意见。2009年11月30日,挪华威公司向太比雅公司发出一份签署日期为2009年11月19日的否定性"审定意见书"。

而太比雅公司称该意见书为日期倒签意见书。理由是2009年11月27日,华光潭水电公司和太比雅公司负责人带着法律顾问与挪华威公司主管经理沟通时,挪华威公司并未给出明确的答复。

太比雅公司认为,挪华威认证公司未能在约定的期限内履行义务,双方多次协商未果,致使太比雅公司对其客户华光潭水电公司违约。无奈之下,太比雅公司把挪华威认证公司告上了北京市朝阳区法院,请求判令挪华威公司更正审定意见书的出具日期,由2009年11月19日更改为2009年11月30日,判令退还项目审定费用人民币242 319元,并书面公开赔礼道歉。原告诉称,被告挪华威认证公司"未能在约定的期限内履行义务",且"合同审定日期倒签",导致申请人华光潭水电公司的碳减排项目错失申请自愿碳减排交易的机会。而被告认为,"挪华威公司不是协议的一方主体,不应成为本案的被告,此案不适用中国法律。"

依据双方签订的《气候变化服务协议》"一般条款与条件"第13.1条约定:"本协议适用挪威法律并按其解释。"在法律适用与管辖法院部分,明确约定适用挪威法律并由挪威法院管辖。

挪威律师也于2011年3月29日出具法律意见,根据挪威法律规定,《气候变化服务协议》的法定当事人是太比雅公司和挪威船级社。

作为挪威船级社的分包商,挪华威公司认为,《气候变化服务协议》在第一部分明确写明了双方当事人为被答辩人与挪威真理认证有限公司(挪威船级社)。

根据联合国《清洁发展机制经营实体认可标准》的规定,挪威船级社才有资格签署《气候变化服务协议》,在协议第二部分有关双方的权利义务部分,也明确约定由挪威船级社承担相关的权利义务。

2011年1月26日,北京市第二中级人民法院裁定驳回了挪华威公司关于管辖异议的申请,确定朝阳法院具有本案的管辖权。而法院审理后认为,本案中与被告签订《气候变化服务协议》的合同相对方是挪威船级社,被告挪华威认证有限公司盖章的行为是以分包商的身份代表挪威船级社签约,因此原告起诉的被告主体不适格。2011年4月,北京朝阳区人民法院对此案做出一审裁定,以原告起诉主体有误为由裁定驳回原告起诉。

> "中国碳交易第一案"是中国企业参与国际碳交易中产生的合同纠纷,尽管此案目前仅做了程序性裁定,尚无实体性判决结果。但此案是中国参与国际碳交易活动中的第一起诉讼案件,反映出中国碳交易案件在法律适用中存在的问题。

7.2 国际碳交易合同的法律属性

7.2.1 国际碳交易合同的平等交易性

国际碳交易合同是国际碳交易的法律形式,不管是哪种交易机制,首先都是碳交易主体之间平等对话、协商、谈判基础上的合同式交易,都受到国际商事合同规则和国际碳交易示范合同条款的指引和调整。如《减排量购买协议》(Emission Reductions Purchase Agreement,ERPA),就是京都机制中 CDM 项目主体基于项目开发、合作、交付 CERs,转移碳信用的最为核心的合同文件。

而减排量购买协议通用模板,则因为服务对象和适用主体的不同,在国际上产生了存在差异的多种形式,如国际排放贸易协会(International Emissions Trading Association,IETA)2006 年发布的《减排量购买协议(第3版)》(Emissions Reduction Purchase Agreement,version 3.0)和《CDM 条款通则(第1版)》(Code of CDM Terms,version 1.0);世界银行碳融资部(World Bank Carbon Finance Unit)2006 年 2 月制定的《适用于 CERs 购买协议的通用条款(CDM 项目)》以及一些清洁发展机制专家和国际律师 2007 年 4 月起草并于 2009 年 9 月更新的《核证减排量买卖协议(第2版)》(Certified Emission Reductions Sale and Purchase Agreement,CERSPA)等。① 这些通用模板在设计上要么更多地考虑买方的利益,如世界银行和国际排放贸易协议的模板;要么更多地考虑卖方的利益,如 CERSPA。但从总体来说,在平衡买卖双方利益之上的主体之间,地位是平等的,交易过程中的权利义务也是对等的,体现了国际碳交易合同的平等交易性。

国际碳交易合同追求的平等(社会价值)是在"共同但有区别责任原则"下的平等。共同但有区别责任原则的主要内容包含两个方面——共同责任以及有区别责任。由于现实原因的限制或者说是从公平的角度考虑,发达国家和发展中国家在国际环境保护中所要承担的责任的范围、时间、方式、手段等方面是有差异的。从历史和现实的角度出发对于各国的具体责任的确定应当兼顾公平与效率,统筹考虑各

---

① 黄小喜. 国际碳交易法律问题研究. 北京:知识产权出版社,2013:113.

种因素在公平和效率之间做出适当的权衡取舍。保护和改善全球环境是全人类的共同利益所在，是世界各国的共同责任。这种共同责任主要体现在基于"地区生态系统的整体性"。各国不论其大小、贫富方面的差别都应该采取措施保护和改善其管辖范围内的环境，并防止对管辖范围以外的环境造成损害，同时各国应该在环境方面相互合作和支持等。但是另一方面，由于各国经济发展和工业化的水平不同，其废弃物和污染物的排放数量也不同，不应该要求所有的国家承担完全相同的责任。发达国家在自身发展过程中曾经向大气排放大量有害物质，最先并且主要是他们造成了大气的污染，发展中国家不应为他们造成的大气污染后果承担责任。

不管发达国家和发展中国家在碳交易排放配额的设定上有多大分歧，当前的国际碳交易仍是在"共同但有区别责任原则"的基础上交易的。国际碳交易合同的内容核心是通过这一市场机制形式，达成国际碳排放的减少。我们要确保发达国家在200多年以来的工业化道路所沉积的历史责任担当与当代各发展中国家的碳排放权利的平等性。

7.2.2 国际碳交易合同外部运行条件的不确定性

在国际政治角力下，《联合国气候变化框架公约》（以下简称《公约》）基本原则遵循不稳定。《公约》只是一个框架性的国际法律文件，仅仅是对附件一缔约方率先削减温室气体排放的义务做出原则性的规定，其具有适用范围有限、法律约束力不足、可操作性不强的局限性。[①]《公约》缔结时，围绕"减少温室气体排放，减少人为活动对气候系统的危害，减缓气候变化，增强生态系统对气候变化的适应性，确保粮食生产和经济可持续发展"的目标，确立了五个基本原则：①"共同而有区别"责任原则；②发展中国家特别情况原则；③预防原则；④可持续发展原则；⑤开放合作原则。但由于这是一个仅要求各缔约国提交专项报告并说明执行《公约》的计划及具体措施的框架性公约，并没有明确各缔约方的强制义务，完全是靠各缔约方的自觉行动。大部分的国家都是努力践行诺言，采取各种措施努力削减碳排放源，但在执行各项《公约》原则的过程中，也出现了各种与《公约》原则相悖的声音和行为，在国际角力的大背景下，国际公约的实际履行存在一些不确定性。国际公约的延续性问题产生了市场未来发展的最大不确定性。

《京都议定书》发展前景不明确。《公约》如上所述，其基本原则遵循并不稳定，而《京都议定书》发展如何也无法准确判断。自1997年《京都议定书》签署以来，发达国家一直在想方设法推卸自身的减排义务，其中代表性的事件就是美国

[①] 陈冠玲. 国际碳交易法律问题研究. 重庆：西南政法大学，2012.

退出《京都议定书》。① 而且《京都议定书》的实施期仅涵盖 2008—2012 年，各国对其有关规定仍存在广泛争议。目前所制定的各项制度，在 2012 年后能否延续尚未可知。因此，在京都机制条件下规范碳交易的碳减排交易规则及其合同何去何从，仍无法判断。

国际碳交易合同的效力无法保障。合同的效力是指依法成立的合同在当事人之间的法律拘束力。在京都机制下的碳项目交易模式有两种，一种是联合履约模式；一种是 CDM 模式。前者是在发达国家之间进行的，后者是在发达国家与发展中国家之间进行的。这些项目碳交易不仅仅是国际碳交易合同签订或履行的问题，它们还涉及碳节能减排项目的成功及众多的国际监管和国内监管。因而，在实施碳项目交易的过程中，项目的立项和实施过程较长，即使项目成功，得到国家监管部门的审批和《联合国气候变化框架公约》下的各行动小组的审核和批准也不一定成功。以 CDM 项目为例，CDM 项目的合同主要是《减排量购买协议》（ERPA）。通常在 ERPA 签订后，项目需要很长的一段时间（15 个月左右）才能获得 CDM 的注册从而获得产生 CERs 的资格，在注册之后又需要项目运行至少 3 个月甚至 1 年的周期才能做出核证，核证完成后才能产生相应数量的 CERs。因此在合同签订到 CERs 交付的中间需要一段漫长的时期，而每一次的 CERs 交付都要经过严格的核证，CDM 的合同期往往又都比较长（10 年或者 21 年）②，那么在这种情况下，规定缔约方的权利和义务的国际碳交易合同也就仅仅是一个模板，不能起到实际的作用。

7.2.3 国际碳交易合同履行机制分析和国家责任

国际碳交易合同的履行是指国际碳交易的主体按照合同的约定，自觉履行合同义务的过程。碳交易主体对合同规定义务的执行，是合同的履行行为；相应地，凡是不执行合同规定义务的行为，都是合同的不履行。由于国际碳交易合同的履行不仅是合同双方当事人的事情，还涉及国际组织、国家对碳交易合同的管制。因此，国际碳交易合同的履行既有合同双方当事人的义务性问题，又有国际碳交易合同订立方所在国家的国家责任问题。

7.2.3.1 国际碳交易合同的履行机制

影响国际碳交易合同履行的因素有很多，大体可以分为两类：一类是碳交易合同本身的因素，如合同主体的主观意愿、合同权利义务的履行程度、碳排放权项目

---

① 2011 年 12 月 12 日，加拿大成为继美国之后第二个退出《京都议定书》的国家，对国际社会共同努力减少温室气体排放的进程产生了严重的打击。新华网，http://news.163.com/11/1213/08/7L4VSRP30001121M.html，最后访问日 2014 年 11 月 10 日。

② 肖志明. 碳排放权交易机制研究——欧盟经验和中国抉择. 福建：福建师范大学，2011：73.

的成功等；一类是国际碳交易合同的客观外部环境，如国际气候变化政治的博弈，国际碳交易公约的可延续性，碳交易结算系统的稳定性，碳交易所平台机制的完善性等。这两类因素共同形成了国际碳交易合同履行机制的条件和原因。如果把碳交易合同本身的因素称为内因，将影响碳交易合同的客观外部环境称为外因，按照事物的辩证关系，内因决定外因，外因促进内因的发展，那么，影响国际碳交易合同履行的决定因素，是碳交易合同双方主体的真实意思表示和履行能力，但是也不能忽视外部客观环境对国际碳交易合同履行的限制，比如一个 CDM 项目，碳交易最终能否履行，除了合同双方的意思表示，还要经过国家政府部门的审批。

此外，《京都议定书》的履约机制和惩罚机制还未建立起来。在《京都议定书》的履约机制方面，还存在一些不可操作的以及使用将受到严重限制的条款，如果在后续谈判中不能制定相应规则来明确这些复杂的、灵活机制的启用时间及具体的管理与运作程序，并对一系列尚待解决的问题进行澄清，就可能导致高成本履约问题的出现，或造成根本违约的后果。① 但是，在《京都议定书》中也未有规定对不履行承诺的违约责任，对于是否对违约国家采取强制措施的决议，分歧仍很严重。

一个完善的法律制度需要有相应的履约机制和惩罚机制作为保障其实施的手段，因此必须完善现有的履约计划并建立不履约机制的惩罚制度，对不履约的相关主体制定明确的责任和法则，这样就可以约束碳交易主体的违约行为，保证国际碳交易合同能切实履行。

7.2.3.2 国际碳交易合同履行的国家责任

国际碳交易合同是国际商事合同。合同主体不履行合同义务所形成的责任应当是合同法上的违约责任。但由于目前国际上购买碳排放权的主体主要是《京都议定书》下的强制减排主体、欧盟排放交易体系下的减排主体以及一些自愿的减排主体。他们交易时都带有很大的目的性，在整个交易过程中，一旦设定相应的交易条款，一般来说，碳交易主体不会轻易违反合同的约定。否则，一旦不履行合同的约定，不仅会发生碳交易合同违约的问题，还会产生因碳交易合同未能履行而引起碳排放权配额不达标的国际法上的责任义务问题。按照国际条约的规定：一个合法缔结的条约，在其有效期内，当事国有依约善意履行的义务。如果条约当事国违反条约的信守原则，没有完成缔约义务，就构成国际不法行为，应负国际责任。② 如在《京都议定书》中所确定的附件一发达国家和经济新兴国家都有按照议定书第一期减排目标实施国内减排的国际法义务，在 2012 年年底议定书第一期减排时期结束

---

① 谢琼. 国际法视野下碳排放权交易的法律制度研究——兼谈我国碳排放权法律制度的建构. 南京：南京财经大学，2012：26.

② 李浩培. 条约法概论. 北京：法律出版社，2003：272-273.

时，这些未完成减排义务的国家都会受到国际社会的谴责和其他处罚。还比如欧盟碳排放权体系下的各欧洲联盟的国家及其企业实体都有明确的减排任务，如按照预定的日期没有完成，也将受到欧洲委员会的处罚。

7.3 国际碳交易合同问题解读——以 CERSPA 为蓝本

7.3.1 国际碳交易合同基本条款的科学设定与明确性

法律规范都需要通过语言来表达，法律语言既具有精准性的特征，又具有模糊性的特征。国际合同是国际市场体系当中平等主体之间权利义务设定和运行的载体，为预设市场主体的交易行为发挥着无比重要的作用。因而在制定各种国际合同时，立法者往往会考虑到国际市场交易行为中的科学性和稳定性，从而精准地设定合同条款，使合同主体在行使相关行为时，保证其行为不偏离基本原则，并具有实施的可操作性。① 这一做法，我们称之为法律的精准性。但是随着法律对国际社会实践中出现的一些新情况没有做出相应规定或规定得不具体、不明确，导致国际合同法律问题无法解决时，或者因世界宏观环境的影响导致国际合同本身设定的目标无法确定时，法律的模糊性就显示出来了。国际碳交易合同兼具有这种精准性和模糊性。

7.3.2 国际碳交易合同的主要条款内容

目前，国际碳交易合同大多数是格式合同，是以《核证减排量买卖协议》（CERSPA）模板为蓝本的，有时其表现形式为碳交易所的标准合约。碳交易买卖的双方是围绕碳排放权而交易的，而这种买卖应当符合《联合国气候变化框架公约》的基本原则，《京都议定书》设定的基本机制以及各协会、基金、组织等主体设计的《核证减排量买卖协议》（CERSPA）模板——不管是围绕 AAUs、CERs、VERs 所设计出的模板，还是其他形式的模板。当然，就目前所通用的模板，依据服务对象和适用主体以及权利义务的平衡点，可以大致分为两类，一类是更多地体现买方利益的模板，如国际排放贸易协会 2006 年发布的《减排量购买协议（第 3 版）》和《CDM 条款通则（第 1 版）》，世界银行碳融资部门 2006 年 2 月制定的《适用于 CERs 购买协议的通用条款（CDM 项目）》以及《适用于 VERs 购买协议的通用条款（CDM 项目）》；一类是更多地体现卖方利益的模板，如一些清洁发展机制专家和国际律师 2007 年 4 月起草的并于 2009 年 9 月更新的《核证减排量买卖协议（第 2

---

① 黄小喜. 国际碳交易法律问题研究. 北京：知识产权出版社，2013：115.

版)》(CERSPA)。① 但不管是哪种类型的模板,其首要的目的是通过一种权利义务相对平衡的模式,使得碳排放权买卖双方都能按照协议模板的规则和程序顺利交易。下面就以 CERSPA 为蓝本,就碳交易合同的一些特殊内容进行解读。

7.3.2.1 国际碳交易合同的主要条款——以 CERSPA 为蓝本

以《核证减排量买卖协议》(CERSPA)作为蓝本,国际碳交易合同至少包括以下合同条款:

(1) 释义　　　　　　　　(2) 先决条件
(3) 项目运营条款　　　　(4) 交付和费用
(5) 双方的义务　　　　　(6) 陈述和保证
(7) 报告义务　　　　　　(8) 通信
(9) 不可抗力　　　　　　(10) 违约事件和补救措施
(11) 终止　　　　　　　(12) 无追索权和责任的限度
(13) 保密和不披露
(14) 其他规定,如项目描述条款、选择权条款、放弃条款、可分割条款、完整协议条款、第三方权利条款等。②

7.3.2.2 国际碳交易合同条款设定上的特殊性

围绕上述主要条款内容,对照一般的国际商事合同条款内容,可以看出,国际碳交易合同至少在条款的设定上有以下几个特殊的条款内容:

(1) 释义条款,也就是定义和解释条款。不是说一般的国际商事合同没有这一条款,但围绕国际碳交易合同主体、客体、项目、适用国际法律的特殊性,有关国际碳交易合同的一些基本定义或解释,如核证减排量、清洁发展机制(CDM)、清洁发展机制执行理事会事件或 CDM、EB 事件、合同 CERs、COP、合约核证减排量、核查、核证、签发等是完全不同于其他国际商事合同的。而且更为重要的是,这些概念大多是来自于《京都议定书》和《建立世界贸易组织的马拉喀什协定》,在适用过程中,还得依据这些法律的修改变化而相应变化。

(2) 先决条件条款。该条款的设定是由于部分国际碳交易合同是以项目的存在为基础。如果项目没有注册成功,与之对应的碳交易合同也就无法得到履行。先决条件条款有两种:一种是规定整个合同生效的先决条件;一种是规定部分条款生效的先决条件。如双方约定"第4条项下的购买义务,在下列条件全部满足后方得生效"。③ 先决条件约定了合同或条款生效的条件,国际碳交易合同当事人要特别注意

---

① 黄小喜. 国际碳交易法律问题研究. 北京:知识产权出版社,2013:121.
② 周亚成,周旋. 碳减排交易法律问题和风险防范. 北京:中国环境科学出版社,2011.93-97.
③ 参见《核证减排量买卖协议》(CERSPA)样本,第一版,2007.

先决条件条款所设定的细节,要考虑到自身能否履行好,否则就要做适当的处理。

(3) 项目运营条款。一般的国际贸易合同仅就交易过程做出约定,但项目型的碳交易合同,不但要考虑这一过程,还得充分考虑在进行交易前的项目运营过程,因为这是保证碳交易合同得以履行的最为基本的程序,包括项目设计文件的编制、审定、注册、运行与管理。

(4) 交付和费用条款。在大多数的国际商事合同中同样也有类似性质上的条款。但国际碳交易合同交付的是核证减排量,不是普通的商品,此外关于付款构成要素之一的价格也有它的特殊性。项目碳交易价格,包含了众多的费用,如相关部门或指定运营实体就 CERs 或其他 ERs(减排量)的审定、注册、复核以及产生和发放而征收或收取的所有成本、税款和费用等,包括 CDM 执行理事会在项目注册或发放 CERs 或其他 ERs 时所应付的费用或扣减款。另外,碳交易合同当事人还得就税款进行约定。一般来讲,东道国征收的相关税款由卖方承担;买方所在国的相关税款则由买方承担。如 CERSPA 中的税务责任条款"本协议项下 CERs 和其他 ERs 交付时和交付前产生的税项,以及 CERs 和其他 ERs 签发及交付所涉的税项由卖方承担,包括但不限于东道国或其他国家因本协议项下的收益而征收的预提税、增值税或类似税项。买方应承担相关 CERs 或其他行权 ERs 在交付之后对买方所征收的税项"。①

(5) 选择权条款(豁免权条款)。可以说,这是国际碳交易合同,特别是基于京都交易机制的国际碳交易合同中最为特殊的约定内容,也是化解国际碳交易合同因国际公约或政策而变化的一个最为有力的保证条款。关于选择权的条款有两种:一种是超量选择权,即买方对于项目产生的超出买方固定购买数量 CERs 的购买选择;一种是超期选择权,即《京都议定书》第一期减排承诺到期后卖方所产生的 CERs,买方的选择权问题。有的 ERPA 规定买方享有单方选择权,并具体规定了行权期限、行权通知、选择权终止等条款。

(6) 陈述与保证条款。该条款是国际碳交易合同双方当事人的一个先期缔约义务,是关于合同主体订约资格、授权等有约束力且可执行的条款。如果一方违反了陈述与保证,另一方可撤销合同或解除合同并要求违约赔偿,等等。

7.3.3 国际碳交易合同的构成

一般来说,合同的构成包括主体、客体和内容。国际碳交易合同同样由主体、客体和内容组成。

---

① 参见《核证减排量买卖协议》(CERSPA)样本,第一版,2007,第 4.04 条"税款和收益提成"。

7.3.3.1 国际碳交易合同的主体

国际碳交易合同主体是指从事碳交易、基于项目产生的排放权信用交易和在排放权交易所从事自愿减排的交易的出售方和购买方。其中主要包括有国家政府、国际组织、国家政府授权的法律实体，以及自愿性减排实体如环保主义机构及个人。如此可见，国际碳交易合同的主体就是指碳交易合同权利义务承受的自然人、法人或其他组织。

根据交易客体的不同，国际碳交易合同的主体可分为排放权指标或配额交易主体、通过参与项目获取的排放信用交易主体和自愿减排交易主体。

国际碳排放权指标主体就是指国家之间就碳排放权指标进行交易的主体，是《京都议定书》附件一的发达国家缔约方及这些国家的经济实体。[①] 在国家层面交易中，富余下来的"分配数量单位"可以直接在发达国家之间相互转移，要注意的是，这仅限于发达国家之间，不包括发展中国家。此外，有很多国家也在企业层面直接开展这种排放权配额的交易，由政府授权给本国的经营实体，如企业、非政府组织等机构从事排放权配额交易。[②]

基于项目产生的减排信用的排放权交易主体，是以 CDM 机制和 JI 机制产生的减排信用进行交易的主体，包括开展 CDM 的发展中国家和《联合国气候变化框架公约》附件一的发达国家缔约方。联合履约机制（JI）的参与主体是附件一缔约方（包括正向市场经济过渡的国家，即转型经济体）；清洁发展机制的参与主体包括附件一国家和非附件一国家，是以项目为基础的温室气体减排信用交易。

自愿减排交易主体是指不承担约束性减排义务指标，而自愿基于社会责任感或者是利益的驱动而参与到交易中进行减排的主体，包括国家、机构、组织和个人。具体包括：自愿抵消与个人生活方式有联系的温室气体排放，如居民能源的使用、交通和旅游等；自愿抵消因经营活动、特定产品或事件产生的温室气体排放，如运动会、会议、运输和其他服务等直接面对客户的公司或机构；自愿抵消其在运营过程中产生、无法在短时间内减少温室气体排放的高排放企业等。[③]

按国际碳市场的参与者，可将国际碳交易合同的主体分为买卖双方、第三方服务性企业，具体而言包括受排放约束的国家和企业、开发减排项目的主体以及咨询、

[①] 谢琼. 国际法视野下碳排放权交易的法律制度研究——兼谈我国碳排放权法律制度的建构. 南京：南京财经大学，2012：9.

[②] 这种方式可以使国家获得更大的利益。因为无论是在国内还是国外，不同的公司和企业的减排成本相差都很大，在进行低成本的温室气体排放权交易中，公司等私人部门更有效率。如果允许有能力进行减排的私人机构与同一国家以及国外的法律实体进行排放权配额交易，就可以获得利润最大化。

[③] 谢琼. 国际法视野下碳排放权交易的法律制度研究——兼谈我国碳排放权法律制度的建构. 南京：南京财经大学，2012：10.

法律服务机构、认证机构、金融机构等第三方服务企业。买卖双方就是碳排放权的供给者和最终使用者。在强制减排交易市场，依法取得碳排放配额且有配额富余的持有者才能成为供给者，而受让者是那些用完自身的碳排放配额且不得不继续碳排放的单位。最终使用者包括受配额限制的使用者和自愿购买者。受配额限制的使用者包括受《京都议定书》排放限制的国家、受欧盟排放体系限制的企业等。[①] 自愿购买者主要指参加自愿性交易机制的企业、NGO以及个人。第三方服务性企业是基于委托或合同安排为排放权交易主体提供辅助性服务的人，包括碳基金、交易所、独立的第三方核证机构等法律实体。随着国际碳交易的不断发展，越来越多的私营机构开始通过设计碳基金的形式参与到国际碳交易市场上来，他们不再拘泥于协助企业或政府的排放权指标以满足合规要求，而主要谋求投资获利。如通过对清洁发展机制（CDM）和联合履约机制（JI）项目的股权或债权融资，从一级市场取得CERs或者ERs，在二级市场上以更高的价格出售牟利。

国际碳交易合同主体又可依参与减排体系的不同，分为京都机制下和非京都机制下的合同主体，欧洲排放贸易体系下的碳减排合同主体以及美国等国自愿参与减排的主体等几类。

国际碳交易合同主体地位平等。如上所述，国际碳交易合同的主体依其本身性质，可以分为不同的类别。在国际法上，国家和国际组织与企业实体、基金组织、银团、个人在法律属性上完全不是同一个范畴里的概念。前者是公法的概念，后者是私法的概念。不过，既然将碳交易合同的标的（碳排放权配额或信用）当作可流转的财产性商品来对待，那么在商品流转之间的主体身份可以有差别，但不管它是国家、国际组织，抑或是基金组织、企业实体，这些主体之间的法律地位却是应当平等。任何一方都没有凌驾于另一方之上的特权。而且，《联合国气候变化框架公约》和《京都议定书》在设定碳减排交易机制时，就明确了各交易主体围绕交易权利义务和程序的法律地位和职权是平等和对等的。

7.3.3.2　国际碳交易合同的客体

法律关系的客体是法律主体间建立一定法律关系所指向的具体目标，是通过人的意志和行为影响与改变的对象，是连接权利义务并使其具有实际内容的现实载体。[②] 国际碳交易合同的标的是碳排放权，在实践中主要包括配额和信用两种，它是国际碳交易买卖双方订立合同进行碳减排交易的客体，是碳减排交易权利和义务指向的对象，其实质是某一时期或范围的环境容量。依交易权客体的差异性进行分类，可以分为强制性和自愿性的排放权交易客体。

[①] 陈冠玲．国际碳交易法律问题研究．重庆：西南政法大学，2012：104．
[②] 付子堂．法理学初阶．北京：法律出版社，2005：175．

强制性排放权交易客体又分为以国际碳排放配额交易的合同客体和以项目产生的减排信用交易的合同客体。

以国际碳排放配额交易的合同客体是指在限额与交易机制（Cap-and-Trade）下，由主管机构确定和分配的排放权指标，最典型的就是《京都议定书》中规定的附件一中发达国家缔约国获得的"分配数量单位"（AUUs）和在欧盟排放权交易计划下的各成员国获得的"排放权配额"（EUAs）。而使用在实施项目过程中产生的减排信用来抵消国际公约规定的减排指标的交易，交易合同的客体是减排信用。如联合履约机制和清洁发展机制过程中产生的减排信用。

自愿性减排交易合同客体主要是抵消额度指标。实行自愿减排的交易主体有自成体系的审批和认证标准，可以自行授予因项目取得的抵消额度指标（Offset），对这些抵消额度指标进行交易。可以交易的碳排放权减排指标经常被买来抵消某个排放实体的排放，由此被称为"碳抵消额度指标"。碳抵消额度指标是一种独特的商品，其来源于指定的温室气体排放减排项目或活动中获得的减排额度，如芝加哥气候交易所、澳大利亚新南威尔士的排放权交易计划中确定的交易客体就是抵消项目的指标。这些可以交易的抵消额度指标与CERs和ERs的性质相似，但目前基本不能在其他交易计划项下或其他交易所里进行交易。[①]

国际碳交易合同客体的特殊性。如前所述，国际碳交易合同的客体是碳排放权。碳排放权是具有价值的资产，可以作为商品在市场上进行交换。在英美法中，碳排放权兼有商品属性和货币属性，是一种能进行充分交易的具有"商品信用"特征的无形的"碳货币"。在英美国家，碳排放权被确立为一种财产权。这种财产权具体体现为排放权指标或配额（以AAUs和EUAs为典型）以及以项目产生的碳减排项目（以ERUs和CERs为典型）。在大陆法系中，碳排放权则是具有产权意义上的一种商品，属物权范围，具有物权性，而且是物权中的用益物权。用益物权以对标的物的使用和收益为主要内容，并以对物的占有为前提，具有他物权、限制物权和有期限物权等特性。许多进行碳排放权交易的国家，通过向权利人发放排污许可证，实现权利人的基本权利。正是这种环境容量资源的使用权，决定了排放权就是环境利用人依法对环境容量的占有、使用和收益的权利。由此可见，碳排放权实质上也是一种用益物权，即指使用环境容量资源而享有的占有、使用和收益的权利。

7.3.3.3　国际碳交易合同的内容

国际碳交易合同的内容从广义上是指合同的全部条款，狭义指合同交易双方当事人所享有的权利和义务。合同的权利和义务是由合同条款确定的。合同的权利和

---

① 谢琼. 国际法视野下碳排放权交易的法律制度研究——兼谈我国碳排放权法律制度的建构. 南京：南京财经大学，2012：21.

义务是相对的，合同一方当事人的权利即为另一方的义务，一方当事人的义务即为另一方的权利。鉴于国际碳交易合同标的及国际碳交易合同的特殊性，碳交易合同在权利和义务的设定上也有它的特殊性。一般来说，碳交易买方的权利有：确定购买排放权的种类、使用期限、金额、付款方式、付款期限，请求转移碳排放权的当量指标，请求相关指定经营实体对项目的监督，对所购买的排放权的排他性使用权，等等；买方的义务有：按双方议定的交易价格支付价款，将所购买的排放权交易指标用于抵扣同种类的排放污染物的排放，到国际组织指定的经营实体处进行登记备案，到本国所在环境保护部门或其他的权力部门进行登记等。下面就根据CERSPA的条款内容，对国际碳交易合同双方的权利和义务进行分析。

（1）卖方的义务（即买方的权利）。按照CERSPA第5条第1款的规定，碳交易卖方具有以下义务：

①按照第4.01条[①]交付合约核证减排量；

②确保在每［年］结束后的［加入数目］营业日内向执行理事会提交该年的核实报告；

③不在项目所产生的合约核证减排量上设定或允许存在任何索赔或债务负担；

④按照注册项目设计文件和京都议定书规则推行项目；

⑤卖方约定的其他义务。

（2）买方的义务（即卖方的权利）。按照CERSPA第5条第2款的规定，碳交易买方具有以下义务：

①按照第3.02条[②]的规定支付合约核证减排量；

②接收交付，且不采取任何行动妨碍或干预合约核证减排量的交付；

③维持足够的资金以做出本协议下的任何到期付款，且不采取将会危及［信用证的维持或］其做出本协议下的任何付款的能力的任何行动；

④经卖方要求，尽快向卖方交付按照［买方国家］会计和审计法律和准则编制的其最近的已审计年度财务报告；

⑤双方约定的其他义务。

（3）国际碳交易合同权利和义务的特殊之处

CERSPA模板除了在其第5条明确规定了买卖双方的义务条款外，还在其他的条款进行了有关约定。如CERSPA在其第4条"交付和费用"条款中明确规定了交付的义务内容：

①通过签订本协议，卖方同意向买方交付不附带任何索赔或债务负担或第三方

---

① 即卖方的交付义务。
② 即价格和付款条款。

权益的合约核证减排量。卖方无义务或责任交付超过该合约核证减排量的核证减排量。

②每一年，卖方应交付自上一次核实（或如果是第一次核实，则自注册）后所产生的核证减排量的［100%］，直至已经交付全部合约核证减排量［保证数量］。

③卖方应通知买方每一年颁发的核证减排量。买方应通知卖方交付的注册账户，交付应在收到卖方的颁发通知后的［15］日内发生。

④如果合约核证减排量按照第4.01（e）条进行交付，卖方应在可能的情况下尽所有合理努力，协助买方将合约核证减排量作为核证减排量转入买方指定的注册账户。上述协助仅在买方提出要求时才提供，且卖方引起的全部所需外部费用应由买方承担。

⑤一旦进行了交付且卖方收到付款，合约核证减排量的所有法律和受益权和/或所有权将转移给买方。

⑥在费用条款中，规定买方有权以最高达［加入金额］的均等期数，从每一年度付款扣减其按照第4.02（b）条和附件4已经支付给卖方的项目开发费，直至按照第4.02（b）条支付的项目开发费总额已经从年度付款扣减为止。在预付款条款中，规定买方应在第4.03（b）条的条件实现后的30日内支付预付款。

此外，CERSPA在其第6条"陈述与保证"条款中规定在协议有限期内，合同双方当事人每一方都要对对方做陈述和保证；在第7条"报告义务"和第8条"通信"条款中规定了买卖双方的通知义务；在第9条"不可抗力"条款中规定了买卖双方在发生不可抗力事件时尽可能采取一切措施减少不可抗力事件带来的消极影响；第13条"保密和不披露"条款规定了买卖双方除非取得对方同意，否则不得就保密资料和合同之善意目的而对外界披露等①。

（4）国际碳交易合同双方权利义务的平等

从CERSPA模板来看，国际碳交易合同条款有碳排放权买方和卖方的义务条款，而买方和卖方的义务就是碳交易合同相对方的权利。双方的权利义务具有对等性。

7.3.4 国际碳交易合同的履约程序

大陆法系和英美法系对合同的履行都规定为完成合同的行为或者是当事人实现合同内容的行为。执行合同义务的行为一般情况下都表现为当事人的积极行为，如执行合同规定的交付，完成合同规定的工作等。但在特殊情况下，消极的不作为也是合同的履行，如保密义务的执行。按合同订立的要求执行合同的义务，须是全部

---

① 黄小喜. 国际碳交易法律问题研究. 北京：知识产权出版社，2013：125.

合同义务都应执行，这是合同的完全履行。但是，合同义务的执行有时间上的先后顺序，允许一项一项地执行，这是合同的部分履行。合同的履行过程是当事人完成合同义务的整个行为过程，不仅包括当事人的依约交付行为，还包括当事人为完成最终交付行为所实施的一系列准备行为。

7.3.4.1 国际碳交易合同履约程序的特点

国际碳交易合同不仅有着一般国际商事合同的特点，同时由于国际碳交易合同特别是项目型的碳交易合同因受到各缔约国家的强力监管及项目实施的周期长、风险大，导致碳交易合同的履行过程比较复杂。国际碳交易合同的履行过程具有一些特殊性。

（1）国际碳交易合同履约程序复杂，周期长

国际碳交易合同在交易双方订立时，基于项目实施本身的原因，就已经对协议条款做出周密的部署。但实际上，一方面配额型的交易合同需要经过申请或招投标，另一方面项目型的合同兼具项目实施内容，其履约的程序复杂和难度可见一斑。一般来说，CDM 项目交易包括前期开发、碳资产开发、碳资产项目管理三个流程。一个典型的 CDM 项目要经过项目识别、项目概念设计、项目设计文件编制、卖方和买方政府审批、购碳协议签署、第三方认证、联合国注册、项目监测与报告、项目核查与核证、CERs 签发等几个主要阶段。每一个阶段，由于受到该机制的相关规则和国内政策等因素的制约，使合同的履行过程受到项目本身的影响而显得不确定。因此，国际碳交易合同的履行具有程序复杂，周期长的特点。

（2）国际碳交易合同的履行依靠碳交易所交易平台和标准合约进行

合同的履行方式一般是由卖方依合同约定的标的、质量、数量等，将商品转移到买方手中。国际碳交易合同的买卖双方在签订合同后，并非是按照合同的通常履行方式来履行合同，而是通过各国际交易所的交易平台来转移碳排放配额或信用指标，如欧盟排放权交易机制（European Union Greenhouse Gas Emission Trading Scheme，EU ETS）、英国的英国排放权交易机制（UK Emissions Trading Group，UK ETG）、美国的芝加哥气候交易所（Chicago Climate Exchange，CCX）、澳洲的澳大利亚气候交易所（Australian Climate Exchange，ACX）等就提供这种交易服务。2008年2月18日正式运营的、由纽约—泛欧交易所与法国国有金融机构信托投资局共同建立的全球交易平台，服务内容则以联合国分配的二氧化碳排放量的现货、期货交易为主。以清洁发展项目为标的的买卖大都在亚洲的碳交易所进行。而且，能在碳交易所进行直接交易的只能是与交易所清算会员达成清算协议的会员或普通投资者，如在欧洲气候交易所进行碳交易的买卖投资就有这样的要求。会员分为全面会员和交易会员，两者都包括清算会员和非清算会员。只不过，全面清算会员有别于交易清算会员的是，它既能自营交易和清算，也能代理客户交易和清算，有资产方面的

更高要求。① 并且，各普通投资者和会员通过清算会员开设保证金。

（3）国际碳交易合同的履行受到各交易国、指定经营实体和联合国监管机构的监管

国际碳交易合同并非是独立的国际商事交易行为，而是受到来自国内层面和国际层面的多级约束。就合同的履行而言，国内层面的约束是指国际碳交易合同履行的过程，除了受到来自碳交易合同买卖双方约定的制约外，还受到了国内法律和政策的限制；国际层面的约束是指国际碳交易合同的履行还受到来自国际规则明确规定的限制。我国对碳交易的程序就进行了具体规定。如规定环保部门应当建立两类账户，一是企业账户，二是为所有交易主体建立的普通账户，在交易双方签订碳排放权交易合同后，经过环保部门审批确认后，交易主体可以将碳排放权从出让方的账户转移到受让方的账户。还比如我国的企业实体通过 CDM 项目与《京都议定书》附件一的国家进行碳交易，首先必须按照我国《清洁发展机制项目运行管理办法》的规定进行，如企业股权结构要符合要求、项目设计文件质量要过关、企业营业执照要年检等等。②

而对于任何一个获得国内批准的立项项目，最终进行国际碳交易还得经过联合国批准的机构或组织授权或批准，如指定经营实体的审定、核查、核证，CDM 执行理事会的登记等。

7.3.4.2 国际碳交易合同的具体履约程序

国际碳交易合同的买卖双方在碳交易所进行交易的具体程序是：

①参与碳排放合约交易的交易者必须在某一成员国的注册系统中开设一个账户，没有初始配额的交易者需开设个人持有账户，同时清算所也必须开设属于自己的账户。

②当某个账户持有者希望将配额转移给同一系统或者其他注册系统持有者时，他需将转移请求提交给 24 小时运转的注册系统，转移配额不应超过账户持有的额度，任何超出的请求都会被拒绝。

③注册系统管理员接收到转移配额的请求后，就将该请求提交给独立的交易记录系统进行检查，检查结果会通知发起注册系统和接收注册系统。

④检查如果通过，则发起注册系统的额度会减掉，接收注册系统的额度会增加；检查如果没有通过，则转移请求在注册系统会自动消失。因此，碳交易所的现货和期货市场都是采用标准化合约作为对象，在交易规则和流程方面与场内的其他商品

---

① 中国清洁发展机制基金管理中心，大连商品交易所. 碳配额管理与交易. 北京：经济科学出版社，2010：101 - 102.

② 参见我国《清洁发展机制项目运行管理办法》第 6—12 的规定。

的交易并无明显差异，但基于碳交易配额与碳交易所独立交易记录的检查与核对，在碳配额交易规定和流程上增加了对于确认和记录交易结果的相关规定和操作方法。①

7.3.5 国际碳交易合同的法律效力

（1）国际碳交易合同的成立

合同的成立是一种合意，只要当事人意思表示一致即可成立合同，但合同成立后不一定生效。其成立要件如下：

①应当有两个以上的当事人。订立合同是双方当事人意思表示一致的行为。合同主体应是双方或多方当事人，其利益相对又相互关联，并通过合同来实现。

②当事人对合同条款达成合意。

③合同的成立经过了要约和承诺阶段。

（2）国际碳交易合同的生效

在国际商事合同中，按照《国际商事合同通则》第三章"合同的效力"的规定，"合同自订立起生效，除非有影响合同效力的因素存在，如无行为能力、无授权、不道德或非法、相关错误、欺诈、胁迫、重大失衡、第三人、自始不能等因素。"② 一般来说，国际碳交易合同也理应如此，即在国际碳交易买卖主体签订合同后就自然生效。但国际碳交易合同因为客体法律属性上的不确定性③、法律适用多重性、主体参与身份的适格多标准性等因素，国际碳交易合同在其法律效力形成条件上具有一些特殊因素。

国际碳交易合同的生效，是指已经合法成立的合同符合法定条件而发生法律效力，合同的执行受到法律保护。国际碳交易合同的生效条件应该包括以下几个方面：

①国际碳交易合同主体的签约能力是国际碳交易合同生效的首要条件。如果碳交易合同的主体不适格，则可能导致交易合同的无效或无法履行。按照合同法的相关规定，主体适格是指合同当事人应具有相应的民事行为能力和民事权利能力。但是国际碳交易合同的主体适格却不止于此。国际碳交易合同的主体在上文已经详细介绍，由此我们可以看出，判断国际碳交易合同的主体是否适格首先要判断其是否符合当前国际碳交易的"类别机制"的主体要求，这以京都三机制和非京都机制的

---

① 黄小喜. 国际碳交易法律问题研究. 北京：知识产权出版社，2013：127.
② 参见2004年版《国际商事合同通则》第3.3条、第3.6条至第3.11条。
③ 对于碳排放权是否是商品或货物，目前没有一个权威的界定，因而碳交易不能适用《国际商事合同通则》，则该《国际商事合同通则》相关的法律生效的要件或致不生效的行为无法适用在国际碳交易合同行为中。

存在为前提。在京都三机制中，早已明确规定三种机制的交易主体，如 JI 和 EB 机制只能是存在于发达国家之间，CDM 机制只能存在于发达国家与发展中国家之间。那么，对于发展中国家和发展中国家的企业实体，就不能参与 JI 和 EB 机制。

②当事人意思表示要真实。合同当事人一方通过欺诈、胁迫等手段使对方当事人在意思不真实的情况下订立的合同无效。在国际碳交易合同的订立过程中，也要看到国际碳交易买卖双方在签订合同时有无恶意欺诈行为。

③合同的内容和形式也应当合法。国际碳交易合同的内容不能违反《京都议定书》和《建立世界贸易组织的马拉喀什协定》的规则以及违反各签约国家或实体所在国的法律和政策。此外，国际碳交易合同应当采取书面形式。

④国际碳交易合同订立的程序也要合法。国际碳交易合同的订立程序在上文已详细介绍，此处不再赘述。如果合同订立的程序不合法或者不符合缔约国的政策，都有可能导致合同无效。例如，在我国碳排放权的出让程序就包括当事人申请、行政审查、公告与听证、行政批准及办理变更登记等五个阶段。合同在办理变更登记后才生效。

此外，国际碳交易合同上的先决条件、陈述与保证等条款也会影响合同的效力。如果设置了合同生效前置的内容，因这些条件或陈述与保证没有达成，将会导致国际碳交易合同的无效。

7.4 国际碳交易合同违约及救济

国际碳交易合同是为了保障和约束交易双方的行为，其目的一是为了促进合同双方努力履行合同，二是明确一旦有一方违反合同的约定，将会承担对其不利的法律责任。国际碳交易合同的法律责任是指碳排放权交易法律关系的主体对自己实施的违约行为承担的不利后果。

7.4.1 国际碳交易合同违约的内涵

7.4.1.1 国际碳交易合同违约的界定

按照合同法的解释，违约（Breach of Contract）是指合同的一方当事人没有履行或没有完全履行其合同规定的义务的行为。《国际商事合同通则》对"不履行"即违约做了这样的定义："不履行系指一方当事人未能履行其在合同项下的任何义务，包括瑕疵履行或延迟履行。"[1] 因此，国际碳交易合同的违约是指国际碳交易当事人

---

[1] 参见 2004 年版《国际商事合同通则》第 7.1.1 条。

一方或双方不履行碳交易合同或履行碳交易合同不符合合同约定的行为。

7.4.1.2 国际碳交易合同违约的特殊性

国际碳交易合同是双务合同。在双务合同语境下，当事人交换允诺，彼此对对方承担义务。当事人在合同中做出有关履行的互惠、对等的允诺：一方向对方允诺将履行其承诺，另一方则信任其承诺将被履行。一方的履行即可构成对方的信赖。这样，从分析违约的角度，就可将双务合同分解为两个单务合同违约责任分担的总和。现实生活中绝大多数双务合同都涉及合同义务的优化组合。国际碳交易合同也不例外，如在 CERSPA 第 10 条"违约事件和补救措施"中就规定了碳交易买卖双方违约的各种情形及其补救措施，这是买卖双方合同义务的组合及优化。

国际碳交易合同来自合同约定以外因素的违约比例比其他国际商事合同要大得多。一般而言，国际碳交易合同不仅仅是碳交易买卖双方交付碳排放权指标或信用指标的纯合同交易行为，还涉及合同项目成功注册与交付界面或交易平台的顺利保障。因此，影响当事人履行合同义务的因素除了碳交易合同双方当事人本身的原因（如碳交易合同当事人一方或双方解散、清算或破产）外，合同外的客观因素也是导致合同违约的一个重要因素。① 如 CDM 项目必须得到 DOE 的审核、审查，EB 的批准，而这并不是合同双方可以确保无误的。特别对于发展中国家，属于《京都议定书》附件一非缔约方国家，往往是作为卖方的地位存在的，除涉及合同违法外，还可能会产生碳交易业主和中间机构的代理违约之诉。

国际碳交易合同违约的救济方式，既有碳交易买卖双方违约的共同救济方式，也有买方或卖方违约而出现的单独的救济方式。这种优势源于双务合同中单边违约和双边违约情形下各自获得的特定的法律救济。但不管是哪种救济方式，都需要在买方与卖方之间寻求最为公平的处理方式。

7.4.2 国际碳交易合同违约的种类

7.4.2.1 合同法法理上的碳交易违约类别划分

大陆法系将违约分为：不履行债务和延迟履行债务。不履行债务，也称为给付不能，是指债务人由于种种原因，不可能履行其合同义务。延迟履行债务，也称为给付延迟，是指债务人履行期已届满，而且是可能履行的，但债务人没有按期履行其合同义务。违约方是否要承担违约责任，则要看是否有归责于他的过失。如果有过失，违约方才承担违约的责任。②

---

① 黄小喜. 国际碳交易法律问题研究. 北京：知识产权出版社，2013：130.
② 王晓川. 国际商事合同法. 北京：北京师范大学出版社，2010.

《英国货物买卖法》将违约的形式划分为违反要件和违反担保。违反要件（Breach of Condition）是指合同当事人违反合同中重要的、带有根本性的条款。按英国法，买卖合同中关于履约的时间、货物的品质和数量等条款都属于合同的要件。违反担保（Breach of Warranty）是指当事人违反合同中次要的、从属于合同的条款。

美国法律把违约划分为：轻微的违约和重大的违约。轻微的违约（Minor Breach of Contract），是指债务人在履约中尽管存在一些缺陷，但债权人已经从合同履行中得到该交易的主要利益。例如履行的时间略有延迟，交付的货物数量和品质与合同略有出入等。重大的违约（Material Breach of Contract），是指由于债务人没有履行合同或履行合同有缺陷致使债权人不能得到该项交易的主要利益。在重大违约情况下，受损的一方可以解除合同，同时还可以要求赔偿全部损失。

《联合国国际货物买卖合同公约》将违约划分为根本性违约和非根本性违约。根本性违约（Fundamental Breach of Contract）："一方当事人违反合同的结果，如使另一方当事人蒙受损害，以致实际上剥夺了他根据合同有权期待得到的东西，即为根本性违反合同，除非违反合同的一方并不预知而且同样一个通情达理的人处于相同情况中也没有理由预知会发生这种结果。"非根本性违约（Non fundamental Breach of Contract）：不构成根本性违约的情况。从法律结果看，《联合国国际货物买卖合同公约》认为，构成根本性违约，受害方可解除合同，否则只能请求损害赔偿。

根据以上法律规定，可以将国际碳交易合同的违约形式分为以下几类：

（1）附随合同条款违约和主合同条款违约。国际碳交易合同的条款较多，特别是项目类的碳交易合同更是涉及合同的释义、先决条件、陈述与保证、报告与通信、不可抗力等内容。附随合同条款违约，是指碳交易当事人违反在合同缔结过程中约定的对合同效力产生至关重要影响的那些合同条款义务而产生的合同责任。如先决条件条款，以"CDM项目在CDM执行理事会注册成功"的先决条件为例，一方面它保护了卖方，使其不用承担因CDM项目未注册成功而导致不能向买方交付CERs的违约责任；另一方面它也使买方免于无限期地等待CDM项目注册，使其可以及时地寻求其他的交易机会。又如选择权条款中，对于买方因为对于任何ERs被发现或宣布不再符合EU ETS规定，或欧洲或国际减排量注册系统不再存在等原因不能继续履行合同的保护，等等。

（2）预期根本违约和实际根本违约。预期根本违约，一般是英美法系国家合同履行过程中的根本违约，也是一般通常意义上讨论的根本违约。大陆法系把违约形态进行了具体的分类，如给付不能、给付延迟、给付拒绝和不完全给付。

在国际碳交易中，交易双方对各自的交易能力都应该有一个充分的评估，以应对在履行合同过程中可能出现的各种违约情况，特别是对于京都三机制中的项目型的碳交易更是如此。作为商业性的合同，碳交易合同不完全等同于一般的国际商事合同，这就使碳减排交易合同下的买卖交易风险分配更加不确定，因而，实践中碳交易合同下的交付和付款方式更加简单。卖方通过将 CERs 转入买方登记账户后，交付即告完成。而付款通常在交付后的一定时期内完成。因此，对于国际碳交易来说，国际碳交易当事人的交易能力与客观环境决定了交易当事人面对可能的违约风险而采取预期违约或是实质违约的手段来避免更大的风险。

（3）全部违约和部分违约。全部违约是指所有的合同条款都不能达成合同目的的违约；部分违约是指导致合同目的部分不能达成的条款违约。在国际碳交易合同中，碳交易一方当事人拒绝履行、全部履行不能就构成全部违约；碳交易一方当事人迟延履行、瑕疵履行或是部分履行不能则构成部分违约。针对不同的违约情形，碳交易当事人的另一方就可采取相应的措施来要求违约一方赔偿损失，直至解除合同。

7.4.2.2 国际碳交易规则对违约的情形划分

买卖双方共同违约的情形。基于国际碳交易合同权利与义务的对等，合同交易双方因考虑各种国内外的交易风险，都可能围绕先履行合同义务而强调对方先履行，而没有按合同规定履行好自身的义务；或者尽管交易双方都愿意按照合同约定的既定条款如实地履行，但由于自身的原因，不能全部或部分地履行好自己的义务；或者受到来自客观的外部环境影响，但又不足以达到不可抗力而需对对方承担违约责任等。

买方单独违约的情形。国际碳交易合同买方的付款违约是买方的一项根本违约事件。对于碳交易买方来说，接收碳排放交易量和付款是其两项根本义务，如果碳交易买方不接收碳排放交易指标或接收后不支付对价，同样会导致履行合同不能、根本违约。

卖方单独违约的情形。国际碳交易合同的卖方未能交付是卖方的一项违约事件，除非卖方提供了替代核证减排量，以避免该未能交付。这是碳交易卖方的最为主要的合同义务。

如果任何一方知悉或合理地预期已经出现或将会出现任何违约事件，其应立即将该违约事件通知另一方。任何违约通知应包括以下内容：

①违约事件的详情；

②违约事件可以被补救前可能出现的延误。否则，如果违约方未能证明违约事件已经在发出违约通知后的一段时期内获得纠正，则守约方有权获得法律或规则所规定的补救措施。①

---

① 参见《核证减排量买卖协议》（CERSPA）样本，第一版，2007，第 10.02 条"违约事件的通知和纠正条款"。

7.4.3 国际碳交易合同违约救济

7.4.3.1 国际碳交易合同违约救济

救济方法（Remedies）是指一个人的合法权利被他人侵害时，法律上给予受损害一方的补偿方法。救济方法包括：实际履行、损害赔偿、支付违约金、解除合同、禁令等。

国际碳交易合同是特殊的国际商事合同，具备一定的环境公益性，其主体也承担一定公法上的义务，这就决定了对其违法行为的救济方式不同于一般的民事合同。主要表现在：损害赔偿方式不同。普通民事合同的缔约目的是为了获取经济利益，因此货币赔偿是主要的损害赔偿方式，通过这种方式，受害人能够完全实现合同目标。而国际碳交易合同的最终目标是获得环境利益，获得经济利益只是表面目标，货币补偿无法完全弥补因违法合同约定而造成的损害。

由于环境要素一般技术性较强，形式复杂多变，实际履行容易成为不可能，导致合同目标落空。在国际碳交易合同中大多都包含有合同当事人违约后的非违约当事人救济措施，例如在 CERSPA 中，其通过第 10 条的 3 个条款①对碳交易买方和卖方在对方违约情形下的补救措施进行了规定。

7.4.3.2 国际碳交易合同违约救济的具体措施

（1）实际履行

在大陆法体系中，实际履行是一种主要的救济方法。实际履行有两重含义：一是指一方当事人未履行合同义务，另一方当事人有权要求他按合同规定完整地履行合同义务，而不能用其他的补偿手段，如金钱来代替；二是指一方当事人未履行合同义务，另一方当事人有权向法院提起实际履行之诉，由法院强制违约当事人按照合同规定履行他的义务。英美国家就是通过实际履行令和禁令的方式救济非违约一方。实际履行令和禁令是英美衡平法中的两种主要救济方式，前者用于强制当事人实施积极的合同或合同义务，后者用于消极合同义务，禁止当事人去做他在合同中已经承诺不去做的事情。一般来说，英美国家适用实际履行令和禁令来补偿非违约一方的损害时，"必须是损害赔偿没有给予恰当或充分的救济，而且原告必须公正行事"②。因此，当国际碳交易合同当事人一方违约，而另一方没有从该违约方处获得恰当或充分的救济时，他就可以通过强制令（包括有些合同法条款的规定等）的授权要求违约一方继续履行合同，以保证其对碳减排量的需求。按照大陆法的原则，

---

① 参见 CERSPA 第 10.03 "买方与违约事件有关的补救措施"、10.04 "卖方与违约事件有关的补救措施"、10.05 "市场价格的计算" 条款。

② 李先波. 英美合同解除制度研究. 北京：北京大学出版社，2008：279.

债权人可以请求法院判令债务人实际履行合同，但是，法院只有在债务人履行合同尚属可能时，才能做出实际履行的判决。如果出现实际履行不可能的情况，如买卖的特定物已被烧毁，法院就不会做出实际履行的判决。在实践中，当事人提起实际履行之诉的情况并不多见。上文也提到，国际碳交易合同实际履行不容易实现。

（2）赔偿损失

各国法律均认为损害赔偿是一种比较重要的救济方法。对于实际履行，它只是衡平法上的一种救济方式，仅仅是作为一种救济方式的例外情形而存在。损害赔偿（Damages）是指违约方用金钱来补偿另一方由于其违约所遭受到的损失。在国际货物买卖中，它是使用最广泛的一种救济方法。各国法律对损害赔偿的规定不一，往往涉及赔偿责任的成立、赔偿范围和赔偿办法等问题。根据英美法的解释，只要一方违约就足以构成损害赔偿之诉。至于违约一方有无过失，是否发生实际损害，并不是损害赔偿责任成立的前提。如果守约方没有遭到实际损失，或无法证明，或不能确定损失的基础，他就无权要求实质性的损害赔偿。损害赔偿是国际碳交易合同违约的一种重要的救济方式。大多数国际碳交易合同都有对违约事件的补救措施，如联合国排放贸易协会制定的碳交易合同模板第6条和CERSPA中的第10条规定。

至于国际碳交易合同违约的损害赔偿方法问题，国际上并没有统一的规定。从现在各类国际碳交易合同模板的规定来看，对国际碳交易合同当事人损害赔偿的计算，通常以"市场价格"为参考标准，以计算市场价格和合同价格的差，作为一方损失的主要依据。如 CERSPA 第 10 条第 10.03 款 "买方与违约事件有关的补救措施"第（b）项"如果违约事件是因为卖方的故意违约（或严重疏忽）造成的，则除了第 10.03（a）条的补救措施外，买方可以要求卖方：如果违约事件是或者导致未能交付，且市场价格高于单价，则支付未能交付时的市场价格与单价乘以剩余核证减排量（其计算应是合约核证减排量减去直至违约事件时已交付的实际核证减排量）之间的差额"；第 10.04 "卖方与违约事件有关的补救措施"第（c）项"如果违约事件是因为买方的故意违约（或严重疏忽）造成的，则除了第 10.04（a）和 10.04（b）条的补救措施外，卖方可要求买方：如果违约事件是或者导致付款违约，且市场价格低于单价，则支付付款违约时的市场价格与单价乘以剩余核证减排量（其计算应是合约核证减排量减去直至违约事件时已交付的实际核证减排量）之间的差额"；第 10.05 "市场价格的计算"第（a）项"在出现违约事件的该年，市场价格应相等于现货价"和第（b）项"为了计算出现违约事件该年后每一年的市场价格，在出现违约时上述挑选的经纪应在接获指示后的 15 个营业日内，就（与本协议的条款和条件类似的远期合约下出售的类似核证减排量的）其价格报价而进行沟通,且市场价格应相等于经纪价格报价的平均价"。①

因此,关于国际碳交易合同违约救济的首选方式就是违约损害赔偿。而其提出的法理来源则是依照对非违约当事人所遭受的直接损失、间接损失、机会损失、名誉损失等损失项目的平衡;具体的计算则是采用碳排放指标的"市场价格"作为参考标准,计算市场价格和合同价格的差后作为定损依据。②

(3)解除合同

解除合同是国际商事合同中最为严厉、最极端的一种处罚方式。大陆法规定合同一方当事人不履行其合同义务,可以解除合同;英国法规定,一方违约构成违约要件,对方才可以要求解除合同。如果一方仅是违反担保,对方只能请求损害赔偿;美国法规定,只有一方违约构成重大违约时,对方才可以要求解除合同。合同的解除并不意味着违约责任的免除。在国际碳交易合同中,在设计合同终止时就具有相同的特点,即合同终止制度具有自治、单边的特征,而无须请求法院采取任何行动,完全可以通过适当的声明来实施完成。终止合同的声明可以是向对方发出通知。这样的通知具有履行的意义,一旦合法地尽到了通知义务,合同即告终止。

(4)违约金赔偿

违约金是指按照当事人的约定或法律的直接规定,一方当事人违约时,应向相对方支付的金钱。采取违约金赔偿的方式必须有事先的约定。在国际碳交易合同中,双方当事人应当科学核算,协商确定违约金的数额,在承担违约责任时能够以支付违约金的方式补偿财产的损失以及生态环境的损失。

**专栏7-2　　CDM项目纠纷案例:郑州燃机收回CDM项目
　　　　　　　成功获得合作方78.8万欧元补偿款**

2014年11月中旬,郑州燃机收回CDM项目第八期减排量所有权和控制权,并收到合作方78.8万欧元补偿款,至此,经过长达17个月的不懈努力,该公司CDM解约事件得到圆满解决,这也是中电投系统内首例通过法律武器维权成功的CDM项目纠纷案例。

---

① 参见《核证减排量买卖协议》(CERSPA)样本.第一版,2007,第10条。
② 黄小喜.国际碳交易法律问题研究.北京:知识产权出版社,2013:139.

> 2013年5月,受国际碳市场价格大幅下滑影响,二氧化碳交易价格由高峰期的20欧元/吨骤减至2欧元/吨,郑州燃机CDM项目合作方以各种理由拒绝接收第八期减排量,并提出按行业内普遍补偿标准,给予20万元人民币的费用补偿,郑州燃机将蒙受巨大损失。为保障国有资产权益,该公司立即行动,在河南公司与集团碳公司的指导下,对现有文件、邮件等资料证据进行了认真梳理和深入分析,排查出有利证据,第一时间拒绝了合作方提出的赔偿方案,并直接与交易方法务部门进行交涉,将证据有节奏、逐步深入地展示给对方,并引导其逐步意识到进入仲裁程序将面临的负面影响。
>
> 经过一年多的博弈,最终合作方采纳其法务部门的意见,提出减排量所有权归还郑州燃机,并补偿78.8万欧元(折合人民币600万元)的解决方案,比最初提出的补偿额高580万元,保障了企业利益。
>
> (资料来源:中国电力网)

7.5 本章小结

国际碳交易合同是国际碳交易最基本的法律文件,碳交易行为的完成需要交易双方通过签订和履行合同的方式实现。但国际碳交易合同在交付、标的、法律适用、订立程序及运行环境等方面具有明显的特殊性,不同于一般的国际商事合同。目前,《联合国气候变化框架公约》和《京都议定书》并没有关于国际碳交易合同相关内容的规定,国内外学者对国际碳交易合同的研究也不多。解读国际碳交易合同的主体和客体、权利和义务、履约程序和法律效力等内容,是为了减少国际碳交易的法律纠纷,更好地履行碳交易合同,并能采取合适的补救措施对其予以救济。国际碳交易合同涉及的各种法律问题,仍然需要国内外学者继续研究。

8 碳排放税收法律制度

8.1 碳排放税收法律制度总论

8.1.1 碳排放税收法律制度的基本概况

碳排放税收包含了两个方面的不同层次的税收制度，分别是碳关税（Carbon Tariffs）制度和碳税（Carbon Tax）制度。近一个世纪以来，人类社会的发展导致了温室气体排放问题一直备受国际各国的关注。为了直面这一问题，国际上各国先后达成了《联合国气候变化框架公约》以及《京都议定书》，这两个文件具体规定了国际上各国的减排义务。碳排放税收概念的提出最早源于法国，于2006年11月在肯尼亚举办的联合国气候变化大会上提及，其用意在于对尚未加入《京都议定书》的国家以及未承担具体减排义务的国家进行征收商品进口税，旨在平衡欧盟内部碳排放交易机制中的商品碳排放税。但该提议并未通过欧盟委员会。而后，美国于2009年6月通过了《美国清洁能源与安全法案》，该文件确立了美国国内的二氧化碳排放交易制度，同时规定将从2020年开始对进口该国的商品实施征收碳排放税收。

8.1.1.1 碳排放税收的概念

（1）碳关税的概念

碳关税，从狭义上理解为对进口产品，特别是高耗能的碳排放密集型的产品所征收的二氧化碳排放税。征收的主要依据是特定产品在进口国生产过程中的二氧化碳排放量，或者其他国家生产该产品的二氧化碳排放量或是为该产品做出的减少二氧化碳排放量的努力。

广义上的碳关税则可以理解为一种边境调节措施，即针对进口产品生产过程中排放的二氧化碳所采取的边境税收调节。即在产品进口时，进口国根据该进口产品所采取的一种国内税收调节措施。

（2）碳税的概念

碳税属于一种污染税，它的征收可以来源于两个环节，一是"生产环节"，二是"消费环节"。在"生产环节"中，征收对象为一国之内的化石燃料的开采商和生产商；在"消费环节"中，征收对象为一国之内的高碳产品的生产企业及消费者。大多数国家对碳税的征收重点都放在"消费环节"。截至目前，仅有少数国家对国内的相关行业、企业开征了碳税。

8.1.1.2 碳排放税收的法律特征

（1）碳关税的法律特征

区别于一般的贸易措施及普通碳税，碳关税具有以下特征：

第一，碳关税具有名义上的正当性。由于美国的二氧化碳排放量长期居于世界榜首，且对于《京都议定书》相关的减排规定并未严格依照执行，这引起了国际各国的不满。面对此压力，美国承诺解决《联合国气候变化框架公约》中提及的相关问题。但在未达成新的温室气体减排框架下，美国担心其在本国实施碳减排措施会对本国的碳密集型企业造成不公平竞争，于是又提出了碳关税措施，这是美国为了保护本国的碳密集型企业在国际上的竞争力，同时又为了推动其他高二氧化碳排放量的发展中国家而采取的相对应地减少温室气体排放的行动，以此发展低碳经济。这间接性地呼吁了世界各国共同应对日趋严峻的全球气候变暖问题，因此碳关税具有名义上的正当性。

第二，碳关税具有形式上的合法性。一个国家在制定或者实施与本国环境保护相关的国际贸易措施时，偶尔会援引与之相关的《关税及贸易总协定》（General Agreement on Tariffs and Trade，GATT）的第20条规定来支持其实施该措施的合法性，亦即是说对于碳关税贸易的支持者在援引《关税及贸易总协定》第20条时，在实质上成为一种合法的依据。

第三，碳关税具有对象上的歧视。根据《美国清洁能源与安全法案》相关的碳关税条例规定，碳关税实施的对象是特定的，即未承担温室气体减排义务的国家，或者是承担减排力度较小的国家。除此之外，在《京都议定书》附件中，虽然几乎所有的国家都接受承担该强制减排义务，但在这些接受国中，有些国家是可能被排除在外，无须承担该减排义务的。而承担这些强制减排义务的国家，即碳关税的指向对象实际上大部分为发展中国家，例如印度与中国。这是由于发展中国家发展的起步较晚，在技术的改革与产业的结构中相比较于发达国家来说，仍处于劣势地位，碳关税的实施更是将矛头指向了这类发展中国家，其既需要承担减排的义务，同时又要承担缩减经济的风险。故，这对于发展中国家来说是极其不利的，碳关税在这方面即具有对象上的歧视性。

（2）碳税的法律特征

碳税作为一种税收，有其法律特征：

第一，碳税具有普遍的税收基本特征。即具有强制性、固定性、无偿性的三大特点。强制性指的是国家作为社会中的管理者，其通过法律手段向纳税义务人强制征税，纳税义务人则必须依照法律进行纳税，否则就会受到国家法律的制裁；固定性指的是纳税义务人、课税对象、税率、税收优惠政策等都是由国家通过法律的形式制定下来，由纳税义务人和征税人共同遵守，且双方都不得擅自修改；无偿性指的是国家在征税的时候不需要向纳税义务人支付任何形式的报酬，同时也不需要偿还缴纳的税款，但是根据开征碳税的目的，对于某些符合条件的纳税义务人会给予一定的税收优惠政策，即税收返还，但这并不会影响碳税无偿性的特征。

第二，碳税是一种间接税。间接税指的是纳税义务人可以将自身的税负通过某种途径转嫁给他人的税种。从社会实际的征税管理角度来看，把碳税设计为间接税的主要原因，是因为在目前的技术条件下直接对最终消费者实行二氧化碳排放量征税还难以做到。开征碳税后，使用化石能源的企业会增加成本，从而提高自身能源的利用效率，减少化石能源消费，但是碳税的部分成本最终还是会转移给消费者。由于碳税是在生产或者销售环节征收，并不是直接对消费者进行征收，故消费者在主观上对碳税的感知程度是较弱的，那么对征收碳税的抵制也会较弱，这对碳税政策的推行是有利的。当然，碳税作为间接税设置，也淡漠了消费者对碳税的感知，不利于教育消费者节能减排，培养低碳生活的意识。

第三，碳税是一种调节税。对税收的本质认识，在不同的历史时期，有不同的看法，形成不同的观点，如利益论、公需论、交换论、义务论等，凯恩斯学派也提出了经济调节论观点。该观点认为税收是国家宏观调控的手段之一，税收能够实现经济有效调节和社会再分配的作用，能够合理配置资源，推动产业结构升级，发展社会福利。通过实行一些减免税政策，还能够合理引导投资与消费，推动环保事业的进步。在现代社会，税收的功能与作用也在不断变化，已经有了更多的内涵。由于碳税的开征，化石能源的使用成本将会上涨，一方面会导致社会减少对化石能源的消费，以及节约使用；另一方面还将刺激市场增加发展清洁能源的投入，促进低碳环保技术的进步与推动社会的发展。

8.1.1.3　碳排放税收法律制度的性质

（1）碳关税法律制度的性质

①碳关税法律制度实质上是碳排放交易体制的延续

在《京都议定书》中，碳排放交易体制是一个重点也是一个突出亮点，这体现了国际社会试图通过运用市场调节机制来降低温室气体的排放，而不是使用行政强制措施来达到降低温室气体排放的效果。这一市场调节机制为各国提供了一个灵活的分配温室气体排放义务的参照依据。在另一方面来说，这一碳排放交易体制也催生了碳关税的产生与发展。

发达国家欲通过碳关税作为媒介而将进口产品交易的碳排放指标纳入本国的碳排放交易体系中，进而使进口产品从中受到与该国同等的碳排放配额的限制，通过此种限制来确保本国的产品与该类似的进口产品在承担碳排放成本上是在公平竞争的水平上。这也是欧美等发达国家提出碳关税措施的主要原因。由此，我们可以将此理解为：发达国家所提倡的碳关税和在《京都议定书》所建立的碳排放交易体系有着直接密切的关联。

②碳关税法律制度是一种新型的绿色贸易壁垒

关税贸易壁垒是贸易保护主义者在国际贸易中常采用的一种重要措施。在国际贸易发展的历史进程中，许多国家曾坚持贸易保护主义的观点并通过采用关税壁垒来保护本国的弱势产业或民族产业的发展。由于工业的发展，近几十年来环境问题愈显严峻，环境保护成了各国在国际贸易中需要考虑的因素，因此贸易保护主义由传统的关税贸易壁垒转向了新型的非关税贸易壁垒，而绿色贸易壁垒也作为一种新型的非关税贸易壁垒而诞生。绿色贸易壁垒，指的是在国际贸易当中，进口国以保护生态环境、自然、动植物和人类的健康为目的，根据国际公认并接受的环境保护法律法规从而制定了一系列措施来限制外国的进口产品。碳关税的设置，可以有效地保护本国的产品或服务在国际上具有竞争力。此外，各国通过设置碳关税实际上将本国应承担的碳减排义务转嫁到了其他国家。以欧盟为例，为了完成减排目标，其决定从2012年起将航空业这一碳排放的大产业纳入其碳排放交易体系，该举措是欧盟强行地把其他国家纳入其内部的减排管辖范围。从2009年开始，亚太地区航空业的发展规模已超过美国，欧盟的航空业规模也正在逐年萎缩。显而易见，欧盟的"碳关税"政策的根本目的在于限制亚太地区的航空业的高速发展，为其日益萎缩的航空业争取生存空间。欧盟的这一做法，实质上是"以环境保护之名，行贸易保护之实"。这正是以保护环境为由而制定的对进口的来自其他国家的产品或服务的限制措施，也具有形式上的合法性和隐蔽性。但其实质上是欧盟采取的单边措施，束缚了国际贸易的自由化，在一定程度上限制了国际贸易的自由发展。因此，碳关税实质上是一种绿色贸易壁垒。

③碳关税法律制度是一种特别的单边 PPM 环境贸易措施

碳关税的实施是为了增加那些未承担温室气体减排义务的国家的进口产品的成本，从而促使国外生产商与国内生产商对货物生产过程中排放的温室气体支付同等的费用。因此，碳关税实质上是一种特别的单边 PPM 环境贸易措施。广义的 PPM 是指从原材料的采集一直到该产品的制造完成这个过程所涉及的方法及程序。狭义的 PPM 是指加工、制造该产品的方法及程序，它仅涉及该产品本身，并未涉及原材料这一流程。而碳关税措施则是属于狭义的 PPM 范畴，它是指某国为了达到减少碳排放的目的而制定的，以某种或某类特定产品的制造过程中的碳排放量为基础的法律或法规。单边 PPM 环境贸易措施既包括与产品相关的 PPM 环境贸易措施，也包括与产品不相关的 PPM 环境贸易措施。与产品相关的 PPM 环境贸易措施是规范和调整与产品本身的质量、性质相关的 PPM 的法律或规则等；与产品不相关的 PPM

环境贸易措施是指规范和调整与产品的生产过程或生产方法相关的 PPM 的法律或规则。故，碳关税是属于与产品不相关的 PPM 环境贸易措施，即一种特别的单边 PPM 环境贸易措施。它是在产品投放入市场以前，适用于产品生产过程中，以期达到控制产品在生产的过程或是生产该产品使用的方法上削减对气候的影响。

（2）碳税法律制度的性质

①碳税法律制度具有双重红利性质

英国经济学家大卫·皮尔斯在 20 世纪 90 年代提出双重红利理论，也一直被认为是环境税的理论基础之一。具体是指，环境税的开征能够有效抑制污染，改善生态环境质量，达到保护环境的目标；利用环境税税收收入降低现存税制对资本、劳动产生的扭曲作用，有利于社会就业、经济的持续增长。[①] 这样就能让对"恶"的污染环境的行为的征税去纠正对"好"的对资本和劳动所征税的税收扭曲性。实践中，经合组织国家在制定和改革环境税的时候一般都会考虑到双重红利，即在改善环境的同时降低税收负担，增加就业机会，并已经取得了一定的成效。例如，比利时将能源专项税收收入用于社保支出；丹麦在增加与环境有关的税收收入后降低了所得税收入，并增加了社保支出；芬兰以生态税和能源税抵消所得税和劳动税等。[②]

②碳税法律制度具有庇古税性质

企业在生产过程中，如果没有对其污染或破坏环境的行为交税，企业就没有承担对应的社会成本，这种对社会不利的行为就是生产的负外部性；如果消费品在使用中对环境造成了负面影响，消费者所付的产品价格又没有包含对应的社会成本，这种情况下就是消费的负外部性。总之，在一些生产或消费中没有包含环境成本就存在着环境的负外部性。英国著名经济学家庇古指出："可以通过采取增加环境外部成本的措施来解决环境的负外部性问题，即采取政府征税或补贴的方式来调节市场行为。"[③] 庇古分析出"要对排污者收税，政府可以根据环境污染所造成的危害，通过税收来弥补社会成本和私人成本之间的差距，征收税额等于边际外部成本"。产品价格中增加的污染成本，就是"庇古税"，也被称为污染税。该税可将环境污染的成本增加到私人成本上去，弥补私人成本与社会成本的差距，如果增加排污的私人成本比社会成本大，企业为了控制成本就会选择减少污染排放。具体到碳税上，碳税就是庇古税的发展和延续，就是通过增加排放二氧化碳的私人成本，达到调节纳税人行为的目的。

---

① David Pierce. The Role of Carbon Taxes in Adjusting to Global Warming. Economic Journal, 1991, 7: 101.
② 邢丽. 碳税的国际协调. 北京：中国财经经济出版社, 2010: 37.
③ 【英】庇古. 福利经济学. 金镝译. 北京：华夏出版社, 2007: 2-3.

8.1.2 碳排放税收法律制度的界定及内涵

8.1.2.1 碳排放税收法律制度的界定

碳关税是指对进口的高耗能产品征收的二氧化碳排放关税。而调整该碳关税的有关法律、法规文件则构成了碳关税法律制度。形成碳关税法律制度目前为止有两种类型：第一种是在最高国家法律效力层级对气候能源等关于碳关税规定立法的法案或条文，例如美国，于2009年6月在奥巴马的推动下美国众议院以7票通过的《美国清洁能源与安全法案》；第二种是各产业部门专项立法中所体现的关于气候能源立法的碳关税规定，例如美国的《清洁能源工作与美国电力法案》。由此可见，碳关税法律制度可分为广义和狭义两方面。广义的碳关税法律制度是指一国以专项规定、其他的有关条例或者有关判例作为补充，进而对没有承担相应减排义务的有关高耗能产品的进口利用该有关规定、条例进行管制，以期达到两国之间在相同或相类似的产品上承担了相同的减排义务，进而使得本国同类产品相对于进口产品来说市场竞争力得到维护的法律制度。狭义的碳关税法律制度是指直接对碳关税进行有效的立法，但目前为止国际社会上尚未出现此种立法模式。

碳税指的是一国在本国国内针对特定的产品或产业在燃烧或使用化石燃料的过程中所排放出来的温室气体二氧化碳征收一定的税。碳税征收的税率一般采用衡量二氧化碳的排放量来确定。截至目前，全球仅有部分国家开征了该税，例如芬兰，采用的是每吨二氧化碳的排放量征收税收20欧元，而瑞典对每吨二氧化碳的排放量征收的税收是107.15欧元。此外，有些国家对碳税的征收采用的是累进税率制，如意大利，其根据二氧化碳排放量制定的碳税税收波动幅度为5.2~68.58欧元，而澳大利亚的征收模式则是以年递增，由对每吨二氧化碳排放量的征收税收为23澳元开始，此后每年递增率为2.5%。

8.1.2.2 碳排放税收法律制度的内涵

从欧美等国在制定并实施碳关税及碳税相关的措施时，普遍倾向于援引了《关税及贸易总协定》的"一般例外条款"来作为其实施相关措施的法律依据，使得其实施的碳关税法律规制具有名义上的合法性。由此可见，碳关税及碳税法律制度具有公开立法性和强制性。例如从美国与国际谈判的《美国清洁能源与安全法案》的第765节中，体现了美国在碳关税立法上对国际社会的公开声明：在《联合国气候变化框架公约》的框架下，与他国达成具有约束力的减排义务协议，并且与其他国家共同平等地降低温室气体的排放。若一国欲推行实施碳关税措施，其首先要在国际社会中进行谈判推进，其次是在本国边境采取措施。由此，碳关税及碳税法律制度的内涵可表现为：

第一，碳关税及碳税法律制度的执行效力是具有强制性的，且在名义上该法律制度是具有合理性的；

第二，碳关税及碳税法律制度采取的是"国际保留排放额"由进口商根据进口货物实际情况向海关提供，同时倾向于把非关税壁垒法律制度作为其主要的内容；

第三，排放二氧化碳气体的主要国共同遵守平等减排原则，通过碳关税及碳税法律制度来保护相关产品产业的竞争力，在划定的各国范围内共同推动全球温室气体减排进程；

第四，碳关税及碳税法律制度是由一国国内立法，同时与外贸、能源及环境保护法律制度相结合；

第五，碳关税及碳税法律制度具有公开性，并且其施行是国际社会对气候谈判的最终结果。

8.1.3 碳排放税收法律制度的理念和原则

8.1.3.1 碳排放税收法律制度的理念

法律是人类智慧和文明的结晶，它担任着推动和保障社会文明进程的角色。法律是一套规则体系，同时亦是一套社会的价值衡量体系。人们的价值追求、社会的价值驱动都会集中反映在一部法律的价值理念上，同时通过贯彻实施这部法律的条文来实现价值理念。因此，一部法律的核心价值理念选择及确定显得尤为重要，该理念无疑是一部法律的灵魂所在，它塑造着一部法律的品质、性格。碳关税及碳税法律制度是全球温室效应导致了气候变暖、环境污染严重等问题下追求的环境正义、气候文明的产物，其担任了阻止环境的恶化并保障人类与环境可持续和谐发展的角色。由此可见，碳关税及碳税法律制度的核心价值追求在于环境的保护、经济的增长、社会的发展等领域的有机统一。

（1）环境保护的有利实现途径

自从迈入工业化时代之后，全球的自然生态环境和人类社会环境就遭到了日趋严重的破坏，并且直接威胁到了人类的生存发展，全球气候系统遭受的破坏直接带来了许多不良的后果。维护地球环境资源的可持续发展以及人类社会的可持续发展成了国际社会共同认可的理念，这也是多边体制中的碳关税法律体制及国内碳税法律制度在环境领域中所追求的根本价值。此前，人类社会一直对自然环境资源进行肆无忌惮的开采和消费，而后直接导致了全球生态危机的严重恶化，并直接威胁到全球人类及生物的生存。为了应对此种生态恶化情况，人类通过总结出人与自然间和谐相处的经验及智慧，提出了"环境正义""生态文明"等理念及思想，并在理论上形成了实践性、可执行性的制度来对生态环境加以保护。工业化带来的最大问题是气候问题,全球气候变暖的影响具有全球性、广泛性、不可逆转性、长期性等特点。良好的气候环境为全球人类提供了一个适宜人类居住生活的公共消耗品。为了维护气候的良好生态循环,国际社会中的各国政府都应当积极主动地采取有效的方法及措施来治理当前的气候问题,全球气候才可有效地在整个地球中达到有机的平衡。碳关税法律的诞生即是有利于实现环境保护的有效措施之一。

(2) 经济运行规律相符合

可持续发展战略是当前所有经济活动中追求的最高价值理念,同时也是多边体制下的碳关税法律制度在经济贸易中及碳税在国内经济生产过程中所担当的使命和追求的目标。人类在经济的发展道路上,由先前的独立分散的手工业农业经济发展到随后的全球化分工合作的工业经济。在这个经济模式变革的过程中,科技的进步伴随着各种资源及新能源不断地被开采利用。生产方式的转变促使了自然资源被过度地开发利用及人类生存环境逐渐遭受严重破坏的改变,影响了经济的可持续发展。在遭受环境恶化、自然资源告急的情况后,国际社会开始反思并逐渐采取有效措施进行防范,如世界环境与发展委员会就曾在1987年的报告中指出,"一个新的经济增长时代,必须采取保持和扩张环境资源的政策。"人类社会逐渐意识到,追求经济的长远发展时应当重视自然的价值,对自然价值的重视则应当采取措施督促国际社会各方通过"合法""正当""可持续"的发展理念来利用自然资源促进经济增长,由此产生的"低碳经济""绿色GDP"概念都从侧面反映了新型经济运行的价值观念。

(3) 社会发展需要的顺应

可持续的社会发展理念也是人类智慧的结晶。在漫长的人类社会发展史中,人们曾一直追逐着征服自然、征服他人。在多次非理性地与自然、与社会他人的对抗中,人类都遭遇了巨大的灾难,社会发展的进程也受到了阻碍,部分阶段甚至出现了倒退的现象,对人类历史文明的摧毁是无可估量的,如两次世界大战、核泄漏等,给交战各国及涉入其中的人们带来的伤害是触目惊心的,对文明的破坏亦是难以挽回的。人类从对历史的反思和经验总结过程中开始重新审视社会发展的规律和进程,人们逐渐意识到人类只有一个地球,人与自然是一个密不可分的整体,全球的人类更是一个有机统一的整体,人类社会的共同可持续发展在于人类社会整体的效益最大化。在全球经济一体化的推动下,全球政治、社会一体化日趋明显,人们的全球观开始转化,由最初的"以国家利益为主的主权观"逐步转化为"兼顾国家利益和全球利益的主权观","以政治为中心的主权观"转化为"兼顾政治、文化、经济等内容的多元主权观","以保护为出发点的主权观"转向"以合作为出发点的主权观",这些转化都体现了国际社会全球化是一个整体的趋势,无论是发展中国家还是发达国家,都应当以全球效益最大化为出发点和落脚点,来制定国际各国及本国的社会发展战略。气候问题属于环境问题之一，是一个需要国际社会各国共同面对的全球社会问题，因此，发达国家应与发展中国家共同应对当前气候问题导致的环境治理及维护。

8.1.3.2 碳排放税收法律制度的原则

任何一项措施、制度体系的制定，其基本原则的确定至关重要。选定的基本原则是整个制度体系的精神脊梁，它影响着该制度体系的基本价值导向和各种利益标准的权衡，更是直接对该种制度体系的具体规则内容起着决定性的作用。作为一种需要推动全球气候的治理、促进全球化经济的发展和追逐国际社会共同效益的制度，其承担着重要的使命及目标，在多边体制下的碳关税法律制度原则的确定极其重要。

（1）共同但有区别的责任原则

对于全球气候的治理责任分配采取共同但有区别的责任原则是目前国际社会环境治理的立法重要原则之一，将共同但有区别的责任原则作为多边体制下的碳关税法律制度的一项基本原则，是具有其实践的基础，且满足了全球人类对于实质性的正义的追求，这也是出于一种立法技术上的考虑。从实践基础上来看，是基于国际社会治理环境的经验总结出发，而制定出的原则。例如在1972年，于斯德哥尔摩通过的文件《联合国人类环境会议宣言》中首次提及了在国际社会的环境治理过程中，应当给予发展中国家特殊待遇的理念；在1987年通过的文件《关于消耗臭氧层物质的蒙特利尔议定书》中则明确指出，在治理环境方面，发达国家和发展中国家应承担不同的责任，这被认为是国际社会在治理环境中取得的一次重大突破；时至1992年，在联合国气候大会通过的文件《里约环境与发展宣言》《联合国气候变化框架公约》中，已经将共同担责但有区别的责任原则提升到了国际社会对环境治理的国际环境法原则的地位；并于1995年通过的《京都议定书》中首次实现了对该原则制度化的贯彻推行。自此以后，在2001年的《关于持久性有机污染物的斯德哥尔摩公约》、2007年的《巴厘路线图》与2009年的《哥本哈根协议》中都逐步地巩固和发展了该原则。由此可见，该原则已经成为国际社会在治理环境过程中有关的立法实践所共同遵守的一项基本原则之一，它已成为人类社会在治理环境问题的实践中总结出来的经验和智慧。从实质性的正义追求来说，各国学者已从实质正义的角度去展开论述共同但有区别的责任原则的立法意义，部分学者还给出了粗略的定义。例如王曦教授的定义，共同但有区别的责任原则为"由于地球生态系统的整体性和导致全球环境退化的各种不同因素，以及能力上的差异，各国对保护全球环境负有共同的但是又有区别的责任"[①]；韩德培教授对此的定义则为"共同但有区别的责任原则，是指解决全球的环境问题，保护和改善全球环境，是世界上各个国家

---

① 王曦. 国际环境法. 北京：法律出版社，1998：112.

的共同责任,但是在对国际环境应负的责任上,发达国家和发展中国家各自的责任是有区别的"①。在立法技术上的考虑,是出于在法律制定的过程中,选择法律条文的内容都应当遵循着一个原则,即期待可能性原则。在碳关税法律条文内容制定的过程中,考虑到气候变化问题具有全球性、长期性、不可逆转性、广泛性等特点,其产生的环境问题涉及全球人类的共同利益,应当由国际社会各国共同承担保护环境及改善全球气候的义务。但"共同"又区别于"相同"的概念,发达国家与发展中国家所承担的义务在"种类""量"上应当有所不同。发展中国家在经济、科学技术、社会领域方面的发展远远落后于发达国家,若制定的多边体制下碳关税法律制度要求发展中国家承担的义务与发达国家相同,那么这种法律是一种"强人所难"的法律,显然是不合理的。故,发展中国家与发达国家在全球气候治理问题上所承担的责任是共同但有区别的。

(2) 历史责任原则

历史责任原则在多边体制下的碳关税法律体制中担任着重要的角色,其体现了谁污染谁治理的原则。引起全球气候变化的原因是碳排放的量超过了大气生态系统所能自我循环消耗的临界点,这是一个历史的过程,究其原因是"发达国家利用先发展的历史优势,大量消耗自然资源并导致了环境问题的大量发生,实际上是过多地、过早地占用了原本属于发展中国家的环境权;直到今天,它们仍是资源的主要消耗者和污染物的主要排放者,所以无论从历史还是现实看,发达国家都应该对全球环境问题负有主要责任"②。根据世界资源研究所统计出来的数据资料表明,大气中现有的二氧化碳排放量中由发达国家所产生的量高达70%~80%,且二氧化碳在大气中留存的时间可达到140年之久,在初始留存于大气中的30年间,浓度才可衰减为原来的81%,在经历100年之后才可衰减为初始的49%。由此推见,发达国家应该对其因优先发展所积累的碳排放量负有不可推卸的历史责任。此外,应考虑到不同排放性质的要求。对于发达国家来说,其工业发展起步较早,工业化进程已经经历过了基础阶段,发达国家的人们已步入享受利用完历史的碳排放量后所创造的富足社会及经济现状,其当前的碳排放已是一种奢侈性的排放。至于发展中国家,还处于经济水平发展较低的阶段,尚未完成发达国家经济发展的进程,其当前的碳排放是一种生存性的排放。故,要求发展中国家承担与发达国家相同的碳减排义务是不合理且不公平的。在设计多边体制下碳关税法律制度时,应当考虑到发达国家在历史上的碳排放量所应承担的相对多的责任而减少享受性的排放权。

---

① 韩德培. 环境保护法教程. 北京:法律出版社,1998:338.
② 许淑萍. 发展中国家贸易与环境法律问题对策研究. 中国法学,2002 (3):151-162.

专栏 8-1　　　　　　　　碳关税的产生背景

　　在 2006 年的 11 月份，法国的前总理多米尼克·德维尔潘就曾提议说："应对没有签署 2012 气候变化国际公约（即后来的《京都议定书》）的国家的工业产品出口征收额外关税。"法国的前总统希拉克则在 2007 年的 1 月份提出了"碳关税"这个概念。因为欧盟各国为了履行其在《京都议定书》中应负的义务，已经开始实施应对全球气候变化的措施，即采取了"碳排放交易机制"（Cap and Trade Schemes）作为该措施的基底。如果其他国家没有采取相应的措施或者采取的措施达不到严格的标准，那么本国的产品相对来说会遭遇到不公平的竞争而处于竞争劣势，因此对那些不履行《京都议定书》的国家的进口产品征税可以避免这种不公平竞争。到了 2007 年的时候，法国的时任总统萨科奇公开主张实施碳关税，要求进口商从欧盟排放交易机制购买排放权，以反映进口商品的碳足迹（Carbon Footprint）。然而欧盟内部的国家是反对开征碳关税的。欧盟贸易委员会委员彼得·曼德尔森认为碳关税违反现行 WTO 规则且很难实施。德国环境部长马蒂阿斯·马奇戈在 2009 年称法国征收"碳关税"的行为，是向那些不打算实施减排温室气体的国家施压，这种做法被其称为是一种"生态帝国主义"，直接违反了世贸组织的有关规定。

　　然而情况与之相反的是，有关开征"碳关税"的提议在美国开展得非常顺利。在近几年美国国会通过的几个气候变化法案中，在提出要在本国内实施全国性碳税贸易的同时，也提出了要对第三国实施"边境调节税"的主张。美国参议员财政委员会主席麦克斯·鲍克斯主张，美国必须采取边境调节措施以防止碳泄漏。到了 2009 年的 3 月份，美国能源部部长朱棣文在美国众议院科学小组会议上称："为了避免使美国制造业处于不公平竞争状态，美国计划对进口商品征收碳关税。"同年的 6 月，美国国会众议院以微弱的差异票数通过了《美国清洁能源与安全法案》，该法案规定了"国际储备配额计划"。

　　自此，"碳关税"这个概念开始进入人们的视线，日益受到国际社会有关国家的重视，并引发了国际社会的广泛热议。正当人们还在热议美国的这一单边举措时，欧盟委员会通过法案，自 2012 年 1 月 1 日起，航空企业要被强制实行碳排放税收，于欧洲地区机场起降的航班，都必须为超出配额的碳排放税收支付购买成本，否则将面临巨额的罚款或者停航等处罚。也就是说，欧盟将单边收取实质上的"碳关税"。国际航空运输协会理事长乔瓦尼·比西尼亚尼明确表态，欧盟单方面对过境航班征收碳排放费用的举动违反国际协商原则。欧盟和美国为应对气候变化而采取的单边举措一波未平一波又起，它们"挑

> 起了应对气候变化大旗下的全球环境治理与贸易保护的纠纷"。
> 　　直到今天为止，对于是否应当采取碳关税措施仍未达成统一意见。国际上普遍认为，在国际上尚未就减少二氧化碳排放达成一个多边的、有约束力的国际条约的情况下，在国际社会上施行碳关税措施以及在国内施行碳税措施是非常必要的。许多学者也预测碳关税及碳税在未来被普及实施的可能性是非常大的。

8.2　碳排放税收法律制度的发展现状

8.2.1　国际碳关税法律制度的发展现状

8.2.1.1　美国碳关税法律制度的发展现状

（1）美国碳关税法律制度的简介

在对温室气体排放的控制立法方面，美国属于国际社会中遥遥领先的国家之一。美国国内关于碳税的最早立法提案为《2007年利伯曼－沃纳气候安全法案》，该法案由当时的美国参议院议员乔瑟夫·利伯曼和约翰·沃纳共同提交。到2008年美国参议院议员芭芭拉·鲍克瑟提交了《2008年利伯曼－沃纳气候安全法案》，该法案是美国第一个将进口产品纳入到二氧化碳排放交易项目当中并且加以详细规定的立法提案。该法案第1311节规定："国内进口商如果购买产自没有采取减排措施或减排措施不利的国家的产品的话，应当购买相应'国际储备配额'。"①《利伯曼－沃纳气候安全法案》作为美国史上规定碳排放权交易的第一个法案，其具体条款主要包含三方面的内容：

第一，《利伯曼－沃纳气候安全法案》根据"国际储备指标"规定了清单产品的范围，凡是属于清单产品内规定的产品都需要购买碳关税。该清单产品的范围较宽，主要体现的类型有消费型的生产材料和产品。

第二，该法案对清单涉及的缴纳义务国家也做出了相关规定。"国际储备指标"的购买国属于清单国以外的国家，在法案的第1306节（b）款（2）项（A）段中规定了无须购买"国际储备指标"的三类国家：①根据该法案第1305节（a）段的规定，若国际气候变化委员会认为该国可以免除购买"国际储备指标"的义务，则该国必须满足与美国所实施的减排措施必须是可以相互参照比较的；②如果需要免除该国的"国际储备指标"购买义务，那么该国必须满足的条件是其已经被划入最不发达国家的范围内；③如果需要免除该国的"国际储备指标"购买义务，那么该

---

① Lieberman-Warmer Climate Security Act of 2008, S. 3036, 110th Cong. 2008, section 4 (16).

国必须满足其所排放的温室气体总量低于全球温室气体排放总量的 0.5%。

第三，《利伯曼－沃纳气候安全法案》对"国际储备指标"进行了规定。依据该法案可知，"国际储备指标"应当包含两个方面的内容，一方面是关于"国际储备指标"在价格上的制度规定；另一方面是关于"国际储备指标"购买额度的制度规定。

（2）美国碳关税法律制度的发展

为了不断完善对碳排放交易机制的相关立法规定，在奥巴马政府的积极推动下，美国众议院于 2009 年 6 月以微弱的多票通过了《美国清洁能源与安全法案》。该法案旨在为推动美国政府及企业减少温室气体的排放，以及减低对国外进口石油的依存度，同时该法案为美国在清洁能源经济方面的发展奠定了基石。该法案的内容主要规定了清洁能源、能源效率、减少全球变暖污染、向清洁经济转型以及工业、森林与农业的相关抵消。该法案全文共五章，但核心内容是专注于能源与能效的改革，欲通过采用当前国际社会通用的市场化效应手段，继而采取"总量限制与交易"的原则来循序渐进地减少美国温室气体的排放量。同时该法案为美国碳排放量进行了上限设置，即以 2005 年的总碳排放量为基底，直至 2020 年美国的碳排放总量要比 2005 年的总排放量低 17%，至 2050 年该碳排放总量又减少 83%。法案规定了美国政府将为新能源及节能技术的研发提供 1900 亿美元的财政支持。在法案实施的初始时期内，提供给国内企业 85% 的免费碳排放配额总量，该配额大部分分配给电力生产商和天然气生产商以减轻因法案的施行给这类企业带来的成本提升压力。该法案的第四章规定了有关"国际储备配额项目"，并将国际社会上的企业也纳入到规定中来，若国际社会上的企业没有采取相关的减排措施，则极有可能被征收法案规定的"碳关税"。该法案第四章有关"国际储备配额项目"的具体内容如下：

第一，总统授权制。若决定实施"国际储备配额项目"，那么从 2018 年起必须向国会提交实施该措施的可行性评估报告，且每隔四年，总统须会同海关总署和环保局等有关部门为实施该措施的相关部门进行碳排放量的评估，并且根据产品的生产国来确定是否需要在进口的时候提供相应的配额。若该产品的生产国存在以下任一条件的，可以不提供配额情况：①产品的生产国和美国共同参与了同一个温室气体减排协议，双方之间都承诺了进行温室气体的减排，即承诺的减排计划或是减排量双方是在一致的基础上。②产品生产国参加了国际有关减排的协定，并且对本国涉及碳排放的有关部门做出了减排规定，同时美国也是该国际有关减排协定的参与国。③产品生产国的碳排放有关部门可以测量自身的碳排放量，并且能提供自身近几年的碳排放报告，且该报告中显示的碳排放数据（碳排放浓度或密度）应小于或者等于美国同类型部门的排放量。

第二，关于具体执行的规定。根据总统授权的指示，环保部门可以会同边境机关和海关等制定出与法案内容相应的规章制度来确定实施"国际储备配额项目"的具体规定，该规则的内容可包括以下几个方面：①明确"国际储备配额项目"的计算方式；②明确"国际储备配额项目"的价格、储存、交易事宜；③明确合格产品在进口时报关与入关的具体程序；④对有可能出现的规避现象进行确认。对于来自最不发达国家的产品，以及占全球排放量不足百分之五同时进口量不足百分之五的国家则无须提供配额。

8.2.1.2 欧盟碳关税法律制度的发展现状

（1）欧盟碳关税法律制度的简介

欧盟的碳关税立法是根据欧盟的排污权交易机制而产生，欧洲各国从开始征收有关二氧化碳能源税至今已经有90多年的历史。欧盟施行的欧盟排放贸易体系的目的是敦促其各个成员国达成碳减排的目标，其影响着世界上62%的碳实体市场以及70%的碳金融市场，称得上是至今全球范围内影响范围最广、制度上相对最为完善的一个国家间碳排放贸易体系。早在1998年的时候，欧盟的各个成员国就已经通过协议对各自国内的二氧化碳排放总量进行了有关规定，以此来完成在《京都议定书》里要求的二氧化碳减排目标。据此规定，德国、英国以及丹麦等部分欧盟国家则需要通过大幅度地降低二氧化碳的排放才能达到这个减排标准，然而有些国家，比如法国、希腊等，则只需要在它们1990年的排放水平上进行少量的减排或者是维持在这一水平上即可。这种将二氧化碳减少排放的责任分配给各个成员国的机制，在具体施行的过程当中获得了比较好的效果。根据《京都议定书》中的有关规定，欧盟国家在2008年到2012年的四年间，温室气体的排放量对比于其1990年的水平要下降8%。在欧盟实行的碳排放的交易税收制度中，欧盟各国的政府机构都会每年向各个参与减排的企业以及个体供给一定量的二氧化碳排放配额。这些企业或者个体在当年如果总体的二氧化碳排放量低于这个配额，那么该企业或者个体可以在碳市场中将相应数量的配额出售，相反的，如果说某个企业或者个体总体的二氧化碳年排放量超过了这个配额，那么它们需要在市场中对其超出的部分进行购买。以此类推，欧盟各国就在付出最小成本的前提下，经过市场体制的调节，鼓励它们国内的企业对生产技术以及生产设备进行改革和更新，实现二氧化碳的减排。

（2）欧盟碳关税法律制度的发展

欧盟的碳关税立法是根据欧盟排污权交易机制而产生的。为了使欧盟的有关企业能够接受排污权交易机制，欧盟于2008年1月对2003年第87号指令（Directive 2003/87/EC）做出修改，将进口商加入排污权交易机制中来。在这一次修改中，碳泄漏问题在第10节（a）款（8）项和第10节（a）款（9）项中被明确提出，将与碳泄漏相关的进口产品纳入到欧盟排污权交易机制之中的建议体现在第10节（b）款中。这是欧盟首次正式地考虑征收碳关税等法律问题，并在2009年修改后的欧盟排污权交易指令中均有突出表现。在2009年的12月，依据2009年修改过的指令表明，欧盟通过了一项决议，决议内容是有关欧盟哪些部门容易受到碳泄漏的影响，并列出了详细的清单。决议认为，欧盟有一百多个部门会遭受碳泄漏的影响，这些部门约占所有工业部门的百分之二十，约占所有生产部门的百分之七十七。为了解决这100多个工业部门所面临的问题，进而保护这些工业部门在国际上的竞争力，在2009年的修改指令规定中，实施了免费的排污权分配方法。事实上，免费分配历来受到欧盟国家的偏好。因此，碳关税条款在欧盟排污权交易指令中所体现的，从其内容上看，欧盟解决碳泄漏问题的主要手段之一是进行免费的排污权分配，其对象是欧盟境内的企业。

8.2.2 各国碳税法律制度的发展现状

8.2.2.1 美国碳税法律制度的发展现状

美国现有一些法律来解决温室气体排放的数量，但它并没有一个全面的、综合的、全国性的法律制度来减少其对全球二氧化碳和其他温室气体的排放。虽然环境保护署可能使用了来自《清洁空气法案》的权力已经对控制温室气体排放的方式征求意见，环境署署长表示他相信"《清洁空气法案》不适合规范全球温室气体排放的任务"。美国温室气体排放量的85%是二氧化碳的排放，其中大部分来自化石燃料的燃烧，其他导致全球气候变暖的温室气体有：甲烷（美国8%温室气体排放量），氮氧化物（5%），氢（2%）以及全氟碳化物和六氟化硫（小于1%）。2006年11月，科罗拉多州圆石市通过了美国法律和法规中首个开征碳税的法律。圆石市58%的人投了支持票，根据居民和企业使用多少电的电费单来确定碳税的支付比例。这项立法还规定，用户不需要支付购买风力发电的碳税。由于圆石市的电厂用燃煤发电，所以等同于对燃煤电厂排放的碳税也征收温室气体碳排放税。这样圆石市每户居民每月平均多付1.33美元，企业多付3.8美元，全年算下来，其支付的税款分别为16美元和46美元，当地政府每年此笔税收进项约100万美元[①]。这项收入将用于改进技术，提高城市的能源效率和替代燃料的使用和其他事项。旧金山海湾地区八个县的企业从2008年7月1日开始需要根据其向大气排放温室气体的多少缴纳碳费，这就为将来开征碳税打下了良好的基础。2009年6月美国国会众议院通过了《美国清洁能源与安全法案》，该法案提出了建立一个"国际储备排放许可证"（International Reserve Allowance，IRA）的体系。这个制度要求进入美国市场的相关外国产品从2020年1月1日起要购买IRA，以此来抵消美国本国企业生产此类产品而

---

① 苏明，傅志华，许文，等. 碳税的国际经验与借鉴. 环境经济，2009（9）：30.

承担的碳成本。美国是温室气体排放大国，但并没有覆盖全国的碳税制度，个别地区的碳税实践起到了很好的示范作用。为了保持本国贸易优势，美国计划开征碳关税来打击进口，保护本土企业，这种新的贸易保护措施对发展中国家的出口贸易无异于上了一道枷锁。碳税的目的是激励环境保护，如果随意改变碳税的功能，不仅起不到保护环境的作用还会丧失其先进性。

8.2.2.2 欧盟各国碳税法律制度的发展现状

（1）芬兰碳税的发展现状

①芬兰碳税的简述

芬兰于1990年开始对除运输燃料之外的所有能源产品征收碳税，是欧洲最早引入碳税的国家，在当时芬兰已对运输燃料开征了能源税。碳税的税制设计在其引入后经过了几次修改：

a. 1990到1994年间，碳税的计税依据主要是根据能源产品中的碳含量来计算。

b. 1994到1996年间，碳税的计税依据变成了根据能源产品中的碳含量和能含量来计算；60%的碳税根据碳含量征收，余下的40%碳税则根据能含量征收；随后在这一个时期内该比例又被调整为75%和25%。

c. 在1997年，碳税又重新回归到了单一的二氧化碳排放税。

碳税在1990年的初始税率是每吨二氧化碳1.2欧元，随后开始有规律地上调，在2003年达到了每吨18欧元，2008年达到每吨20欧元。此外，芬兰在对电力征收的碳税上有一个变化。直到1997年，芬兰对电力都实行进项税制，也就是说对发电用能源产品要征收标准税率的碳税。然而在电力市场自由化的进程中，由于这一税制与欧共体条约相悖，芬兰在1997年实施了新的税制。新税制是销项税制，也就是说发电用能源是完全豁免碳税的，但是对电力的消费要缴纳碳税。

②芬兰碳税的特殊税收条款

芬兰的碳税政策里面几乎没有实施减免税等特殊税收条款，相反在邻近的北欧国家都可以看到此类条款。不过，芬兰碳税制的名义税率普遍低于其他北欧国家。具体来说，芬兰碳税制有以下几项优惠措施：

a. 对天然气开征的碳税实行特殊税收优惠，其税率是标准税率的50%。

b. 对工业用电力减税，和对在生产过程中用作原材料的能源产品免除所有税收。除此之外，芬兰对所有的经济部门都实行统一税率。然而，总的来说这项政策在国际能源政策领域是通用规则，且与欧盟碳税政策相一致。

c. 能源密集型企业自1998年开始享有退税机制，从而减轻了部分碳税负担。芬兰定义能源密集型企业的方法是：在不考虑对发动机燃料征收的税收和税收补贴的情况下，若企业的碳税支出达到了企业增值的3.7%，则该企业即是能源密集型企业。达到此资质的企业，只有在纳税义务超过 300 000 芬兰马克的情况下，才可以享受 85% 的碳税退税。在 1999 年，主要来自造纸业的 12 家企业享受了碳税退税，退税额达 0.85 亿芬兰马克。

d. 2008 年，芬兰开始对生物质燃料油豁免税收，并增加了对碳汇工程和农业的税收返还。

③芬兰碳税的税收形式与循环

芬兰的环境税改革并非收入中性的，其主要目的是为了减少劳动力税负，具体来说芬兰环境税改革进程可划分为两个阶段：

a. 第一阶段于 1997 年生效，目标是减少总税收收入 55 亿芬兰马克。这一计划包括：（a）个人所得税减税 35 亿芬兰马克，雇主缴纳的社会保险税和当地个人收入税减少 20 亿芬兰马克。（b）这一收入的差额部分由碳税和垃圾填埋税弥补，这两项税收共产生了 14 亿芬兰马克的收入，其中碳税收入为 11 亿芬兰马克。

b. 第二阶段于 1997 年末通过，并于 1998 年实施。同样这一政策并不是收入中性的，其政策目标是进一步减少劳动力税收，并通过扩展税基来增加环境税和公司利润税收入以抵消部分赤字。在减少劳动力税收方面，1998 年计划减少 15 亿芬兰马克，1999 年计划减少 35 亿芬兰马克。预期这一改革进程会在 1998 年产生 15 亿芬兰马克的赤字，在 1999 年会达到 25 亿芬兰马克的赤字。这一政策的潜在假定是：对作为重要生产要素劳动力的征税的减少能够增加就业，随后劳动力相关的税收收入也会增加。芬兰的碳税同时影响到了家庭部门和工业部门，然而税收收入循环却主要惠及家庭部门。

（2）荷兰碳税的发展现状

①荷兰碳税的简述

荷兰政府是欧洲国家中引入碳税税种的先驱之一。到 2004 年，荷兰的碳税体系基本成形，对能源产品的消费征收四种不同的税收：燃料环境税（the Environmental Tax on Fuels）、对小规模消费者征收的能源调节税（the Regulatory Tax on Energy）、能源消费税（Excise Taxes）以及准捐税（Para Fiscal Tax，一种战略囤储费，对汽油、柴油、天然气、液化石油气和煤油征收）。1988 年，荷兰政府引入了一般燃料费。此项费用经过了数次修改，取代了对废弃物、污水、噪音等方面的具体方案和专项收费系统；此后在 1991 年又进行了进一步的修改，调整为燃料环境税。燃料环境税产生的收入不再作为专项支出，而是成为一般预算的一部分。该税是对所有用作燃料的能源产品征收，也就是说用作原材料的能源产品是免除此项税收的，同时发电用的煤和天然气自 2001 年起也免除此税。燃料环境税的最近一次修改是在 2004 年，在这次修改中对除煤炭之外的其他能源产品的税收都并入了碳税中。在 20 世纪 90 年代，课税基础也经过了几次修改。1990 年，碳含量被纳入税基；1992 年，一种以能源产品的碳含量和能含量为税基的新税制引入。自1999年起,所有碳税税率都开始根据通胀率进行指数化调整。在1996年,开始对小规模消费者征收能源调节税。这一税种是对非运输用矿物油产品、天然气和电力进行征收,收入会作为荷兰环境税改革的一部分返还到经济中,征收此税旨在刺激小规模能源消费者提高能源效率。此税在设计时着重考虑了对竞争力的影响,对大型工业能源消费者豁免此税就是出于对单方面的引入此税会损失企业出口竞争力的考量。

②荷兰碳税的特殊税收条款

与其他欧盟成员国一样,荷兰的碳税税制也对工业制定了特殊税收条款。荷兰政府非常重视碳税这一政策工具在解决能源问题上的作用,同时政府还与大型能源消耗企业签订环保协定,使企业承诺改进能源效率。荷兰碳税税制的具体税收优惠措施有以下几条:

a. 对于能源消费的征税有上限限制,此外每位消费者都可获得一定的对天然气和电力的免税配额。2001年免税配额制废止,取而代之的是对电力的固定额度的减税。减税额度在2001年是每年141欧元,2005年上调为每年194欧元。此外,在2004年,由于采纳了欧盟能源税指令,关于税收上限的特殊规则被废止。此后,能源消费超过上限的部分也要缴纳能源税,但是对矿物油产品征收的税率为标准税率的10%。

b. 对天然气和电力的不同消费水平实行差别税率。此项差别税率的精细程度在整个欧盟都是绝无仅有的。对天然气税率按消费水平划分为七类,电力税率按消费水平划分为六类。这项差别税率措施基于实际能源消费水平,而不像德国是对所有制造业基于统计类别享有税收减免。

c. 荷兰碳税税制最后的修改,主要是欧盟在能源和国家补助及竞争力这一领域的政策的结果。比如,欧洲委员会允许荷兰政府对温室用天然气实行零税率直到1999年。现在温室园艺部门适用的天然气税率也相当低。

d. 此外,对矿物油产品除运输之外的用途课征一个双重税收,也就是同时征收能源消费税(标准税率)和能源调节税(2004年之前对超过某一预定上限的消费课征零税率,自2004年起对超过上限的部分征收低税率)。

e. 发电用燃料免除碳税。

③荷兰碳税的税收形式与循环

1998年,荷兰开始实施环境税改革。改革遵循了收入中性原则,能源调节税贡献了收入的最大份额。在1999年所有收入都经由税收循环措施返还到了家庭部门和工业部门中:

a. 家庭部门:经济、社会和人口因素影响了家庭部门的税收循环:对收入档次位于第一级的群体征收的所得税税率降低0.6%;将免税配额提高了80荷兰盾

（36.3 欧元）；将对老年人的免税配额提高了 100 荷兰盾（45.4 欧元）。

b. 工业部门：根据企业的业务类型有不同的税收循环选项：由雇主支付的工资份额减少 0.19%；增加了独立的小企业的免税配额（对个体经营者的税收抵免增加了 1300 荷兰盾，达 590 欧元）；对企业所得税超过第一个 10 万荷兰盾（45 380 欧元）的部分，减税 3%。荷兰碳税和税收循环措施都同时涉及了家庭部门和工业部门。然而，对运输燃料征税的收入不包含在税收转移计划中，这与德国的情况相同。

(3) 德国碳税的发展现状

① 德国碳税的简述

自 20 世纪 50 年代起德国政府就已对矿物油的消费征收碳税，当时主要是对运输燃料征税。1989 年，碳税的征收范围扩展到天然气。然而直到 2007 年，依然没有对煤炭征收碳税。德国电力税是从 1974 年开始征收，实际上是"石煤开采附加费"，是从价税，对工业和家庭实行差别税率；其目的就是为了维持鲁尔区的采煤工业以及大量的就业岗位，产生的收入被用来补贴德国的煤炭工业；在 1995 年被废止。德国政府于 1999 年 4 月 1 日起启动环境税改革，政策目标一是改善环境保护，特别是减少温室气体排放以减缓气候变化（环境目标）；二是减少雇员和雇主的法定养老金（即社会保障税）以减少劳动力成本和增加就业（经济—就业目标）。在 1999 年到 2003 年间的环境税改革中，主要的政策是增加现有的能源税和引入电力税：

a. 对运输燃料（汽油和柴油）征收的碳税税率自 1999 年 4 月起到 2003 年，分五个阶段逐渐稳步增加。

b. 对天然气和轻取暖燃料征税的税率在 1999 年上调，天然气税率于 2003 年再次上调。

c. 重燃料油税分别于 2000 年和 2003 年上调。然而，发电用重燃料油税率于 2000 年下调，这样不论何种用途其重燃料油税率都是相同的。

d. 1999 年电力税的引入：其税率在随后的五年逐年增加。

e. 对于制造业和农业部门使用的能源产品（不包括运输燃料），其税率的增幅小于标准的增幅，以防止损害德国工业的竞争力。

在 1999—2003 年间，对汽油、柴油此类运输燃料征收的能源税每一千升增加了 154 欧元；其中汽油税增幅约为 31%，柴油税为 48%。同一时期，对轻取暖燃料的税收增加了 50%，对天然气的税收增加了两倍。需要指出的是，在德国用于发电的重燃料油仍需缴纳碳税，而丹麦对于发电用能源产品都是免税的。

② 德国碳税的特殊税收条款

德国碳税制的特殊税收条款应用于运输燃料以外的其他能源产品。这项条款囊括的产业包括制造业、农业、林业和渔业，具体内容如下：

制造业、农业、林业和渔业的企业享受在电力、采暖用油和天然气标准能源税率基础上减免40%，即其实际税率为标准值的60%。此项税收减免计划仅应用于每年缴纳的碳税税额超过基准额512.5欧元的部分。换句话说就是，在每年能源税收负担超过512.5欧元之前都需要缴纳全额能源税，之后才适用减税方案。

此外，有一个额外的税收上限的规定适用于制造业。在这条规则下，如果企业的能源税负高于该公司支付的养老金的减免额，那么企业有资格享有税收返还。然而，返还额度仅相当于二者差额的95%。

下面的例子显示了制造业是如何享有可观的税收减免的。在2004年，标准的电力税率为20.5EUR/MWh，统计归类为制造业、农业、林业和渔业的企业的实际税率为标准税率的60%，相当于12.3EUR/MWh；制造业若符合Spitzenausgleich-Effizienz systemverordnung（能源效应指令）的规定，则其实际税率更低，仅为0.62EUR/MWh，相当于标准税率的3%。2007年，工业税收制度经历了一次微小的修订。通过将税率扩展为全额税率，减税意味着60%的条款同样适用于1999年之前的税率，即环境税改革实施之前的税率。

③德国碳税的税收形式与循环

德国环境税改革拟定为收入中性的，然而在最近的几年中政府却偏离了这一政策目标，收入的一小部分（不到10%）被用来加强联邦预算。收入的主要份额用于一个减少雇员和雇主的社会保障税的税收转移计划，此税是由双方共同平均支付的。此外，还有大约1%的份额用于推广可再生能源。2003年，税收转移计划的总额为187亿欧元（约为GDP的0.9%）。这项循环机制能够使雇员和雇主的养老金缴款减少1.8%，从1998年的20.3%降到2003年的19.5%。据估计，如果没有启动环境税改革，随着德国经济和人口的发展，2003年的养老金缴款将达到21.2%。在分析德国的环境税改革时，重要的一点是要区别1999年以前的税率和1999年以后的税率。这是因为1999年环境税改革后，由于碳税税率上调所增加的收入才被用于税收转移计划。电力税产生的全部收入都用于转移支付，大约相当于税收转移计划总额的32%。税收转移计划最大的份额来自于对汽油、柴油等运输燃料征收的碳税，占50%以上。2003年税收转移计划的总额为186亿欧元，占GDP的0.9%。

（4）英国碳税的发展现状

①英国碳税的简述

相比北欧国家，英国的碳税税制结构相当简单。英国并没有一个针对天然气、煤和电力等能源产品普遍征收的总体碳税方案，而仅是对运输用燃料征收碳税。1990年英国政府引入化石燃料税（Fossil Fuel Levy）。化石燃料税是面对所有消费者，附加在应税电力的购买上的税收，因而本质上是一种电力税。最初，化石燃料税的大部分被用来补贴核电，只有一小部分用来支持可再生能源。1998年之后，化石燃料税收入不再用来补贴核电工业,转而用于支持"非化石燃料义务"(Non-Fossil Fuel Obligation)下的可再生能源工程。1992 年化石燃料税的税率达到最高点,为最终用户电价(除去增值税)的 11%。2003 年,该税税率被设为 0,但并未被废止。2001 年 4 月,英国政府引入一项新的税种——气候变化税(Climate Change Levy)。气候变化税实际上是作为化石燃料税的替代,旨在激励企业提高能效、减少碳排放。气候变化税仅针对工业部门和公共部门等非民用能源使用征税。从 2001 年起,对天然气、电力和煤的消费要缴纳气候变化税,对液化石油气的消费要同时缴纳气候变化税和原有的能源税。气候变化税是根据能源热值(如每千瓦时)计征的,且对不同的能源实行差别税率。同时,税率的设定也与各燃料的污染程度有关,因此煤炭的税率远远高于天然气,柴油税率高于无铅汽油。自实施起至 2007 年,气候变化税税率保持稳定,其后因通胀因素进行过几次小幅调整。

②英国碳税的特殊税收条款

为降低气候变化税可能对经济造成的负面影响,并激励企业提高能源效率,英国政府同时出台了相关的税收优惠措施。具体如下:

a. 对民用和非营利慈善机构使用的燃料、应用可再生能源发电和高品质的热电联产免征气候变化税;

b. 对能源密集型企业,为防止其国际竞争力下降,可加入气候变化协议(Climate Change Agreements),若严格地达到提高能源效率的目标,就能获得 80% 的气候变化税减免(从 2011 年 4 月 1 日起,气候变化协议的减税率从 80% 降到了 65%);

c. 对农业部门在 5 年过渡期内减免 50% 的气候变化税;

d. 同时,英国财政部面向大企业设立了气候变化税的减排基金,并针对小企业给予碳信托基金拨款,只要是与政府签订减排协议的企业,都可申请一定数量的无息贷款用于设备更新和技术改造等。

③英国碳税的税收形式与循环

英国气候变化税的设立基本上遵循了收入中性原则,其税收收入分为三部分使用:一是用于弥补企业养老金减少部分;二是用于与节约能源相关的费用支出;三是用于设立碳基金,但前者使用税收收入的比例要大于后两者。气候变化税收入的大部分被用来降低雇主的社会保险税,该税开征的当年企业雇主的国民保险税(National Insurance Contributions)税率降低了 0.3%。这项政策保证了总体税收负担不变,同时各工业部门所受影响不一。比如,有些部门会在这种税收返还措施中受益,尤其是劳动力密集型企业。有些部门是净损失者,它们的净税负比气候变化税实施前要高。英国所采用的税收返还机制仅限于工业,逻辑上是因为其气候变化税也仅是面向工业征收。然而在德国,环境税制改革政策对所有经济主体的能源消费征收，故其税收减免也是面对所有雇主和雇员的。

专栏 8-2　　　　　欧盟针对航空业碳排放的应对方案

作为交通运输行业的重要组成部门，航空业普遍公认的主要污染来自噪音，其实大气排放污染也是航空业的重要污染之一，只不过它是在人类认识到全球气候变化的严重性之后才逐渐被重视的。航空器所排放的污染主要有二氧化碳（CO_2）、氮氧化物（NO_x）、一氧化碳（CO）、硫氧化物（SO_x）等。整个排放过程可以分成两个部分，一部分在地面的时候排放，这部分大概占10%，归属于当地空气质量污染；其余90%的部分在航空器飞行的过程中排放，主要被视为温室气体排放。而且飞机在飞行的过程中排放出的水蒸气形成的尾流能吸收太阳辐射到地球的热量，阻止热量向外扩散。除了航空器之外，机场地面设施也产生了大量的温室气体。如各种车辆、辅助动力装置（APU）和航站楼设施等。

关于温室气体排放量是否纳入航空业的问题，《联合国气候变化框架公约》和《京都议定书》并没有具体的规定，仅仅在《京都议定书》第二条第1款1.1项1.1.7目中有类似表述：附件一所列每一缔约方，在履行第三条关于排放量的限制和减少排放的承诺时，为促进可持续发展，应采取措施在运输部门限制和/或减少《蒙特利尔议定书》未予管制的温室气体排放；在第2款中规定附件一所列缔约方应分别通过国际民用航空组织和国际海事组织做出努力，谋求限制或减少航空和航海舱载燃料产生的《蒙特利尔议定书》未予管制的温室气体的排放。《京都议定书》之所以做出总括性而并不具体的规定，主要是航空运输业涉及的国家比较广泛，而航空器被视为每个承运人所属国家领土的自然延伸，涉及的利益方太多，所以《京都议定书》采取鼓励各方视情况发展变化而自行处理，为后面的温室气体减排的扩大化留下伏笔。此外，当时航空和航海业的发展远没有今天发达，碳排放量仅仅占一小部分而已。而到了2008年，据估计世界航空业的碳排放量迅速发展到占全球总排放量的2%。在欧盟境内，其航空业排放量也达到了欧盟总排放量的3%，并且这个比例正在迅速地增大，占用了欧盟温室气体排放量相当大的配额。航空业主要是通过排放 CO_2、氧化氮、蒸汽、硫酸盐和煤烟等影响全球气候，据 ICPP 估计航空业现在对气候的影响是过去的2倍至4倍之多。依据欧洲议会和理事会第1600/2002/EC的决定设立的第六次欧共体环境行动项目（Environment Action Program）规定，如果2002年之前国际民航组织没有同意对航空业进行减排的话，那么欧共体将肯定承担起减少航空业温室气体排放的特别行动。在2002年10月、2003年12月、2004年10月，欧洲理事会连续重申并要求欧盟委员会提出此种动议。2004年9月召开的国际民航组织第35次大会上所通过的A35-5决议并未建立一个新的法律机制，而是支持开放式的排放交易和各个国家将国际航空业的排放吸收进入它们的温室气体排放体系。

为此，欧盟不得不采取一定的行动来应对航空运输业碳排放量增加的局势。2005年9月27日，欧洲议会、欧洲经济社会委员会和地区委员会沟通并授权"降低航空业对气候变化的影响"，委员会为此设计了一个策略，该策略提出了航空业纳入欧盟温室气体减排项目的内容，并规定将组建航空业多元化利益相关工作小组作为欧洲第二阶段减排计划的一个重要部分。2005年12月2日，欧洲理事会以经济和环境的双重角度同意了该策略，并号召在2006年年底之前提出立法性建议。同时，欧洲议会也认为只要航空业减排制度设计合理，那么它将在这一揽子减排计划中扮演重要的角色。减少航空业碳排放的政策和措施应立即在欧洲各成员国和欧共体两个层面展开，并要包含欧洲经济体的所有部门，以便航空业减排产生实质性的效果。否则如果仍然按照目前的比率排放，那么极有可能抵消了其他行业的减排效果。此外，一个完善的一揽子计划应该包括了管理上和技术上的措施，欧盟实行统一的航空运输管理和欧洲空天一体化管理将至少提高能源利用率12个百分点。航空能源利用率技术上的研究也将进一步降低排放量。

2006年12月20日，欧盟委员会采纳了EU ETS（欧盟温室气体排放机制）纳入航空业的建议，并随后由欧盟理事会通过Directive2008/101/EC正式将航空业减排纳入了EU ETS。随后欧盟公布了此项安排的时间表，包括被纳入ETS的航空承运人名单及其管理成员国、提交碳排放检测计划的截止日期、检测、核证及配额分配等等。欧盟旨在将航空业温室气体减排计划打造成世界上使用温室气体排放贸易的典范。因为航空承运人能直接选择航空器类型及航线，包括制定排放量的监控计划和该计划的执行情况，因此将直接受Directive2008/101/EC的管辖，国际民航组织指派专人或其他有资格的专人对承运人和航班进行确认。欧洲航行管理中心依据统计提供了2006—2008年在欧盟境内进行过航空器活动的承运人名单给欧盟委员会。被纳入名单的承运人由其对应的核发营运许可证的成员国进行监管和确保其遵守指令。非欧盟承运人则由在其域内排放温室气体最多的成员国进行监管。该指令自2011年开始适用于在欧盟境内营运的航班，2012年所有进出欧盟的航班都将受其管辖，而且对于排放量总数是按照每趟航班从机场起飞到机场降落计算。

根据该项指令，碳排放额度的分配不再采用国家配额计划（Naps）的成员国自行分配额度，而是由欧盟统一分配排放额度。欧盟委员会将依照2004年至2006年期间分配给航空业配额的平均数来确定总额度。2012年各国航空公司分配的排放额度为上述期间的97%，其中包含了85%的免费配额。2013年至2020年间的分配额度是上述期间的95%，其中也包括了82%的免费配额，有3%的配额也将留存下来用于以后分配给新加入的承运人。但是所有进出欧盟及在欧盟领域内飞行的航空公司都要在2009年8月31日前提交其准确的碳排放数据给欧盟，否则将无法获得免费的排放配额，因为欧盟确定各航空公司的配额将以它们各自提交的数据作为减排基准线和依据。欧盟要求各个航空公司在2010年之前检测其吨公里数及碳排放量，并在2011年3月31日之前提交第一份监测报告。为了减少航空承运人的管理负担，成员国应当对其管辖的航空承运人负责。所以各管理成员国有权对其所管辖的航空公司的实际排放和交易情况进行监控，对违反规定和要求的，承运人有权采取罚款、扣留或拍卖航空器、航线禁飞等处罚措施。

此外，成员国需保证在一个基准年度内排放量大部分属于该成员国且已经办理营运许可的航空承运人、没有办理或在第三国办理航空承运人遵守该指令的规定。如果某航空承运人未能遵守指令的要求及其他管理成员国的执行措施未能保证一致，成员国应一致行动。管理成员国应该要求欧洲委员会决定给予涉案承运人欧共体层面的管理禁令。考虑到国际航空业的排放量在《京都议定书》下并未整合给一个国家负责，为了保证欧共体机制统一报告的整体性，分配给航空部门的配额只能用于满足航空承运人达到降低排放量的标准。

为了避免扭曲竞争，欧盟建立一个健全的竞拍机制以确定配额发放的数量和给承运人的配额数量。2020年及以后将不再发放免费的配额，全部需要通过竞拍购买。在前期配额较多的阶段，如果承运人的排放量低于配额的免费限额，则多余的配额可以给予出售。如果低于总配额但超出了免费配额，则承运人需要购买相应额度以抵消超额排放量。如果超出了总配额，则需要在每年度的4月30日之前与第三方进行碳交易购买相应额度进行冲抵，否则将要遭到100欧元/（吨CO_2）的罚金和承担继续履行补偿配额的责任。因竞拍配额而得到的税收，由各成员国自行安排使用，但应当用来减少温室气体的排放，适应气候变化的冲击，资助用于这些项目的科研发展，弥补管理上的支出和费用。竞拍配额的收入同样需要用于低排放的运输，尤其是用于资助对全球能源效率和再生能源所做出贡献的项目，资助研究防止森林过度采伐的措施和帮助发展中国家适应气候变化，对不执行上述规定的飞机承运人，经过终审判决及

> 某一成员国的要求，可能会被禁止在欧盟区经营。
> 　　在 Directive 2003/87/EC 的大背景下，Directive 2008/101/EC 不得在竞拍配额的税收用途方面做任何预先判断。但是按照最优原则，为了避免将来不合理的管理负担，指令规定欧盟减排计划不得征收某些航班的碳交易税。商业航空运输承运人如果在三个连续不断的"四个月时期"内，每个时期飞行少于243个航次的话，欧盟不会对其征收碳交易税。这对发展中国家的承运人是非常有利的。

8.3　我国碳排放税收法律制度的现状

8.3.1　我国碳排放税收法律制度的立法原则

8.3.1.1　税收法定原则

　　税收法定是指税收必须要由法律来进行规定，如果没有对应的法律规定，则国家不能征税，公民也不负有纳税义务。税收法定原则是税法中一项十分重要的基本原则，主要包括：征税种由法律规定，一个税种对应于一个法律，对任何税收要素的变动要按照法定程序实施。包括征收对象、纳税主体、征收环节、征收税率、计税依据、税收优惠等税收要素必须由法律规定，这种规定还要求必须尽可能明确，避免产生歧义或漏洞。税收程序必须由法律规定，征收主体依据法律规定程序征税或者减免税收，纳税主体也必须依据法律规定纳税，即税定于法。[①] 此外，我国《中华人民共和国立法法》第八条第八项规定："基本经济制度以及财政、税收、海关、金融和外贸的基本制度只能制定法律"，《中华人民共和国税收征收管理法》第三条规定："税收的开征、停征以及减税、免税、退税、补税，依照法律的规定执行"，明确了税收法定原则。碳税作为一项税收制度也必须符合税收法定原则，将碳税征管和纳税人权利义务、碳税要素、税收程序等以法律的形式明确规定，以充分保障公民的财产权益。

8.3.1.2　税收公平原则

　　近代宪政平等原则在税法制度中的表现就是税收公平原则，税收公平原则要求所有纳税人法律地位平等，享受同等待遇，纳税能力和条件相同者应负担同样的税收，不同纳税能力的人负担不同的税收，税收负担公平合理分配给各纳税人，与纳税人的经济能力或纳税能力相适应。税收公平原则是维护税法正常运行的保证，是

---

① 张守义. 税法原理. 北京：北京大学出版社，2001：30.

组织财政收入的前提,也是矫正收入分配不均,维护社会稳定,避免社会动乱的重要保证。碳税制度也必须坚持税收公平原则。设计一个好的碳税制度,首先,让纳税人相信税收是公平征收的,相同纳税能力的纳税人缴纳同样的碳税,社会也不存在偷漏税或不合理的避税,否则会导致纳税人纷纷逃税乃至抗税。其次,通过碳税税率、计税依据、计税标准的设置,营造一个公平合理的税收环境。第三,在碳税设置中,采用税前减免和税后返还的两种方式保障社会公平,缓解收入分配差距。税前减免就是给予纳税人减计或免除税收的一种优惠措施,税后返还就是以补贴形式将征收的税款返还给受到纳税影响的群体。[1] 我国现阶段基尼系数过大,收入分配不公的现象严重,碳税要避免损害低收入群体现象,否则,会增加征收碳税的阻力,也容易引发群体事件。在开征碳税的制度构建中,可以对一些符合条件的行业、企业、个人采取一些税收减免政策,也可以直接将税收返还给纳税人,引导他们将税款投入到节能减排或环境保护之中去。还可以间接返还,用于调节降低纳税人的其他税负,如降低所得税、资源税等。

8.3.1.3 约束与激励并重原则

碳税在遵循税法一般原则的前提下,有一定的特殊性,需要遵循约束与激励并重原则,不能偏废其一,两手都要抓,保持一种动态的平衡。为了实现控制二氧化碳排放的目标,就需要通过征税对纳税人使用化石能源的方式给予适当的约束,改变消费习惯,提高能源利用效率,实现能源利用方式的转变。另外,政府还需要考虑到开征碳税对企业和家庭的影响,会影响企业国际竞争力,影响家庭的生活水平,为了降低这种影响,需要采取一定的激励手段,如实行减免税政策、发放补贴、研究推广新技术来提高企业的竞争力,降低家庭的生活成本。根据现实情况需要,可以动态调整采用加强约束指标还是提高激励水平,如果二氧化碳排放过快,气候变化更为严重,国际社会减排有量化指标等就可以适当提高约束指标,如扩大征税范围,提高税率;如果经济发展低迷,企业亏损,家庭生活负担重,二氧化碳排放总量不断减少等情况下就可以提高激励水平,扩大减免税范围、加大补贴力度。总之,应把握好约束与激励的标准,实现节能减排、保护环境和维持社会的可持续发展。

8.3.1.4 经济发展与环境保护兼顾原则

工业革命以来,经济的发展伴随着环境的恶化,但随着人们环保意识的提高和社会技术的进步,这种现象得到一定程度的解决,征收碳税就是为了减少二氧化碳排放,实现环境保护。短期来看,征收碳税会提高企业成本,降低企业竞争力,增加失业,提高家庭生活成本,加重民众负担。长期来看,开征碳税可以进一步增加人们的环保意识,改变生产生活习惯,发展低碳循环经济,创造良好的生活环境,

---

[1] 宋德勇,卢忠宝. 我国发展低碳经济的政策工具创新. 华中科技大学学报(社会科学版),2009 (3).

实现可持续的协调发展。从现实国情来看，我国还是一个发展中国家，经济发展对于解决民众就业，实现国家具有"责任承担能力"异常重要，没有了经济发展，解决其他问题就成了无源之水，无本之木。我国能源结构又以煤炭、石油等化石能源为主，经济发展的同时消耗了大量的能源，排放了大量的温室气体，破坏了生态环境，也影响到了人们的健康。综合各个方面的情况，可以考虑对环境保护采取更加积极的措施，如：征碳税，但征碳税也是为了更好地、可持续地发展经济。所以，在碳税制度的设计过程中，要实现经济发展与环境保护兼顾的原则。一是不为发展经济而破坏环境。以前经济发展造成的环境污染和大量的温室气体，到现在严重制约了经济的发展，破坏了我们的生存环境，我们要吸取教训，积极探索新的经济发展方式。二是不为保护环境而影响经济发展。要达到这个目标，需要统筹考虑环境现状、经济状况、社会整体状况，碳税制度设计要适应我国经济承受能力，适应社会心理承受水平，促进经济发展和环境保护共同进步。

8.3.2 我国碳排放税收法律制度的制定和施行

2014年12月10日，国家发改委发布《碳排放权交易管理暂行办法》（以下简称《管理办法》），并于12月12日通过国家发改委应对气候变化司网站正式对外公开。该管理办法共七章48条，自发布之日起30日后施行，即施行日期为2015年1月10日。

8.3.2.1 我国碳排放税收法律制度的立法特点

a. 《碳排放权交易管理暂行办法》属于国务院部门规章，是中国第一份国家碳市场的正式立法文件。

b. 实行两级管理，分为国务院碳交易主管部门（国家发改委）和省级碳交易主管部门（省级发改委）。

c. 地方行业覆盖范围具有灵活性，可大于国家标准。

d. 国家和地方配额总量均由国家发改委确定。国家配额总量等于地方配额总量之和加上国家预留配额，预留配额主要用于新入预留和市场调节。

e. 配额分配以免费分配为主，免费分配方法标准由国家发改委统一确定，地方可在此基础上从严分配；若从严，则地方配额总量将产生多余配额，可由地方进行有偿分配。

f. 碳排放权交易机构由国家发改委负责确定并对其业务实施监督。交易原则上应在确定的交易机构内进行。

g. 排放报告和核查由省级发改委管理，不过核查机构资质由国家进行管理。

h. 市场调节机制由国家统一建立和管理。

8.3.2.2 我国碳排放税收法律制度的立法现状

《管理办法》主要对碳排放权交易中的各主管部门的管理职能进行了相应的安排，在两级管理的框架下，分别对覆盖范围确定、配额总量确定和配额分配、碳排放权交易、注册登记系统、碳排放核算报告和核查、配额清缴的管理进行了部署。

（1）管理层级

国家碳市场实行两级管理。国家发改委偏重于规则的宏观管理，省级发改委偏重于执行的微观管理。国家发改委一方面负责国家碳市场基本规则的制定，包括覆盖范围、配额总量、配额分配方法标准、排放核算报告方法标准和流程等，另一方面统一管理国家注册登记系统和交易机构、管理核查机构资质、建立市场调节机制。省级发改委在国家政策框架下负责本行政区域内碳交易相关活动的具体执行和管理，包括确定重点排放单位名单、确定配额分配方案并对重点排放单位进行配额免费分配和有偿分配、管理碳排放的报告和核查、管理重点排放单位的配额清缴、管理辖区内的交易情况等。

（2）覆盖范围

首先，国家发改委规定纳入的温室气体种类、行业范围和重点排放单位确定标准。然后，省级发改委根据以上规定确定重点排放单位名单，并报国家发改委确认。省级发改委可适当扩大行业覆盖范围，增加纳入的重点排放单位，即地方覆盖范围可大于国家统一的覆盖范围。这对于目前的七个试点地区来说，为其在向国家碳市场衔接转换中保留现有全部或部分覆盖范围提供了依据；对于其他非试点地区来说，也为其提供了根据自身特点增加覆盖行业的灵活性。另外，根据《管理办法》的术语解释，本办法所指的温室气体包括二氧化碳（CO_2）、甲烷（CH_4）、氧化亚氮（N_2O）、氢氟碳化物（HFCs）、全氟碳化物（PFCs）、六氟化硫（SF_6）和三氟化氮（NF_3）七种，与《京都议定书》第二承诺期一致。之前发布的企业温室气体核算报告指南则针对前六种温室气体，与《京都议定书》第一承诺期一致。实际执行中，国家碳市场初期纳入的温室气体种类可能以二氧化碳为主。

（3）配额总量和配额分配

首先，由国家发改委制定国家配额分配方案，一方面确定统一的配额免费分配方法和标准，继而由该方法计算得出各地方的排放配额总量，另一方面确定国家预留排放配额数量，用于有偿分配、市场调节、重大建设项目等。各地的配额总量和国家预留配额数量之和即为国家配额总量。其次，由省级发改委确定本行政区域的配额分配方法和标准，既可与全国统一标准一致，也可比全国统一标准更为严格。如果地方分配标准严于全国统一标准，则该地免费配额数量之和将低于其排放配额总量；剩余的配额可由省级发改委用于有偿分配。再次，省级发改委依据确定的配额分配方法和标准，提出本行政区域内重点排放单位的免费分配配额数量，报国家发改委确定后，进行免费配额分配。因此，国家配额总量、地方配额总量、免费配额数量的关系如下：

$$国家配额总量 = \sum（地方配额总量）+ 国家预留配额$$
$$地方配额总量 = 地方免费配额 + 地方有偿配额$$

地方有偿配额的数量主要取决于省级发改委在国家统一免费分配标准基础上进一步削减的力度，即如果采用统一的免费分配方法和标准，则地方无有偿配额，配额总量等于免费配额数量。地方有偿分配所取得的收益，可用于促进地方减碳以及相关的能力建设。因此，分配越严格的地方，可通过碳市场直接获得更多的专项资金开展减碳工作，形成正向反馈。关于特殊配额的处理。一方面，对于新的重大建设项目的新增排放的配额分配，来自国家预留配额。另一方面，重点排放单位关闭、停产、合并、分立或者产能发生重大变化的，由省级发改委对其已获得的免费配额进行调整。

（4）碳排放权交易

由国家发改委负责确定碳排放权交易机构并对其业务实施监督。交易机构存在违法行为的，由国家发改委责令改正或给予行政处罚。

交易原则上应在确定的交易机构内进行。交易规则由交易机构负责制定，并报国家发改委备案。交易主体为重点排放单位及符合交易规则规定的机构和个人。初期的交易产品为排放配额和国家核证自愿减排量（CCER），适时增加其他交易产品。国家发改委负责建立碳排放权交易市场调节机制，维护市场稳定。市场调节配额来自国家预留配额。

（5）注册登记系统

国家发改委负责建立和管理碳排放权交易注册登记系统，用于记录排放配额的持有、转移、清缴、注销等相关信息。注册登记系统为国家发改委和省级发改委、重点排放单位、交易机构和其他市场参与方等设立具有不同功能的账户。交易机构的交易系统应与注册登记系统连接，实现数据交换。

（6）碳排放核算报告和核查（MRV）

碳排放报告和核查的管理权主要在省级发改委，由其管理辖区内重点排放单位的排放报告、核查报告报送情况，并监督管理核查机构的核查工作。国家发改委则主要负责统一核算报告的技术标准，并对核查机构的资质进行统一管理。首先，重点排放单位每年向省级发改委提交监测计划、排放报告和核查机构出具的核查报告。其次，省级发改委负责对排放报告与核查报告进行复查，包括国家发改委要求复查的、核查报告显示排放存在问题的，以及一定比例的抽查。再次，省级发改委对其行政区域内所有重点排放单位上年度的排放量予以确认，并通知确认结果。国家发改委已经公布和未来将要的企业温室气体排放核算与报告指南或根据这些指南制定的国家标准，将成为重要排放单位制订排放监测计划、编制排放报告以及核查机构开展核查工作的依据。另外，国家发改委会同有关部门，对核查机构进行管理。核查机构存在严重违法行为的，由国家发改委责令其暂停核查业务。

（7）配额清缴

配额清缴的管理权主要在省级发改委。国家发改委只负责配额清缴情况的公布。

重点排放单位未按时履行配额清缴义务的，由省级发改委责令其履行配额清缴义务；逾期仍不履行的，给予行政处罚。省级发改委每年应对其行政区域内重点排放单位上年度的配额清缴情况进行分析，并将配额清缴情况上报国家发改委。国家发改委应向社会公布所有重点排放单位上年度的配额清缴情况。

8.4 本章小结

碳排放税收法律制度是基于对温室气体排放导致的全球气候问题而衍生出来的为保护环境、创建人类社会与自然社会和谐共处的制衡法律制度。由于各国的工业化发展程度不尽相同，故在建立、施行及完善碳排放税收法律制度的进程上亦有所差异。因欧美地区的工业革命发展迅速，对环境产生的负面影响较为早期，故初期的碳排放税收法律制度也由此而产生，先是对国内涉及碳排放的产业、企业通过附加碳排放量的税收进行有效调节及管制。后因全球气候受到第二次工业革命的影响引起了全球范围的广泛关注及警醒，各国开始共同商讨对策，故而逐渐建立了国际范围内共同遵守的关于碳排放税收的相关国际法律制度，继而产生了碳关税的法律概念。中国现处于发展阶段，工业化进程尚未成熟，面对由此产生的环境问题亦需要通过分析及借鉴欧美各国先进的国内碳税法律制度规则，及加入国际范围的碳关税法律制度规则，从而在实践中摸索出符合自身国情发展需要的碳排放税收法律制度。

从整体上来看，美国的碳排放税收法律制度逐步走在国际社会各国的前头，欧盟各国亦已制定较为成熟的碳排放税收法律制度管制相关行业，但国际社会上的发展中国家仍处于发展阶段，对此方面的法律制度尚未形成或未得到建立、推行及完善。全球气候问题虽得到缓解，但仍存在很大的空间需要人类进行改善，故无论对发达国家抑或是发展中国家来说，建立并逐步完善各国国内碳税法律制度及推进国际碳关税法律制度是刻不容缓的。

9 碳标签法律制度

9.1 碳标签法律制度的基本内涵

"碳标签"（Carbon Labelling）是为了缓解气候变化，减少温室气体排放，推广低碳排放技术，把商品在生产过程中所排放的温室气体排放量在产品标签上用量化的指数标示出来，以标签的形式告知消费者产品的碳信息。这一办法旨在利用在商品上加注碳足迹标签的方式引导购买者和消费者选择更低碳排放的商品，从而达到减少温室气体的排放、缓解气候变化的目的。"碳标签"主要针对出口产品，但国际贸易中碳标签的实施能否达到既定目标取决于两个基本因素：一是生产者和消费者要具有理性，他们必须有保护气候和环境的倾向，并愿意支付因碳标签的实施导致的加价；二是核定国际贸易品的碳足迹要方法简单，并且要标识统一、试点推广。

9.1.1 碳足迹的内涵

碳足迹是指由于人类活动，或者在产品、服务的生产、提供和消耗过程中释放的二氧化碳和其他温室气体的总量。通常我们可以将其理解为碳耗用量或者碳排放量，碳耗越多，产品或服务的碳足迹就越大，从而导致全球气候变暖的温室气体的排放量就越高；反之，碳足迹越小，该产品或服务的温室气体排放量就越低，从而对气候变化的影响就越小。国际贸易领域中的碳足迹，主要是指该商品在生产和跨国流通（主要是运输）过程中所导致的温室气体排放，因为作为国际贸易的商品不仅在原材料的生产加工过程中会造成温室气体的排放，同时在跨国跨地区之间的运输过程中，由于运输工具燃料的消耗会造成大量的温室气体排放。根据国际能源机构估计，因运输引起的温室气体排放在世界与能源相关的温室气体排放总量中占有很大比重。举一个十分生动的例子：美国巴塔哥尼亚服装公司在其官网上展示了5种产品的碳足迹。其中一件售价190美元的防雨外套是在美国加州设计的，原料产自日本松山市，然后在越南河内缝制成衣，最后在内华达州进行分销，全程14 000多英里（约22531公里），产生的温室气体排放量达到了15磅，是衣服自身重量的10倍。与国内贸易相比，国际贸易意味着更长的运输距离，标志着碳足迹的增加。

9.1.2 碳标签的缘起

碳标签概念源自于 20 世纪 90 年代关于"食物里程（Food Miles）"的探讨。所谓"食物里程"，是指消费者饮食消费与食物原产地之间的距离，是评估食物对环境造成影响的其中一个方面。"食物里程"越远，表示食物的运送过程越漫长。2005 年，英国政府环境与乡村事务部出具的一项研究报告显示，在近三十年间，使用货车运送食品的比率不断升高，同时，食品的运输距离也增加。更长的运输距离意味着更多的二氧化碳排放。由此不难看出，食物运输阶段所产生的温室气体是全球气候变暖的重要诱因。因此，碳标签的作用主要是呈现产品或服务对全球变暖所造成影响的信息，作为消费者选购产品或服务的参考依据。

在臭氧空洞，全球变暖，世界范围内环境整体恶化的大背景下，消费者的环保意识逐步增强。迈克尔·波伦（Michael Pollanz）在一篇文章中指出，人类通过食物维持生存所产生的温室气体排放远远超过了其他任何方式对大气造成的损害，根据一项报告显示该数值达到了 37%。Pollanz 和其他环保学家、经济学家对加工生产后的食物对大气环境造成的影响的广泛研究，促使越来越多的消费者开始关注食物中包含的化学成分和在加工生产食物过程中消耗的能量以及在食物分配运输过程中消耗的化石燃料。消费者对潜在购买产品对环境造成影响的具体量化信息的需求逐步增强，在产品质量相类似的前提下，越来越多的消费者更倾向于购买"绿色产品"。各国于是纷纷推出不同产品的碳足迹计算标准，甚至公民可以在官方网站的碳足迹计算器中计算出自己日常生活中产生的温室气体总量，再通过种植树木等方式完成"碳中和"。正是消费者环保意识的逐步增强，使其产生了进一步了解产品含碳量信息的需求，各商家为了获得更大的市场份额，需要以具体方式积极回应消费者对产品环境知情权的需求。同时，发达国家和发展中国家在每年的气候变化大会上承担着相应的温室气体减排义务。倡导绿色消费，尽可能地减少人类对环境造成的不利影响，平衡贸易和环境的关系，促进全球贸易的可持续发展已成为各国的共同目标。

正是在这种大环境下，碳标签制度应运而生，即在政府或其他非政府组织的倡导之下，各商家将产品或服务生命周期内（包含生产、运输、仓储、消费以及回收期间）产生的全部温室气体（Greenhouse Gases）用量化的方式计算出来，并以标签的方式加注于产品之上的制度从而引导消费者选择更低碳排放的商品，并以此达到减少温室气体排放、保护气候环境的目的。而在产品生产、运输、回收等一系列过程中产生的全部温室气体的总含量被称为产品的碳足迹。因此，碳标签，也称"碳足迹计算"，是指个人或企业的"碳耗用量"，它是表示产品和服务生命周期全过程中的二氧化碳排放量的证明性标识。

碳标签落实到具体的实行层面上就是产品的碳含量信息如何量化、量化了的碳信息如何让理性的消费者知晓的问题，这也是碳标签法律制度所要解决的问题。

9.1.3 碳标签法律制度建立意义

碳标签法律制度的建立和实施从消费者角度来看可以解决产品环境信息不对称的问题，保障了公民的环境信息知情权。同时更重要的是在国际贸易的大背景下，促使企业加大低碳技术投入，减少碳排放量，在新一轮的国际竞争中取得话语权。具体表现为以下三个方面：

（1）保障公民环境知情权、拓宽公民环境参与渠道

一直以来有种错误的观点，认为在管理型社会中保护环境是政府的职责。但是随着人们逐渐意识到环境对于自身生产生活的重要性以及环境的一体性之后，人们不得不改变这种认识。实践也表明，保护环境需要多方尤其是公众的参与。任何理论落实在实践中都要有切实可行的制度做保障，碳标签是以量化的形式表明产品的碳排放量，较好地实现了企业的环境信息公开，也可以促进消费者的理性消费，保障公民的环境知情权、拓宽公民环境参与渠道。

（2）促进企业技术创新、发展低碳产业

2011年7月1日法国强制规定企业自2011年11月起必须公布碳足迹，这一重大举措势必会引起强烈反响，对于欧洲其他国家的低碳立法更是产生深远影响。这种强制性的低碳立法对于很多参与国际竞争的企业来说是一种倒逼机制。在这种形势下，企业为了获得贸易相对方的进口许可，不得不加大低碳技术研究，发展低碳经济，实施碳标签制度。碳标签不仅仅是一张标明产品碳足迹的标识，更是一个国家低碳技术水平的象征。在国际贸易中主动推行碳标签法律制度，可以倒逼机制促进企业改进技术，发展低碳经济。

（3）保障国际贸易产品和服务的兼容性

国际化的标准一方面有形成新型贸易壁垒的可能，但是在国际贸易日益成熟的今天，其更多的有利因素显现出来，其中最重要的是可以为国际贸易和服务提供兼容性。如果对国际贸易中的产品和服务可以利用统一的碳足迹核算标准进行碳足迹测算，那么产品和服务上加贴的碳标签就可以在全球范围内获得认可，避免了重复检测的成本。这符合日益扩大的国际贸易趋势和市场经济原则，更有利于碳标签制度的进一步发展。

9.1.4 碳足迹的计算

9.1.4.1 碳足迹的计算方式

在产品上加注碳标签的前提是计算出产品的含碳量信息，即碳足迹。依据不同的计算方式确定同一产品的碳足迹，会得出不同的结果。目前碳足迹的计算方式主要有两种，生产型碳足迹计算模式（Production Based Accounting）和消费型碳足迹计算方式（Consumption Based Accounting）。

生产型碳足迹计算方式是以产品的生产加工地为基础进行核算，产品在 A 国进行生产则在生产过程中产生的全部温室气体属于 A 国的碳足迹。而消费型碳足迹的计算方式是指，某产品虽然在 A 国进行生产加工，但是其最终会销往 B 国，B 国作为该产品的消费终端，应当承担生产加工以及运输该产品的全部碳足迹。《联合国气候变化框架公约》第 4 条第 2 款（c）项规定，为了实现控制和减少人为的温室气体排放总量，使其恢复到 1990 年以前的水平，各国在计算温室气体的排放量时应当参考最佳的科学知识和不同温室气体对气候变化所起的作用，综合考虑并审议温室气体排放量的计算方式。虽然该公约规定计算碳排放量的计算方式并非固定，应当综合各种情况继续审议，然而在考察联合国计算人均二氧化碳排放量和臭氧氯氟化碳的消耗量时发现，《联合国气候变化框架公约》和《京都议定书》都主要依据《国家温室气体清单指南》中的计算原则进行碳足迹计算。该清单指南的计算原则主要是生产型碳足迹计算方式。

通过两种不同的计算方式得出的碳排放信息存在着巨大的差距。以我国为例，根据生产型和消费型两种不同的碳足迹计算方式，我国在 1995 年的碳足迹分别是 29.19 亿吨以及 23.34 亿吨。而该数据在 2005 年分别达到 46.71 亿吨和 36.59 亿吨。也就是说，在 1995 年和 2005 年我国作为产品的净出口国分别多承担了 5.85 亿吨和 10.12 亿吨的温室气体减排任务。根据生产型碳足迹计算方式，发达国家在本身以技术输出和服务输出为主的贸易模式基础上，为了进一步保护本国环境优势，选择将环境负担较重的碳密集型企业转移到环境标准较低的发展中国家中，不合理地加重了发展中国家的减排负担。

部分学者认为，一国以满足本国国内需求进行的生产和为满足国外消费者需求进行的生产应当区别对待，为了他国消费者而产生的碳足迹不应当全部由生产国承担。在全球贸易总量不断上升的基础上，碳密集产业不可能消失，要想减少全球范围内的温室气体排放总量，根本方式应该是发达国家积极输出节能减排的生产技术，帮助改善发展中国家在生产过程中对环境带来的不合理负担，而非转移碳密集型企业到发展中国家，并按照生产型碳足迹计算方式让发展中国家承担过重的减排任务。

在两种计算方式存在差距的前提下，按照消费型碳足迹计算方式能够更加合理地确定各国减排任务，也有利于发达国家与发展中国家进行技术合作和沟通，以实现减少整体温室气体排放的目标。

9.1.4.2 碳足迹的计算标准

各国对其生产加工的产品依据不同的计算方式进行碳足迹的计算，产生的结果不同。在确立了碳足迹的计算方式后，企业欲以标签的形式显示产品或服务的含碳量信息就需要明确计算碳足迹所适用的具体标准。目前碳标签制度的发展尚处于初级阶段，并没有形成全球性的碳标签应用大潮。碳标签也只是在主要发达国家的应用率较高。综合分析这些国家对其产品和服务加注碳标签所采纳的计算标准来看，虽然各国政府或非政府组织都有自己独立的碳足迹计算标准和认证体制，但其碳标签计算标准也主要依托英国标准协会（British Standards Institution，BSI）发布的PAS 2050标准和国际标准化组织[①]（International Organization for Standardization）发布的ISO系列标准，并结合本国自身国情做出相应调整。PAS 2050标准是英国标准协会、英国碳信托公司和英国环境、食品与农村事务部于2008年底，联合发布的碳标签认证标准，其全称为PAS 2050《产品与服务在生命周期内的温室气体排放评估规范》。国际标准化组织在1996年出台ISO 14040标准为计算产品生命周期内的碳足迹确立了框架下指南。随后国际标准化组织相继出台进一步的实施细则为计算产品碳足迹确定标准化方案。目前最新的碳足迹计算标准为2013年5月份出台的ISO/TS 14067，该标准是整合一系列ISO标准（包括产品生命周期标准ISO 14040和ISO 14044；环境标志和声明标准ISO 14020、ISO 14024和ISO 14025）发展而来，此外，该标准的出台背景也是为了协调并整合现有的与气候有关的国际文件及温室气体协议，对PAS 2050进行进一步量化整理，以期获得更加完备的碳足迹计算标准。ISO/TS 14067采用控制变量法，对不同产品、服务生命周期限定条件，以气候变化作为唯一变化因素，全面推出碳足迹的计算和评价方法，并以规范性手段增强碳足迹计算的透明度。ISO/TS 14067标准比以往碳足迹计算标准的最大优势在于其可以适用于目前适宜加注碳标签的全部产品和服务。这对缓解不同国家不同产品间的碳足迹计算标准的差异性十分有益。

9.1.5 碳标签法律制度的影响

碳标签制度的引入对企业、消费者和国际贸易都产生了巨大的影响：

[①] 国际标准化组织是世界上最大的非政府性标准化专门机构，其主要任务是制定国际标准，协调世界范围内的标准化工作，以促进国际物资交流和互助，并扩大知识、科学、技术和经济方面的合作。

企业作为碳标签制度的重要参与者，为了使其产品或服务满足申请碳标签的认证标准，首先必须了解其产品或服务的整体供应链对大气环境的影响，这样促使企业改善生产设备，选用低能耗材料，升级生产技术。来自英国碳信托公司的报道显示：企业通过公布产品生命周期内造成最大碳排放的动因和环节，能够更好地选择相应的低碳技术以降低产品的环境成本。碳标签的应用有利于改善企业生产过程中的节能环保技能，加强企业对绿色产品的自主研发能力，转变企业的粗放型生产模式。其次，企业选择加注碳标签可以以直观的方式将自己的产品与未加注碳标签的产品区别开来，彰显了企业的社会道德责任感，在无形中提升了企业的品牌影响力。此外，虽然企业在计算产品的碳含量，加注碳标签过程中会带来成本的小幅度增加，但通过引入环保技术，降低生产过程中的能源消耗，提高能源利用率，最终会达到节约成本的效果。在低碳生活、绿色消费模式的市场环境下，加注碳标签的产品和服务在长期内会获得更大的市场份额。在消费者和国际市场对产品含碳量信息都有需求的前提下，企业对此需求做出积极回应往往能抢占市场先机，提高出口比例。以我国宁波的企业为例，2010年宁波地区企业在出口全自动洗衣机、无氟变频空调以及电热器等大型家电的总货值达到9.1亿美元，比2009年同比增长24.7%，而带动其出口比例增长的原因即是该地区企业首次突破了欧美国家对产品含碳量信息等的技术标准。而宁波多家灯具企业因产品生产技术升级，推出低耗能家用电器照明设备，顺利打入欧美中高端消费市场，使得该地区LED灯具的出口总额在2010年达到12亿美元，比2009年同比增长30.74%。正是由于碳标签制度隐含着如此多的优势，使得有战略眼光的企业纷纷主动实施碳标签制度。

对消费者而言，碳标签制度本身就是作为回应有绿色消费理念的消费者群体而产生的，同时在产品上广泛应用碳标签也以量化的方式引导消费者整体进行绿色消费。在由澳大利亚南十字星大学（Southern Cross University）所做的一项关于碳标签影响消费者购买情况的调查中，当37类不同产品都加注碳标签时，分别用绿色、黄色、黑色表示产品生产、运输等过程中所排放的温室气体信息，绿色标签表示产品对环境污染最小，黑色标签表示产品对环境损耗最大，黄色标签介于二者之间。调查显示产品加注碳标签后的整体购买模式变化较小，黑色标签产品销量下降了6%，绿色标签产品销量上升了4%。然而当绿色标签产品同时也是同类产品中最便宜的产品时，80%以上的消费者选择购买绿色标签产品，而非黑色标签产品。当绿色标签产品的价格处于黑色标签产品和黄色标签产品之间时，大约有45%的消费者选择购买绿色标签产品。消费者是否选择购买绿色产品，源自于其对生态环境的保护意识，当产品为了加注碳标签而使生产成本有所增加的前提下，环保意识和社会责任感强烈的消费者会选择承担部分加注碳标签的成本。

碳标签制度虽然尚处于初级阶段，但是其符合改善大气环境，响应节能减排的国际目标，具备引导绿色消费、促使企业转变生产模式等优点，不少学者预测碳标签制度的发展空间将会逐步扩大。当碳标签的应用逐步普遍，形成出口产品的市场准入条件时，国际贸易格局有可能因为小小的碳标签而产生巨大的格局变动。届时，符合进口国碳标签申请标准的产品将有资格进入他国市场，继续参加国际贸易的角逐，而未加注碳标签或加注的碳标签因不符合进口国相关标准的产品，将面临被排挤到国际市场之外的风险。发达国家利用现有的资金和技术优势，已经率先发展起相对成熟的碳标签制度，且正在酝酿以产品是否加注符合本国标准的碳标签来判断进口产品是否符合本国的市场准入条件，这样碳标签制度创始之初的种种优势很可能被扭曲，进而沦陷为发达国家新型的贸易保护工具。发展中国家本身工业化起步晚，在发达国家将大部分碳密集型产业转入到发展中国家后，发展中国家往往依托廉价的劳动力成本，出口高能耗的初级产品，在国际贸易市场上占据较薄弱的地位。在发展中国家本身生产资金和技术处于劣势的前提下，短期内强制要求其为其出口产品加注碳标签势必会增加产品的生产成本，进而丧失其价格优势。即便为发展中国家提供了一定的资金和技术支持，但要求发展中国家转变企业的生产模式，降低产品或服务生命周期内温室气体的含量，并要求其达到同发达国家相一致的水平也是极不公平的。因而，碳标签制度未来或许会给国际贸易带来深刻的变化。

9.2 碳标签法律制度现状

碳标签制度目前仍处于起步阶段，只是在少数发达国家开展；这些国家基本上是以政府主导的模式运行，涵盖的也都只是日常消费的商品，较为单一；并且各个国家在碳标签研究、认证、推行的标准方面差别迥异，国际上统一的评价产品碳足迹的国际标准也只停留在草案阶段；可以说，碳标签制度尚未成熟，各方面亟需完善。但是，从发展趋势来看，碳标签制度的影响范围还在不断扩大，许多国家和地区表现出愿意尝试接受碳标签制度的态度。特别是在环保意识较强的西方国家，碳标签已经被诸多企业和消费者广泛接受和认可，尤其是消费者，他们更倾向于选择一款更低碳排放、对环境更为友好的商品，而不仅仅关注产品的质量和价格。

9.2.1 发达国家对碳标签法律制度的态度立场

世界上第一个成功运作碳标签制度的国家是英国，该制度的成功源自于国家的立法保障，政府提供技术支持帮助企业推广低碳研发，以及英国消费者已经形成相对成熟的绿色消费理念。随后，瑞士、法国、美国、加拿大、日本、韩国等发达国家均纷纷推出本国的碳足迹计算标准，积极发起碳标签计划。总体而言，发达国家对碳标签制度的立场持积极肯定的态度。

9.2.1.1 发达国家对碳标签制度持肯定态度

基于学者们对碳标签制度在多个发达国家发展现状的考察,得出的结论是,在政府层面上,发达国家对碳足迹计算标准的设立、碳标签的认证、颁发、监督,以及一系列维护碳标签制度良性运作的措施均持鼓励和肯定的态度。除了提供大量资金和技术援助外,还积极辅助环保机构或其他第三方独立组织大力宣传碳标签的应用,鼓励市民自主选择低碳环保的生活方式。已经发起碳标签制度的主要发达国家大部分均在自己的官方网站上公布操作性强的碳足迹计算器方便市民计算一定期间内的碳排放,并告知市民支付一定经济成本或选择其他环保的消费模式将会抵销掉已产生的碳排放。虽然主要发达国家对碳标签制度均持肯定态度,但在具体运作过程中各国也有不同的特色。以下是对碳标签制度在多个不同发达国家发展现状的考察。

(1) 英国

英国是在全球范围内第一个积极倡导低碳经济并付诸具体立法实践以实现减排目标的国家。2003 年在英国的政府工作报告《我们能源的未来》中,英国首次将"低碳经济"上升为国家战略之一。2006 年英国通过《气候变化法案》以立法的形式实施低碳经济战略,同年在英国政府资助下成立的碳信托公司将包含产品碳信息的"减少碳排放"标签引入市场。碳信托公司成立的主要目的是为了实现英国的"低碳经济"战略目标。其运作模式是通过与企业以及其他环保机构合作,将低碳性生产技术引入商业化生产过程中,从而形成企业的良性生产模式。英国碳信托公司下的独立委员会和英国的标准化专门机构 BSI 一起共同监督碳标签制度的运作过程。前文所述的产品碳足迹计算标准——PAS 2050 也主要由这两个机构参与制定。碳信托公司颁发的碳标签分为两类,第一类是当企业按照 PAS 2050 标准计算出产品的含碳量信息时,该企业被许可在其产品上加注"碳标签",且英国碳信托公司要求各企业必须承诺降低产品的含碳量,否则将失去在其产品上加注已发布的碳标签的权利。第二类是在该企业产品已经被许可加注"碳标签"的前提下,如果其通过技术更新使得产品的生产过程中温室气体的排放量有所减少时,再向其颁发"碳消减标签",以证明并鼓励该企业为减少产品的含碳量而做出的努力。2010 年 5 月,BSI 又推出 PAS 2060 作为英国"碳中和"标签的计算测量标准。英国碳标签制度可适用的产品类型十分广泛,包含薯片、面包、糖果、燕麦、水果等食物,灯泡,各种清洁剂,以及水泥等建筑材料。沃尔克薯片是英国第一家获得"碳消减标签"的企业。英国特易购公司在积极配合碳信托公司实施碳标签制度过程中还主动印发近百万份免费的碳标签宣传手册向英国市民分发,以宣传碳标签制度。英国碳标签制度取得成功是政府、企业以及消费者相互配合的结果。

(2) 瑞士

瑞士在2008年4月开始实施碳标签制度。瑞士独立协会Climatop向最符合环境友好型的产品颁发碳标签。和英国碳信托公司颁发的碳标签有所区别的是，瑞士的碳标签并没有显示产品的碳足迹，只对碳排放量显著低于同类型产品的企业发布碳标签。要想获得瑞士独立协会许可的碳标签，企业必须证明其生产过程中产生的碳排放量至少比同类产品减量20%。且产品生命周期内的碳含量计算由第三方进行，与同类产品的碳排放量比较评估由独立协会Climatop负责。企业除了证明其产品对气候变化有更低的影响外，还需要证明其产品符合多个不同的环境和社会指标。瑞士的零售商米格罗（Migros）已经获得了独立协会颁发的碳标签，由其生产的可回收厨房用纸和洗衣剂等均可加注瑞士碳标签。

(3) 美国

美国作为退出《京都议定书》的国家在2008年之前对发展低碳经济并无实质性进展。以奥巴马为首的美国政府积极地以立法方式发展低碳经济，《低碳经济法案》的出台，以及在奥巴马总统的极力游说下，2009年众议院通过了《美国清洁能源与安全法案》，这两部法案弥补了发展碳标签制度的联邦立法空白。

美国碳标签制度成功运作的典范当属加州于2008年12月通过的《2009年碳标签法案》，加州的碳标签制度同英国类似，通过引导企业自主选择加注碳标签的方式旨在对在加州范围内出售的产品所包含的碳信息进行标准化管理。该法案指定加州空气资源委员会制定碳标签颁发的标准，并对在该州范围内出售的同类产品进行温室气体排放量的具体评估。加州政府希望通过该法案的实施达到2020年加州温室气体排放量整体减少25%的目标。美国实施碳标签的另一项特色在于其发明表示碳中和的"无碳标签"（Certified Carbon Free Label），该标签由爱丁堡温室气体检测委员会以及位于华盛顿的一家美国碳信托公司联合开发。无碳标签表示产品在生产过程中产生的温室气体全部通过其他环保方式完成了碳中和，进而实现了产品无碳化或低碳化的目标。

(4) 加拿大

加拿大的碳标签制度并不是建立在政府主导型的模式下，而是由公益机构主持，企业自主选择参加。位于其首都多伦多的一家公益性碳足迹计算机构开发了一款产品生命周期内碳含量计算软件，企业通过该软件链接，输入产品的各项数据指标，根据软件已有的碳数据库可以得出该企业产品的碳含量。企业将得出的产品碳含量信息提交给该组织后，经过核准认证可以取得该组织颁发的碳标签，目前包括渣打银行在内的数十家企业已经通过认证取得了该碳公益组织颁发的碳标签。

(5) 日本

日本在2008年实施碳标签制度。日本的碳标签制度是在政府批准的独立碳足迹计算机构以及碳标签颁发机构共同运作下开展。日本企业自主申请碳标签后，如果通过上述两个机构的碳足迹计算和认证体系，则予以颁发碳标签。虽然碳标签的使用属于企业自主决定的范围，但是鲜有日本企业选择不参与碳标签制度，因此日本碳标签制度的企业自愿性加入程度最高，政府引导实施碳标签制度最成功。在2008年碳标签制度试行阶段，仅12月一个月就有39家企业申报申请碳标签。日本作为一个能源匮乏的岛国，一直十分重视节能减排，低碳环保。2008年福田康夫首相上台后，推出低碳社会行动制度，并通过《绿色经济与社会变革》的政策草案将该制度的实施过程法制化，对于积极研发节能技术的企业给予税收等政策方面的优惠，并在民间大力普及低碳常识。日本政府根据碳标签的试行情况，发布了碳足迹计算测试标准TS 0010的第二套方案，并针对之前的碳标签制度试行情况对企业进行回访，分析对比企业产品在加注碳标签前后的成本预算、销售幅度变化、生产技术的改进状况等。同时，政府还向市民进行广泛的问卷调查，以分析市民对产品碳标签的认知程度和接受程度。日本的碳标签制度因政府的大力支持，加之企业和国民的积极互动，取得良好的效果。

（6）韩国

韩国实施碳标签制度的特色在于将碳足迹计算的国际标准纳入到韩国的碳标签认证体系中。如韩国的电子数据类产品采用英国碳信托公司发布的PAS2050标准，在工业制成品、能耗材料等产品中使用ISO系列标准，对于非能耗耐用品的碳足迹计算以联合国政府间气候变化专门委员会（IPCC）的报告和《京都议定书》等国际温室气体公约草案标准为依据。韩国之所以积极引入国际标准到其碳标签制度中是为了保证韩国产品的出口数量不会因为产品碳含量计算方式低于国际标准而有所减少，也是为了最大程度上取得有低碳消费意识的外国消费者对韩国产品的青睐，以进一步拓展韩国产品的海外市场份额。韩国在碳标签制度运行初期对包括洗发水、洗衣液、饮料、厨房用品等十种产品进行试点，在试点进行了九个月之后，扩大了碳标签适用的产品范围。从2009年韩国政府开始要求从韩国出口的产品必须加注碳标签。韩、英两国签署了碳标签制度谅解备忘录使得出口到英国的韩国产品拥有同英国本地产品一样的碳标签核准标准，且根据此协议，韩国出口产品的碳标签认证手续相对简化。韩国环境产业技术院可以代理英国碳信托公司完成对出口到英国的韩国产品进行碳标签认证。韩国对出口产品进行碳标签认证的制度发展最完备。

（7）法国

法国碳标签制度相比较其他国家而言有两个突出特点。第一，法国产品的碳足迹计算标准最复杂，其碳标签的认证标准为BPX 30323，该标准源自于法国环境与能源管理局（ADEME）和法国标准化协会（AFNOR）联合制定的《多环境指标体系评价的一般准则和方法》。BPX 30323标准比ISO系列标准、英国的PAS 2050标准更全面，它是包含了碳足迹、水足迹等其他环境因素在内的多指标标签体系。第二，法国碳标签制度中政府参与程度最高，且通过国家强制性立法促使碳标签的运用。法国主要的碳标签法规有：2009年8月3日，《新环保法（一）》（Grenelle 1）第54条，要求在法国销售的产品，必须在产品包装上为消费者提供可靠完整的环境信息；2009年11月，《新环保法（二）》（Grenelle 2）第85条，环保标签法规的实施基于产品种类规则（PCR）并从2011年1月开始，产品及包装上的环境声明（Environmental Product Declaration，EPD）必须有"等效二氧化碳排放量"和"产品对自然资源的消耗或对自然的影响"。2011年7月，《新环保法（二）》开始一年的试行期。此外法国政府对于进驻国内的能源产业虽未要求加注碳标签，但要求能源厂商须提供法国政府认可的揭露能源产品碳排放量的报告书。

9.2.1.2 发达国家支持碳标签制度的理由

发达国家政府之所以积极运作碳标签制度主要有三方面原因。

第一，碳标签制度在发展之初多以行业协会、环保组织或企业自主发起为主导，进而逐步发展为在政府的资金或技术支持下的信托公司、公益机构或其他官方性质组织为主导。碳标签制度的认证和监督主体之所以发生这种转变首先是因为行业协会、环保组织或企业自主发起的碳标签制度缺乏统一的、可信赖的碳标签核准标准，不一致的碳足迹计算方式再加上缺乏相应监督机制，无法使得消费者了解到真实可靠的产品含碳量信息。因此，政府为了回应消费者要求真实准确的产品含碳量信息需求，必须对行业协会或企业自主实施的碳标签制度进行规制，将运行和监督碳标签制度的主导权逐步过渡到政府手中，实现碳标签制度的规范性运作。

第二，各发达国家在国际社会中均承担了一定的减少温室气体排放的国家责任，出于履行政府职能，尽早完成国家减排任务的考量，政府也愿意以积极的姿态帮助碳标签制度形成良性的运作模式。企业在为产品加注碳标签的过程中被迫淘汰高能耗的生产技术，转变生产模式，同时碳标签的应用还反作用于消费者，促使其形成绿色环保的消费理念。这样，碳标签制度的运行同时作用于整个发达国家的生产—消费模式，对发达国家快速完成减少温室气体排放的目标提供了巨大帮助，正是基于这样的考虑，发达国家政府纷纷主动实施碳标签制度。

第三，碳标签的运用还有助于抵制发展中国家产品的进口，当发展中国家由于资金技术薄弱等原因，无力发起同发达国家一致标准的碳标签计划时，发达国家以产品加注碳标签作为市场准入的条件之一，将会极大影响发展中国家产品的竞争力。目前法国作为首个强制要求在其市场上销售的产品必须加注碳标签的国家绝不会成为一个短暂的例外。绝不排除未来会有更多的国家效仿法国，提高产品的市场准入条件。即使进口国不强制要求进口产品加注碳标签，但当进口国消费者习惯了通过观察产品包装上的碳标签作为衡量其是否购买该产品的因素之一时，进口产品若不加注碳标签或其碳标签的认证标准显著低于该进口国标准时，进口产品同样无法在海外市场得到公平的竞争。这样发达国家运用碳标签制度可以巧妙地以非关税方式排斥发展中国家产品进入本国市场，从而达到保护发达国家本国市场的目的。

正是由于碳标签制度能帮助发达国家快速完成减排任务，更好地履行政府职能，同时还可以以隐蔽的方式限制发展中国家产品的进口，达到保护国内市场的目的，因此主要发达国家均积极实施碳标签制度。

9.2.2 发展中国家对碳标签法律制度的态度立场

在对碳标签制度的立场上，发展中国家形成了与发达国家截然不同的态度。在发展中国家中，只有少数以出口导向为生存模式的企业为了获取国外订单，被迫选择迎合发达国家的碳足迹计算标准，通过行业协会引导或企业自主加注的方式为其出口产品加注碳标签。那些没有参与到国际贸易中来的发展中国家企业，并不存在海外订单要求产品加注碳标签的压力，因此不会选择支付高昂的经济和时间成本为产品加注碳标签，对于这类企业来说，碳标签依然是十分陌生的概念。发展中国家政府也并没有如发达国家一般，从立法或税收等各方面积极引导企业实施碳标签制度，总体而言，发展中国家对碳标签制度持消极否定态度。

9.2.2.1 发展中国家对碳标签制度持否定态度

目前碳标签制度在发展中国家并未形成如火如荼之势，只有少数出口导向型企业为满足向特定发达国家出口的需要，选择为其产品加注碳标签，但是这种碳标签的加注也多停留在企业自主发起碳标签计划的初级阶段，远未形成同发达国家一般的政府引导支持、市民高度参与的规范性碳标签制度。各发展中国家的出口型企业也并未按照统一的碳标签核准标准为其产品加注碳标签，通常往往是某个企业的产品出口到某个发达国家，为了满足该发达国家的需要，企业被迫引进节能环保技术，更新生产设备，逐步转变生产模式以达到该进口国的碳标签核准标准，从而维持其海外市场份额。

碳标签制度也鲜有在发展中国家进入到立法阶段，发展中国家政府对出口型企业选择为产品加注碳标签的行为，也没有给予技术或资金上的支持。目前由于尚不存在碳标签引发的贸易争端，所以发展中国家并没有表现出强烈地反对碳标签在国际贸易中的应用。但是，从大部分发展中国家选择以消极方式抵制碳标签在国际贸易中的应用可以看出，发展中国家对碳标签制度总体上持反对态度。

9.2.2.2 发展中国家否定碳标签制度的理由

发展中国家不支持碳标签制度主要基于以下三方面原因：

（1）加注碳标签使得发展中国家产品失去价格优势

在大气环境不断恶化的背景下，发达国家强制要求全部进口产品加注碳标签，这样发展中国家若想参与到国际贸易中，就必须迎合发达国家对碳标签的具体规定。而产品的出口必然通过远程运输，这样当发展中国家的产品进入到进口国时，其产品势必会比当地产品排放更多的温室气体，当发展中国家的进口产品以廉价劳动力形成的价格优势被碳标签的广泛应用所稀释时，发展中国家必然对碳标签制度持反对态度。

（2）发展中国家运行碳标签制度面临多重阻碍

发达国家碳标签制度发展态势良好是有多重原因的：第一，政府对企业加注碳标签持支持鼓励态度，除本身提供资金技术支持外还对某些企业辅助以税收等优惠措施。第二，绿色消费理念在发达国家的消费者群体中普及化程度较高，消费者愿意通过自己的选择性购买行为为减少温室气体排放而支付多余的成本。第三，碳标签的申请、批准、认证手续在发达国家的规范化程度较高，企业加注碳标签的时间成本也相对较小。这样相比较发展中国家而言，发达国家企业选择为产品加注碳标签所支付的高昂经济成本和时间成本由政府和消费者共同分担，企业参与碳标签制度的动力也随之加强。

然而，在发展中国家并没有形成发展碳标签制度的合适土壤，政府支持、消费者理解、认证程序简化等一系列开展碳标签制度的优势在发展中国家并没有得到完全的体现。发展中国家发起碳标签制度面临着比发达国家更多的阻碍。其中，碳足迹计算的复杂性和加注碳标签的高成本性，是导致发展中国家发起高标准的碳标签制度的最大阻碍之一。

发展中国家多处于工业化起步阶段，并未形成大型集中化工业产业链条和产业结构，出口企业规模多呈现为中小型。碳标签的核准、认证、检测、申领等一系列环节都意味着生产产品的时间成本和经济成本的增加，为满足发达国家的碳标签核准标准而多付出的成本问题是发展中国家反对碳标签制度在国际贸易中应用的核心所在。在这样的前提下，要求发展中国家对其出口产品必须加注碳标签无疑是宣判其死刑，发展中国家对碳标签制度持消极反对态度也就在情理之中了。

（3）碳足迹核准标准高于发展中国家的可接受水平

即使发展中国家排除一切阻碍为其出口产品加注了碳标签，也并非必然获得发达国家的认可，并公平地参与到国际贸易中。因为发达国家可能以进口产品是适用发展中国家的技术，加注发展中国家的碳标签并不符合发达国家的碳标签标准，而将其产品排除在本国市场之外。当特殊产品的碳排放间接源自使用进口国的碳标签参数依据时，由于发展中国家与发达国家的标准不同，发达国家往往高估进口产品在生产国的碳排放，进口产品依然可能会面临着被歧视的风险。发达国家应用的碳足迹计算标准多以国际标准（ISO 系列标准和 PAS 2050）为依托，但这些标准的制定均是由发达国家的环保学家、经济学家或其他独立第三方组织参与制定,标准建立之初就没有听取足够的发展中国家的意见,该标准也并不能反映真实的可被发展中国家所接受的水平。

此外,各发达国家也并未完全按照国际标准设立本国的碳标签认证体系,均结合本国国情做出了部分调整,现将这些标准强制要求发展中国家适用,除存在本国法律的域外适用之外,该标准的适用本身也超过了发展中国家的可接受水平。因此,发展中国家反对适用以发达国家的碳标签核准标准为基础的碳标签制度。

在发展中国家看来,发达国家并非真正关心产品是否符合低碳环保的要求,其要求进口产品加注碳标签实际是以隐性手段排斥物美价廉的进口产品进入本国市场,进而达到保护本国企业的目的。碳标签只是发达国家推行贸易保护的借口,碳标签的强制性应用构成了新型的绿色贸易壁垒。发展中国家对碳标签制度能否真正起到保护环境的目的也存在质疑,环境保护和经济发展虽并非截然对立,但是环境保护的大规模发展往往建立在国家的经济水平发展到一定程度的基础之上,当发展中国家处于大力发展经济,努力加快工业化的过程中,让其为出口产品加注碳标签而支付高昂的成本代价会削弱其市场竞争力,进而阻碍其经济发展,当经济发展停滞时奢谈环境保护更将成为一个无法实现的目标。因而碳标签在国际贸易中的应用非但没有达到节能减排的效果,反而成为隐性的贸易保护手段抵制了产品的自由贸易,冲击着发展中国家在国际贸易中的地位。因此,发展中国家对碳标签制度在国际贸易中的应用总体持反对态度。

9.2.3 英国:全球最早推行碳标签制度的国家

(1) 运行模式

英国是全球最早推出产品碳标签制度的国家。英国的产品碳标签项目由英国碳基金负责。碳基金,也称碳信托有限公司,是由英国政府出资发起设立、按企业模式运作的非营利性信托基金公司,其职责是推动英国低碳经济发展,通过投资开发低碳技术,鼓励和支持私营部门展开节能环保方面的合作。2006年,碳基金推出全球第一个碳标签。之后,碳基金和其他公司合作,针对产品的供应链,进行温室气体排放的量化、降低和信息交流工作,鼓励英国企业使用碳标签。为了更好地运作,碳基金专门成立了下属机构,负责企业咨询和认证工作,其认证有效期为两年。同时,行业协会也在会员企业中积极宣传与推广。不难看出,英国碳标签制度的运行模式属于政府主导、委托专门机构负责具体实施、以鼓励和支持为主要推行方式的自愿型模式。

(2) 具体实践

2007年，英国环境部提出一项倡议，建议商家在其商品上加注标签，注明商品在生产、运输和配送等过程中所产生的温室气体排放量，以告知消费者该商品对气候环境的影响程度。虽然倡议属于自愿性质，但英国商家积极响应。

2007年，英国最大的零售商乐购宣布开始对其经营的数万种商品加注碳标签，披露商品在生产、运输和使用消耗过程中的碳排放情况，并率先选择在20种商品上进行试点。此后，涉及诸多行业的150余家企业在碳信托有限公司进行注册登记。根据一项民意调查，绝大多数英国消费者在购物时会考虑产品的环境成本，而非传统意义上的"性价比"，并且他们希望了解更多有关商品碳足迹方面的信息。

(3) 评价标准

目前，产品碳足迹评价标准主要依据生命周期评价（Life Cycle Assessment，LCA）为方法论，评价涵盖了产品自原料开采、制造、运输以及最终废弃回收各个阶段，均需纳入碳足迹的计算范围。国际标准化组织也于1996年出台ISO 14040/44系列标准，明确规定了关于LCA应用到环境管理上的具体实施架构。

在有关碳标签制度建立的具体认证标准问题上，碳基金联合英国环境食品与乡村事务部共同委托英国标准协会（BSI）研究制定碳标签认证标准。2008年，英国标准协会等机构联合发布了《产品与服务在生命周期内的温室气体排放评估规范》（PAS 2050）及其指导文件，以帮助企业评价某种具体商品和服务的碳足迹，这是第一部通过统一的方法评价产品生命周期内温室气体排放的规范性文件。在此基础上，碳基金与英国节能信托公司共同制定了以规范碳足迹与碳减排信息传递为目标的碳标识条例，即《商品温室气体排放与减排声明实践条例》，从而更好地为研究和推广碳标识规范工作服务。目前，已有的碳足迹评价实践大部分都是采用英国BSI于2008年出版的PAS 2050及其指导文件为评价标准；在国际标准化组织2012年刚刚公布的产品碳足迹国际标准ISO 14067草案版本中，其内容架构也是以PAS 2050为主要参考依据。

9.2.4 法国：《新环保法》确定碳标签制度

(1) 运行模式

政策方面，法国环境与能源管理署拟订了碳标签制度的实施策略，法国标准协会则拟订了碳标签制度的操作指南及碳测算方法。同时，法国政府鼓励商家对其产品碳足迹进行核算，出台了零售商和贸易企业可持续发展的规定。立法方面，法国国民议会于2010年7月通过了一项名为《新环保法》的环境法案，该法案第85条强调，应通过标记、标签、张贴或任何其他"合适"的方式告知消费者产品及其包装的碳含量，以及这些产品生命周期内对自然资源的消耗和对环境造成的影响，该法案于 2011 年 7 月 1 日开始试运行，期限至少一年。2011 年，法国的环境与能源管理部门出台的相关政策中明确要求在法国境内销售的商品，将被强制性要求披露其环境信息，包括碳足迹信息。

从运行模式上来看，法国的碳标签制度仍是由政府主导的，政府依然以鼓励和扶持的态度向社会推行碳标签制度；然而，由于国民议会以立法的形式确立产品碳足迹信息披露制度，伴随着《新环保法》的施行以及相应职能部门出台的一系列强制性政策，法国的碳标签制度又体现出一定程度的强制性。

（2）具体实践

法国超市巨头 Casino 公司于 2008 年 6 月推出 "Group Casino Indices Carbon" 碳标签，采用自有的气候变化标签体系，采用食物里程的概念作为温室气体排放的度量，在自有品牌的商品上同时标明环境友好与温室气体排放量两个指标。

与此同时，Casino 公司邀请约 500 家供应商参与了该碳标签计划，并为其提供免费的碳足迹计算工具。据 Casino 公司统计，自该碳标签推出后，已减少了超过 20 万吨的温室气体排放。

（3）评价标准

目前，碳足迹评价标准还是以英国 BSI 制定的 PAS 2050 标准应用最为广泛，国际上多家公司已经尝试执行 PAS 2050，已有的产品碳足迹认证也大多采用此标准，在法国，诸如达能公司等均采用该标准。

9.2.5 日本：政府鼓励自愿实行碳标签制度

（1）运行模式

在亚洲，日本率先鼓励本国企业自愿对其产品进行碳标签认证，公开碳足迹信息。2008 年 4 月，日本经济产业省成立"碳足迹制度实用化、普及化推动研究会"，公开表明日本将着手推进碳足迹制度化。同年 7 月，日本政府公布《建设低碳社会行动计划》，该计划明确提出实施碳足迹系统项目，即掌握产品和服务在其整个生命周期过程中的碳排放情况；与此同时，日本经济产业省又设置"碳足迹制度国际标准化国内应对委员会"，以应对国际标准化组织拟订的相关规范。同年 12 月中旬，确定了比较科学的温室气体排出量计算方法、碳标签适用商品、统一的碳标签图样等内容。

日本的碳标签系统会详细地标注产品生命周期中每一个阶段的碳足迹。政府的目的是使消费者能够清楚地知道产品的碳足迹。通过比较不难发现，日本碳标签制度的模式也是类似于英国的那种由政府主导、委托专门机构负责具体实施、以鼓励和支持为主要推行方式的自愿型模式。

(2) 具体实践

2009 年，日本以自愿标准开始推动碳标签试行计划，其国内的 Sapporo 啤酒厂、松下电器等企业宣布加入；2010 年，加注碳标签的产品全面上市；2011 年 4 月，农产品领域全面开展碳标签认证，日本政府要求农产品需加注碳标签，以此告知消费者在其生产过程中所产生的温室气体数量。

日本政府之所以如此，不仅是让其本国国民迈入亚洲环保先驱的行列，更重要的是刺激各厂商之间的竞争，激励它们进行"低碳环保战"，特别是那些宣称自己是环保先锋的企业，有了碳标签这块"试金石"，是否名副其实一目了然。各厂商自然不愿甘为人后，纷纷进行碳标签认证，截至目前，日本产品碳标签计划涉及的产品种类已增至 90 多类，涵盖农产品、轻工和部分机电产品诸多领域。

(3) 评价标准

日本碳足迹评价并未采用英国的 PAS 2050 标准，而是建立了一套属于自己的碳足迹评价体系。2009 年 3 月，日本出台了碳足迹产品分类规则，可以用于所有商品和服务项目，同年 4 月发布了日本国家标准 TSQ 0010 产品碳足迹量化和沟通基本准则。TSQ 0010 与 PAS 2050 在内容和执行步骤上基本一致，TSQ 0010 比较强调依据 ISO 14025 产品分类规则对产品进行分类，并对分类规则加以完善。

专栏 9-1　　　　　　　　　台湾碳标签制度

中国台湾碳足迹标签推动计划始于 2008 年。2008 年 6 月，台湾"行政院国家永续发展委员会"通过《永续能源政策纲领》，提出"一人一天减少一公斤碳足迹"的目标；10 月，制定了《台湾碳足迹标识及碳标章建置规划》，确定台湾碳足迹标签计划的阶段步骤。第一阶段为自愿标识及能力建置阶段，时间节点为 2009 年至 2010 年；第二阶段为证明标签及推广阶段，时间节点为 2011 年至 2012 年，主要任务为根据 ISO 大会通过的国际标准文本，修正之前的操作版本，正式推动碳足迹标签实施。

台湾碳足迹标签已于 2010 年 4 月开始正式在相关产品上使用，目前已有包括 LCD 显示器、光盘片、茶饮及夹心酥、牛轧糖等厂商，愿意配合政府施行碳标签标示政策。

台湾碳足迹标签由绿色心形及绿叶组成脚印，并搭配 CO_2 化学符号，以及在爱心中标示产品碳足迹数字。其中，碳足迹标签上标示的碳足迹数值，代表该产品生命周期各阶段产生的温室气体排放量，换算为 CO_2 排放量总和。台湾碳足迹标签依据台湾"环保署"推出的"碳足迹计算准则"进行产品碳足迹评价，该准则吸收了国际上现有的各碳足迹计算准则的精华。同时，台湾

> "环保署"还表示,待 ISO 14067 国际标准正式公布后,将采用其成为台湾的标准版本。
>
> 来源:碳排放权交易网站

9.3 WTO 框架下碳标签制度的合法性分析

发达国家政府发起的碳标签制度目前正在从自由模式向立法模式转变,即对进口产品加注碳标签的要求区分为强制性加注和自愿性加注两种方式。强制性的碳标签制度因违反了现有的 WTO 规则,构成了贸易壁垒;自愿性的碳标签制度是否构成贸易壁垒需要根据各国实施的具体情况,进行个案分析。

9.3.1 强制性碳标签制度的违法性分析

通过对 WTO 中多起与标签有关的争端的分析,并结合碳标签本身的性质和对国际贸易产生的影响分析出,强制性碳标签制度整体上违反了国民待遇原则和最惠国待遇原则,构成了对进口产品的不合理歧视,威胁和动摇了现有的多边贸易体制。

9.3.1.1 强制性碳标签制度违反国民待遇原则

国民待遇原则的具体规定分布在 GATT 第 3 条①,其旨在约束成员国对进口产品和国内产品在税收及法律规则适用上,给予相同的待遇,做到"内外平等"以消除歧视。国民待遇原则的核心在于成员国必须保证进口产品可以获得同本国同类产品相同的待遇,然而对于何种进口产品属于与国内产品相同的"同类产品",GATT 并没有明确解答。此外,另一个存在争议的问题是与产品性能无关的生产过程和生产方法(NPR-PPM)是否属于国民待遇原则的调整范围。

产品的生产过程和生产方法可以分为与产品性能有关的生产过程和生产方法(Product-related Process & Production Method,PR-PPM)以及与产品性能无关的生产过程和生产方法(Non-Product–related Process & Production Method,NPR-PPM),前者指能够直接影响产品物理属性和质量的生产方法。当该方法损害了进口国的环境时,进口国可以以产品的 PR-PPM 不符合进口国标准拒绝进口。如农产品生产过程中残留有杀虫剂,该产品的生产方法本身影响了产品的质量且不符合进口国的法律规定,因而可以排除进入到进口国市场,这样的 PR-PPM 对国内产品和进口产品是同等适用的。

---

① GATT 第 3 条的具体规定是:成员国在影响产品的国内销售、购买、运输、分配与使用的所有法律法规规章与要求方面,给予进口产品的待遇不低于本国同类产品所享有的待遇。

而 NPR-PPM 指各国依据不同生产方法制造出的产品质量本身均不存在任何问题，但有些成员国生产该产品时会造成对生产国环境的外部影响，进而影响到进口的环境政策。如进口农产品与国内产品虽采用不同的生产方法，但产品的质量相同，只是进口产品在生产过程中会排放多于国内产品的温室气体，对生产国本身环境造成了影响，进口国以这种 NPR-PPM 对环境造成的外部影响违反了本国的环境政策为由，抵制进口产品的市场准入。问题的核心是，成员国是否可以依据进口产品和本国产品的 NPR-PPM 将其差别对待，当进口产品和本国产品的质量、物理属性都一致的前提下，进口产品在生产过程中比本国产品排放了更多的温室气体，可否据此排斥对进口产品的进口。从专家组在墨西哥和美国的海豚-金枪鱼案裁决中，我们可以对以上问题做出解答。1991 年墨西哥以美国拒绝进口其捕获的金枪鱼，以及颁发"海豚安全"标识的规定违反 GATT 多项规定将美国诉诸争端解决机构。在太平洋东热带地区，海豚出现的海域下方往往有大量金枪鱼出没，渔民们通过观察海豚采取拖网捕捞的方式可以快速捕获大量金枪鱼，但这样的附带式捕捞方法会造成海豚的大量伤亡。据此，美国在 1972 年制定《海洋哺乳动物保护法》（以下简称《动物保护法》）规定在东太平洋捕获的金枪鱼必须证明其采用非拖网捕捞法，且在对海洋动物的伤害超过美国标准的情况下而捕获的鱼类将被拒绝进口。但进口方如采用环保型捕获法且提供了相关符合美国标准的证明后，可申请得到"海豚安全"标识。墨西哥认为美国依据金枪鱼的捕获方法不同而将进口产品与国内产品进行区分，明显违背国民待遇原则。专家组在最终裁决时判定美国的措施除不符合 GATT 多项原则外，也支持了墨西哥关于该措施违反国民待遇的主张。专家组认为保护海豚和限制金枪鱼的进口并没有必然的联系，美国以墨西哥没有采用同美国相同的捕鱼方法而限制进口破坏了 GATT/WTO 体系的稳定性和市场准入的可预测性。同理，产品是否加注碳标签同金枪鱼是否采用美国批准的捕获方法都不影响产品的物理性能，产品的含碳量信息同拖网捕鱼法一样均属于 NPR-PPM，根据 NPR-PPM 对国内产品和进口产品进行区别对待，这本身构成歧视的前提，是对国民待遇原则的违反。

各国单边实施碳标签制度过程中，虽然表面上发达国家对进口产品和国内产品一视同仁，均强制要求对进口产品和国内产品统一适用进口国的碳标签认证标准，但这有可能构成事实上的歧视，影响进口产品的市场竞争力。理由主要有两点：

第一，当进口产品是来自于发展中国家时，多数发展中国家的环保技术相对落后，其企业也多为高能耗、高污染的粗放型生产模式，在短期内无法达到发达国家对进口国产品的碳排放要求，在发展中国家负担产品加注碳标签的经济能力不足的前提下，要求其达到发达国家的碳标签认证标准，这对进口产品来源的发展中国家是极不公平的。此外，目前世界范围的温室气体排放主要由发达国家造成，因而根据不同的多边环境协定，发达国家本身应当承担更多的减排任务，"共同但有区别"

的减排方式也是对此最好的回应。多个多边环境协定中均允许发展中国家为发展本国的经济，可以进行生存性碳排放。如：《京都议定书》作为国际气候谈判中具有强制性约束力的法律协议就分别为发达国家和发展中国家做出了相应的减排目标，在第一承诺期内，发达国家必须完成二氧化碳等6种温室气体的排放量削减任务，以达到"将大气中温室气体的含量保持在一个恰当的水平，进而避免剧烈的气候变化对人类造成威胁"的目标。在这样的框架下，发达国家被要求按既定目标施行具体的量化减排，而对发展中国家则不做强制性约束，只是强调保持可持续发展。而在强制性的碳标签制度中，发达国家无视多边环境协定中的要求，要求发展中国家适用高于其接受水平的碳足迹计算标准，本身构成了对多边环境协定的违反，且使得发展中国家的进口产品在进口国市场上获得的待遇实质上低于国内产品的待遇。

第二，发达国家在碳标签制度运行过程中给予了国内产品一系列的优惠措施，从资金、技术、税收等各方面加以扶持国内产品快速形成完备的碳标签认证机制，如法国、日本、韩国等多个发达国家均对国内实施了碳标签制度的企业给予一定程度的税收减免优惠。在这些与碳标签有关的措施从未惠及进口产品的前提下，成员国依然强制要求进口产品必须加注碳标签作为市场准入的条件之一，事实上已经形成了对进口产品和国内产品的区别对待，且该区别对待构成了对进口产品的不合理歧视，影响了进口产品的竞争力。

因此，成员国依据碳标签将进口产品和国内产品区别对待，构成了歧视的前提，强制要求进口产品加注符合成员国国内的碳标签核准标准构成了事实上的歧视，明显违反了国民待遇原则。

9.3.1.2 强制性碳标签制度违反最惠国待遇原则

最惠国待遇原则的规定分布在 GATT 第 1 条，其内容是进口成员国必须给予其他全部成员国同等的待遇，不得对某个成员国提供特别的优惠或进行歧视，即做到"外外平等"。强制性碳标签制度是否构成对最惠国待遇原则的违反，我们可以从 1991 年墨西哥和美国海豚－金枪鱼案中得到部分解答。

碳标签和"海豚安全"标识同样属于生态标签的一种，在尚未有关于碳标签的诉讼诉诸争端时，我们不妨借鉴已有的生态标签案例对碳标签制度的合法性进行考量。在该案中，墨西哥认为美国为保护海豚实施的环保措施除了违反国民待遇原则外，还违反了最惠国待遇原则，理由是美国要求在东太平洋捕鱼的船只必须以符合美国标准的方式进行捕捞，而墨西哥由于国家地理原因只能在该海域进行捕鱼作业，而其他成员国捕鱼的范围并不受到局限，因而可以轻易获得"海豚安全"标识的颁发。这样墨西哥同其他成员国获得的待遇并不一致因而构成最惠国待遇原则的违反。专家组虽然依 GATT 第 20 条最终判决美国败诉，但并未支持墨西哥主张的生态标签颁发违反最惠国待遇原则。理由是：第一，美国之所以规定在东太平洋海域的国家必须使用非拖网捕获法是因为只有在该海域可以轻易通过识别海豚而捕捞金枪鱼，这项措施毫无歧视地适用于此海域的全部国家，并非只针对墨西哥；第二，美国并未将捕鱼船只进行歧视性区分，即该措施属于来源中立性措施，并不依据产品的原产地区分产品，只要是来自该海域的船只均受该措施的约束，墨西哥的渔船同其他国家的渔船一样并未遭到美国的歧视性对待；第三，"海豚安全"标识是自愿申领的，未贴该标识的产品并没有被阻止进入美国市场。综合专家组的意见，我们可以得出，当一项与贸易有关的环境措施是统一适用于全体成员国时，该措施表面上是不违反最惠国待遇原则的。

虽然碳标签颁发与否均统一适用于全部进口产品，但申领碳标签的产品须统一适用进口国的标准本身构成了事实上的歧视性对待。例如，品质相同的进口产品分别来自发达国家A和发展中国家B，两国的进口产品均想进入到发达国家C。由于多数发达国家的碳标签制度完备，且多以国际标准为依托，面临发达国家C的高标准碳标签核准体系，A国比B国明显更容易获得C国授予的碳标签。且在多数碳标签核准技术和数据参数均由发达国家掌握的前提下，要求资金技术薄弱的发展中国家适用同发达国家同样的碳标签认证标准，事实上构成了歧视性对待。

此外，即使在碳标签认证的标准上各国达成了适用统一标准的约定，排除了事实上的歧视。判断碳标签制度的单边适用是否违反最惠国待遇原则，还需要注意碳标签制度的具体实施过程中是否存在差别对待，如韩国和英国因签署了谅解备忘录，英国对韩国进口产品颁发碳标签给予了诸多优惠措施，根据最惠国待遇原则，这些优惠措施如不能同等适用于其他成员国，则英国同样面临着违反最惠国待遇原则的可能。综上，成员国强制要求进口产品必须加注碳标签由于在适用标准上构成了事实上的歧视因而违反最惠国待遇原则。

9.3.2 自愿性碳标签制度的合法性分析

当成员国对产品是否加注碳标签持开放态度，并未阻碍未加注碳标签的产品进入本国市场，此时对于这种自愿性碳标签制度不能武断地定论其合法或非法，需要结合该措施的实施目的、具体手段等进行个案分析。

9.3.2.1 自愿性碳标签制度与国民待遇原则

判断一项措施是否真正违反国民待遇原则除证明成员国将产品区别对待外，还必须证明在该措施的影响下，进口产品在成员国获得的待遇低于国内产品待遇。在自愿性碳标签制度的实施过程中，成员国的确将产品是否符合其碳标签核准标准进行了区分，对符合标准的产品颁发碳标签，对不符合标准的不予颁发碳标签。但这样的区别对待并没有影响到进口产品在成员国的市场准入。自愿性碳标签制度与强制性碳标签制度最大的不同是，成员国并未禁止未加注碳标签产品的进口，此时我们不能武断地定论自愿性碳标签法律制度构成了对国民待遇原则的违反。在判断自愿性碳标签法律制度是否使得进口产品获得的待遇低于国内产品，需要具体情况具体分析。

在认定自愿性碳标签制度违反国民待遇原则时，除了成员国以产品生产的碳排放条件作为区分产品的标准，依然需要证明自愿性碳标签制度的实施给予了进口产品低于本国产品的待遇。正如上诉机构在"欧共体－石棉"案中所称：即使两个产品属于同类产品，也不能据此认为将其区别对待的措施违反了国民待遇原则，申诉方依然需要证明该措施给予进口产品的待遇低于同类的国内产品，即对国内产品加以保护。一项措施是否给予了进口产品不平等的待遇，要看这种措施是否足以改变同类产品的竞争条件，从而损害进口产品的竞争地位。将这一标准适用到自愿性碳标签中，便能推出，统一适用的碳标签核准标准并不能改变产品的竞争条件，因为所有生产商都有同等的机会去申请验证，只是更注重低碳环保的企业更容易申请到碳标签。而给某一产品贴上"积极内容"（Content-Positive）的碳标签看似是给予了某种优待，但是结合其自愿申请性及对所有产品（不分原产地）统一适用性，便不能轻易地将自愿性碳标签制度视为给予了进口产品低于国内产品的待遇，因为产品的竞争地位最终取决于消费者对社会标签的关注和认可程度。尽管自愿性标签将同类产品区分为贴有标签的产品和未贴标签的产品，但是在申请标签时是不以原产地为标准的，凡是达到了某种标准，有了相应的证明，生产商便可以为其产品申请成员国的碳标签。

另有一点非常重要的是，不能因为碳标签具有自愿申请性，便使其避免接受GATT 第 3 条的国民待遇原则的审查。因为专家组在"加拿大－汽车"案中指出，GATT 第 3 条国民待遇原则的规定，不仅适用于强制性的措施，还适用于规定某企业要想获得某种优惠（包括企业进口产品的优惠）必须满足某些条件的措施。"加拿大－汽车"案的背景是，1998 年，加拿大根据"汽车关税政令"（MVTO）以及一系列特别许可证给予某些汽车制造商以进口免税待遇。MVTO 是源于加拿大和美国为解决双方在汽车领域的纠纷而达成的双边协议，该协议的目的是要确保北美市场汽车生产的合理化。在 MVTO 中，加拿大设立了获得免税资格的三个条件，具体包括进口汽车的生产年限和销售率等。作为在北美汽车市场拥有重要利益的成员，日本和欧盟认为，该法案实施的结果给予原产于美国和墨西哥的汽车进口的待遇明显优于给予其他成员的同类进口产品，是一个表面公正，但实际上却造成对不同成员方的贸易歧视的法案，原因是只有那些加拿大的汽车贸易伙伴们才有可能满足法律中的三条规定。但是自愿性碳标签制度并不是像上述案例中加拿大的措施那样对合格的产品提供免税优惠，它也没有给受惠产品带来直接的价格优势，它给予申请碳标签的产品唯一的优势便在于帮助这些产品向消费者展示其产品生产过程中的碳排放信息，使消费者相信这种产品是政府认证的符合碳排放标准的产品。这种优势能否明显改变两种产品的竞争地位，却是无法肯定的。因为在现实生活中，消费者的购买意愿是由很多因素共同决定的，以衣服为例，消费者会综合样式、价格、质地、品牌、生产地等诸多因素考虑，而不是仅凭碳标签这一个标准。最后，很难预测 WTO 专家组在运用 GATT 第 3 条审查自愿性碳标签是否违反国民待遇原则时，只通过产品的 NPR-PPM 将产品进行区分，以及碳标签的自愿申领是否改变了产品的竞争优势这两方面进行审查。这些问题都需要根据自愿性碳标签的适用范围和自愿申请的条件，并结合具体的适用情形进行个案分析。

9.3.2.2 自愿性碳标签制度与最惠国待遇原则

前文论述了成员国强制要求进口产品必须加注碳标签而在适用标准上构成了事实上的歧视因而违反最惠国待遇原则。但是当成员国对进口产品采取自愿申领的态度，未加注碳标签的产品同样可以进驻成员国市场参与公平竞争，我们就不能武断地下结论说自愿性碳标签法律制度违反了最惠国待遇原则。理由是产品加注碳标签与否并不必然影响产品的竞争力，因为首先，虽然各国政府都宣传、鼓励消费者养成低碳环保的消费模式，但是具有绿色消费导向的消费者群体占整体消费者的比例并不确定，此外这类消费者并不必然在购买全部商品时都将产品的低碳环保指数作为购买产品的首要考虑因素；其次，影响消费者做出最终的购买选择因素有很多，产品的原产地、价格、质量、品牌、款式、个人消费习惯等不一而足，在这些因素中，"产品加注碳标签"在多大程度上可以影响消费者做出最终的购买选择我们无从知晓。即使产品因加注碳标签而获得了极大的市场优势，但这样的优势并非进口国政府直接带来，因为进口国政府只是提供了碳标签认领的机制，对符合标准的产品授予标签向消费者展示了产品生命周期内的含碳量信息，对不符合标准的产品也并未阻碍其进口。真正影响产品竞争力的是具备绿色消费理念的消费者所做出的倾向性购买选择，加注碳标签的产品在获得这种利益的过程中，进口政府只是提供了一种传媒式的服务而已，再加之是否选择这种服务的决定权掌握在进口产品企业本身，因此我们并不能武断地判定自愿式的碳标签制度构成了对最惠国待遇原则的违反。

因此，当成员国对进口产品是否加注碳标签持开放的态度，统一适用于国内产品和全部进口产品，并不以加注碳标签作为产品的市场准入条件之一，我们在判断自愿性碳标签是否违反国民待遇原则和最惠国待遇原则时，需要结合自愿性碳标签的具体实施情况进行个案分析。

9.3.3 碳标签制度与 GATT 第 20 条

GATT 第 20 条通常被称为"一般例外条款"（General Exceptions），是赋予成员国在采取与贸易有关的环境措施时可以不遵守 GATT 的有关规定的免责条款。GATT/WTO 作为倡导贸易自由化的国际组织之所以规定 GATT 第 20 条的原因是，GATT/WTO 要求成员国必须一揽子接受规则，但各国经济发展水平不一，如一味苛求全体成员国毫无例外地遵守 WTO 各项规定，可能导致某些成员国（多指发达国家）无法完全遵守而被迫退出 WTO。于是允许成员国在一定条件下援引 GATT 第 20 条为本国的某些不符合 GATT/WTO 规则的贸易措施进行抗辩。GATT 第 20 条内容庞杂，共规定了包括环境保护、公共健康、劳工标准、知识产权等在内的十方面内容。

GATT 第 20 条是 WTO 中的免责条款，各国在实施与环境有关的贸易措施时，多以环境贸易措施的实施是符合 GATT 第 20 条的免责条件，进而为其贸易措施做出合法性辩护。强制性碳标签制度因实施目的合法性和措施的必要性方面存在瑕疵，无法得到 GATT 第 20 条的豁免；自愿性碳标签制度若构成对 WTO 规则的违反时，可否利用 GATT 第 20 条免责，需要进行个案分析。

9.3.3.1 碳标签制度与 GATT 第 20 条（b）款

GATT 第 20 条（b）款的内容是"为保障人类、动植物的生命或健康所必需的措施"，据此内容，成员国若想援引 GATT 第 20 条为其贸易限制措施的合法性进行抗辩。必须证明：①目的合法性，即该项措施的目的本身并非为了阻止进口，而是为了防止人类或动植物的生命健康受到威胁；②措施的必要性，即该项措施是必要的，从专家组和上诉机构的多个判例中我们可以看出"措施必要性"的判断标准是该措施是不可替代的，或即使有其他替代措施，但与其他替代措施相比，该项措施对贸易的限制程度被控制在最小。如：前文所述的墨西哥-美国海豚金枪鱼案中，专家组认定美国没有穷尽一切符合 GATT 规则的措施来实现保护海豚的目的，通过谈判、技术援助等国际合作方式比直接限制进口更有利于保护海豚，进而判定美国的措施并不符合 GATT 第 20 条（b）款；在 1990 年美国诉泰国卷烟案中，泰国依据其《烟草法》第 27 条的规定对进口的美国卷烟征收了多于国内卷烟 20% 的消费税、1.5% 的营业税、10% 的市政税，美国认为该措施违反了 GATT 多项规则，而泰国援引 GATT 第 20 条（b）款进行抗辩。专家组认为吸烟威胁人类健康，为了控制卷烟消费而采取一定措施符合 GATT 第 20 条的调整范围，然而泰国有多种符合 GATT 规定的方式可以达到此目的，如采取垄断价格、垄断供应量等。泰国采取默许国内卷烟自由销售而课征多余的进口税限制美国卷烟销售绝不是 GATT 第 20 条（b）款下的"必需"措施。

当成员国以减少温室气体排放，保护大气环境为由，强制要求或由成员国自愿选择为进口产品加注碳标签时，成员国可否援引 GATT 第 20 条抗辩？相关学者认为在碳标签尚未普及绝大多数国家，且多数碳标签核准认证技术都由发达国家垄断的前提下，强制要求进入其国内市场的全部进口产品加注碳标签并不符合措施必要性的标准。因为除此措施外，成员国完全可以采取关于碳标签制度的双边或多边谈判，或给予发展中国家发展碳标签制度一定宽限期，或提供其他资金或技术援助等措施来达到节能减排的目的。当措施的必要性审查无法通过时，很难判断这项措施的真实目的是否依然是保护人类或动植物的生命健康。其以环境保护为名，行贸易保护之实的本质也将显露无遗。因此强制性的碳标签制度并不符合 GATT 第 20 条（b）款的规定，成员国不能据此豁免 GATT 下的法律责任。

因目前自愿性碳标签制度实施过程中适用范围统一，且对进口产品是否加注碳标签持开放态度，对未加注碳标签的产品也允许进入国内市场，因此对自愿性碳标签是否违反 WTO 的规则尚需进行个案分析。若成员国自愿性的碳标签制度构成了对 WTO 规则的违反，该成员国想援引 GATT 第 20 条免责时，也应该从其措施实施的目的合法性和措施的必要性两方面具体分析其是否可利用 GATT 第 20 条（b）款得到豁免。

9.3.3.2 碳标签制度与 GATT 第 20 条（g）款

GATT 第 20 条（g）款的内容是，与成员国内限制生产与消费的措施相配合，为有效保护可能用尽的天然资源的有关措施。据此，成员国若想援引 GATT 第 20 条（g）款，必须证明：①目的合法性，即该贸易措施的确是为了保护可能用尽的天然资源；②与国内措施的相协调性，即为了达到环境保护的目的，成员国实施该措施并非只针对进口国，在成员国内部也存在与之相协调的国内措施。该项规定其实是一种国民待遇原则的体现，如果成员国为了达到环境保护目的，穷尽一切措施，包括对本国的产品也应当做出类似规定。如果只是限制进口产品来达到环保目的，很难证明该措施的目的合法，因而也不构成成员国援引 GATT 第 20 条（g）款的条件。

在 1980 年加拿大诉美国金枪鱼案中，美国以保护金枪鱼这种有限的生物资源为由限制进口加拿大出产的金枪鱼，专家组认为美国的此项限制措施适用于加拿大进口的全部品种的金枪鱼但对国内生产的金枪鱼只局限于太平洋黄鳍、蓝鳍金枪鱼等几个品种，因而判定美国的限制措施不符合 GATT 第 20 条（g）款的规定。各国单边实施碳标签制度若想引用 GATT 第 20 条（g）款来为其辩护必须证明目的是为了保护有限的自然资源，同时必须证明对产品强制要求或自愿申领碳标签的措施同等地适用于国内产品，但是强制性碳标签制度已经明显违反国民待遇原则，表面上对进口产品和国内产品统一适用的碳标签制度，在事实层面上并没有做到非歧视对待，甚至对于尚未建立碳标签制度的国家，强制其必须为产品加注碳标签，还存在成员国迫使他国接受本国环境政策法规,有侵犯他国立法主权之嫌。因此,强制性碳标签制度无法利用 GATT 第 20 条（g）款免责。自愿性碳标签制度是否违反国民待遇原则需要进行个案分析,当其构成对 WTO 规则的违反时,若成员国欲利用 GATT 第 20 条（g）款免责,其必须证明在环境贸易措施的目的合法性和环境贸易措施与国内措施的相协调性两方面同时满足。

9.3.3.3 碳标签制度与 GATT 第 20 条序言

即使一项措施完全符合 GATT 第 20 条（b）、（g）款的规定,构成了成员国实行一项措施的环保例外权的规定,专家组也并不必然对此措施做出法律上肯定的评价,因为该措施还必须符合第 20 条的序言的内容。该条序言同样可以分为两部分:①该项措施对情况相同的各成员不构成武断的、不合理的歧视;②该措施没有对贸易实施变相的限制。GATT 本身并没有对"武断的""不合理的""变相限制"这些模糊的表达做出明确的解释,但是专家组和上诉机构在个案审理时对 GATT 第 20 条序言的考察可以作为我们解释的依据。

在 1996 年印度、马来西亚、巴基斯坦、泰国共同诉美国海龟案中,上诉机构对 GATT 第 20 条序言部分做出了最完整也最令人信服的解释。美国于 1973 年将海龟列为濒危保护动物,并于 1980 年研发出一种可以在捕捞作业时防止误捕海龟的海龟隔离器（Turtle Excluder Device,TED）,1989 年美国国会通过《濒危物种法》,其中第 609 条规定,为推动其他国家和地区加大海龟保护力度,他国进口到美国的海虾必须证明也使用了 TED,否则美国拒绝进口。印度等四国认为美国该项措施违反 GATT 多个条款,且不属于第 20 条的环保例外。专家组对此案审理时认为 609 条违反自由贸易原则,对多边贸易体制造成了威胁,且不能得到 GATT 第 20 条的豁免。然而当美国将专家组裁决提交到上诉机构时,上诉机构推翻了 609 条不属于 GATT 第 20 条规定的结论,但是认为 609 条在实施过程中存在武断和不合理之处。如:美国要求他国适用同美国一致的保护海龟的政策是对他国环境立法的不合理干涉;在不考虑各国实际情况的前提下,对他国捕捞作业时统一要求安装 TED 亦存在不合理之处;即使他国采取其他保护海龟的措施进行作业,（这样已经达到了保护海龟的目的）,但是由于没有使用 TED 同样可能遭到美国限制进口,这也进一步表明美国只是以保护海龟的名义迫使他国接受美国的环保政策;美国在 TED 技术转让过程中存在对其他成员国的区别对待;在适用 609 条时,美国对加勒比和西太平洋地区的 14 个国家给予了 3 年的过渡期,但只给印度等四国 4 个月准备时间。虽然专家组和上诉机构的裁决整体上都对美国不利,然而上诉机构同意美国的单边措施符合 GATT 第 20 条的规定,只是该措施在适用过程中存在武断和不合理之处而判决其败诉,这表明 WTO 已经默许在与环境有关的贸易措施未达成双边或多边协定的前提下,各国单边实施的贸易措施是有可能获得 GATT 第 20 条的免责的。这为各国单边实施碳标签法律制度有可能得到WTO支持提供了先例。

当与环境有关的贸易措施符合GATT第20条（b）或（g）款规定时，对该措施若想做出最终的合法性判断，仍需要对该措施是否符合GATT第20条中的序言部分进行考察。由于强制性碳标签法律制度本身不符合GATT第20条（b）、（g）两款中的任何一款，因此对强制性碳标签制度无需考察其是否符合GATT第20条的序言部分。只有自愿性碳标签法律制度在个案分析时，若符合（b）款或（g）款的规定，我们还需要对该自愿性碳标签法律制度是否符合GATT第20条中的序言部分进行考察，即对自愿性碳标签制度还需要仔细考察该措施在实施过程中是否也如美国运用《濒危物种法》609条一般存在武断和不合理的歧视。如果成员国在转让与碳标签核准认证技术方面存在歧视，或碳标签颁发与否适用的标准并不统一，或进口产品以其他方式证明其产品的生产过程和生产方法符合节能减排的目标，但由于没有申领到进口国颁发的碳标签依然被拒绝进口，或成员国在碳标签适用过程给予不同国家不同的宽限期，以上措施若满足任何一项，其他成员国都有理由认定该措施构成了对GATT第20条序言部分的违反，因而不可以通过环保例外得到免责。至于序言中的第二部分，判断贸易措施是否构成对贸易的"变相限制"，专家组曾以措施是否得到适时公布为依据。这样的判断标准显然是片面不妥的，因为判断贸易措施是否构成变相限制的关键在于对"变相"的把握，专家组应该全面考察该措施实施的真实目的、是否违反国民待遇等基本原则、是否还有其他替代性贸易措施可以达到相同的环保目的等，从措施的目的、手段和具体的实施过程三方面对该措施的合法性进行综合考量，而非简单依据措施的披露程度和披露方式判断是否构成变相限制的贸易措施。

9.3.4 碳标签制度与TBT协定

TBT协定是指《技术性贸易壁垒协定》（Agreement on Technical Barriers to Trade），它是WTO体制下首个为全面规范产品技术标准和质量认证的法律文件。

技术性贸易壁垒是一种典型的非关税壁垒，是成员国为保护本国市场，假借环境保护、维护消费者权益等名义对进口产品设置较高的商品检测技术标准，从而达到限制贸易自由的隐蔽性非关税贸易限制措施而碳标签制度的运用往往涉及复杂的技术法规和标准，且成员国多以碳标签有利于缓解温室气体排放、减少大气污染为由，在外部形式上碳标签与技术性贸易壁垒的构成要件吻合程度很高，因此有必要研究TBT协定的适用范围和具体内容，并判断现有的TBT协定是否可以达到有效规制碳标签制度的目的。

TBT协定的序言指出TBT协定的宗旨和原则，其内容为"各方认识到国际标准和合格的评定制度在提高生产率和促进国际贸易方面做出的重要贡献,为鼓励制定此类标准和程序,确保包括包装、标记和标签要求在内的各项技术法规和技术标准等不会对国际贸易造成不必要的阻碍,但不得阻止任何国家和地区采取必要措施来确保其出口货物的质量,或保护人类或动植物的生命健康,保护环境或阻止欺诈行为,只要这些措施不致成为对同等条件的成员方造成不合理的歧视,或成为国际贸易的隐蔽性限制手段"。

通过该序言的表述,可发现在维护公平的多边贸易体制方面,TBT协定同GATT第20条有类似地方,但是二者区别在于TBT协定将可能限制贸易的规定区分为技术法规和技术标准,根据TBT协定附件一的第1条和第2条规定,技术法规是一种具有强制执行力的文件,具体包括规定产品特性或与其有关的工艺、生产方法,适用的管理规定,产品的术语、符号、包装、标志或标签的要求也属于技术法规范畴。而技术标准的具体内容基本同技术法规,但技术标准是一种非强制性实施的文件,由进口产品的生产商自行决定是否接受国外技术标准对其的约束力。关于碳标签是否属于TBT协定管辖,发达国家和发展中国家存在较大的分歧,发展中国家认为,从TBT协定的谈判历史看,其规制的只是"与产品性能有关的工艺、生产方法"即PR-PPM,而"碳标签"作为一种与产品性能无关的生产方法,即NPR-PPM,并不是TBT协定的管辖对象,因而技术法规和技术标准中列明的"标签"也只限定在与产品性能有关的标签,"碳标签"作为一种典型的与产品性能无关的标签,不应当属于TBT协定的管辖范畴。发达国家认为"与产品性能有关的工艺、生产方法"应当做扩大解释,包括碳标签在内的NPR-PPM应当接受TBT协定的管制。对此,相关学者认为TBT协定本身对规范技术性贸易壁垒有积极作用,从善意履约和与时俱进地解释条约的角度,发展中国家不应一味排斥TBT协定对碳标签制度的管辖,且TBT协定中对技术标准的国际认证,给予发展中成员国区别待遇等规定对发展中国家并非全无益处,发展中国家应当以开放的态度积极接受TBT协定对碳标签制度的管辖,并利用其中的区别待遇原则对碳标签的国际贸易应用做出有利解释,而非全面否定TBT协定对碳标签制度的管辖。

由于技术法规和技术标准的法律效力不同,前者是成员国的强制性规定,后者是生产商自愿选择适用的规定,TBT协定对二者的规制方法也不完全相同。对技术法规,TBT协定规定必须严格限制其适用范围只能是保护环境,维护人类生命安全等合法性目的,且建议采用对贸易限制最低的方式。对技术标准,TBT协定规定技术标准的制定、采用和执行必须满足合理和统一原则,且不对贸易造成不必要的阻碍。据此,相关学者认为强制性的碳标签制度属于技术法规,自愿性的碳标签制度属于技术标准,在判断其是否符合非歧视原则,是否构成对贸易的变相限制等方面,均可以借鉴GATT第20条的相关解释对两种碳标签制度的合法性做出判断。如:强制性碳标签制度作为一种技术法规，并不符合目的合法性和措施的必要性两个方面，进而构成了对 TBT 协定的违反，自愿性的碳标签制度在个案中需要从措施的目的、手段和具体实施过程等方面综合分析是否符合 TBT 协定中的合理原则，是否对贸易构成了不必要的阻碍。

专栏 9-2　　　　碳标签或将成为下一个隐形贸易壁垒

日本农林水产省近日宣布，2011 年 4 月开始，将实施农产品碳标签制度，要求摆放在商店的农产品通过碳标签向消费者显示其生产过程中排放的二氧化碳量。

英国政府为应对气候变化，早在 2007 年就成立碳基金，鼓励向英国企业推广使用碳标签。英国最大的超市乐购（Tesco）率先响应。日本、法国紧随其后，鼓励本国公司在商品包装上详细标注产品生命周期每个阶段的碳足迹。美国、瑞典、加拿大、韩国等国家也在国内推广使用碳标签。世界零售巨头沃尔玛、瑞典家具巨头宜家等企业也随之响应这一号召。中国出口欧美的石材，也将陆续被要求提供碳标签。

种种迹象表明，碳标签正从一个公益性的标志变成一个商品的国际通行证。

"碳标签主要针对出口产品，目前中国还没有推出碳标签，国内沃尔玛的上架产品也暂时没有相关要求。"不过，沃尔玛对供应商在节能减排方面提出了更高要求。2008 年底，沃尔玛提出与 200 家中国顶级供应商工厂合作，到 2012 年提高能效 20%。自 2009 年沃尔玛全球采购办公室发起中国供应商能效提升项目以来，沃尔玛从各个方面帮助供应商企业推行节能减排项目，来自玩具、家具、鞋子、服装、电子等不同行业的 200 多家供应商工厂受益于该项目，并涌现出许多引领可持续发展的沃尔玛能效建设杰出供应商代表。

尽管碳标签概念对很多企业而言并不陌生，但目前国内少有企业真正行动起来实施碳标签认证。在出口纺织企业较为密集的绍兴，目前还没有企业打算现阶段就开始实施"碳标签"认证。不少企业负责人表示"早就听说过这个名词，但还没有实施的打算。"首先是目前国内相关标准和权威认证机构缺位，企业不知道如何进行科学的认证流程。此外，要全面实施"碳足迹计算"，还涉及费用问题，而目前原材料大幅上升，低利润的纺织企业如果再加上碳标签，无疑将再次提高成本，导致国内服装企业竞争力持续下降。因此，在目前情况下，国内不少纺织企业决定"按兵不动"。

> 与此同时，发达国家可以基于碳足迹对高碳排放的进口产品抬高门槛，要求进入本国的某种产品碳足迹不得高于规定值，否则将采取罚款或者征收高额关税。一旦设定或抬高这个门槛，发达国家的国内企业则可以通过较低成本，较为容易地实现碳减排，而发展中国家的出口型企业则不得不去发达国家购买低碳技术。"碳标签、碳关税或将成为下一个隐形贸易壁垒。"

9.4 我国碳标签制度的现状与应对策略

碳标签制度在我国的发展尚处于初级阶段，但已有部分企业为抢占国际市场，被迫主动为出口产品加注碳标签。我国也出台了相关法律对碳标签制度的运行提供初步法律保障。在国际贸易中加强环境保护是世界贸易发展的趋势，保护和改善环境也有利于国际贸易实现可持续发展。碳标签制度的应用顺应了这一国际潮流，未来将会有更大的发展空间。我国作为贸易大国，从促进经济和环境的可持续发展，维护自身的环境与贸易利益，以及把握未来国际市场的主动权的角度，应当以积极的态度建立符合我国国情的碳标签法律制度。

9.4.1 我国碳标签制度的发展现状

碳标签制度在我国尚处于初级发展阶段，只有少数企业为了获得出口订单，选择为其产品加注碳标签。碳标签制度在我国的发展可以说是国际市场导向的结果，而非我国政府自主引导建立。且我国的碳标签制度还存在着适用标准不统一，缺乏长效的监督机制等缺点。

我国首家为产品自主加注的碳标签的企业出现在食品领域，大连獐子岛渔业集团股份有限公司是我国首家在企业内部设立虾夷扇贝碳汇实验室的企业，在2010年10月该企业成功地为其生产的虾夷扇贝向世界著名的第三方技术鉴定机构 SGS（Societe Generale de Surveillance S. A.，瑞士通用公证行）申请获得了碳标签。纺织品行业在2011年也发起碳标签制度。为推动纺织品行业快速完成低碳转型，进军国际市场，中国化纤工业协会（China Chemical Fibers Association，CCFA）和天祥集团（Intertek）联合推出 Intertek-CCFA 产品碳足迹证书和绿叶标签，为符合其碳足迹核算标准的化纤企业颁发碳标签。截至2012年2月，已有恒力化纤、新民科技等四家企业通过 CCFA 的企业环境影响评价和碳足迹数据核算，顺利获得了 Intertek-CCFA 碳标签。

CCFA 在2013年还拟建了化纤产品碳足迹核算实验室、碳足迹评估数据库，为行业内部的企业提供有效的碳标签认证交流平台。上海东锦饮品有限公司是国内首家完成碳中和的饮料企业,该公司在2010年完成了对其所有办公区域、生产区域(包括厂房、库房、生产设备、排污系统、消防系统等)的碳排放计算,并通过更换低碳节能型空调、照明系统以及其他生产设备,在厂房顶部种植绿色植物,以物理方式为厂房降温等方式完成了企业内部的整体碳中和。东莞企业实业有限公司作为一家车模和玩具车制造企业,在2013年提出企业生产低碳路线,通过对车模和玩具车产品在制造阶段的碳盘查,完成了产品生产阶段的碳足迹计算,正在建立的企业内部碳数据库也为未来两年内顺利实现为其产品加注碳标签的企业目标奠定了基础。综合分析碳标签制度在我国的发展现状,我国目前的碳标签制度主要由企业自主开展,部分行业实现了行业协会的主导(如纺织品行业),但缺乏统一官方的碳标签核准认证机制,未建立统一的碳标签的合格评定程序是我国碳标签制度发展中存在的不足之处。此外,愿意耗费大量经济成本和技术成本为产品加注碳标签的企业在整体企业中依然占绝少数,我国目前尚未形成低排放、低污染、集约型的企业生产模式。

9.4.2 碳标签制度对中国贸易的影响

作为市场准入的一种约束,碳标签会对中国贸易产生直接而又明显的负面影响,它的日益普及正波及中国越来越多的贸易领域,将制约中国经济的发展。具体的阻碍作用表现在如下三点:

(1) 限制商品出口

目前,中国最主要的几大贸易伙伴中,诸如美国、欧盟、日本,它们大多是WTO贸易与环境委员会成员,也大多奉行贸易保护主义。由于这些国家普遍具有较高的环境保护意识,再加上雄厚的资金技术支持,因此,环保产业也处于领先地位。凭借着自身在环保方面的优势,同时又借助于WTO,进而将贸易发展与环境保护联系在一起,制定出一系列的环境贸易政策。而我国由于这种高资源依赖性的粗放型发展模式,长期缺乏对环保产业的关注,在这些国家较为严苛的环境贸易政策面前,我国的出口产品将很难进入这些国家的国内市场,中国的出口贸易将面临重重阻碍。

中国的出口商品要想获得碳足迹认证及碳标签加注,从而能够进入进口国市场,需要负担大量额外的资金、技术和人力资源投入。但依据中国的现状,许多出口企业在短期内难以承担由此带来的高额成本压力。一旦产品被拒之门外,这将会严重压缩相关产品的国际市场份额甚至迫使其彻底退出市场,中国对外贸易即将面临碳标签的挑战。

(2) 削弱出口产品的竞争力

随着低碳经济的兴起，高碳排放产品的国际竞争力将会越来越小。由于中国这种粗放型的经济发展模式以及高能耗、高排放的生产方式，必然使得商品在生产过程中产生较高的温室气体排放，因此具有较高的产品碳足迹，无法满足一些国家消费者的低碳消费需求。中国在目前的情况下，要促使产品低碳化，就必须对生产模式进行转变，要对产品整个生命周期进行低碳化升级改造，从而增加更多的检验、测算、认证、包装等费用，使出口产品生产成本大幅度上升，这将会导致其失去原有的在国际市场上的价格优势，国际竞争力将大幅削弱。

(3) 引发贸易摩擦，影响对外贸易关系的稳定

近年来，发达国家频频采取单方环境贸易措施，打着环保旗号，动辄限制外国商品进入其国内市场，由此引发的国际贸易摩擦日益增多。当前世界经济区域化、集团化趋势愈发明显，以欧盟和北美自由贸易区为例，其内部成员多为发达国家，环境保护标准和水平也大致相似。因此，区域组织内部可以通过区域自由化的贸易安排，对来自该区域之外的产品，以其出口国的环境标准低于区域内环境标准为由，禁止这些产品进入区域内市场销售，自然，我国的产品也难以避免被拒之门外。绿色贸易壁垒严重制约了发展中国家的对外贸易发展，一旦强制性碳标签认证制度得到推行，将会更加激化发达国家与发展中国家之间的矛盾，我国与这些区域经济组织以及其他发达国家间就其所实施的环境贸易措施产生贸易摩擦也将在所难免，必然会影响双方或多方现有的贸易合作关系，不利于我国对外贸易的稳定发展。

9.4.3 我国应对碳标签制度的策略

虽然目前尚未形成大规模的碳标签贸易摩擦，但是我国出口导向型的企业已明显感受到国外订单对进口产品的碳排放要求越发严格的趋势，也正是出于企业自身发展需要，我国出口型企业才被迫自主发起了碳标签制度以适应国际市场的需求。但企业或行业协会引导的碳标签制度存在着标准不一、评定程序不严格等弊端，为了引导我国企业更好地适应国际化低碳型生产—消费模式，稳固现有市场份额，抢占未来国际市场份额，应当尽快建立我国政府引导型碳标签制度，在国际和国内两个层面采取措施应对。

9.4.3.1 在国际层面的应对策略

(1) 积极参与环境与贸易法规的谈判和国际标准的制定

碳标签制度有可能被发达国家滥用进而形成绿色贸易壁垒的最大原因在于碳足迹计算标准的统一适用对发展中国家构成了不合理的歧视。即使适用现有的国际标准也不能真正反映发展中国家的利益诉求，因此在未来关于碳足迹计算标准的国际谈判中，我国应当积极参与碳足迹国际标准的制定，与其他发展中国家建立沟通机

制,共同利用《联合国气候变化框架公约》《京都议定书》以及TBT协定中给予发展中国家的优惠待遇,积极主张建立符合发展中国家国情的碳足迹计算标准,努力构建有利于发展中国家的碳标签国际法律环境。

(2) 有效利用WTO争端解决机制

碳标签制度本身对引导消费者绿色消费、促使企业转变生产模式和帮助国家完成减排任务方面是有诸多好处的。但当发达国家滥用碳标签制度并把其作为贸易保护工具时,碳标签制度就沦为新型的绿色贸易壁垒。虽然目前不存在关于碳标签的国际贸易摩擦,但是不排除未来出现的可能,从发达国家以往采取与环境有关的贸易措施时多以GATT第20条为由要求免责来看,和碳标签有关的贸易纠纷也多半会集中在不同国家对环保例外权的解释冲突上。因此,培养一大批熟知WTO规则的法律人才,在出现贸易纠纷时有效利用争端解决机制,通过谈判、磋商等方式维护我国企业的出口利益是十分必要的。如法国目前强制要求进入其市场的产品必须加注符合法国认证标准的碳标签。在能源采购方面,法国政府于2013年7月公布的太阳能电厂采购文件(French Tender)中,要求100~250kW的太阳能模组必须出具法国政府认可的揭露碳足迹的报告书,但是法国政府并未提前将碳足迹报告书所适用的标准公布,导致采购文件出台后我国的太阳能产业团队才发现法国的碳足迹核准标准并非ISO/YS 14067:2013,也非PAS2050:2011,而是法国最新拟定的关于太阳能产品适用的碳足迹计算标准,法国政府的行为明显违背了透明度原则,且在同一招投标项目中要求发展中国家统一适用高于国际标准的法国标准,也是对最惠国待遇原则和国民待遇原则的违背。培养熟悉WTO规则的法律人才有利于我国在未来的碳标签诉讼中据理力争,有效维护我国企业利益。

(3) 广泛开展碳标签制度领域的国际合作

我国目前处于构建碳标签制度的初级阶段,应当与已经建立较成熟碳标签制度的发达国家开展广泛而深入的国际合作,通过借鉴他国在发展碳标签制度方面的有益经验,并结合我国现有的经济、技术、企业发展模式和消费者购买倾向等国情,构建适合我国发展状况的碳标签法律制度,为深化我国企业结构、转变生产—消费模式、抵制国外碳标签贸易壁垒提供有力的法律环境。目前,我国部分企业和政府机构已经开展了碳标签领域的国际合作,如环境保护部环境发展中心(以下简称"发展中心")和德国技术合作公司,于2009年10月在北京共同签署了"中德低碳产品认证合作项目",这是我国碳标签领域开展国际合作的首个典范。

此后,发展中心在2010年3月又同英国标准协会(BSI)在北京签署了关于低碳产品认证合作备忘录。2009年6月,在第十一次中、日、韩环境部长会议上,中、日、韩三国未来五年的十个优先合作项目中,"低碳产品认证"被三国确定为十个优化合作项目之一。此外,我国节能投资公司作为首个开展碳标签国际合作的国内企业，于 2013 年 5 月同英国碳信托公司展开了关于服务和产品碳足迹计算的合作研究。未来构建我国的碳标签法律制度过程中，我国政府应当积极鼓励企业同国外碳标签认证机构或碳标签发展态势良好的企业开展广泛而深入的国际合作。

9.4.3.2 在国内层面的应对策略

(1) 引入国际碳足迹认证标准，建立碳标签制度

目前，使用最广泛的碳足迹标准是 2008 年英国标准协会（BSI）等部门联合发布的 PAS 2050 标准（《产品与服务在生命周期内的温室气体排放评估规范》）。该标准已在百事可乐、可口可乐、法国达能公司等多家企业约 75 种产品中试行。按照该标准，企业除了测定和降低产品的碳足迹之外，还可以针对公众如何进行环保的选择、使用和处理产品提供建议。而产品碳足迹的国际标准 ISO 14067 已于 2013 年 7 月正式发布。随着碳足迹认证国际标准出台，商品上加注碳标签将成为发展趋势。2009 年 6 月，中国标准化研究院和英国标准协会在北京共同主办 PAS 2050 中文版发布会，以推动建立碳标签制度在我国试点工作。2009 年 11 月，在江西南昌召开的首届世界低碳与生态经济大会高层论坛上，环境保护部官员表示环保部将以中国环境标志为基础，探索开展低碳产品认证。

2010 年 1 月，全国质量监督检验检疫工作会议表明，2010 年，我国认证认可工作将围绕低碳经济等重点产业，大力加强食品、节能环保等领域的认证工作。同时，积极推动认证认可多边和双边国际互认。可见，我国已经开始采取措施来确定"碳足迹"具体的核算法则、实施方案和标准，以保障碳标签制度的顺利推行。

(2) 转变外贸企业经济增长方式，优先在外贸商品推行碳标签制度

改革开放三十年来，中国经济取得了举世瞩目的成绩。2009 年中国出口总额达 12 000 亿美元，进口 10 056 亿美元，已超过德国成为世界上最大的出口国。不过中国经济的发展很大程度上却付出了生态破坏和环境污染的惨重代价。近年来，我国主要出口产品以高能耗、高碳密集型产品、低附加值为主，如我国化肥、钢铁、水泥生产占世界总量的比率分别由 1980 年的 17%、8.2%、9% 增至 2005 年的 43%、31.2%、46.6%。从 2006 年开始，我国就成为世界上最大钢铁出口国。

而今面对国际金融危机的冲击及减排压力，都要求我国必须转变外贸企业经济增长方式，进行低碳生产。我国目前已取消"两高一资"（高耗能、高污染排放、资源型）产品出口退税，对一些重点的"两高一资"产品还加征出口关税，并引导这些产业向高附加值和更为节能的方向发展。我国应优先在外贸商品试行碳足迹认证、碳标签制度，虽然短时间内会增加企业的成本，但从长期来看，外贸企业通过碳足迹评估、认证，加注碳标签这些"可视化"方法使企业采取有效措施减少生产经营活动中的碳排放，最终不但降低企业经营成本，同时使企业处于环境领先地位。

同时，对于这些节能减排企业或者碳足迹低的产品，我国政府也应该给予适当

财税上的奖励,以激励越来越多的公司将评估"碳足迹"作为其履行企业社会责任(CSR)的一部分。

(3) 增强我国消费者环保意识,推行低碳消费

一直以来,人们总是把全球变暖"归功"于企业行为,而对个人行为的影响研究甚少。其实,温室气体的排放与每个人的生活方式密切相关。据统计,目前我国城镇居民的生活用能约占到全国能源消费量的26%,而二氧化碳排放总量的30%是由居民生活行为及满足这些行为的需求造成的。但目前在国内,大多数公众对碳足迹、碳标签还不熟悉,更不要说推行低碳消费。相比之下,英国公众的碳足迹意识就很强,英国连锁超市中的商品贴上了碳足迹标签,完全是应消费者的要求实施的。因此增强我国消费者环保意识,引导低碳消费才能使碳标签制度的实施有广泛的消费基础。作为消费者要降低自己的"碳责任",可以从两个方面入手,一是在日常生活中尽量减少自己的碳足迹,比如优先选择有碳足迹标签的产品,尽量选择本地生产的低碳产品,如食用本地绿色食品和有机蔬菜,穿天然材质棉麻衣物,尽量选择海运产品,等等。其次是积极进行碳抵消,也就是植树造林,增加碳汇(Carbon Sink)能力。现在国内外不少网站上推出"碳计算器",利用这一工具可以计算自己的二氧化碳排放量,并有意识地用各种实际行动缩减碳足迹。2007年我国建立中国绿色碳基金,个人可以捐资到该基金造林,以消除自己的"碳足迹"。截至2008年底,该基金已获得3亿多元人民币,在全国10余个省区完成碳汇造林200多万亩,预计今后的10年可固定二氧化碳1000万~2000万吨。

目前,中国是全球最大的发展中国家和最大出口国,一旦"碳足迹"认证、碳标签制度开始普及,我国出口商品很容易受到其他国家强制要求碳标签的限制,从而影响贸易的可持续发展。连续多年居世界500强首位的沃尔玛公司已经要求10万家供应商必须完成碳足迹验证,贴上碳标签。以每家沃尔玛直接供应商至少有50家上、下游厂商计算,将影响全球超过500万家工厂,其中大部分集中在中国。这意味着,中国大量原材料企业、制造商、物流商、零售商都必须进行碳足迹验证,否则跨国公司的订单将与你无缘。因此,提前研究、采取应对碳标签问题的措施,对我国经济、外贸的发展意义重大。

专栏9-3　　　　　　　　碳标签制度推进难度大

给产品贴上碳足迹标签是一个复杂的过程,需要追踪每种原料的供应链条,监督整个生产过程,才能计算出对应的碳排放量。给一种产品贴碳足迹标签的成本可能高达3万美元。此外,由于不同国家的标准不同,致使产品之间

> 难以比较。即使如此，碳标签的支持者们还是看到了一些可喜的进步。在碳标签的发起国英国，2009 年，10 个家庭中有 9 个购买了带碳标签的产品，此类产品的总销售额超过 20 亿美元，也超过了有机产品（22 亿美元）和公平贸易产品（12 亿美元）的销售额。这主要归功于英国最大的零售商乐购（Tesco）超市给超过 100 种自制产品贴上了碳标签，其中包括意大利面、牛奶、果汁、卫生纸等等。2007 年，乐购曾宣布要给它销售的全部 7 万种商品都贴上碳标签。
>
> 来源：碳排放交易网站

9.5 本章小结

"碳标签"（Carbon Labelling）是为了缓解气候变化，减少温室气体排放，推广低碳排放技术，把商品在生产过程中所排放的温室气体排放量在产品标签上用量化的指数标示出来，以标签的形式告知消费者产品的碳信息。实行该方法是为了通过在商品上加注碳足迹标签的方式引导购买者或消费者选择更低碳排放的商品，从而达到减少温室气体的排放、缓解气候变化的目的。碳标签制度目前仍处于起步阶段，只是在少数发达国家开展，这些国家基本上是以政府主导的模式运行，涵盖的也都只是日常消费的商品。但从发展趋势来看，碳标签制度的影响范围正在不断扩大，许多国家和地区表现出愿意尝试接受碳标签制度的态度。

发达国家政府发起的碳标签制度目前正从自由模式向立法模式转变，即对进口产品加注碳标签的要求区分为强制性加注和自愿性加注两种方式。强制性的碳标签制度因违反了现有的 WTO 规则，构成了贸易壁垒；自愿性的碳标签制度是否构成贸易壁垒需要根据各国实施的具体情况进行个案分析。

碳标签制度在我国的发展尚处于初级阶段，已有部分企业为抢占国际市场，主动为出口产品加注碳标签。我国也出台了相关法律对碳标签制度的运行提供初步法律保障。碳标签制度的应用顺应了这一国际潮流，未来将会有更大的发展空间。我国作为贸易大国，从促进经济和环境的可持续发展，维护自身的环境与贸易利益，以及把握未来国际市场的主动权的角度，应当以积极的态度建立符合我国国情的碳标签法律制度。

10 碳贸易法律规制与 WTO 规则的冲突及协调

2013 年《京都议定书》第二期承诺的艰难开启，意味着尽管气候变化国际法进程坎坷，但国际社会对于携手应对气候变化的共识并没有产生根本性的改变。作为一种利用市场机制解决全球温室气体减排问题的手段，国际碳交易不仅与 WTO 框架下的各种贸易行为存在显著差异，而且其在实施时会在某些情况下产生限制贸易的效果，从而与 WTO 规则产生潜在冲突。

国际碳交易与 WTO 规则并非不可协调。在 WTO 的规则中，许多条款都规定成员国出于环境保护的目的可以对自由贸易予以一定程度的限制；同时，包括《京都议定书》在内的一系列国际法中也规定其签约国在执行环境保护措施时，应当尽量避免对国际贸易造成负面影响。可见，尽管国际碳交易与 WTO 规则间存在冲突，但二者又因人类可持续发展的共同目标具有充分协调的可能性。

10.1 碳贸易法律规制与 WTO 规则的冲突背景分析

10.1.1 碳贸易法律规制与 WTO 规则冲突的内涵

《京都议定书》创造了以碳配额或单位为标的的贸易形式，同时创造了 CERs（Certified Emission Reductions，核证减排量）、ERUs（Emission Reduction Units，减排单位）和 AAUs（Assigned Amount Units，分配数量单位）等一系列单位来确保全球碳排放交易市场的正常运行。然而，这些可以用于贸易的排放单位作为国际碳交易的客体并不具备明确的法律属性，从而可能区别于 WTO 框架下的产品与服务的概念，因而导致目前暂时无法将国际碳交易纳入到世界贸易体系的框架中。

即便搁置对排放单位法律属性的争议，将其视为 WTO 框架下的产品或服务，围绕碳交易的某些限制措施也可能产生贸易限制的效果，从而与 WTO 规则产生冲突。例如，首先从国际法来看，《蒙特利尔议定书》规定每个缔约国应禁止从非缔约国的任何国家出口或进口控制物质，而《京都议定书》中的某些交易安排则只允许附件 B 国家参加，这与 WTO 规则中的非歧视原则与最惠国待遇原则产生冲突。其次，减少碳排放量的承诺有可能激励缔约国使用配额和进出口许可证等措施限制产品的进出口数量，这违反了 WTO 规则中的一般取消数量限制原则。再次，政府制定的无论是无偿还是有偿的碳排放权分配制度，都有可能与 WTO 规则中的《补贴与反补贴措施协议》产生冲突。然后，从环境保护的标准来看，《京都议定书》对环境保护标准的实质要求是"与产品有关的 PPMs 标准"（PR-PPMs），即产品的加工和生产过程都要满足环境保护的要求；相较之下，WTO 规则中对环境保护的标准较低，为"与产品无关的 PPMs 标准"（NPR-PPMs），即产品本身满足环境保护的要求即可。最后，在国际碳交易的过程中，碳税、碳标签与碳认证等措施都有可能对贸易自由产生限制。

总而言之，尽管以《京都议定书》为代表的国际法对于国际贸易并没有直接的限制，但在国际碳交易的过程中却有可能因为种种原因产生上述限制贸易的效果，使得国际碳交易与 WTO 规则产生潜在的冲突。虽然目前在 WTO 框架内并未出现由碳交易引致的贸易争端，但随着国际社会对气候问题的重视与碳交易市场规模的扩大，这种潜在冲突转化为现实冲突的可能性正逐步加大。

10.1.2 碳贸易法律规制与 WTO 规则冲突的原因

碳交易与 WTO 规则的冲突在广义上来说是应对气候变化的环境保护措施与 WTO 规则之间的冲突，其原因主要有三个：

第一，国际碳交易市场及其法律规范体系没有完全统一，无法一时融入世界自由贸易体系。这是国际碳交易的事实问题。国际碳交易作为解决地球气温升高的一种替代解决方式，是从经济角度，以市场为依托，以市场的运行机制为架构，以最低的成本达成减排降温的效果。要做到这一点，必须以完善的市场体系、有效的市场机制、公正公平的规范为前提。但目前的实际情况是，单不说中国还没有形成碳交易的市场，就连美国、欧盟等地的碳交易市场也是存在市场分割行为，导致国际上各交易系统相互独立，而与之相对应的各种调整法律规范也是独立的、不统一的。原因是，在国际上的各类碳交易体系都是与《联合国气候变化框架公约》和《京都议定书》相关联的。而在《京都议定书》中，将世界各国家分为附件一缔约国和非附件一缔约国，只有附件一缔约国才具有强制的国际碳减排义务，才可以完全适用京都三机制的方式来进行碳交易，实现碳交易各项措施的对接；而非附件一缔约国一般只能作为卖方，参与京都三机制的 CDM（Clean Development Mechanism，清洁发展机制）项目。而且，作为世界上第一大碳排放的美国，不但退出了《京都议定书》，且在退出之后的历届联合国气候大会上跟欧盟和发展中国家采取了几乎对立的态度，来限制和排挤京都机制的实施以及发展中国家。并且，2012 年以后《京都议定书》的走向并未明朗化，且有京都附件一缔约国退出的现象，国际碳交易的市场化统一将会遇到很大的阻力，前行的困难不可预料。因此，是目前的国际碳交易市场分割较多，市场的运行机制不畅，运作体系规范化尚需时日，才导致了适用国际碳交易法律与WTO规则冲突的事实存在。

第二，各国对碳交易问题的立法、碳交易的多边协定与WTO的规则不同。美国、英国、日本和德国这四个国家在有关碳交易的法律规定方面存在很大的差别。首先，美国和英国属于英美法系，虽然涉及碳交易的立法不少，如美国的《能源法》《清洁生产法》《利伯曼－沃纳气候安全法案》《消费者权益保护法》，英国的《气候变化法案》，但在实践中，美国和英国更受到普通法的影响，有关碳交易的法律规定不但见于国家为规范碳交易的综合性的法律规范中，还散见于美、英国家的地方性法律规范和有关大公司的排放控制规范中。日本和德国属于大陆法系，是在一个完整的立法体系下对碳交易的规范，如日本的《全球气候变暖对策推进法》《全球气候变暖对策基本法案》，德国的《温室气体排放交易法》等就是如此。其次，美国是独立于京都机制之外的国家，但又是最早建立碳交易市场进行碳交易的国家，因此，美国各层次的法律规范，对碳配额的分配、拍卖、借用和交易，以及减排信用额度的取得和使用都做出了规定，且美国的大多数法案还提供了经济激励机制，以鼓励温室气体减排技术的发展，并保障气候变化对贫困人群的影响在一个合理的适应范围内。而英国、日本和德国则是在京都机制下的碳交易国家，其各国的法律规定既是参照《京都议定书》所设定的三机制设定，同时又考虑到各国内的碳减排实际状况进行。再次，英国和德国还是欧盟碳排放交易体系成员，它们不但要将《京都议定书》所设定的义务转化为国内法律规定对各具体公司的义务，还要依照京都三机制和欧盟排放交易指令中的机制来设定各国实施碳减排的具体交易措施。另外，在国际上，欧洲的一些国家，如挪威、瑞士等，澳洲国家，如澳大利亚等，都对碳交易做了一些很好的相关的法律规定。

上述国家的法律规定和政策经验表明，世界各国就碳交易的法律规定，要么是京都三机制下的，要么属于自愿碳减排交易机制的；要么交易的内涵规定得比较宽泛，且交易的措施规定得比较详细，如美国和欧洲的国家，要么规定得较窄，且交易措施也是粗线条式的，如大多数只能作为卖方参与CDM项目的发展中国家，其内的碳交易法律规定也就只涉及CDM项目方面的，围绕碳交易项目形式和内容的国内法律规定较少且适用不广，如我国就是如此。因此，关于碳交易的各国法律规定，基于法系的不同、碳交易机制设定的不同、具体碳交易的类别规定不同、碳交易过程中适用其他一般法的不同（如合同法）、同类性质碳交易项目各国法规管制的不同（如CDM项目行政监管制度），自然在各国参与国际碳交易过程中，出现了不同法系、不同国家法律为维护各自国家利益而产生的问题。

WTO规则没有国际碳交易的有关规定，但在国际贸易领域要求各国的贸易法律制度在对待第三国时要一视同仁，给予他国国民待遇和最惠国待遇，不得有数量歧视,除非有例外规定。因而,各国碳交易的立法在基本法律原则、具体实施措施上都可能与 WTO 规则存在较大不同。而且,在 WTO 规则体系下,虽然在《建立世界贸易组织的马拉喀什协定》的序言中强调可持续发展原则,但 WTO 本身是一个基于货物、服务等领域的自由贸易组织,不是一个环境组织,它在贸易与环境领域的职责仅限于对影响环境的贸易政策和对贸易有显著影响的环境政策的协调,它的作用在于推进贸易自由化并确保环境政策不构成贸易壁垒,但 WTO 对于实施怎样的环境政策能够既促进贸易自由化又不会对环境造成不良影响没有系统和深层次的考量,而且 WTO 始终坚持其推进贸易自由化的初衷,只是在一些发达成员国国内环保主义者的呼声高涨而又在谈判时有成员国提出类似议题时,才将有关环保条款纳入讨论议题,且发达国家与发展中国家在这一问题的立场上总是存在分歧,以至于 WTO 相关协议环保贸易条款的含糊表述、存在"软法"性等都容易造成各国的碳交易立法与 WTO 规则之间的法律冲突。

第三,国家或集团利益至上与国际公共利益共享的法治理念冲突所致。国际碳交易是含有涉外因素的国际民商事关系。各国基于对碳配额的主权享有,为保护本国的利益,在买卖碳排放权的交易中,更多地从本国利益的角度出发设计相关碳交易的法律制度或政策,即使是代表不同国际阵营的碳排放交易平台,在进行国际碳交易规则的制定时,也会充分考虑各自阵营的利益。如世界银行及国际排放贸易协会制定的模板《适用于 CERs 购买协议的通用条款》和《减排量购买协议(第 3 版)》是从买方的利益角度出发设定具体的协议条款,围绕其制定和适用的相关的法律规范,则更多地为买方便利和维护角度考虑;由一些国际律师和清洁发展机制专家等起草的 CERSPA(《核证减排量买卖协议》)则从卖方的利益角度出发设定具体的协议条款,围绕其制定和适用的相关的法律规范,则更多地为卖方便利和维护角度考虑。这种权利义务不平衡的法律制度设计,不但会在各国碳交易之间产生法律冲突,也会造成代表不同利益的国家集团之间的法律冲突;再如欧盟为了保护欧盟本区域的利益,树立自己在碳排放交易市场的领导地位,建立了自己的碳排放交易体系,并通过立法对全世界的商用航空飞行器进入其领空征收碳排放交易税,导致国际碳交易反贸易冲突的升级。这种冲突不但违反了国际贸易规则中所确定的公平原则和非歧视原则等法律基本原则,也违反了《联合国气候变化框架公约》和《京都议定书》所确定的"共同但有区别"责任原则。因而,在有关交易双方不属于同一国家或集团而又必须保护各自国家或集团利益时,便会产生在适用保护各自国家或集团利益的法律与 WTO 法律规则之间的法律冲突。

10.1.3 WTO 规则主要协议简介

1995 年 1 月 1 日正式成立的世界贸易组织纳入《关税与贸易总协定》的原则、

权利和义务，形成了一个综合性的多边贸易协定。在多哈会议公报中，世界贸易组织"坚持和维护一个开放的和非歧视性的多边贸易体系的宗旨，为环境保护和可持续发展促进实行进行支持"。Marrakesh 协议（Marrakesh Agreement Establishing the world Trade Organization, WTO Agreement,《建立世界贸易组织的马拉喀什协定》）的序言中对建立世界贸易组织也指出："本协议缔约方，认识到在处理其贸易和经济领域的关系时……同时应依照可持续发展目标，考虑对世界资源的最佳利用，寻求既保护和维护环境，又以与它们各自在不同经济发展水平的需要和关注相一致的方式，加强为此采取的措施。"下面介绍与《京都议定书》减排机制相关的 WTO 贸易规则，即《关税与贸易总协定》《补贴与反补贴措施协议》和《服务贸易总协定》。

10.1.3.1 《关税与贸易总协定》

《关税与贸易总协定》（GATT）中有三个重要的原则和产品的"生产过程和生产方法"（PPMs）与《京都议定书》有关。这三个原则是最惠国待遇、国民待遇和一般取消数量限制，这些原则的一个例外是一般例外的环境保护。

（1）最惠国待遇

最惠国待遇（MFN）在《关税与贸易总协定》中是一个最重要的基本原则和义务。《关税与贸易总协定》第一部分第 1 条第 1 款规定：最惠国待遇是指一成员方对于原产于或运往其他成员方的产品所给予的利益、优惠、特权或豁免都应当立即无条件地给予原产于或运往所有任一成员方的相同产品。换言之，一国（或地区）根据条约给予另一国（或地区）的利益、优惠、特权或豁免，无论在现在或将来，都不应低于其给予任何其他第三国（或地区）的各种优惠待遇。

但是《关税与贸易总协定》中的最惠国待遇是直接给予原产于各成员方的产品，其目的是使各种优惠待遇只给予成员方生产或加工的产品，而不涉及非成员方的产品。其中所指的"任何其他国家"不仅指关贸总协定的任何成员方之间相互给予的各种优惠待遇应立即地、无条件地给予其他成员方，而且也包括关贸总协定任一成员方已经或将要给予非成员方的各种优惠待遇也应立即地、无条件地给予关贸总协定的其他成员方。在条款中所涉及的"相同产品"是根据有关成员方的海关关税税则及商品分类目录或有关成员方之间的双边或多边关税减让表以及有关的商品分类目录的条约等作为确定的依据。

如果在贸易中将排放贸易单位归为 GATT 定义产品或 GATS（General Agreement on Trade in Services,《服务贸易总协定》）范围内的服务，则在排放贸易制度中只允许附件 B 国家参加将违反 WTO 中的非歧视原则，而对于非附件 B 国家违反了最惠国待遇原则（MFN）。由于在《蒙特利尔议定书》（Montreal Protocol）中，禁止缔约国与非缔约国买卖限制商品，《京都议定书》规范的商品相当多（包括任何使用温室气体生产的产品），因此限制交易的措施可能违反 WTO 最惠国原则。

(2) 国民待遇

《关税与贸易总协定》中的国民待遇，指外国进口产品所享受的待遇不低于本国同类产品、直接竞争或替代产品所享受的待遇。国民待遇义务适用于每一具体产品。各进口成员不能在不同产品、不同批次产品中进行国民待遇的平衡，不得以对某些产品提供优惠待遇为借口对其他产品拒绝国民待遇。该义务基本可以分成两类：一类涉及国内税费；另一类涉及影响产品销售等的国内法律、规章。

(3) 一般取消数量限制

《关税与贸易总协定》第 11 条规定："任何缔约国除征收税捐或其他费用外，不得设立或维持配额、进出口许可证或其他措施以限制或禁止其他缔约国领土的产品输入，或向其他缔约国领土输出或销售出口产品"。但是有四种情况除外：①为保护农业、渔业产品市场而实施的限制；②为保护本国的国际收支而实施的限制；③为促进不发达国家成员经济发展而实施的限制；④为实施保障措施协定规定的数量限制。虽然这一条款处理措施影响进口和出口，大部分时间中出现的争端方面的进口限制的产品以外的任何其他世贸组织成员。

如果《京都议定书》附件 B 缔约国为了完成减少温室气体排放量的承诺而进行设立或维持配额、进出口许可证或其他措施以限制或禁止其他缔约国领土的某些产品输入，或向其他缔约国领土输出或销售出口某些产品，那么这一系列的行为会与《关税与贸易总协定》的一般取消数量限制产生冲突。

(4) 一般例外的环境保护

《关税与贸易总协定》第 20 条是一个最惠国待遇原则、国民待遇原则和一般取消数量限制原则的为了保护环境的例外条款。"一般例外"列举了 10 项政策性措施来包括所有与贸易有关的环境保护的一般例外。在这 10 项政策性措施中，有两项与《京都议定书》有关：第 20 条（b）项为保护人类、动植物的生命或健康所必需的措施和第 20 条（g）项关于与保护可用尽的自然资源有关的、与限制国内生产或消费一同实施的措施。此外，如果违反《关税与贸易总协定》第 20 条以外的其他义务的措施，欲根据一般例外条款获得正当性，必须依次满足下面两个条件：首先，有关措施必须属于该协定中一般例外条款所列举的政策性措施的范围。其次，这些措施的适用方式，必须符合该协定中一般例外条款本身的要求，这就是不得构成任意或不正当的歧视，或者造成对国际贸易的变相限制。对上述两个条件的审查有先后次序之分，不得颠倒。同时上述政策性措施的实施方式不得构成对情形相同的成员的任意歧视，或不正当歧视，也不得构成对国际贸易的变相限制。

《京都议定书》第 2 条提供多种政策措施来协助缔约国完成其减排目标。缔约国可能声称其依《京都议定书》的规定来实施贸易限制措施。此措施可能加速贸易与环境目标之间的冲突，违反 WTO 贸易规则。其他的 WTO 成员国都有可能向 WTO 争端解决机制申诉，但是此《京都议定书》缔约国可以提出一般例外的环境保护的辩称。

（5）PPMs 标准

环境保护标准主要分为两类，一类是产品品质环境标准，即产品本身的品质要满足环境保护的要求；一类是产品生产环境标准，即产品的生产过程和生产方法要满足环境保护的要求；产品的"生产过程和生产方法"，英文为"Processing and Production Methods"（PPMs）。在环境保护中常出现的 PPMs 标准就是指环境保护中的生产过程和生产方法的标准。在 PPMs 标准的分类中，按照 PPMs 标准对产品最终性能的影响，PPMs 标准可分为"与产品有关的 PPMs 标准"（PR-PPMs）和"与产品无关的 PPMs 标准"（NPR-PPMs）。前者针对的是其产品生产和加工方法将改变最终产品的性能，以致产品在使用和消费中会对环境造成污染、伤害消费者的健康，导致产品消费对环境的外在损害。后者针对的则是其加工或制造出的产品本身不会对环境造成损害，但是在生产或加工过程中则存在对环境损害或污染的情形，导致产品生产对环境的外在损害，由此分类可以看出，"与产品有关的 PPMs 标准"最终还是对产品的特性或品质制定标准，是否执行 PPMs 标准最终形成的将是不同品质的产品，而不是"相同产品"。而"与产品无关的 PPMs 标准"最终还是对生产过程或生产方法制定标准，是否执行 PPMs 标准最终形成的仍是"相同产品"，只是生产过程或生产方法的不同会对环境造成不同的影响。

WTO 规则采纳的 PPMs 标准是被限定为"与产品有关的 PPMs 标准"（PR-PPMs）。因此在 WTO 规则中，无论是《世界贸易组织贸易技术壁垒协议》（WTO/TBT）的 PPMs 标准还是《卫生与动植物检疫措施协议》（SPS）的 PPMs 标准，其都是"与产品有关的 PPMs 标准"。WTO 规则依旧以贸易自由化为旗帜，要求各成员方非歧视地开展国际贸易，同时在自由贸易的体制中，还引入国际环境保护的机制。如果出口方提供的产品，因未符合 PPMs 标准、其生产过程或生产标准的未达标，导致产品品质或特性有所不同，在产品的使用或消费过程中可能会导致进口方的环境受到损害，进口方将可以依照 WTO 的 PPMs 标准的要求，对该产品进行禁止或限制。这既符合 WTO 的非歧视原则又符合环境保护的利益，用多边贸易体制来实现国际环境保护的目的。

PPMs 标准中的另一类是"与产品无关的 PPMs 标准"，这类 PPMs 标准的执行与否不影响最终产品的质量、品质或特性。在环境保护中，"与产品无关的 PPMs 标准"是为了保护产品生产国的环境。这主要是人们日益明白环境是全球性的、互相关联的问题，虽然产品生产国的环境受到污染，从眼前利益看与进口国无关，但是生产国环境一旦恶化，造成的生态后果是没有行政疆界限制的，可能会危及其邻国甚至全球。因此，为了保护全球环境，不仅对那些可能在消费、使用过程中造成污染的产品要通过贸易的手段进行制裁，对那些在生产过程中造成污染的产品也一样要进行制裁，而要制裁就要有标准，"与产品无关的 PPMs 标准"就是这类为保护他国环境而设立的环境保护标准。然而，这类"与产品无关的 PPMs 标准"现今仍无法被 WTO 规则采纳。

为控制全球温室气体排放而制定的《京都议定书》，其就是 PPMs 标准的一个体现，它不是限制产品本身，而是要求在整个的生产过程中使用一些更为环保的生产方法，以便减少温室气体的排放，以保护全球的环境。因此《京都议定书》中所采用的 PPMs 标准涉及"与产品无关的 PPMs 标准"。但是这类"与产品无关的 PPMs 标准"现今仍未被 WTO 规则采纳。

如果《京都议定书》中 PPMs 标准调整的对象不是产品，而是探究产品的生产过程和生产方法并制定一个符合环境保护的 PPMs 标准来确保产品的生产与消费不会对环境造成损害。因此当一种产品的生产未达到环境保护的 PPMs 标准，则进口国可以采取贸易限制或制裁的方式对该产品实行禁止或限制措施。例如美国和墨西哥金枪鱼争端案，虽然作为产品的"金枪鱼"是一样的，但其生产方法不一样，也就是说美国与墨西哥用不同的方法来捕捞"金枪鱼"。美国认为由于使用墨西哥捕捞"金枪鱼"的方法会导致大量的海豚死亡从而威胁生态平衡，也就是认为墨西哥捕捞"金枪鱼"的方法违反了环境保护的 PPMs 标准。因此美国对墨西哥金枪鱼进行制裁并限制和禁止对墨西哥金枪鱼的进口。虽然墨西哥捕捞金枪鱼时没有实行保护海豚的措施，但是最终捕捞出来的金枪鱼是一样的。美国允许本国渔民的采用驱赶海豚的方法捕捞的金枪鱼在本国市场上的销售，而禁止墨西哥的没有采取保护海豚的措施而捕捞到的金枪鱼在美国市场上的销售，这就是对相同的产品给予不同的待遇。墨西哥认为不能用环境保护的 PPMs 标准对同类产品进行比较，美国禁止进口的规定不符合 WTO 的非歧视原则。美国认为根据 GATT 第 20 条，为了环境保护的要求可以越过 GATT 规则。WTO 专家小组研究了第 20 条环保例外条款的起草历史，认为其只能应用于采取行动的成员方管辖范围之内，不允许当事一方将其境内有关动物及自然资源的法律措施越界强加于另一方，所以美国不能因为墨西哥的捕捞方法而限制其同类产品的进口，必须给予墨西哥金枪鱼不低于美国金枪鱼产品的待遇。WTO 否定了根据生产方法进行贸易限制的做法，但 PPMs 标准问题仍然是贸易自由与环境保护经常引起冲突的领域。

10.1.3.2 《补贴与反补贴措施协议》

WTO《补贴与反补贴措施协议》（SCM）中关于对补贴的定义规定：就本协议而言，以下情况应被认为有补贴存在：（1）某一成员方境内的政府或任何政府机构（在本协议中称"政府"）提供的财政资助即：①政府行为涉及直接资金转移（如赠与、贷款、投股），潜在的资金或债务直接转移（如贷款担保）；②本应征收的政府收入被豁免或不予征收（如税额抵免之类的财政鼓励）；③政府提供不属于一般基础设施的商品或服务，或购买商品；④政府向基金机构支付款项，或委托或指导私人行使上述①至③项所列举的一种或多种通常是赋予政府的职权，以及与通常由政府从事的行为没有实质差别的行为。（2）《1994年关税与贸易总协定》第16条意义上的任何形式的收入支持或价格支持。（3）由此而给予的某种优惠。

在 SCM 中规定了三类补贴：（1）禁止性补贴，指成员方不得授予或维持的补贴，通常被称为"红色补贴"。禁止性补贴有两种：出口补贴和进口替代补贴。（2）可诉性补贴，指对国际贸易造成一定程度的不利影响，可被诉诸 WTO 争端解决机制，或通过征收反补贴税而予以抵消的补贴。通常被称为"黄色补贴"。（3）不可诉补贴，指不具有专向型的补贴，或虽具有专向性的补贴但符合《补贴与反补贴措施协议》中的一切条件的补贴：①对企业或高等院校、科研机构在与企业合同基础上进行研究的资助；②在成员方的领土范围内根据地区发展总体规划并且非专向性对落后地区提供的资助；③改造现有设备，使之适应由法律所提出的新环境要求而提供的资助。不可起诉的补贴通常被称为绿色补贴。

例如在排放贸易中政府对于获得的排放量的分配，可能会违反 WTO 中的公平贸易原则。因为这些排放量是有价的可转让的排放权，其分配属于政府对产业的补贴。但在实践中大部分国家只分配给少数企业促进其的出口，但危害其他国家的国际竞争力，违反了 WTO《补贴与反补贴措施协议》。《京都议定书》减排机制可能会在以下三个方面与 SCM 产生冲突。首先，是《京都议定书》的排放量分配可以构成向企业或经济部门的补贴，这种补贴是可诉性的，违反 SCM 补贴协议。其次，WTO 成员长期不能够履行其国内的《京都议定书》义务可以构成对受益企业的一种可诉性补贴。再次，作为 CDM 项目部分的财政支付可以等同于可诉性补贴。

第一，排放分配制度与 WTO 补贴的冲突。《京都议定书》中并没有具体明确国家如何分配排放的数量单位，但是根据《京都议定书》，缔约国可以保留主权以自己选择的任何方式来分配排放限制的责任，而不管其选择的环境法规的形式，例如污染税、排放上限、技术标准。向企业或经济部门分配排放量（排放权）可以产生补贴，这种补贴可以视为禁止性的财政资助（禁止性补贴）。如果相比较这种分配更有利于某些行业，那么就可能被视为类似于出口补贴。在某些特定的案件中分配制度可能会成为"可诉性补贴"。第二，在《京都议定书》各缔约国中，许多国家对一些企业或者经济部门在履行减排义务时，给予一定的无偿资助来促进其顺利地完成任务。这种行为就可能涉及 SCM 的禁止性补贴条款。若该项国家资助仅以履行义务或有限的条件进行补贴，那么就会违反 SCM 关于禁止性补贴的规定。第三，根据清洁发展机制，附件 B 国家对非附件 B 国家提供财政援助帮助非附件 B 国家实施可持续发展，并有利于实现《联合国气候变化框架公约》的最终目标，同时获得项目产生的核证减排量。然而，这种清洁发展机制项目就可能会被认为是一个隐性的补贴。也就是说，非附件 B 国家可以利用清洁发展机制项目合作，鼓励资本流入某些部门，而不对这些部门的全部排放量封顶。那么相对于其他附件 B 国家的同类经济部门的运营而言，可以说是非附件 B 国家赋予了那个部门财政利益。这样看来，清洁发展机制项目实际上起到了补贴的作用。这样就会违反 SCM 关于可诉性补贴的规定。

10.1.3.3 《服务贸易总协定》

《服务贸易总协定》（简称 GATS）是与《关税与贸易总协定》平行的独立的多边贸易协定，调整前述四种类型的国际服务贸易行为。其全部内容可分为三个部分：第一部分是框架协议，由 6 个部分，39 个条文组成，它规定了国际服务贸易一般概念、原则和规则，成员国基本权利和义务，是 GATS 的主体和实质部分；第二部分是成员国服务贸易承诺清单，它规定成员国承诺开放的本国服务业部门和分部门，具体承担的关于国民待遇和市场准入的义务以及限制条件；第三部分是框架协议的 8 个附件，规定了某些重要服务贸易部门的多边自由化规则，是 GATS 不可分割的组成部分。

《服务贸易总协定》第 1 条明确规定该协定"适用于各成员影响服务贸易的措施"，并将服务贸易按提供方式分为四种形式：跨界提供、境外消费、商业存在和自然人移动。与《关税与贸易总协定》相比较，《服务贸易总协定》有两个一般义务原则和具体承诺。此外，《服务贸易总协定》中有一个与环境有关的例外条款。

《服务贸易总协定》中包括最惠国待遇义务原则、透明度义务原则和非关税障碍义务原则，但最惠国义务原则是最重要的义务与《京都议定书》减排机制有关。《服务贸易总协定》第 2 条第 1 款规定，"有关本协议的任何措施方面，每一成员对于任何其他成员的服务和服务提供者的待遇，应立即和无条件地给予不低于其给予任何其他成员的服务与服务提供者的待遇"。此外，《服务贸易总协定》最惠国待遇与《关税与贸易总协定》最惠国待遇的区别是：前者不仅适用于服务产品而且适用于服务产品的提供者，而后者只适用于来源于其他成员方的产品而不适用于产品的提供者。

不同于一般义务适用于所有服务部门，具体的承诺是有约束力的 WTO 成员在这些国家的具体的服务部门提出他们的行程和约束。《服务贸易总协定》分为两项义务的具体承诺：一是国民待遇的义务，二是市场准入的义务。国民待遇义务要求 WTO 成员"每一成员方应在其承诺表所列服务部门或分部门中，根据该表内所述任何条件和资格，给予其他成员方的服务和服务提供者，就所有影响服务提供的措施而言，其待遇不低于给予其本国相同的服务和服务提供者"。其他具体义务是市场准入的义务。将市场准入和国民待遇不作为普遍义务,而是作为具体承诺与各个部门的开放联系在一起,这样可以使分歧较小的国家早日达成协议,否则就加重了它们在服务贸易和国际收支中的负担,这有悖于《服务贸易总协定》的宗旨。因此,服务贸易中的国民待遇是以 WTO 成员间在平等的基础上通过谈判方式达成协议,在协议的基础上确定不同服务行业中不同程度地履行国民待遇。另外,服务贸易国民待遇原则的实施应本着"利益互惠"的原则,但这种利益互惠不应是绝对数量上的"对等优惠",而是"相互优惠",依据不同水平国家的需要。

根据两种义务,《服务贸易总协定》存在两种不同的例外情况,即一般例外和例外的具体承诺。类似《关税与贸易总协定》和《服务贸易总协定》中的一般例外最惠国义务鉴于环境保护。一个 WTO 成员可采取强制执行措施或不符合最惠国待遇的义务时,这些措施是"保护人类或动植物生命与健康的必要的措施",并没有在"情形相同的国家之间构成任意或不合理歧视的手段,或构成对国际贸易的变相限制"。

专栏 10-1　贸易与环境保护的冲突:从金枪鱼案到海龟/海虾案

在 20 世纪 90 年代,东热带太平洋地区盛产金枪鱼,它们与珍贵的海豚存在共生现象。为了保护海豚,美国渔民采取驱赶海豚的方式来捕捞金枪鱼,而同处于这片海域的墨西哥渔民则使用一种导致大量海豚丧命的"袋状围网"来捕鱼。1990 年 10 月,美国依据其国内法《海洋哺乳动物保护法令》,禁止从墨西哥进口金枪鱼。在美国拒绝墨西哥申辩的情况下,墨西哥于 1991 年 2 月向 GATT 申诉。同年 3 月,GATT 决定成立专家组并最终裁定美国败诉。

无独有偶,同样在 20 世纪 90 年代,美国规定如果某一国家在捕虾时没有安装必要设施以防止误捕珍稀的海洋动物海龟,则美国可禁止向该国进口虾类产品。然而,当时包括印度、马来西亚、巴基斯坦、泰国等国在内的诸多国家由于采取拖网捕虾的方法而误杀了大量的海龟。1996 年 11 月,上述四国与美国进行磋商但没有达成一致意见。1997 年 1 月,马来西亚、巴基斯坦与泰国要求设立专家组。同年 4 月,DSB(Dispute Settlement Body,WTO 争端解决机构)成立专家组,包括澳大利亚、哥伦比亚、中国香港在内的十六个国家或地区保留作为第三方介入本案的权力。次年 4 月,专家组正式提交报告并裁定美国违背世界自由贸易规则。美国不服并于 1998 年 7 月提出上诉,上诉专家组推翻了专家组报告的两项认定,但仍裁定美国违背了 GATT 1994 的原则,因此此案也以美国败诉告终。

从金枪鱼案和海龟/海虾案中可以看到,尽管墨西哥、印度与马来西亚等

> 国家捕捞的金枪鱼和海虾在产品本身上与美国捕捞的同类产品没有实质差别，但由于其捕捞方式（生产方式）对环境造成了破坏，导致了美国采取贸易限制手段对这些国家进行制裁。在争论过程中，墨西哥等国认为不能用环境保护的 PPMs 标准对同类产品进行比较，美国则依据 GATT 第 20 条认为，出于环境保护的需要可以越过 GATT 规则。专家小组最终否定了根据生产方法限制贸易的做法，要求美国不得违反非歧视的原则，应当给予其他国家进口产品不低于美国同类产品的待遇。
>
> 从环境保护的标准来看，美国与《京都议定书》的要求其实是一致的，即"与产品有关的 PPMs 标准"（PR-PPMs），它要求产品的加工和生产过程都要满足环境保护的要求；相较之下，WTO 规则中对环境保护的标准较低，为"与产品无关的 PPMs 标准"（NPR-PPMs），即产品本身满足环境保护的要求即可。也就是说，一旦《京都议定书》的缔约国因为其他国家的产品生产过程不符合环境保护标准而采取贸易限制措施，其很可能会被世界贸易组织裁定为违反自由贸易原则。可见，对环境保护标准的要求不同很可能成为国际碳交易与 WTO 规则的冲突根源之一。

10.2 碳贸易法律规制与 WTO 多边贸易机制的冲突

10.2.1 碳贸易法律规制与 GATT 的冲突

（1）直接针对碳排放贸易采取的措施是否受 GATT 调整

分析一国直接针对碳排放贸易采取的措施是否受 GATT 调整，需要分两步走。第一步是确定 GATT 的调整范围。第二步是分析一国直接针对碳排放贸易采取的措施是否属于 GATT 的调整范围。

对于 GATT 的调整范围，GATT 1947 以及 GATT 1994 均没有专门的条款予以规定。但是，WTO 官方网站在对 GATT 进行介绍时明确指出，GATT 涵盖的是国际货物贸易。此种观点可以在 GATT 1947 的序言及主要条款中得到印证。GATT 1947 的序言规定，GATT 的主要宗旨之一就是扩大货物（Goods）的生产和流通。此外，GATT 1947 的主要条款，如国民待遇条款、最惠国待遇条款、一般禁止数量限制条款等，都是针对产品（Products）做出的规定。专门负责 GATT 事务的理事会也被命名为货物贸易理事会（Council for Trade in Goods）。因此，从目前来看，GATT 的调整范围应当是 WTO 成员方针对货物贸易采取的关税及非关税措施。但是，对于何谓货物，GATT 并未做出任何明文规定。但我们可以从关税减让表所涵盖的货物得到一定的启示,因为该表是各成员方承担 GATT 项下关税减让义务的依据。目前,各成员方的关税减让表所涵盖的货物全部都是有形的货物。这意味着,WTO 成员方在现阶段对于货物的理解是有形的货物。而且,目前的共识也证明了这一点。

在确定了 GATT 的调整范围是 WTO 成员方针对有形货物贸易采取的措施后,接下来的任务便是界定碳排放贸易是否属于有形货物贸易,或者更进一步说,碳排放贸易的标的是否属于有形货物。在实践中,碳排放贸易的交易标的在不同市场框架中的称谓各不相同。例如,京都市场中的交易标的为 CERs、ERUs、AAUs 和 RMUs,EU ETS 中的交易标的为 EUAs。为了表述方便,本章将其统称为碳配额。关于碳配额的法律属性,目前尚未有定论。

综观有关碳排放贸易的国际国内立法,均对碳配额的法律属性予以了回避。《京都议定书》未对其所创设的各种碳配额做出法律上的定性。《联合国气候变化框架公约》缔约方会议第七届会议通过的《建立世界贸易组织的马拉喀什协议》第15/CP.7 号决定也进一步重申:"《京都议定书》既没有创立也没有赋予附件一所列缔约方任何排放量方面的任何权利、资格或权利资格。"欧盟 2003/87/EC 指令对 EUAs 的定义为:"在特定阶段排放 1 吨二氧化碳当量的一种配额,该配额仅在为满足本指令的要求时有效,且可以根据本指令的规定对其进行转让。"美国的《清洁空气法案》将排放配额定义为依法排放二氧化硫的有限授权,并明确指出这种许可不构成一项财产权。上述国际国内法律规范之所以对排放配额的法律属性采取如此谨慎的态度,主要是考虑到确认排放配额的私有财产地位可能会给排放贸易体制的行政管理造成一定的困难。为了确保总量控制目标的实现,管理部门需要有一定的灵活性对碳排放贸易体制进行行政干预和介入,如分配和取消排放配额、收回或中止分配不当的排放配额等。如果碳配额被赋予了私有财产权的属性,具有了神圣不可侵犯的地位,那么上述行政干预将会变得难以进行。

在理论界,中外学者们对于碳配额法律性质的认识也存在较大的分歧。在国外,有学者认为碳配额兼具行政许可与私人财产的属性,有学者将其视为一种新的商品(Commodity),有学者认为 CERs、ERUs、AAUs 跟可交易的国债类似,还有学者认为碳配额应被视为一种类似于货币的资产。在国内,学者们的观点相对来说较为一致。多数学者认为碳配额及其他污染物排放配额实质上代表的是一种环境容量使用权,属于准物权的范畴。不难发现,不管上述观点之间存在怎样的分歧,有一点是共同的。那就是,碳配额本身不属于有形的货物或商品。

综上所述,不论在立法上,还是在理论上,碳配额都未被视为有形的货物或商品。因此,碳排放贸易不属于有形货物贸易的范畴。这意味着,至少在现阶段,一国直接针对碳排放贸易采取的措施不受 GATT 调整。但是,正如鲍威林教授所指出的,大多数 WTO 条款都处在不断演变的过程中,所以对它们的解释也应当与时俱进。在美国对某些虾和虾制品的进口限制案中，上诉机构对于"可能用竭的自然资源"一词的解释就充分体现了这一点。GATT之所以未对"产品"一词进行定义也就是为了使该词的范畴能够随着新事物的不断涌现而逐渐扩大。也许，"产品"的范畴在将来就会扩大到包含无形产品。因此，随着人们对气候变暖现象的认识不断深入以及碳排放贸易规模的日益扩大，碳配额被纳入GATT意义上的"产品"范畴也不是不可能的。出于这种考虑，下文将对一国直接针对碳排放贸易采取的措施与GATT之间的潜在冲突进行前瞻性分析。

（2）直接针对碳排放贸易采取的措施与GATT之间的潜在冲突

一旦一国直接针对碳排放贸易采取的措施受到GATT规制，两者之间可能产生的冲突主要有以下两种情况。

第一种情况是一国可能会对碳配额的进出口数量施加限制，从而违背GATT第11条有关禁止数量限制的规定。一国采取此种措施可能出于多方面的动机。例如，根据《建立世界贸易组织的马拉喀什协议》第18/CP.7号决定，附件一国家在承诺期所持有的碳配额不得低于规定的储备量。在履行承诺的宽限期截止前，附件一国家不得做任何使得其碳配额持有量低于储备量的转让。这意味着，一国可能会对碳配额的出口总量施加数量限制。此外，为了防止碳配额供应太多而削弱企业的减排积极性，一国也可能会采取措施限制碳配额的进口总量。根据GATT1947第11条的规定，任何WTO成员，除征收关税或其他税费外，不得设立或维持配额、进出口许可证或其他措施以限制或禁止其他成员领土的产品的输入或向其他成员领土输出或销售出口产品。因此，一国对碳配额的进出口数量施加限制是不符合该条规定的。

第二种情况是一国可能会针对特定国家施加碳配额的进口限制，从而违背了GATT第11条有关禁止数量限制的规定，同时也有可能违背第1条有关最惠国待遇的规定。此种情况中比较典型的事例是针对"热空气"（Hot air）问题采取的贸易限制措施。《京都议定书》在为附件一国家设定减排义务时所确定的基准年是1990年。但是，由于经济的萎缩，俄罗斯和乌克兰的温室气体排放量在不采取任何减排措施的情况下也不会超过1990年的水平。通过把剩余的排放配额出售给其他附件一国家，这两国在没有付出任何成本的情况下就可以赚到200亿~1700亿美元甚至更多。这种在没有采取任何减排措施的情况下产生的富余温室气体排放配额被称为"热空气"。"热空气"交易遭到了很多国家的抵制。欧盟就建议对此类交易予以限制。此外，针对未签署《京都议定书》的国家或虽已签署《京都议定书》但未承担强制减排义务的国家，附件一国家也会有很强烈的施加碳配额进口限制的政治意愿。此类限制措施所造成的结果就是在来自不同国家的碳配额之间形成了差别待遇。一方面，此类措施违背了GATT第11条有关禁止数量限制的规定，因为它设定了数量限制，同时也违反了GATT第13条，因为它针对特定国家施加了碳配额的进口数量限制。另一方面，此类措施也有可能违背 GATT 第 1 条有关最惠国待遇的规定。之所以说可能，主要是因为还有一个待解决问题。那就是同类产品的认定，即不同国家所持有以及发放的碳配额是否属于同类产品。总结以往涉及 GATT 第 1 条的争端解决实践，专家小组和上诉机构判断"同类产品"的标准主要包括四个方面：产品的最终用途；消费者的喜好和习惯；产品的属性、性质和品质；以及产品的关税分类。由于碳配额不属于消费品，所以不存在消费者的喜好和习惯问题。又由于碳配额不属于有形的商品，所以也不具备物理属性和品质。此外，目前的关税减让表也未涵盖碳配额。因此，上述四项标准中只有第一项可适用于碳配额。要对碳配额进行同类产品的认定，还需要发展出新的标准。

当然，即使上述贸易限制措施违背了 GATT 的相关规则，WTO 成员方还可援引 GATT 第 20 条例外条款来证明其正当性。如前文所述，分析一项措施是否符合 GATT 第 20 条例外条款应当分为两个步骤：首先分析该措施是否符合第 20 条所列出的例外情况，然后分析该措施是否符合第 20 条引言的要求。第 20 条中与上述贸易限制措施相关的主要有（b）款和（g）款。（b）款的规定为"为保障人类、动植物的生命或健康所必需的措施"，（g）款的规定为"与保护可能用竭的自然资源有关的措施，且此类措施应与对国内生产或消费的限制一同实施"。（b）款的规定可分解为两个方面。一方面，相关措施应以保障人类、动植物的生命或健康为目的；另一方面，相关措施是实现这一目的所必需的。（g）款的规定可分解为三个方面。第一，相关措施所依据的政策属于与保护可能用竭的自然资源有关的政策范围；第二，相关措施与保护可能用竭的自然资源有关；第三，相关措施与对国内生产或消费的限制一同实施。此外，第 20 条引言规定，相关措施不得对情况相同的国家构成武断的、不合理的歧视待遇，也不得构成对国际贸易的变相限制。

首先看第一类措施，即一国对碳配额的进出口数量施加限制的措施是否符合 GATT 第 20 条（b）款的规定。该类措施的主要目的是为了将本国境内碳配额的供应量控制在一个适当的水平，以确保本国减排目标的实现，从而最终保障人类、动植物的生命和健康。并且，就此目的而言，也没有可替代的对贸易限制更小的措施供 WTO 成员方合理地采用。因此，该类措施符合 GATT 第 20 条（b）款的规定。这意味着，只要该类措施同时符合第 20 条引言的要求，就可以最终获得豁免。因此，WTO 成员方在实施该类措施时不得对情况相同的国家构成武断的、不合理的歧视待遇，也不得对国际贸易进行变相限制。

第二类措施是针对特定国家采取的碳配额进口数量限制，其目的主要在于促使其他国家也采取类似的减排行动，如承担强制性减排义务或者确立更大幅度的减排目标等。由于采取此类措施的国家并未对本国所创设的碳配额的交易予以限制，而（g）款要求相关措施应与对国内生产或消费的限制一同实施。因此，此类措施肯定不符合（g）款的规定。那么，此类措施是否符合（b）款的规定呢？首先，此类措施旨在促使其他国家也采取温室气体减排行动，而温室气体减排的最终目的就是为了减缓全球变暖的进程，继而保障人类、动植物的生命和健康。因此，此类措施是以保障人类、动植物的生命或健康为目的的。但仅此还不够，此类措施还必须是实现该目的所必需的。根据 WTO 的争端解决实践，判断一项措施是否符合"必需性"要求的标准在于是否存在可合理采用的与 GATT 相符或与 GATT 不一致程度更低的替代措施。这一标准可分解为三个方面。首先，是否存在同样有助于目标实现的替代措施？其次，该替代措施是否与 GATT 相符或与 GATT 不一致程度更低？最后，替代措施是否可为成员方合理采用？要达到促使其他国家也采取温室气体减排行动的目的，双边或多边的国际气候谈判就是一种可供选择的替代措施，并且该措施还不会构成对 GATT 规则的违背。也许有些国家会说，在当前的国际形势之下，国际气候谈判举步维艰，并不具有可行性。但是，它们必须用行动来证明这一点。也就是说，一国在决定采取进口数量限制措施之前应当进行富有诚意的双边或多边国际气候谈判，且谈判未果。除此之外，此类措施还必须符合第 20 条引言的要求。也就是说，WTO 成员方在实施该类措施时不得对情况相同的国家构成武断的、不合理的歧视待遇，也不得对国际贸易进行变相限制。

综上所述，只要实施的方法得当，第一类措施是很有可能基于 GATT 第 20 条（b）款获得豁免的，而第二类措施也有可能基于 GATT 第 20 条（b）款获得豁免，但是难度更大。

10.2.2 碳贸易法律规制与 SCM 的冲突

（1）碳配额的初始分配

在总量控制与排放贸易机制下，碳配额因其稀缺性而具有了价值。例如，EU ETS 第一阶段的碳配额分配就创造了价值 220 亿到 440 亿欧元的年资产。因此，与分配任何有价值的东西一样，碳配额的初始分配也极具争议。从理论上来说，碳配额的初始分配方式无非三种：免费分配、拍卖或者两者兼而有之。其中，免费分配的方式使得排放企业凭空增添了相当数量的资产，而拍卖的方式则使得政府增加了收入。在目前的实践中，碳配额的初始分配方式主要有两种。一是免费分配全部碳配额，二是免费分配其中一部分碳配额、拍卖另一部分碳配额。例如，欧盟建立温室气体排放贸易机制的指令 2003/87/EC 第 10 条就要求在第一阶段至少 95% 的碳配额应通过免费分配的方式发放。而事实上，在第一阶段仅有不到 1% 的碳配额是通过拍卖的方式发放的。

（2）SCM 对于补贴的认定和分类

SCM 对于补贴的认定根据 SCM 第 1 条第 1 款的规定，补贴的认定必须具备两个条件。一是政府或公共机构提供了财政资助或任何形式的收入或价格支持，二是授予了利益。其中，财政资助主要有四种形式：①由政府进行的资金的直接转移（如赠款、贷款和入股）、潜在的资金或债务的直接转移（如贷款担保）；②政府放弃或未收取在其他情形下应收取的收入（如税收减免之类的财政刺激）；③政府提供除一般基础设施之外的货物或服务，或购买货物；④政府向筹资机构进行支付，或委托或指示私营机构履行前述三种在正常情况下属于政府的职能。对于财政资助这一条件的理解，美国——出口限制案的专家小组进行了较为深入的探讨。通过考察 SCM 第 1 条的谈判历史，该专家小组确认，之所以施加财政资助的要求，就是为了确保不是所有授予利益的政府行为都被视为补贴。财政资助是对政府行为性质的限定。也就是说，只有在政府的行为使得政府所掌握的经济资源转移给私营实体时，才有可能构成补贴。如果政府的行为并未导致经济资源从政府转移给私营实体，那么该行为便不属于财政资助，因而也不构成补贴。根据这种理解，专家小组判定，出口限制措施不属于财政资助。

补贴的第二项构成条件是政府或公共机构的财政资助授予了利益。在加拿大影响民用飞机出口的措施案中，上诉机构指出，要判断政府或公共机构的财政资助是否授予了利益，需要考虑的是该财政资助是否使接受者处于比在没有接受资助的情形下更加有利的地位，而非政府有所支出。而进行此种对比的最为合理的基础应当是市场。也就是说，只有当政府给予财政资助的条件比市场条件更为优惠时，才可认定该财政资助授予了接受者利益。

SCM 将补贴划分为三种类型：禁止性补贴、可诉补贴以及不可诉补贴。认定禁止性补贴或可诉补贴的前提是补贴具有专向性。所谓专向性，是指补贴的提供在法律上或事实上仅限于某个或某些企业或行业，而非面向所有的生产部门。SCM 之所以做出这样的规定，主要是因为只有专向性补贴才会产生扭曲市场的作用。如果补贴是普遍给予整个社会和社会各生产部门的，那么它几乎不会对经济产生负面影响。禁止性补贴主要有两种：出口补贴和进口替代补贴。前者是指在法律上或事实上以出口实绩为条件的补贴。后者是指以进口替代产品的使用为条件的补贴。可诉补贴是指对国际贸易造成一定程度的不利影响，可被诉诸 WTO 争端解决机制，或通过征收反补贴税予以抵消的补贴。其中，不利影响主要包括三种情况。一是对其他成员方的国内产业造成损害；二是使其他成员方在 GATT 项下的直接或间接利益丧失或被减损；三是严重侵害其他成员方的利益。不可诉补贴是指不具有专向性，或虽具有专向性但符合 SCM 第 8 条第 2 款所列三种情形的补贴。这三种情形主要是科研开发补贴、向贫困地区提供的补贴以及环保补贴。不过，该款规定已于 1999 年 12 月到期，且未重新适用。

就碳配额的初始分配而言，由于免费分配全部或部分碳配额使得政府放弃了原本可以通过拍卖获得的收入，因此这两种分配措施都具有构成补贴的可能。

（3）免费分配全部碳配额的措施是否构成补贴

根据 SCM 第 1 条第 1 款的规定，要认定免费分配全部碳配额的措施构成补贴需具备两个条件。一是该措施构成财政资助，二是该措施授予了利益。

首先，分析一下免费分配全部碳配额的措施是否构成财政资助。由于该措施的实施主体是政府部门，因此该措施肯定不属于 SCM 第 1 条第 1 款所列财政资助的第四种情形。此外，由于该措施并未涉及直接的资金或债务转移，因此该措施也不属于财政资助的第一种情形。最后，由于碳配额不是有形的商品，也不是服务，因此，按照目前对于"goods"和"service"术语的理解，该措施也不属于财政资助的第三种情形。那么，该措施是否属于政府放弃或未收取在其他情形下应收取的收入呢？由于在该措施中全部碳配额都是免费分配的，因此政府肯定是未收取收入。那么，问题的关键就在于此种未收取的收入是否是在其他情形下应收取的收入。在美国外国销售公司案（欧共体根据 DSU《关于争端解决规则与程序的谅解》第 21.5 条提出的诉请）中，上诉机构强调，对于此类问题的判断应遵循两个原则：①并不能仅仅是因为一国政府没有收取其可以收取的收入就断定存在财政资助，因为在理论上政府对任何收入都有权征收；②术语"在其他情况下应收取"（otherwise due）暗示了与一种被诉方国内确定的、正常的基准情形的比较，而非其他国家的基准情形。第一项原则体现了对 WTO 成员方主权的尊重，第二项原则主要是为了确保 WTO 成员方对其 WTO 项下义务的尊重。由于免费分配全部碳配额的措施涵盖了所有被纳入总量控制与排放贸易机制的企业，因此这似乎本身就是正常的基准情形。这意味着，虽然在理论上政府可以通过拍卖碳配额的方式获取一定的收入，但是政府所放弃的此种收入并不是"在其他情况下应收取"的收入。那么，免费分配全部碳配额的措施就不属于政府放弃或未收取在其他情形下应收取的收入。综上所述，免费分配全部碳配额的措施不属于 SCM 第 1 条第 1 款所界定的任何一种形式的财政资助。那么，无论该措施是否授予了利益，它都不构成 SCM 第 1 条第 1 款所界定的补贴。

（4）免费分配部分碳配额的措施是否构成补贴

同理分析两个条件：

首先来分析一下免费分配部分碳配额的措施是否构成财政资助。由于免费分配部分碳配额的措施与免费分配全部碳配额的措施的差别仅在于免费分配碳配额数量的不同，因此免费分配部分碳配额的措施同样不属于 SCM 第 1 条第 1 款所列财政资助的第一、三、四种情形。那么，问题的落脚点就在于该措施是否属于政府放弃或未收取在其他情形下应收取的收入。由于部分碳配额被免费分配，因此政府肯定是放弃了一定的收入。那么此种被放弃的收入是否属于政府在其他情形下应收取的收入呢？上文已经提及，对此问题的判断，关键在于与该国正常的基准情形的比较。并且，该基准情形必须与所考察的措施具有相似性和可比性。就免费分配部分碳配额的措施而言，与其具有可比性的基准情形应当是总量控制与排放贸易机制中其他没有资格获取免费配额的企业的配额分配情况。针对这些企业，政府是通过拍卖的方式发放初始配额的。相应地，政府可以从中获取一定的收入，就像对二氧化碳排放征税一样。也就是说，在正常情形下，政府是可以通过分配碳配额获取一定收入的。与之相比，免费分配部分碳配额的措施就使得政府放弃了一部分在其他情形下应收取的收入。因此，该措施构成了 SCM 第 1 条第 1 款所列财政资助的第二种情形。

接下来需要考察的是免费分配部分碳配额的措施是否授予了利益。在总量控制与排放贸易机制中，碳配额是具有市场价值的。对于免费获得碳配额的企业而言，如果没有此项措施，那么它们就得通过拍卖的方式获得初始配额。如果它们需要更多的配额，就得在二级市场上购买。无论是拍卖还是购买，它们都得付出对价。而免费分配的方式是不需要它们付出任何对价的。显然，免费分配的方式比拍卖和购买的方式都要优惠。因此，免费分配部分碳配额的措施授予了利益。

综上所述，免费分配部分碳配额的措施既构成了财政资助，又授予了利益。因此，该措施构成了 SCM 第 1 条所定义的补贴。但是，并非所有的补贴都为 SCM 所禁止或限制，除非是禁止性补贴或可诉补贴。所以，接下来还需要界定免费分配部分碳配额的措施所属的补贴类型。

根据 SCM 的规定，首先需要确定的是该措施是否属于专向性补贴。显然，免费分配部分碳配额的措施仅面向总量控制与排放贸易机制中的部分企业。因此，该措施构成专向性补贴。但是，由于该措施不以出口实绩或进口替代产品的使用为条件，因此它不构成禁止性补贴。而 SCM 第 8 条第 2 款有关不可诉补贴的规定已于 1999 年 12 月到期，且未重新适用。因此，免费分配部分碳配额的措施也不属于不可诉补贴。作为一种专向性补贴，免费分配部分碳配额的措施既然不属于禁止性补贴，也不属于不可诉补贴，那么就应当属于可诉补贴了。WTO 成员方如果想采取反补贴措施，就必须证明其国内市场上的同类产业或同类产品的出口受到了损害或不利影响，且损害结果与免费分配部分碳配额的措施之间存在因果关系。

10.2.3 碳贸易法律规制与 GATS 的冲突

GATS 以 WTO 成员方所采取的影响服务贸易的措施作为调整对象。对于"服务"一词，GATS 仅在第 1 条做出如下规定："服务包含任何部门的任何服务，但行使政府权能时提供的服务除外。"这个高度抽象概括的规定使得"服务"一词具有了非常广泛的外延，足以涵盖任何能在商业基础上进行贸易的服务。但这一规定的缺陷是未能对服务的内涵予以明确界定，容易引发争议。这主要归因于成员方在GATS的谈判中无法就服务的定义达成一致意见。针对这个问题，GATT秘书处于1991年发布了一个服务部门分类表，以供成员方在此基础上做出有关市场准入和国民待遇义务的具体承诺。该表一共列举了12个服务部门，共包含155个具体的服务形式。但是，这项表格也仅限于对已有服务门类的罗列。随着科技的不断进步、经济的不断发展，新的服务门类和形式会不断涌现，从而对GATS项下"服务"一词的界定提出了新的挑战。碳排放贸易便是其中之一。如前所述，碳排放贸易主要有两种类型。一种是基于配额的碳排放贸易，另一种是基于项目的碳排放贸易，目前主要是CDM（清洁发展机制）和JI（联合履约机制）项目。前者的流程比较简单，主要包括配额的分配和交易两个环节。后者的流程相对复杂一些，CDM/JI项目业主需经过项目设计、注册、排放量监测、核查和核证等一系列环节后才会得到签发的CERs或ERUs，之后才能对其进行出售。从私法的角度来看，碳排放贸易主要包括两类民事活动。一是碳配额的贸易，二是CDM/JI项目的投资和开发。下文将分别阐述一国所采取的影响这两类民事经济活动的措施与GATS之间的关系。

（1）影响碳配额贸易的措施是否受GATS规制

由于GATS的调整对象为WTO成员方所采取的影响服务贸易的措施，因此，判断WTO成员方所采取的影响碳配额贸易的措施是否受GATS规制的关键在于确定碳配额的贸易是否属于服务贸易。而这个问题又可以进一步归结为碳配额是否属于服务。上一节已经述及，关于碳配额法律性质的界定，目前在立法中尚属空白领域，而学界的认识也存在较大的分歧。有学者认为碳配额兼具行政许可与私人财产的属性，有学者将其视为一种新的商品（Commodity），有学者认为CERs、ERUs、AAUs跟可交易的国债类似，有学者认为碳配额应被视为一种类似于货币的资产，还有学者认为碳配额及其他污染物排放配额实质上代表的是一种环境容量使用权。

美国国际环境法中心的高级律师Wiser（怀泽）的观点则独树一帜。他认为，CDM项目所产生的CERs代表了一种减排服务。Wiser对此的解释是，CERs能用来抵消附件一国家的温室气体排放量，因此可被视为CDM项目业主向附件一国家的CERs购买方提供的减排服务。并且，由于CDM项目的所在地与CERs的购买方分属不同国家，因此CERs的贸易属于GATS所界定的跨境提供的服务贸易。Wiser由此得出的结论便是，WTO成员方所采取的影响CERs贸易的措施属于GATS的调整范围。但应该注意到，作为一种法律上的安排，CERs只是可以用来抵消附件一国家的温室气体排放量，从而使得附件一国家可以更低的成本来履行其根据《京都议定书》所承担的减排义务。在客观上，CDM项目所产生的减排效应及对大气环境容量资源的保护效应是发生在东道国境内的，其直接受益者并不是CERs的购买方。英国经济学家Hill（希尔）曾经给服务下过一个被广为引用的定义："服务是一个人或者是隶属于某经济单位的货物，由于其他经济单位的活动的结果，所发生的状态的改变。……服务的生产者所做的就是以改变消费者状态的方式对其施加影响。否则，就没有任何服务的实际提供。"根据该定义，如果CERs代表了CDM项目业主向附件一国家的CERs购买方提供的减排服务，那么CERs购买方在温室气体排放方面的状态应有所改变，即排放量的减少。但事实并非如此，因此，CERs不能被界定为CDM项目业主向附件一国家的CERs购买方提供的减排服务。同理，其他种类的碳配额也不应被视为减排服务。相应地，WTO成员方所采取的影响碳配额贸易的措施不属于GATS的调整范围。

（2）影响CDM/JI项目的投资与开发的措施是否受GATS规制

在实践中，CDM/JI项目的投资与开发主要有两种情形。一种是由CERs或ERUs的最终买方或境外中介机构直接投资和开发，另一种是由项目东道国的企业自行投资和开发，CERs或ERUs的买方只是与其签订CERs或ERUs购买协议。其中，第一种情形的项目投资具有涉外因素，第二种情形的项目投资属于国内投资。由于GATS的调整对象为WTO成员方所采取的影响国际服务贸易的措施，因此下文将主要围绕第一种情形的项目投资进行探讨。判断WTO成员方所采取的影响此种项目投资的措施是否受GATS规制，关键在于确定此种项目投资是否构成服务贸易。而这个问题的核心就在于CDM/JI项目是否构成GATS意义上的服务。

当代经济学家一般认为，服务是在为服务接受者带来某种变化的同时提供时间、地点和形态效用的经济活动。服务的生产和消费同时发生，且服务不可运输、积累和储存。按照《京都议定书》的相关规定，CDM/JI项目所必须具备的实质性条件就是能产生额外的温室气体减排量。换言之，温室气体源人为排放量应减至低于不开展CDM/JI项目的情况下会出现的水平，从而有效地保护东道国的大气环境容量资源。《京都议定书》之所以做出这样的规定，就是为了确保CDM/JI项目能够为东道国带来积极的实质性的环境效应，实现可持续发展。从这个角度来看，CDM/JI项目可以被界定为项目投资方以商业存在形式向东道国提供的温室气体减排服务。此种服务给项目东道国带来的变化体现为温室气体源人为排放量的额外性减少，从而使其大气环境容量资源得到了保护，而且服务的生产（即CDM/JI项目的运行）和消费（即温室气体减排量的产生）是同时发生的。美国律师Wiser虽然也认为CDM项目构成服务，但他主张将项目的设计、建设和维护分别划归若干个已经列入服务分类表的服务部门，如建筑服务、专业服务等。但此种做法存在不妥之处。一方面，根据《京都议定书》的规定，CDM项目的主要目的是实现额外的温室气体减排量，项目的设计、建设和维护是为实现这一目的所采取的一系列活动。这些活动是不能离开项目独立存在的，并且彼此也不能分割。另一方面，将CDM项目分解为若干种服务会造成WTO规则适用上的困境。作为一种综合性的项目，CDM项目包含很多种不同的服务类别，如建筑服务、项目设计、项目维护等。而 WTO 成员方在不同服务部门所承担的义务是不一样的。比如，有的成员方在建筑服务部门承担国民待遇和最惠国待遇义务，在专业服务部门未承诺国民待遇和最惠国待遇义务。那么就作为一个整体的 CDM 项目而言，我们将无从判断该成员方是否应当承担这两项义务。因此，将 CDM 及 JI 项目视为一个单一的服务类别更符合项目的主旨，也更具有可行性。

既然 CDM/JI 项目构成一种服务，接下来就得进一步分析这种服务是否属于 GATS 所界定的服务。对于"服务"一词，GATS 仅在第 1 条做出如下规定："服务包含任何部门的任何服务，但行使政府权能时提供的服务除外。"这意味着，除了在政府行使权能时提供的服务之外的一切服务均属于 GATS 所界定的服务范畴。而所谓"在政府行使权能时提供的服务"，是指任何既不在商业基础上也不在同任何其他服务提供者竞争的情形下提供的服务。前文已经论证了 CDM/JI 项目构成一种服务。接下来的任务便是确定 CDM/JI 项目是否属于 GATS 第 1 条所规定的除外情形。虽然 CDM/JI 项目可能有政府的参与，但政府并非在行使其权能。根据《京都议定书》的规定，CDM/JI 项目的参与方既可以是成员方政府，也可以是成员方政府所授权的法律实体。当作为项目参与方时，成员方政府是在商业基础上与东道国政府或法律实体进行合作的。其目的纯粹是为了获取 CERs 或 ERUs，并非旨在行使任何权能。因此，CDM/JI 项目不属于 GATS 第 1 条所规定的除外情形。那么，CDM/JI 项目就应当属于 GATS 所界定的服务范畴。而当 CDM/JI 项目由 CERs 或 ERUs 的最终买方或境外中介机构直接投资，且投资方所属国与项目东道国均为 WTO 成员方时，该项目便构成了 GATS 第 1 条所界定的以商业存在形式进行的服务贸易。WTO 成员方所采取的影响此类项目投资与开发的措施便应当适用 GATS 的相关规定。

但是，作为一种新型的服务贸易形式，CDM/JI 项目以及温室气体减排服务并未被明确纳入 WTO 成员方的具体承诺表之中，从而导致无法确定 WTO 成员方的相关权利和义务。对于这个问题的解决，相关学者认为，首先可以肯定的一点是，CDM/JI 项目应划归 WTO 成员方具体承诺表中的环境服务部门。根据《京都议定书》的规定，CDM/JI 项目的核心要件之一就是能产生额外的温室气体减排量，从而有效地保护东道国的大气环境容量资源。因此，CDM/JI 项目所构成的温室气体减排服务理应属于环境保护服务的一种。具体而言，将温室气体减排服务纳入 WTO 成员方具体承诺表中的环境服务部门主要有两条途径。一是将温室气体减排服务视为环境服务部门中"其他环境保护服务"中的一种，二是在环境服务部门中新增一个分部门——温室气体减排服务。第一条途径简单易行，但容易引发争议。一方面，大多数 WTO 成员方的具体承诺表并未对"其他环境保护服务"做出进一步的说明或限制，仅仅只是引用其 CPC（United Nations Central Product Classification，联合国的核心产品分类临时目录）代码9409。而 CPC 也未对9409所代表的"其他环境保护服务"进行解释。所以，各 WTO 成员方从自身立场出发可能会对这一术语做出不一样的解读。另一方面，对于已经在"其他环境保护服务"分部门做出具体承诺的 WTO 成员方而言，它们所承诺的义务就会自动扩展至温室气体减排服务。而这种情形可能是它们当初在拟定具体承诺表时未预料到的。例如，我国在具体承诺表中对以商业存在形式提供的"其他环境保护服务"的市场准入仅提出如下限制："仅允许从事环境服务的外国服务提供者通过合资企业的形式提供服务，但允许外方持有多数股权。"但是，我国《清洁发展机制项目运行管理办法》第17条规定，清洁发展机制项目实施机构仅限于中资和中资控股企业。这意味着，外方持有多数股权的企业是没有资格实施清洁发展机制项目的。这种规定显然与我国在具体承诺表中的承诺背道而驰。相比第一条途径而言，第二条途径更加有利于澄清温室气体减排服务所应适用的相关规则。但是，它需要 WTO 成员方之间通过重新谈判达成协议。鉴于 WTO 成员方之间的重大利益分歧，这条途径的实施难度是比较大的。

专栏10-2　　　　　　　不受热捧的"热空气"

《京都议定书》在规定各国第一期的减排额度时采取的是"祖父原则"，即根据各国1990年的碳排放量来确定各自初始的温室气体排放水平，并据此分配初始排放权和排放义务。按照规定，如果在第一承诺期结束以后，一个国家的温室气体排放量低于其规定额度，那么盈余部分就可以用于交易。

1992年以后，由于东欧剧变导致包括俄罗斯、白俄罗斯以及乌克兰在内的东欧国家经济急剧萎缩，温室气体排放水平也随之下降。也就是说，这些国家在不采取任何减排措施的情况下，其温室气体排放量也不会超过1990年的水平。因此，在《京都议定书》第一承诺期结束之后，东欧诸国手中仍握有巨量的可用于交易的排放配额，这种不经减排努力而产生的富余温室气体也被称为"热空气"。

一旦巨量的"热空气"被带入第二承诺期，也就意味着许多缔约国可以无需投资减排项目，而转为直接购买"热空气"的方式来兑现自身的减排承诺，这样的结果显然与《京都议定书》的初衷不符。因此在各缔约方中，以欧盟与日本为代表的发达国家以及许多发展中国家都要求禁止"热空气"交易。但是，以波兰、乌克兰以及俄罗斯为代表的反对方坚称它们手中的"盈余"属于合法的主权财富并坚持要将"热空气"全部带入第二承诺期乃至2020年之后。

> 为平衡各方利益，在 2012 年 12 月举行的多哈世界气候大会中，各国部长们做出妥协，允许发达国家通过购买"热空气"来冲抵其 2% 的减排指标。但这种安排并没有让这些国家满意，它们声称如果不能满足它们的要求，不惜在多哈会议中否定《京都议定书》第二承诺期。
>
> 多哈时间 8 日下午 6 时，大会主席阿卜杜拉在各方没有准备的情况下，将包括"热空气"在内的所有决议快速"敲锤"通过。尽管俄罗斯代表在事后数度发言抗议，但由于木已成舟，且欧盟、日本、列支敦士登等国也逐一表示即便拥有购买"热空气"履约的权利，它们也不会使用，这让东欧各国代表彻底沉默。
>
> 多哈会议通过的一揽子决议规定波兰、立陶宛、匈牙利、保加利亚等国家的"热空气"，在第二承诺期不允许卖给其他国家，而只能少部分自用。如果将"热空气"与其他国家所持有以及发放的碳排放配额视为"同类产品"，则针对特定国家施加碳排放配额的进口限制，不仅违背了 GATT 第 1 条有关最惠国待遇的规定，同时也违背了第 11 条有关禁止数量限制的规定。

10.3 碳贸易法律规制与 WTO 多边贸易机制的协调

10.3.1 碳贸易法律规制与 WTO 规则协调的总原则

（1）恪守可持续发展的原则

世界环境与发展委员会在《我们共同的未来》一书中提出了可持续发展的思想，并将可持续发展定义为："满足当代人需要，又不损害子孙后代满足其自身需求的能力"。可持续发展的概念一经提出，立即受到国际社会的普遍关注。联合国为了促使各会员国实现经济可持续发展的目标，在 1992 年专门成立了可持续发展委员会。目前，完整的可持续发展概念包括三个方面：第一，当代人为了后代的需要，在使用地球自然资源的同时，要保护自然资源。第二，各国在开发、使用自然资源的同时，要考虑到其他国家的需要，以达到适当及公平地使用自然资源的目的。第三，经济发展必须与环境保护相结合。可持续发展的目标是实现经济、生态和社会的持续发展，三者缺一不可。这种新的发展观全面批判和否定了传统的以"物"为中心、片面追求经济增长的发展观念，强调环境保护是发展的有机组成部分，承认并体现环境资源对人类经济系统及人类生命支持系统不可缺少的价值。在此之后缔结的国际条约都直接或间接地支持了可持续发展的战略思想。

1947 年起草《关税与贸易总协定》时，总协定的许多条款已涉及为了环境保护而对自由贸易予以一定程度的限制。在乌拉圭回合谈判过程中，贸易与环境问题并未被列入谈判的议题。在谈判日期，恰逢1992年里约环境发展大会召开，《里约人类环境与发展宣言》在序言中明确把可持续发展列为协调环境与经济发展关系的原则，指出为了实现可持续发展，环境保护应是发展进程的一个整体部分。在《建立世界贸易组织的马拉喀什协定》的序言中，除了明确规定协议的宗旨是提高生活水平，确保充分就业等目标外，还特别加上了为持续发展的目的而扩大对世界资源的充分利用，寻求对环境的保护和维护等内容，事实上，已经"将可持续发展和环境保护确立为新的多边贸易体制的基本宗旨之一"。同时，对环境等可持续发展问题的研究已经成为WTO的主流工作之一。《建立世界贸易组织的马拉喀什协定》的第一段："本协议缔约方，认识到在处理其贸易和经济领域的关系时……同时应依照可持续发展目标，考虑对世界资源的最佳利用，寻求既保护和维护环境，又以与它们各自在不同经济发展水平的需要和关注相一致的方式，加强为此采取的措施。"

《联合国气候变化框架公约》中指出缔约的目的在于"认识到所有国家特别是发展中国家需要得到实现可持续的社会和经济发展所需的资源……决心为当代和后代保护气候系统"。《京都议定书》要求各缔约国承担温室气体减排、限排义务和在可持续发展的框架下应对气候变化问题，其为实现全球范围的可持续发展提供了真正全球性的框架。《联合国气候变化框架公约》及其《京都议定书》确定了气候变化国际合作的框架、原则、目标，规定了发达国家和发展中国家应该做出的努力。发达国家应该严格履行《京都议定书》确定的减排目标，并切实兑现向发展中国家提供资金和技术转让的承诺。发展中国家要在可持续发展框架内，积极采取减缓和适应气候变化的政策措施，为应对气候变化做出力所能及的贡献。

（2）坚持环境保护优先兼顾公平的原则

环境保护优先原则，其基本内涵是指在环境管理活动中应把环境保护放在优先位置予以考虑，在社会的生态利益与其他利益冲突时，优先考虑生态利益。一般涵盖以下具体内容：首先，在环境管理活动中，优先保护人的生命健康、保障居民生活、劳动和休息的良好生态环境；其次，当经济利益与生态利益发生冲突时，优先考虑生态利益；最后，各种经济开发活动，在利用一种或几种自然客体时，不应对其他自然客体和整体自然环境造成损害。当然，在维护生态平衡的同时，必须保障经济的可持续发展，因此要求国家的环境管理必须兼顾社会利益和经济利益。因此在《京都议定书》与WTO产生冲突时，即其本质自由贸易与环境保护产生冲突，应该坚持用环境保护优先原则来协调冲突。

公平性指物质和自然资本及知识和技术既在当代又在以后的世世代代的公平分配。在转向持续发展阶段的过渡时期，主要是发达国家应承担额外的义务，因其过去使用资源的方式制约了当代人尤其是发展中国家的当代人的合理选择。贸易自由化可通过消除对发展中国家有害贸易壁垒对实现公平做出贡献。国内的公平是政府的基本目标,为了促进公平,可采取两种途径,寻求增长以生产出分配所需的更多资源,或对现有资源进行更有效的分配。从长期看,公平的实现依赖于这两方面政策的同时实行。

在执行《京都议定书》时,各缔约国要确实从控制温室气体的目标出发,而不是为了保护本国经济实行贸易壁垒而与WTO协议产生冲突。同时WTO也应从公平性原则出发,对实施《京都议定书》因保护环境而违反WTO协议给予例外性支持。从而协调《京都议定书》减排机制与WTO贸易规则潜在冲突时坚持环境保护优先兼顾公平的原则。

(3) 共同但有区别责任原则

所谓责任的共同性是指环境作为全人类共同利益所在,保护环境需要所有国家的合作与努力。由于环境本身的整体性,各国对保护全球环境应承担共同的责任,包括:保护和改善其管辖范围内的环境,并防止损害其管辖范围外的环境;各国应广泛参与国际合作,在环境方面相互合作和支持。所谓责任的区别性是指由于各国工业、经济、科技发展水平不同,及其在环境恶化成因中所起作用不同,因此,不应要求所有国家都承担完全相同的责任,而应根据不同情况有所区别。

在《联合国气候变化框架公约》中,"共同"责任就是各国都要根据各自的能力保护全球气候。大气无国界,人类只有一个地球,减缓气候变化是人类共同的责任。"区别"责任即要求发达国家率先采取减排行动,使温室气体排放于2000年恢复到1990年的水平,并向发展中国家提供技术和资金支持;发展中国家的义务是编制国家信息通报,制定并执行减缓和适应气候变化的国家计划。《联合国气候变化框架公约》虽规定发达国家应在20世纪末将温室气体排放恢复到其1990年的水平,但没有为发达国家规定量化减排指标。这一内容在《京都议定书》中得以完成。因此在处理《京都议定书》与WTO的冲突中应当坚持共同但有区别责任原则,排除为保护环境而违反WTO有关非歧视原则等相关规定。

在《京都议定书》中,通过各种具体的法律措施和手段体现了共同但有差别的责任原则,展现了《京都议定书》的共同但有差别的责任原则的实践品格。具体地说,首先,《京都议定书》在第10条规定:所有缔约国,考虑到它们的共同但有差别责任以及它们特殊的国家和区域发展优先顺序、目标和情况,在不要求非附件B缔约国做出任何新承诺的情形下,重申第4.1条中的承诺,并继续促进履行这些承诺以实现可持续发展。《京都议定书》明确规定了工业化国家温室气体的削减目标,发展中国家则无具体的削减温室气体的义务。另外,在1995年的第一次缔约国会议通过的《柏林授权书》、1998年第四次缔约国会议通过的《布宜诺斯艾利斯行动计划》、2001年的第六次缔约国会议波恩会议通过的《波恩协议》、2001年的第七次缔约国会议通过的《建立世界贸易组织的马拉喀什协定》和《马拉喀什部长宣言》以及2002年的第八次缔约国会议通过的《关于气候变化与可持续发展的德利部长宣言》等国际法文件纷纷不同程度地重申了共同但有差别的责任原则。

在《京都议定书》中确立的灵活三机制，都是在《京都议定书》中的共同但有差别的责任原则基础上产生的，因为，无论三机制如何灵活，它都是以承认发达国家与发展中国家在全球温室气体控制义务上存在差别为前提的。尤其是清洁发展机制，它最大的特点是直接联系着发达国家和发展中国家在温室气体排放方面的行为。尽管，在《京都议定书》模式下，发展中国家并没有承担温室气体的削减义务，但是基于共同责任原则，发展中国家在应对全球气候变化的活动中也同样要发挥其应有的作用。

因此在处理《京都议定书》减排机制与WTO贸易规则的冲突时要保证共同但有区别责任原则，不能一味地将附件B缔约国和非附件B缔约国的责任等同起来。应该时刻坚持共同但有区别责任原则，区别对待附件B缔约国和非附件B缔约国所要承担的义务。

10.3.2 碳贸易法律规制与WTO多边贸易机制的协调

（1）碳贸易法律规制与GATT和GATS的协调

WTO或《京都议定书》中没有提到任何关于分配数量单位、减少排放单位或核证减排量是否被视为有关的商品或服务。《维也纳条约法公约》第31条"应依其用语按其上下文并参照条约之目的及宗旨所具有之通常意义，善意解释之。"那么根据上述规则，凡是意义仍属不明或难解，或不合理，或为确定其意义起见，"补充资料，包括条约之准备工作及缔约之情况在内"都可以使用。但是，WTO和《京都议定书》没有任何文字解释分配数量单位、减少排放单位或经证明的减排量视为货物或服务。因此，《维也纳条约法公约》在解决这一问题时没有发挥关键作用。

《关税与贸易总协定》中没有定义"货物"，《服务贸易总协定》中只界定了有限的"服务"。《关税与贸易总协定》中没有明确定义产品或货物的概念以及编码协调制度，但其产品或货物通过统一商品种类和编码系统中的产品识别来界定，其中并不包括分配数量单位、减少排放单位和经证明的减排量。服务贸易总协定中规定了四种服务模式：①跨境提供，指从一成员国境内向另一成员国境内提供服务，例如视听服务；②境外消费，指一成员国境内对另一成员国的服务消费者提供服务，例如旅游；③商业存在，指一成员国的服务提供者在另一成员国境内通过设立经营企业或专业机构提供服务，例如跨国公司；④自然人移动，指一成员国的服务提供者到另一成员国境内对消费者提供服务，例如建设项目。GATS中的服务贸易非常广泛，基于联合国的核心产品分类临时目录（CPC），将服务业分为11大类。但是无论在CPC中还是在GATS的名单中，没有涉及直接出售减少排放量或者排放权交易的服务。

减少排放单位和核证减排量不被视为货物。首先，WTO允许的"有形货物"是从一个国家运送到其他国家，但双方都减少排放单位和核证减排量是无形的东西，并且不能发运。第二，1985年GATT专家小组关于"加拿大措施影响纪念币销售"指出，如果加拿大的枫叶金币和南非的克鲁格金币被用来作为投资品，并且二者属于"相同产品"，则措施影响金币的销售将受到GATT的制约。但是如果这两个黄金硬币作为"法定货币"行使支付手段，那就不能作为GATT中的产品。至于减少排放单位和经证明的减排量，借鉴专家小组的以上报告分析，如果在《京都议定书》中分配数量单位、减少排放单位和核证减排量作为排放权交易中的产品或货物，它们就可以受到GATT的约束。反之，如果作为《京都议定书》中"主权义务的可交易成分"，与传统的产品不同，是一种由某个机制（交易机制）设立的无形的东西，那么它们就不会被视为GATT产品或者货物。第三，《京都议定书》设立减少排放单位和核证减排量只是为了帮助附件B缔约国来完成它们的排放承诺，并帮助非附件B缔约国实现可持续发展。《京都议定书》没有明确规定以及考虑减少排放单位和核证减排量是否视为货物。因此，通过分析减少排放单位和核证减排量的货物可能会造成问题，最好不将减少排放单位和核证减排量视为货物。

《服务贸易总协定》中的市场准入义务，只适用于服务行业中世界贸易组织成员所列出的承诺表。因为目前没有任何世界贸易组织成员将减少排放单位或核证减排量列入它们的名单，所以这些减排机制单位将不被视为《服务贸易总协定》中所涉及的服务。因此，现阶段《京都议定书》减排机制与WTO贸易规则不会产生冲突。如果未来WTO成员将减少排放单位或核证减排量加入其服务的名单，减少排放单位或核证减排量可能成为《服务与贸易总协定》所规定的服务。但是这种假设将不会实现，因为一个WTO成员开放其市场与其他WTO成员谈判，并没有同时要求其他WTO成员开放其市场。WTO和《京都议定书》成员国可以根据其意愿，共同合作制定一个机制来避免冲突发生。WTO成员可以列出名单来界定排放交易单位，并希望用减少排放单位或核证减排量的他们的承诺表。例如，WTO成员可以列出减少排放单位或核证减排量的附表并设置条件，即在某一时间段内只有附件B缔约国可以进行减排机制的贸易。

（2）清洁发展机制和排放贸易有关的服务与GATS的协调

与减少排放单位或核证减排量相比而言，清洁发展机制更可能被视为服务。如减少排放单位或核证减排量一样，WTO和《京都议定书》中没有任何文字解释清洁发展机制和服务之间的关系。因此，《维也纳条约法公约》不能被用来判断清洁发展机制是否是一种服务的形式。附件 B 缔约国赞助资金或技术援助，在非附件 B 缔约国中实行清洁发展机制，然后获得核证减排量来抵消其温室气体减排的承诺。在这种情况下清洁发展机制的实施国（非附件 B 缔约国）像一个服务供应商来提供减少温室气体排放量的服务，附件 B 缔约国就像一个服务消费者，而清洁发展机制则是减少温室气体排放量服务。

虽然清洁发展机制可视为某种形式的服务，但是未来冲突可能不会在 WTO 和《京都议定书》之间出现。减少排放单位或核证减排量，因为目前没有任何 WTO 成员将清洁发展机制项目列在它们的名单中，所以清洁发展机制项目将不会视为其属于《服务贸易总协定》。如果未来 WTO 成员将清洁发展机制项目列入服务的附表，它们就可能成为 GATS 形式上的服务。但是 WTO 与《京都议定书》的成员国在未来可以合作制定一个协调机制来避免冲突，清洁发展机制与《服务贸易总协定》的潜在冲突将不会发生。

此外，《京都议定书》减排机制与 WTO 贸易规则也有引发争端的可能性。当一个附件 B 缔约国选择一个非附件 B 缔约国进行清洁发展机制，如果另外一个非附件 B 缔约国认为这个附件 B 缔约国在选择国家产地时违反《服务贸易总协定》中的最惠国原则，这个附件 B 缔约国可以使用《服务贸易总协定》的环境例外条款辩称这些措施是"为保护人类、动物或植物生命或健康而必需的"，并没有"在情况相同的国家间构成武断的或不公正的歧视，或构成对服务贸易的变相限制"。因此《服务贸易总协定》完全可以解决《京都议定书》减排机制与 WTO 贸易规则产生的这类冲突。

在《京都议定书》排放贸易的实施中，其中如经纪、会计师或工程师等提供的一定形式的服务或多或少会涉及服务贸易总协定成员国所规定的服务名单。WTO 成员可以根据《服务贸易总协定》，提出其他 WTO 对其服务供应商的歧视。但是《京都议定书》中对排放贸易规则并没有详细规定，并且对这种温室气体排放贸易形式的服务贸易没有规定任何歧视性规则。因此在未来《京都议定书》减排机制与 WTO 贸易规则发生冲突的可能性很小。

（3）碳贸易法律规制与 WTO 补贴规则的协调

根据清洁发展机制，附件 B 缔约国对非附件 B 缔约国提供财政援助，帮助非附件 B 缔约国实施可持续发展，并有利于实现《联合国气候变化框架公约》的最终目标，同时获得项目产生的核证减排量。然而，这种清洁发展机制项目就可能会被认为是一个隐性的补贴。也就是说，非附件 B 缔约国可以利用清洁发展机制项目合作鼓励资本流入某些部门，而不对这些部门的全部排放量封顶。那么相对于其他附件 B 缔约国的同类经济部门的运营而言，可以说是非附件 B 缔约国赋予了那个部门财政利益。这样看来，清洁发展机制项目实际上起到了补贴的作用。这样就会违反

SCM 关于可诉性补贴的规定。

如果一个非附件 B 缔约国在它的一个产业部门中鼓励清洁发展机制，同时允许该部门排放量将继续上升，它可以说是将赋予这个部门的经济利益相关的运作，则清洁发展机制运作将作为补贴。但是在显示操作中就很难证明清洁发展机制项目会①损害其他 WTO 成员的国内产业，②损害 WTO 其他成员的经济利益，③严重损害其他成员方的利益。但是，如果国际和国内机构提供给所有缔约国通过竞争性招投标运作过程是公开和透明的，则清洁发展机制与 WTO 补贴的风险摩擦将降到最低。

一国在限制空气污染和水污染时可能会涉及对个别行业和企业施加限制，类似的，一国决定实施计划来控制温室气体排放量，也可能需要在具体行业和企业中采取限制措施。因此，无论采取何种形式的限制措施（如污染税、排放上限、技术标准或其他手段），每一个国家都拥有分配其所承担的排放限额责任的主权权利。同样的，根据《京都议定书》的规定，每个附件 B 缔约国保留了充分的主权权力来选择如何分配其限制排放量责任。此外，一些国家或经济体已经表明它的再分配数额完全符合国际条约即 WTO 法和自己的内部团体性的条约：如欧盟已经宣布将重新分配其成员国的个别排放数量单位，其结果是一些国家将被分派的比别的国家多。因此，国家和跨国公司进行分配的分配数量单位都将隐含一些政治、经济和社会政策的背景因素。附件 B 缔约国在其领土内有四种分配方式，包括：基于历史性分配方法（Grandfathering），拍卖制度，以社会、经济或政治为基础的分配和以工业或部门减少排放的表现来分配。通过上文的分析，这样的分配方式可能与 WTO 补贴产生冲突。

但是这种冲突很难发生，原因如下：第一，减排量的分配很难界定是一种"财政出资"。一方面减排量的分配不符合 WTO 对财政出资的定义，即①它不涉及直接转移资金、潜在转移资金或负债；②它不构成一种财政收入；③它不属于政府提供的货物或服务；④它不能被认定为政府委托或指导私人行使上述三项所列举的职权。另一方面，附件 B 缔约国进行减排量分配只是一种履行国际义务的方式。因此减排量的分配将不属于任何一种"财政出资"的形式。第二，根据国际法规则，一个国家有权处理本国的问题和事务，例如在其领土上如何规范环境污染和制定环境标准规定。通过划拨分配数量单位来实现一个国家控制温室气体保护环境的承诺。因此不会与 WTO 有冲突。第三，《京都议定书》规定每个附件 B 缔约国应"根据其本国情况实施或进一步制定政策和措施来实现其承诺"这意味着附件 B 缔约国根据各自国情运用其主权权力来分配分配数量单位。因此根据以上分析可以得出分配减排量与 WTO 补贴将很难发生冲突。

10.3.3 碳贸易融入世界贸易体系的可行性分析

(1) 碳贸易法律规制与 WTO 规则的互补性

以《联合国气候变化框架公约》与《京都议定书》为代表的国际碳贸易的法律规范对各国进行碳贸易具有重要的指导作用，但其无法有效约束缔约国的行为。

在现存的气候变化国际法中，只有《京都议定书》具备法律效力，以至于《联合国气候变化框架公约》秘书处执行秘书德博埃尔认为它是目前气候旅程上唯一的一双鞋。然而从其执行效果来看，《京都议定书》对缔约国无法形成有效约束。这表现为：第一，减排目标太低。在第二承诺期中，各国没有提出较高的减排目标，如《京都议定书》的领导者欧盟只保留了其第一期 20% 的减排目标，而澳大利亚更是制定了与 1990 年排放水平几乎持平的极弱目标；第二，惩罚措施不恰当。《京都议定书》规定对未完成第一承诺期要求的缔约方，需在第二承诺期弥补相同的减排量，并加上 30% 的惩罚量，但对退出和不做第二期承诺的附件一国家，不存在任何处罚，这就在客观上鼓励了缔约国退出《京都议定书》。到目前为止，已有美国、加拿大、日本、新西兰以及俄罗斯五国选择退出。

诚然，当前的减排模式所面临的巨大冲击在一定程度上是国际各利益集团博弈的结果，但也与相关国际法自身不具备充分强制力的缺陷有关。基于强制力的考虑，将碳贸易融入世界贸易体系就成为一种较好的选择。一方面，在 WTO 的框架下，缔约国必须遵守 WTO 全部规则的强制力为碳贸易提供制度保障；另一方面，WTO 较为完备的争端解决机制，能够为碳贸易的纠纷提供具有法律效力的解决手段。因此，与其让碳贸易在充满不确定性的气候国际法中面临存废危机，不如将其剥离出来纳入 WTO 框架中，利用 WTO 的多边贸易规则引导碳贸易的良性发展。

国际碳贸易与国际贸易体系的融合对于 WTO 的发展也具有重大意义。一方面，环境与贸易的纠纷是 WTO 经常面对的问题，而碳贸易的发展提供了一个用贸易手段解决此类纠纷的可行方案。另一方面，将日益扩大的国际碳贸易市场纳入到 WTO 体系中，不仅能够推动世界贸易的发展，同时也体现了世界贸易组织作为维护与促进全球贸易市场发展的经济组织的权威性。

(2) 碳贸易发展的客观需要

全球市场及其规则的形成与发展归根结底是源于贸易发展的需要，这个结论同样适用于全球碳贸易市场。随着市场的扩大，碳贸易将需要完备的法律制度来保证其稳定与可持续的发展。

据世界银行统计，全球碳交易市场的交易量在 2006 年仅为 16 亿吨，到 2009 年则达到了 87 亿吨，交易额为 1440 亿美元，有望超过石油市场成为世界第一大市场。

尽管近年由于受到国际经济与政治环境的影响，碳交易产品价格与交易额有所回落，但是碳交易的实际成交量却是呈上涨趋势。不仅如此，各国纷纷建立区域性碳交易市场，说明碳交易市场具有广阔的发展空间。目前已建成碳交易市场的国家或地区包括欧盟、英国、美国以及澳大利亚，公开宣布要建立碳交易市场的国家包括中国、印度尼西亚、肯尼亚及韩国。

（3）WTO 对环境保护的重视

世界贸易组织一向对环境问题十分重视，因此将碳贸易纳入到 WTO 框架中并不违背 WTO 的宗旨。在 WTO 的宪章性文件《建立世界贸易组织的马拉喀什协定》（以下称《马拉喀什协定》）中，就已出现对环境问题的关注。《马拉喀什协定》的序言中提到："本协定缔约方，认识到……同时应依照可持续发展的目标，考虑对世界资源的最佳利用，寻求既保护和维护环境，又以与它们各自在不同经济发展水平的需要和关注相一致的方式，加强为此采取的措施"。在乌拉圭回合谈判中通过的《关于贸易与环境的决议》和《关于服务贸易和环境的决议》确认了协调贸易与环境关系的重要性，明确了实现可持续发展的目标。

此外，WTO 规则中许多协定都设置了环保例外条款，为 WTO 框架下的环境保护提供了合法性。例如，GATT 1994 第 20 条 "一般例外" 规定，只要 "措施的实施在条件相同各国间不会构成不合理或武断的歧视手段，或者不会形成伪装起来的对国际贸易的限制"，则任何缔约方都可以采取 "为保护人类、动植物的生命或健康所必需的措施"（b 款），都可以采取 "与国内限制生产与消费的措施相配合，为有效保护可能用竭的天然资源的有关措施"（g 款）。正如鲍威林教授所指出的，大多数 WTO 条款都处在不断演变的过程中，所以对它们的解释也应当与时俱进。在美国对某些虾和虾制品的进口限制案中，上诉机构对于 "可能用竭的自然资源" 一词的解释就充分体现了这一点。既然如此，将空气资源视为 "可能用竭的自然资源"，从而将碳贸易融入 WTO 体系中何尝不是一种可能。

专栏 10 - 3　将国际航空领域纳入欧盟碳排放交易体系的失败

2008 年 11 月，欧盟通过法案决定将航空领域纳入欧盟碳排放交易体系。根据此项法案，从 2012 年 1 月 1 日起，所有在欧盟境内飞行的航空公司的碳排放量都将受限。欧盟对航空业的碳排放限额是以 2004 年至 2006 年全球航空排放量为基础确定的。2012 年约 85% 的排放量免费，到 2013 年，这一比例将进一步降至 82%，不足部分需在欧盟 ETS 体系中购买碳额度来弥补。法案还规定，对拒不执行此法案的航空公司将实施超出部分按每吨 100 欧元的罚款，以及被禁止在欧盟境内飞行。

欧盟单方面收取航空碳税，导致了与欧盟有航空服务贸易往来的大多数国家利益受损，因此遭到了国际社会的强烈反对。2009 年年末，美国航空运输协会及其会员公司将欧盟起诉到英国高等法院。2011 年 11 月，中国与俄罗斯两国政府对外发布反对欧盟将航空纳入碳排放体系的共同声明。同年，美国、俄罗斯、加拿大、中国等国指责欧盟的做法实际上是在设置贸易壁垒。2012 年 2 月，包括美国、中国、巴西、印度在内的 29 国发表联合宣言抵制欧盟对航空业征收"碳税"，并宣称联合制定报复性方案。

2012 年 12 月，欧盟委员会建议暂停实施对进出欧盟国家的民用航班征收碳排放税的措施，同时希望在 2013 年秋季召开的国际民航组织代表大会能够就解决这一问题达成一个多边协议。欧盟同时表示，如果届时未能在此问题上达成协议，欧盟将恢复征收航空碳税，不会再提出新的建议。事实上，由于国际各方的联合抵制，欧盟于 2014 年 4 月投票决定只对欧盟内的航空公司征收碳排放费。至此，欧盟将国际航空领域纳入欧盟碳排放交易体系的努力宣告失败。

欧盟将国际航空领域纳入温室气体排放交易体系的努力，一方面可能是欧盟出于履行《京都议定书》强制减排义务和减缓全球气候变化的良好愿望，另一方面也不排除欧盟出于自身利益的考虑，希望在碳排放交易市场中树立绝对的领导地位。无论如何，欧盟单方面地通过立法手段对进入其领空的商用飞行器征收碳排放交易税，不但违反了 WTO 规则中的公平原则与歧视原则，也违反了《京都议定书》中确立的"共同但有区别"责任原则。从事件的演变进程来看，在缺乏共同利益与充分协商的基础上，尝试单方面推进全球碳排放交易市场的发展只能以失败告终。

10.4 本章小结

碳贸易的法律规制与 WTO 规则之间的冲突，实质上是国际碳交易过程中衍生出的贸易限制效果与崇尚自由贸易的 WTO 规则之间的潜在冲突。究其原因，除了国际碳交易市场及其法律规范体系尚未成熟外，二者在立法理念、基本法律原则以及具体实施措施上都存在着分歧。

本章将国际碳交易的相关法规及其所产生的贸易限制效果放入 WTO 规则的框架中来审视二者的冲突，可以看到碳贸易法律规制与 WTO 框架下的《关税与贸易总协定》《补贴与反补贴措施协定》以及《服务贸易总协定》都存在着潜在冲突，而各国在碳交易过程中所采取的具体贸易限制措施在不同程度上违反了 WTO 的最惠国待遇、国民待遇和一般取消数量限制等原则。

  然而，二者看似南辕北辙的冲突关系并非不可协调。我们只要把握住碳贸易法律规制与WTO规则协调的总原则，便能在环境保护目标与自由贸易的价值取向之间找到平衡，从而有望实现国际碳交易与国际贸易体系的融合。特别是考虑到不断发展的碳交易市场与日益完善的WTO规则之间存在的互补性，我们有理由对二者携手共进的未来充满乐观。

11 中国碳金融法律体系构建

11.1 低碳经济背景下中国的碳金融法律规范需求

低碳经济理念深入人心，国际社会高度重视低碳经济的发展，碳金融的发展已经势不可挡，我国发展低碳经济、发展碳金融已经是必然趋势。而我国正处于经济转型期，因此，必须要切实结合我国实际情况，在充分考量自身条件的前提下借鉴国外碳金融发展的成功法律经验，逐步完善我国碳金融相关法律制度建设。

碳金融法律体系是站在环境与经济发展问题的高度构建的一项新的法律体系，其可行性和价值应与现实相结合，需要论证其需求的客观性。

11.1.1 碳金融是发展低碳经济的需要

不可否认，改革开放30多年来，我国经济取得了前所未有的发展，制造工业的大发展使我国成为"世界工厂"，经济总量已经超过日本成为世界第二大经济国，对全球经济增长的影响力空前提升。但与此同时，我国也付出了相当大的资源和环境代价。中国经济增长模式的主要特征是投资带动和高能耗的重工业主导，在快速工业化、城市化的背景下我国能源消费和能源需求持续快速地增加，给能源供给造成了很大的压力，供求矛盾长期存在，严重制约未来的可持续发展。当前的全球气候变化问题和国际能源资源供给形式，使得发展中国家已经不可能沿着西方发达国家的老路顺利完成工业化、现代化，我们已经没有足够的能源资源、足够的环境容量来继续承载之前的那种高碳、高增长的发展模式。如果不向低碳转型，走绿色经济、循环经济之路，发展根本难以为继。

低碳革命被称为是席卷全球的第四次工业革命，它不只是技术上的重大突破与革新，更主要的是一次由碳的刚性约束以及相关制度、政策驱动的产业革命、经济转型低碳经济是指在可持续发展理念指导下，通过技术创新、制度创新、产业转型、新能源开发等手段，尽可能地减少煤炭、石油等高碳能源消耗，减少温室气体排放，达到经济社会发展与生态环境保护双赢的一种经济发展模式。其核心在于通过能源技术和减排技术的创新，以及由此导致的产业结构调整、制度创新和人类消费观念的根本性转变，有效控制碳排放，防止气候变暖，促进和保持全球生态平衡。要提高能源利用效率,就必须找到新的工业生产加工方法和新的节能减排技术,而一般的企业没有足够的资金和内在动力进行传统技术的创新变革。

现代市场经济中,经济活动与金融活动密不可分,任何产业的成长、发展都需要得到金融业的支持。低碳经济的发展更需要发挥金融的促进作用。而碳金融正好迎合了低碳经济发展的需要:碳金融能够发挥"碳货币"的职能,通过碳金融服务将产业资本、金融资本和民间资本汇集于低碳经济领域,能解决融资缺口问题。

碳金融是应对气候变化的金融解决方案,是实现可持续发展、减缓和适应气候变化的低成本途径,是低碳经济发展的核心手段。发展碳金融,可以利用各种专业技术手段实现资金在低碳部门的有效配置,缓解发展低碳经济所面临的资金问题;为开发再生能源技术搭建资本平台,并形成新的经济增长点和就业机会。

11.1.2 碳金融是国际气候谈判政治的需要

在应对气候变化方面,中国面临着巨大的减排压力。尽管中国作为《京都议定书》的附件二国家无须承担强制性减排义务,但近年来随着中国在全球经济体系中的地位愈加重要、能源消耗量和温室气体排放量迅速增长,欧美发达国家越来越不愿意将中国排除在承担强制减排义务的国家之外。早在2001年3月,布什政府就将"发展中国家也应该承担减排和限排温室气体的义务"作为拒绝批准《京都议定书》的主要借口,矛头直指中国。哥本哈根气候大会上,以美国为首的发达国家集团纷纷以中国尚不承担强制减排义务为借口,为自己减排不力的后果开脱。

目前欧盟已宣布将航空业纳入欧盟排放交易体系,接受强制减排约束。该决定已从2012年1月1日起开始实施,飞往欧洲或从欧洲起飞航班的中国航空公司为此将不得不向欧盟购买碳排放指标,这意味着中国航空企业将直接面临国际强制减排的压力,率先担负起国家强制减排体系下的减排重担。因此,中国一方面应该加强国家沟通谈判能力,减少中国企业所面临的巨大减排成本;另一方面,应凭借中国广阔的项目空间和减排潜力,大力发展碳金融市场,并逐渐发展成为全球碳金融中心,为中国发展低碳经济和企业应对气候变化下的碳风险而服务。

11.1.3 碳金融是参与国际竞争的需要

碳金融是一个全要素的复合体系,在全球范围内,它不仅涵盖了碳要素市场,还将相关的产业、资本、技术乃至制度都纳入其体系范围。有学者认为,碳金融有可能演变为"新布雷顿森林体系",对国际金融市场和金融体系产生根本性影响。欧盟排放交易体系启动以来,全球碳金融市场迅速发展。中国通过清洁发展机制参与了全球碳减排交易活动,并且成为全球CERs(Certification Emission Reductions,

核证减排量）的第一大供给国。然而在全球碳市场的大格局中，中国只占据 CERs 现货的一个边角，从未进入到国际碳金融体系的核心——期货交易中，中国所参与的交易额占全球碳市场份额不足 1%。可以说，中国目前在国际碳金融体系中的竞争地位不容乐观。

我国处在全球碳交易产业链的最低端，CDM 机制面临巨大的不确定性，需要寻找新的出路，发展碳市场无疑是最可行的选择之一。碳金融体系的建立，有助于国内国际碳交易市场的一体化，促进国际合作的有效进行，协助中国企业更好地了解国际规则，循序渐进地进入国际碳交易市场，提高我国在国际碳市场的话语权，另外，国际碳金融竞争日益激烈，碳交易金融化后，意味着一个巨额的资金市场的形成，这个市场以何种货币结算，以何种价格影响产业，都是巨大的利益和商机。碳金融或将成为重建国际货币体系和国际进入秩序的基础性因素。碳金融的发展程度，严重影响着我国未来的国家竞争力，这是我国必须建立一个可以和发达国家相交流、相抗衡、相制约的碳市场的重要原因。

11.1.4 构建碳金融法律体系的可行性

目前，发展碳金融在国际社会已经达成共识，世界各国已在积极开展碳金融活动，并通过一系列的法律制度保障其健康有序发展。我国作为二氧化碳等温室气体排放大国，也应借鉴国际和各国的经验，加强碳金融法律体系建设，积极参与国际碳金融发展的进程，促进我国碳金融健康良性发展。碳金融法律体系作为一种上层建筑，同时也是发展碳经济、碳金融的基石与准则，在以下方面对我国有积极的作用。

第一，有利于维护能源安全，应对气候变化。我国作为二氧化碳等温室气体排放大国，能源消耗量大且使用单一，污染程度较发达国家而言相对较高，若此情况继续发展下去，我国将面临严峻的气候恶化，能源安全将受到严重威胁。因此，建立碳金融法律体系，通过法律规制约束与规范参与主体的行为，有利于应对气候恶化，维护我国能源安全。

第二，有利于我国建立完善的碳排放权交易市场。我国是温室气体排放大国，是高碳型的发展中国家，减排数量和减排项目均处于全球首位，因而碳排放权交易市场具有较大的发展空间。但由于我国碳排放交易市场建设刚刚起步，缺乏相应的法律规范对其支持与促进，缺乏良好的制度环境为其支撑。

第三，有利于增强我国在碳排放权交易中的主动权与话语权。虽然目前欧美发达国家掌握着碳排放交易主动权，但全球范围内统一的国际碳排放权交易市场尚未建立，碳权价格、需求关系都还未通过市场机制真正反映出来。作为温室气体排放大国，我国仍有机会参与碳排放权规则制定，让交易规则更加符合我国利益需要。

我国作为国际碳减排的积极倡导国和参与国，完全有条件也有能力构建本国的碳金融法律体系。

首先，构建我国碳金融法律体系可以现有政策法规为支撑。《关于贯彻信贷政策与加强环境保护工作有关问题的通知》（1995）、《节约能源法》（1997年，2007年修正）、《清洁生产促进法》（2002年）、《可再生能源法》（2005年，2009年修正）、《循环经济促进法》（2008年）、《中国应对气候变化国家方案》（2007年）、《清洁生产机制项目运行管理办法》（2005年）、《中国应对气候变化的政策与行动》（2008年）等多部相关法规和政策。目前，我国与能源相关的行政法规有30部左右，与能源相关的部门规章有200部左右，从这些政策法律法规来看，金融法和环境法体系都为建立碳金融法律体系奠定了良好的法规基础和政策背景，对构建我国碳金融法律体系起到了指引作用，这些法律法规政策所涵盖的指导思想、基本原则以及基本法律制度对于碳金融法律体系以及法律制度的整体性把握与立法思路的确立具有举足轻重的基础性意义，而这也确立了节能减排法律法规及政策于碳金融法的基础地位。

其次，科技发展奠定了技术基础。碳金融涉及绿色信贷标准、信息沟通与共享、碳排放权权利移转等，这些决定了在碳金融制度的建构上，离不开科学技术的发展与支持。一方面绿色信贷标准、碳排放原始数据的定性定量分析、信息沟通与共享系统的建设等离不开先进科学技术的支撑。另一方面，遏制气候恶化、减少二氧化碳等温室气体的排放量，同时又不影响经济社会的正常运转，需要加大对科技产业的扶持力度，加大科技投入，在企业中推广新能源新技术，不断依靠科技的力量去改进生产设备，更新生产技术，达到低消耗高产出。

再次，国外先进的法律制度提供了有益的经验借鉴。在世界各主要发达国家，各国都通过金融杠杆应对气候变化，防止环境恶化，碳金融发展相对我国而言较为成熟和完善，其理论、法律制度和实践中积累的成功经验为我国碳金融法律体系建设提供了借鉴作用。例如：《欧盟气候变化计划》（2000年）、《欧洲温室气体排放交易指令》（2003年）；美国的《综合环境反应、赔偿和责任法》（1980年）、《资产维持、贷款人责任和存款保险保护法》（1996年）、《超级基金修正案和再授权法》（1986年）、《美国清洁能源与安全法案》（2009年）以及《低碳经济法案》；英国的《环境保护法》《水资源法》《环境法》等等，西方国家碳金融法律体系蓬勃发展，为我国碳金融法律体系建设提供了宝贵的经验。

最后，拥有良好的国际法律环境。多年来，人类一直在寻找公正且合理地遏制环境恶化、解决气候变化问题的方法，形成了三大成果：《联合国气候变化框架公约》《京都议定书》和《巴厘路线图》。《联合国气候变化框架公约》提出了减排上

"共同但有区别"的原则、"将大气中温室气体的浓度稳定在防止气候系统受到危险的人为干扰的水平之上"的目标,《京都议定书》将仅为原则性和宣言性声明的《联合国气候变化框架公约》由"软法"向实体性、可操作性、与国内环境管理制度相匹配的实质国际环境法推进了一大步,这些为我国碳金融法律体系构建提供了良好的国际法律环境。

11.2 中国碳金融法律体系构建的基本原则

"立法是执法、守法之本,立法质量的高低,直接关系到执法、守法效果的好坏。"而完善我国碳金融相关立法工作首先要有强大的立法原则作为指导。碳金融法律体系建构的基本原则是指在制定、实施整个碳金融制度中所应遵循的基本原理和准则。综合我国应对气候变化立法、能源立法和碳金融的相关立法情况,在完善碳金融相关法律制度的过程中,除了需遵循经济法、民法及环境法有关基本原则外,有必要将以下立法原则作为立法的出发点。

11.2.1 公平原则

碳金融的公平原则是指本代人之间的公平、代际间的公平和资源分配与利用的公平。可持续发展是一种机会、利益均等的发展。它既包括同代内区际间的均衡发展,即一个地区的发展不应以损害其他地区的发展为代价;也包括代际间的均衡发展,即当代人享有的环境权利不能建立在牺牲后代人环境权利的基础之上,当代在享有对自然资源开发和利用的权利的同时,也要为后代子孙留下他们应当享有的生存权利。该原则认为人类各代都处在同一生存空间,他们对这一空间中的自然资源和社会财富拥有同等享用权,他们应该拥有同等的生存权。在碳排放权交易活动中,对碳排放权的分配应当公平,只要符合法定的申请条件,人人都享有平等的申请权利;同时,任何参与主体在参与碳排放权交易时,都享有平等的机会和地位,其合法的权益都能得到公平的保护,任何损害行为均应受到相应的惩罚。

11.2.2 可持续发展原则

《我们共同的未来》中对"可持续发展"定义为:"既满足当代人的需求,又不对后代人满足其自身需求的能力构成危害的发展"。可持续是指人类的经济和社会发展不能超越资源与环境的承载能力,即在满足需要的同时必须有限制因素,从而真正将人类的当前利益与长远利益有机结合。可持续发展原则包括两方面内涵,首先金融机构的金融活动必须以保证自身可持续发展为前提,具体而言就是金融资产安全；其次从社会利益看，碳金融活动是服务气候环境的，以保证经济可持续发展为核心价值。可持续发展原则主要就是指金融机构在传统金融基础上从环保角度重新调整金融业经营理念、管理规则和业务流程，进而实现社会可持续发展。也就是金融部门将环境保护可持续发展战略基本政策通过金融业务运作来体现，促进环境资源保护和经济协调发展，实现可持续发展的一种金融营运战略。碳金融的大力开展目的是推进低碳经济的发展，为温室气体的减排这一伟大的全人类事业服务。碳金融业务的开展，市场的发展都应围绕节能环保、投融资咨询、促进碳资产市场流动性开展。金融机构涉足碳金融市场的本质是最大程度追逐利润，但是如果碳金融的发展仅仅注重碳资产的买卖、资产价格的炒作和控制，那碳金融市场必然将会像楼市、股市一样炒出泡沫，最终背离碳金融开展的初衷。避免这种恶性状况的发生要依靠政策制度的制定加以规范，实现碳金融的可持续发展。因此，一方面，通过政策调控指导和法律监督确保碳金融市场的健康有序发展，以推动低碳经济，实现控制温室气体为终极目标；另一方面，加强风险控制能力建设，防范金融机构参与碳金融市场面临的多重风险，实现金融机构对碳金融市场推广的持续性支持。

可持续发展是超越文化与历史的障碍来看待全球问题的。它所讨论的问题是关系到全人类的问题，所要达到的目标是全人类的共同目标。只有全人类共同努力，才能实现可持续发展的总目标，从而将人类的局部利益与整体利益结合起来。因此，我国关于碳金融相关法律制度的构建应该以可持续发展原则为指导，突破传统的秩序价值观的限制，从而构建经济与环境和谐发展的新的秩序体系。

此外，在环境保护与经济建设和社会发展中，要做到环境、社会和经济的统一、同步、协调发展，不仅要注重经济建设和社会发展的规模和速度，还需考虑资源、环境的承载能力，使得自然资源环境不仅满足当代人环境利益的需要，又不牺牲后代子孙的环境享有权，使环境保护与人类经济社会发展相互协调、相得益彰、统一发展。这也要求国家制定经济社会发展计划时，要把环境保护规划列入其内，做到经济发展与环境保护同等重要，注重经济效益和环境效益的结合。

11.2.3 风险可控原则

碳金融的安全性强调参与主体追求长期稳定的效益和免遭风险损失，效率性则强调金融市场资金或资产最终实现效益过程中（也就是实现碳金融市场流动性的过程）的高周转速度和高运转频率。安全性、流动性和效益性是金融业务良性运转的三项指标，三者在经营实践过程中形成一矛盾共同体，相互发生冲突又协调统一，寻求有效的平衡机制；流动性是碳金融资产资源在国际市场上寻求有效利用的现实要求，流通是金融市场的使命和本质所在。流动性是实现安全性和效益性的手段和工具。碳金融活动本身的效益性决定了金融机构不断涉足其中，这为实现碳金融的流动性奠定了基础，而碳金融法律体系的设计则要以激发碳金融市场资源的流动性并将规范碳金融资源流动性作为主要目标，同时应当注重风险防控机制建设以确保金融活动安全，反向刺激资源流动从而实现金融市场资源融通价值，使得碳金融参与主体在碳金融市场中得到效益的同时推动碳金融市场发展，进而促进我国经济的可持续发展。整体制度设计应当确定市场机制的主导地位，同时政府相关主管部门要从社会可持续整体利益出发，对碳金融市场适度干预以防范系统性金融风险发生，减少全球性金融波动带来的影响。

11.2.4 效率与效益兼顾原则

"效率"与"效益"在经济学领域中有着广泛的应用，而现在法学领域也开始引入效率与效益的概念。其中，经济分析法学派尤为关注效率与效益在法学领域的意义，甚至将效率与效益作为评价法律的核心价值之一。"经济学中效率指的是资源的有效利用与配置，是投入与产出的比较；效益指的则是预期目标实现的有效程度。"在法学中渗透效率与效益的概念，运用经济学的视角研究法学问题，不但利于跨学科的交流与互动，同时使研究成果更具现实意义。金融立法更强调整体效益与社会效益，安全与效率一直是金融法立法必须遵守的一项基本原则，但用可持续发展的眼光来看此项原则，则存在明显不足，即没能将环境效益纳入其中。

在碳金融立法中既要遵循金融立法的基本原则，又要体现环境效益因素的重要性，就必须注意"效率"与"效益"的平衡，在碳金融法律体系中既要重视用法律的手段提高金融的效率，又要注重实现金融效益、社会效益与环境效益的兼顾协调。

11.2.5 金融创新与金融监管并重原则

金融创新是指金融机构为生存、发展和迎合客户的需要而创造新的金融产品、新的金融交易方式，拓展新的金融市场和建立新的金融机构。显然，碳金融及其制度构建是金融创新的一种方式，对促进低碳经济的发展起着重要的杠杆作用，但金融创新特别是在金融工具上的创新不是简单的嫁接与狗尾续貂，而是极为专业与复杂的，如简单的重复而缺乏运行与风险控制等方面的制度约束，将极易诱发金融风险乃至系统性金融风险。因此，我国碳金融相关法律制度的完善，既要注重碳金融创新的保护又要建立有效的监管法律制度保障。

金融监管犹如放在金融领域的高端处理器，能够及时发现潜在的金融风险、将其扼杀于萌芽，起到前端的风险控制作用，对于激励金融创新起着重要的保障作用，因此，在鼓励碳金融相关产品创新的同时，既要重视碳金融法律体系跟进，也要强化创新碳金融监管的手段与制度设计，以促进低碳经济发展的同时保障金融的安全与稳定。

然而，有效监管并不等于政府要全面监管，事无巨细。面对复杂的市场环境，政府监管不是万能的，政府监管无法从根本上取代市场机制发挥的作用。参与主体多元化、业务交叉竞争将成为今后国际碳金融市场的格局，监管难度逐渐增大，我国金融业现行采用分业经营和分业监管体制，这一方面使得金融监管和服务职能效率大大提高，而另一方面又存在着监管方式单一（直接监管和外部监管为主）的弊端，宜采取国际通行的综合监管手段，监管侧重点从合规性监管向合规性与风险性监管并重转变，建立完善金融机构内部控制综合性指标评价机制、金融风险预警、市场性风险化解机制、风险损失补偿机制、监管与激励相容制度，实现政府监管与行业自律、内部控制、审计监督和社会监督的有机统一。确立有效监管原则的核心就是通过法律明确授权，为金融监管的执行提供明确的法律依据，金融监管法制化和规范化保证了金融监管行为客观公正并严格按照程序执行以保证程序正义。政府相关部门应严格执行各项监督检查制度，遏制金融业恶性竞争、投机炒作、市场波动和管制松动的情况的发生。

11.3 中国碳金融法律体系立法模式的选择

目前，有关碳金融的规范主要是规章和政策性文件，虽然这些对发展低碳金融有一定的规范作用，但是不成体系，对碳金融激励和具体的监管缺乏可供实施的具体制度设计，对低碳金融业的发展缺乏具体的鼓励措施，不能适应低碳经济的发展新趋势。因此，为了使碳金融真正成为应对气候变化的有效手段，使之积极引导金融市场的行为，建立碳金融法律体系已经大势所趋。碳金融法律体系的构建，有三种模式可以选择：

（1）单独立法模式

即制定一部专门规定碳金融的法律如《碳金融法》，详细规定有关碳金融的主体、程序、支持及责任等全面的法律制度；也可以由国务院制定行政法规来确定碳金融法律体系。这种通过单独立法模式确立碳金融法律体系，有利于对碳金融所涉及的各个方面进行具体的规定，大大提高碳金融法律体系的地位，但是这种立法模式执行起来比较难。

（2）整合和修改现有法律的立法模式

即对我国目前现有的环保、金融等法律进行整合和修改，对不符合社会需要的规定进行修订，在其中增加与碳金融有关的内容，如在《中华人民共和国商业银行法》中增加碳金融的内容，确立碳金融法律制度，使得法律体系更完善。

(3) 适用国际条约的模式

各国政府通过加入或签订有关碳金融方面如《联合国气候变化框架公约》《京都议定书》等的国际条约，直接适用国际公约的规定，维护全人类共同的生态环境，实现经济发展与环境保护的协调统一发展。

上述三种立法模式中，第二种更加符合我国国情，碳金融法律体系的构建选择此模式，社会和公众更容易接受。原因有三点：

第一，我国目前的金融法律与环境法律还不完善，碳基金和碳保险等碳金融衍生品还处于初步开发阶段，制定单独的碳金融法的条件还尚不成熟。同时，直接适用国际条约，不利于增强我国在国际货币定价体系中的主动地位，也不利于提高我国在碳排放交易体系中的话语权。以我国现有的法律为基础，选择整合与修改现有的环保、金融等法律，对不符合社会需要的规定进行修订，在其中增加与碳金融有关的内容，如在《中华人民共和国商业银行法》中增加碳金融的内容，这种立法模式成本较低，也使得碳金融更具有操作性，有利于碳金融法律制度得以更好地贯彻和实施。

第二，碳金融体系的构建是项庞大的工程，细化深入到不同的法律部门并形成交叉，尽管碳金融是新生事物，但是现行的法律法规基本都能找到相应的适用基础，则其应当受到一般性规定的调整，对于碳金融衍生品等新生概念只需通过修改现行立法即可解决。

第三，碳金融在全球范围发展势头迅猛，2012年《京都议定书》期满，我国作为碳排量最多，且尚未承担减排义务的国家，势必要积极参与到碳金融市场中，等待专项立法成熟我国将错失金融创新的契机，最终导致我国在以后碳金融定价中话语权的丧失。

11.4 中国碳金融法律体系的宏观构造

11.4.1 中国碳金融法律体系构造的指导思想和基本目标

11.4.1.1 指导思想

理论思想是实践的先导，人类一切活动都以特定世界观和方法论来指导。科学、合理的世界观、方法论可以使人们通过最优的路径实现各自的目标。碳金融法律体系建设对于我们来说还是一个全新的课题，应对气候变化，开展碳交易工作，我们同样需要科学、合理的世界观、方法论作为我们一切活动的指导。在现阶段，这套科学、合理的世界观、方法论就是科学发展观，我们必须要以科学发展观来引导我国碳金融法律体系的创建工作。科学发展观是党和政府面对国内外发展的新形势做出的关于发展的科学论断，对我国经济社会发展具有重要的指导意义。从科学发展观产生的本源来看，环境和气候变化是科学发展观产生的主要基点。建立资源节约型、环境友好型社会，也正是基于全球气候环境变化这一现实而提出并不断发展的。

"科学发展观，第一要义是发展，核心是以人为本，基本要求是全面协调可持续，根本方法是统筹兼顾"，碳金融法律体系的构建，必须按照科学发展观的要求，以发展为落脚点，依靠人民群众，坚持统筹兼顾的根本方法，协调各方关系，全面实现好、维护好、发展好最广大人民群众可持续发展的利益。具体说来，主要是要注意以下四个方面的问题：

第一，必须以"发展"作为我们工作的落脚点，不能因为碳交易工作而影响我国经济社会的正常发展。我国是发展中国家，我国一切环境政策、法律制度的构建必须以这一事实为根本前提；要处理好眼前利益与长远利益之间的关系，不能为了眼前的发展，而不顾子孙后代的利益，但也不能为了长远的发展，忽视当前人民发展的需求，抑制当代人的合理发展需求。

第二，构建碳金融法律体系要注重人才的培养，发展成果要让人民共享。构建碳金融法律体系离不开人民的支持，更离不开专业人才的实体操作。与其他交易相比，碳交易涉及复杂的流程和交易规则，需要精通金融、经济、环境的复合型人才。我国在建设碳金融法律体系的过程中，应适时建立人才培养和认证制度，为日后国际碳交易竞争储备人才。除此之外，我们的制度设计还应正确处理好与当代人生存发展合理利益需求之间的关系，不能一味为了节能减排，而忽视制度本身的终极目的。

第三，全面协调可持续是科学发展观的基本要求，也是开展碳金融工作的基本要求。所谓全面性，是指碳金融法律体系的内容要全面，不能有所缺漏。正式的立法之前要有立法总体规划，立法时机尚不成熟时，要有备案说明，待时机成熟时，立即实施规划。所谓协调性，是指在碳金融法律体系构建过程中，要注意法律制度的各方面的内容，法律运行过程中的各个环节都要能够紧密衔接，协调配合。所谓可持续，碳金融法律体系的构建首先就是为了保障人类社会的可持续性发展，而从方法论意义上来说，可持续性要求我们的制度设计要能够着眼未来和可发展性，而不是浪费资源的短期行为。

第四，统筹兼顾是处理经济社会发展的根本方法，也是科学发展观的根本方法。具体到碳金融法律体系工作过程中，就是碳金融法律体系设计要能够统揽全局、兼顾各方，正确处理好碳排放权交易过程中城乡、区域、人与自然以及国内与国外发展等各方面之间的关系。

11.4.1.2 基本目标

通过碳金融法律体系的构建，主要达到以下四个方面的目标：

第一，科学合理控制温室气体排放。以碳金融法律体系构建为契机，加快转变经济增长方式，将强化能源利用率作为制定一切政策的导向，加快节能技术开发、示范和推广，通过市场建立节能新机制，提高社会节能意识。大力发展核电、煤层气、水电等可再生能源，强化建材、化工、冶金等产业政策，发展循环经济，提高资源利用率。

第二，增强应对气候变化的适应能力。通过植树造林、加强农田基本建设、退耕还林还草、天然林资源保护等措施，分解温室气体。合理开发、优化配置水资源，提高水资源系统对气候变化应对能力，建设大江大河防洪工程体系，提高农田抗旱标准。

第三，推动环保科研与技术开发水平不断提升。削减碳排放最根本的还是要依靠科学技术的进步，通过碳金融法律制度的构建推动环保科研水平的提高。首先加强气候变化领域的基础性研究，加大对相关专业与管理人才的培养。加强在能源开发、节能和清洁能源技术等方面的自主创新能力，积极推进国际合作与技术转让等措施。

第四，提高公众环保意识与社会管理水平。应对气候变化，实施节能减排，公众参与十分重要。通过建立碳交易市场机制，将节能减排货币化、法律化，营造应对气候变化的良好社会氛围。同时，还应建立与碳交易相适应的高效的社会组织管理体系。

11.4.2 中国碳金融法律体系的构建与制度衔接

11.4.2.1 中国碳金融法律体系构建

构建我国的碳金融法律体系应当从以下几个方面入手：

第一，完善碳金融的法律职责制度体系。强调行政监督的作用，在此基础上，要改变传统计划经济条件下的行政命令来加强对环境行政监督的模式。调整环境行政监管的范围、强化市场机制的作用及方式、力度，最终实现环境的公益性与私益性、环境公权性与私权性的平衡。

第二，完善碳金融的法律权利制度体系。在计划经济时代，强调重视环境义务的本位，而与其不同的是，市场经济强调环境权利的本位。因此想要全面保证国内外的投资者及交易主体私人的合法环境权利构成了市场经济的本质要求。

第三，完善碳交易法律义务制度体系。法律义务可以阐释为正当履行环境保护的义务，这是促进环境保护可持续发展和国际贸易的迫切需要，但是环境义务的履行还必须要坚持可行性和必要性的原则，尽量减少义务履行成本，防止因此构成对包括国际贸易和国内贸易的变相限制及造成不合理的差别待遇或者歧视待遇，要极力促进国际、国内两个层面贸易的非扭曲性发展。

第四，完善市场运行制度体系与环境保护市场准入。环境保护市场准入需要合理地配置国内和国际环境资源，必须要结合现行的市场经济体制的情况，改革创新出一套符合实际国情的碳交易机制，培育和发展本土的碳交易市场。

第五，完善碳交易过程中的责任制度体系。碳交易过程中可能涉及的环境保护法律责任制度应该包括三个方面：国内的环境保护法律责任、国外的环境保护法律责任和国际的环境保护法律责任制度。此外，还应包括环境纠纷处理，这是确认环境责任以及保障实现环境责任的方式，只有尽快形成碳交易的责任制度体系，才能促进碳交易市场的稳步发展。

11.4.2.2 中国碳金融法律体系构建中的制度衔接

构建和完善我国的碳金融法律体系，一方面加强法律体系内的制度（民法、司法救济等制度）衔接，另一方面还要加强与碳交易有关的其他配套制度的建设。例如行政管理制度、激励机制、环境标准制度等的建设。

第一，加强与物权法制度的衔接。碳金融法律体系设计的前提是要对碳排放权做一个清晰的界定。一般而言，碳排放权的界定分为两个层次：一是明确温室气体排放的总量，界定大气环境容纳功能使用者（如排放者）和其他功能使用者（如呼吸需求者）之间的权利；二是碳排放权的初始分配，界定大气容纳功能使用者之间的权利。

在《京都议定书》框架下，碳排放权变成了稀缺资源，碳排放权有了商品属性，这就很自然地涉及与物权制度的衔接。所谓物权，是指权利人依法对特定的物享有直接支配和排他的权利，包括所有权、用益物权和担保物权。物权是一种支配权，是权利人对特定物的直接支配、管理的权利；同时，物权又是一种绝对权，是权利主体对于归其所有的任何物所享有的占有、使用、收益和处分的权利。

排放权的客体是经国家许可的特定环境容量，碳排放权是权利人依法对国家许可的环境容量占有、使用、收益的一种权利。因此，碳排放权可以认为是一种特殊的用益物权，这样我们就可以依据用益物权的绝对性来保障该项权利交易自由。在碳金融法律体系设计过程中，需要加强对碳排放权属性的研究，保障碳交易的平稳进行。

第二，加强与债权、债务制度的衔接。在确定碳排放权的物权属性之后，紧接着可能牵涉到民事法律里面的债权、债务制度。根据《中华人民共和国民法通则》第 84 条规定：债是按照合同的约定或者依照法律的规定，在当事人之间产生的特定的权利和义务关系。债反映财产流转关系，主体具有特定性，即为债权人和债务人。所谓债权是指债权人享有请求债务人为特定行为（给付）的权利；而债务则与之相对，是指债务人依当事人约定或法律规定应为特定行为的义务。与物权的支配权和绝对权特性不同，债权为请求权和相对权，具有相容性和平等性。在碳交易过程中，交易双方根据平等、自愿的原则进行碳排放权的流转。在合同履行过程中，流转双方权利义务关系的处理会涉及债权、债务制度的相关内容。但作为特殊的物权，其权利属性又具有自身的特性。碳交易合同，如何与债权、债务制度相衔接，显然也是摆在我们面前的重要课题。

第三，加强与纠纷救济制度的衔接。有交易，就会有纠纷。一般说来，法律纠纷的救济途径主要有自行协商、调解、仲裁和诉讼几种方式。自行协商是指纠纷发生后，合同双方当事人本着公平、妥善解决纠纷，自行就纠纷达成和解，并自觉履行合同规定的义务。调解是指当事人双方发生纠纷时，邀请无利害关系的第三人居中调和，达成解决矛盾的协议并自觉履行的纠纷解决方式。仲裁是指纠纷双方当事人根据达成的仲裁协议，将争议提交双方选定仲裁机构进行裁决解决纷争的救济方式。当自行协商、调解、仲裁仍解决不了矛盾时，当事人还可以请求法院通过诉讼的方式解决纠纷。在碳交易过程中，交易双方发生纠纷时，究竟采取何种救济途径，如何设计出符合碳交易特点的纠纷解决机制，是买卖双方尤为关切的问题，也是决定碳金融法律体系能否成功的关键要素之一。因此，合理设计碳交易纠纷解决机制，对于碳金融法律体系的成功构建具有全局性的重要意义。

第四，加强与环境行政许可制度的衔接。环境行政许可制度是行政许可在环境法领域的具体运用，其本质上来讲是行政法律制度。具体而言，环境行政许可制度是指环保行政机关对从事可能造成环境不良影响活动的开发、建设或者经营者提出的申请，经依法审查，通过颁发许可证、执照等形式，赋予或者确认该申请方从事该种活动的法律资格或法律权利的一系列法律制度。

碳交易的前提是碳排放权的分配与许可制度。2004年7月1日开始实施的《中华人民共和国行政许可法》是规范我国环境行政许可制度的重要法律，该法对环境行政许可的设定原则、设定事项、设定权的分配、行政许可的实施主体、实施程序以及法律责任做了具体的规定。碳金融法律体系如何与行政许可制度相衔接，也是我们在设计碳金融法律体系过程中需要注意的问题。

第五，加强与环境标准制度的衔接。环境标准是为了防止环境污染，维护生态平衡，保护人群健康，对环境保护工作中需要统一的各项技术规范和技术要求所做的规定。环境标准是在综合考虑本国自然环境特征、社会经济条件和科学技术水平的基础上规定环境中污染物的允许含量和污染源排放污染物的数量、浓度、时间和速率以及其他有关技术规范。

环境标准是碳交易过程中的技术性尺度，没有相应的环境标准，碳排放是否超标，碳排放交易量均无法确定。碳交易如何与环境标准衔接，是我国碳金融法律体系设计的必备课题。目前，依据内容分类，我国国家环境标准包括国家环境质量标准、国家污染物排放标准、国家环境监测方法标准、国家环境标准样品标准和国家环境基础标准五类。地方环境标准包括地方环境质量标准和地方污染物排放标准。另外,随着 ISO 14000 环境管理标准在国际范围内的不断推广,碳排放还应尽快融入该标准系统中。

第六,实现与激励机制、行政管理机制的有效衔接。加强碳金融法律体系配套制度建设,为碳金融法律体系提供配套保障。政府部门应尽快建立并健全相应的激励机制,对诸如积极减少排放、积极出售碳排放权的企业可以考虑从其资金、税收、技术等方面予以扶持;政府应该鼓励碳排放权可以当作为企业资产进入破产或企业兼并程序。大力培育碳交易的市场主体。建立专业化机构提供信息服务、建立环境中介组织或咨询公司,发展环境金融事业来规范企业的碳融资行为。改变官员的政绩考核标准,扭转政府由粗放型的经济发展模式向集约型的经济增长方式转变,将环境的总量控制与经济发展战略相结合,发挥政府在环保产业的导向作用。

11.5 中国碳金融法律体系的微观设计

11.5.1 颁布应对气候变化基本法

在应对全球气候变化的过程中,我国政府表现得尤为积极,出台了一系列政策,态度立场尤为坚决。但大多是国务院颁布的一些国家政策、计划、规划,还有国务院相关职能部门颁布的政策法规,唯一一部全国人大常委会颁布的《关于积极应对气候变化的决议》,也不过是形式大于实质,并没有太大的实际法律约束力。而且现行能源立法不成体系,难以协调,不利于能源的统一管理和高效、合理利用。因此,制定一部应对气候变化基本法作为我国应对气候变化的法律体系的基础法,以统领应对气候变化全局尤为必要。

2012 年 3 月 18 日《中华人民共和国气候变化应对法》(意见稿)初稿已正式对外公布,并提交给国家发改委。该意见稿由中国社会科学院法学研究所与瑞士合作发展署双边共同合作制定,这是我国在应对气候变化问题上第一个系统性的法律建议文本,标志着我国气候变化立法已经破冰成功,相关专门立法将逐步启动。该意见稿通过十章共一百一十五条的内容分别从"立法的目的与原则""国家各部门、企业及公民个人应对气候变化的职责、权利和义务"等方面进行了详细的规定;在具体的措施上不但规定了气候变化的减缓措施还规定了气候变化的适应措施和气候变化应对的保障措施;而且具体的监督管理、国际合作、法律责任等方面,该意见稿都有详尽规定,用近两万字对我国应对气候变化做了全面而具体的详细规定。

总的来看,这部意见稿的体例设计全面且富有逻辑性,一方面对气候变化应对做了较为全面的法律规范和部署，同时注重分工与责任划分，分部门、分领域和分环节地对体制、制度和机制进行部署与建构，有礼有节，层次责任明晰。这部《中华人民共和国气候变化应对法》（意见稿）的颁布将能有效解决我国在应对气候变化立法方面存在的诸多问题，为碳金融发展奠定坚实的法律制度基础，对于碳金融相关法律制度的完善具有重要意义。

2014 年 7 月 21 日，为全球瞩目的《中华人民共和国气候变化应对法》草案已正式形成，起草部门国家发改委就该法律草案主持召开论证会，环保部、水利部、国家气象局、国家能源局等部委的相关人士以及相关学者与会。

11.5.2 建立碳交易相关法律制度

我国尚未形成统一的碳交易市场与交易规则，尽管 2012 年 6 月发改委颁布的《中国温室气体自愿减排交易活动管理暂行办法》（以下简称《办法》）对于碳交易市场及规则的构建犹如注入了强心剂，但《办法》侧重于 CDM 项目的申报与核证减排量管理，包括建立自愿减排市场信用体系、交易的产品、交易的场所，对于碳交易规则和市场的统一没有实质性的突破，如碳排放权的初始配额分配、碳排放权交易流转及与碳交易相对应的交易监督管理规则、配套责任制度等尚没有做出明确规定。因此，应当从碳排放权初始配额分配、碳排放权交易流转以及碳交易相关监管及责任制度三方面着手构建碳交易相关法律制度。

11.5.2.1 碳排放权初始配额分配法律制度

碳排放权初始配额分配是指国家在制定二氧化碳等温室气体排放权总量的基础上，对这一排放总量的排放权进行分配的一种行为。碳排放权初始配额的分配将直接影响到排放主体的生产成本与经济效益以及整个碳排放权交易体系的运行效率。因此，如何公平公正地将碳排放权分配给每个碳排放者是碳排放权交易体系的关键环节。"目前世界各国碳排放权的初始分配依据是否需要支付费用可分为无偿取得和有偿取得，有偿取得又可分为通过固定价格取得或通过拍卖取得两种形式。"无偿分配的方式易于推行，阻力较小，但不能实现碳排放权的最优使用价值；而有偿分配的方式则能够较好地实现碳排放权的使用价值，实现最优资源配置，但不易于被广泛推行，鉴于有偿分配与无偿分配各有利弊，一些国家则采用二者的混合模式，根据不同的标准，部分碳排放权配额免费发放，部分则通过拍卖的方式进行发放。

我国在构建碳排放权初始配额分配制度时，要结合我国的实际情况，兼顾考虑初始碳排放权分配方式的推行阻力及最优资源配置问题，构建一套适合我国国情的分配制度。2012 年 3 月 18 日提交审议的《中华人民共和国气候变化应对法》（意见稿）也对碳排放权初始配额分配制度做了详细规定，其中第 38 条、39 条及第 40 条分别规定了碳排放配额、豁免排放配额、排放配额的获取等相关制度。总体而言，对于碳排放权初始配额的分配，该意见稿采用无偿分配、超额补偿的方式，而且将初始配额分配权下放至地方各级政府。这样有利于碳排放权交易制度的推行，同时地方各级政府更熟知本地碳排放情况，能够做到量体裁衣，合理配置碳排放权资源。但同时需要警惕排放额度过量、地方保护主义以及参与的广泛性等问题，适当的监管措施及责任追究机制必须先行。

11.5.2.2 统一碳排放权交易规则制度

碳排放能够在交易主体之间流转起来需要交易主体、交易规则以及交易市场的共同支撑，而交易规则相当于血液，将三者有机地联系起来，从而使碳排放权"活"起来。《中国温室气体自愿减排交易活动管理暂行办法》中关于自愿减排项目的交易主体、申报登记与管理等相关规定对于碳排放权交易可以是普遍适用的，但该《办法》并没有将其规则推而广之，而且在交易场所的规定方面也有所欠缺。尽管，我国在部分城市进行了碳排放权交易试点建设，但尚未形成统一的交易市场，各个交易所缺乏法律规制，各自为政，极为混乱，无法为碳排放权交易提供一个公开、透明、公平的交易平台。因此，可以在对《中国温室气体自愿减排交易活动管理暂行办法》进行修改、调整的基础上，明确碳排放权交易主体、交易产品、申报登记与管理、交易场所、责任承担等相关法律规定，确立全国统一的碳排放权交易规则与交易场所。

11.5.2.3 碳交易监管法律制度

无论是碳排放权配额的初始分配还是碳交易活动的进行都需要有效的法律监管，才能保证碳交易市场的有序进行。对于碳交易的法律监管，应从以下三个方面取得突破：

首先，构建一套完善的碳交易管理制度，具体规定碳排放权交易主体的登记申报、核定审查、交易管理、年度报告等相关信息，并定期公布，《中国温室气体自愿减排交易活动管理暂行办法》规定发改委是温室气体自愿减排交易的主管部门，那么这些工作则可以由发改委作为专门机构，统领全局。

其次，建立交易跟踪备查制度。该制度可以由交易所负责，对于在交易所进行的交易主体进行跟踪记录，并将交易信息进行留档备查，并且定期如实发布交易主体碳交易情况，发改委和行业自律组织可以作为监督机构。

最后，要构建责任追究机制。如果没有责任的追究，就不会存在违规成本，那么，再完美的监管制度设计也终将被束之高阁。因此，需要法律强制规定具体的违规行为及相应的法律责任，才能真正起到监管作用。

11.5.3 完善碳融资相关法律制度

11.5.3.1 完善CDM项目融资法律规则

尽管《清洁发展机制项目运行管理办法》为CDM项目在我国的顺利开展起到一定的促进作用，但其一些规定的不到位、不合理也为CDM项目融资设置了障碍，因此，可在借鉴国外相关的立法实践经验的基础上，立足于我国的实际情况，逐步完善《清洁发展机制项目运行管理办法》。

第一，适时取消CDM项目股本结构的限制，不应将在中国境内开展项目的实施机构锁定在中资和中资控股企业，而应该放开手脚，在实施有效的风险控制下，广泛地引进国外资本，借他山之石，集中优势资金发展我国的CDM项目。

第二，实现CERs市场定价，而不是行政审批。市场天然的优化资源配置功能，可以最真实地反映CERs的价值与使用价值，而行政审批的定价方式固然能够起到稳定市场的作用，但束缚了CERs的流动性，进而无法实现CERs应有的经济效益。

第三，取消国家对CERs产权的管控，明确CERs产权所有权。即使在尚未找到买家的情况下，CERs的所有权归项目开发者所有，项目产生的减排量也不必转入中国国家账户，国家无权剥夺，进而降低CDM项目的实施风险。

11.5.3.2 完善绿色信贷法律制度

相对于其他行业而言，低碳行业具有风险大、周期长、回报率低等行业弊端，因此，投资来源较少，很多商业银行因惧怕承担风险、得不到预期回报等原因而不愿在此领域进行投资。但投资是拉动经济增长的三驾马车之一，而投资资金的主要来源就是银行的贷款，因此，碳融资的重要环节之一就是要有强而有力的碳信贷法律制度支撑。而碳信贷是对绿色信贷功能的进一步细化，因此，完善绿色信贷相关法律制度，对于碳信贷的发展起着重要的基础作用。

目前，绿色信贷在我国已有了初步发展，但由于相关法律制度的不完善，绿色信贷尚未起到应有的作用。究其原因主要有以下几个方面：

第一，绿色信贷的相关法律规范形式多为政策意见、部门规章、地方政府规章等文件，且内容多是引导性而非强制性要求，可执行性较弱。绿色信贷推广，需要银行等金融机构的积极参与，才能有稳定的资金供给。然而调动银行的积极性要么有相应的政策激励措施，要么有法律赋予的责任义务，但从我国现有的法律法规来看，这两方面都没有做到位，因此，银行的参与度不高，绿色信贷也难以繁荣。单独制定一部《绿色信贷实施管理办法》的立法成本过高，然而或可在修改我国现有的《中华人民共和国中国人民银行法》《中华人民共和国银行业监督管理法》和《中华人民共和国商业银行法》等金融法律的基础上，完善绿色信贷的相关法律制度，同时可出台相应的税收激励机制，双轨齐下，激发银行的参与性。

第二，我国绿色信贷缺乏相应的评价标准与评估机制，致使银行对低碳项目、低碳企业的衡量标准不一，造成一些真正的低碳项目、低碳企业无法得到银行的资金支持，而一些伪低碳项目、伪低碳企业却假借低碳的外壳，获得了绿色信贷的资金支持，造成了好钢没有用到刀刃上的遗憾。为此，我国应借鉴"赤道原则"、《绿色信贷环保指南》等相关规定，构建适合我国国情的绿色信贷评估机制与评价标准体系。

第三，缺乏信息共享机制，造成银行在对企业信息掌握不完整、不准确的情况下执行绿色信贷，致使绿色信贷效果也大打折扣。这里的信息包括申请贷款企业、贷款项目的一些基本信息、环境信息、污染信息以及贷款应用情况等各方面信息，而共享是指各级环保部门与银行之间的信息共享、银行与企业之间的信息沟通。为保证信息来源的真实性就需要构建一个第三方认证的强制信息披露机制，强制定期披露本企业的基本信息和环境信息，便于环保部门核查管理与银行做出准确贷款决定。而环保部门将已收集上来的企业信息及时、便捷地与银行共享，为银行做出贷款决定提供依据，同时银行应当对自己的客户保持一定的信息沟通，负责了解企业的运行情况、存在的经营风险与环境风险等，才能从根本上解决信贷风险。

第四，缺乏有效的绿色信贷监督机制。绿色信贷的实施需要相对应的监督管理机制，且以上问题的解决也需要有效的监督。

11.5.3.3　积极拓宽其他融资渠道

可以说，无论是CDM项目融资还是绿色信贷对于碳融资来说都是间接的融资渠道，而随着碳金融市场的发展，直接融资也会随之繁荣，如碳股票、碳证券等。而碳基金作为民间融资手段也势必要抢占一席之地。我国碳金融虽尚处于发展阶段，但我们的法律制度设计要具有前瞻性，及时修改现有的股票、证券发行相关法律制度以及完善碳基金相关法律制度，对于碳金融的发展将会有重要的长足的促进意义。

11.5.4　完善相关配套法律制度

11.5.4.1　碳税收法律制度

不论是欧盟还是美国都从税收角度出发研究激励碳金融不断发展的新途径，芬兰、瑞典、丹麦、荷兰以及加拿大也已经开征碳税，其中英国直接规定了"气候变化税"，并将此税金直接作为英国碳基金的主要基金来源，进而将其投入到新的低碳项目的开发、低碳技术的研发等，形成了一个较好的良性互动循环机制。

由此可见，税收作为碳金融发展的一项激励措施意义重大，国外开征碳税的实践为我国提供了可供借鉴的经验。碳排放引起气候变化本质上是一个外部不经济问题。外部性是一种经济力量对另外一种经济力量的非市场的"附带影响",破坏了资源的有效配置。为了减少这种非市场的"附带影响",美国经济学家庇古提出应通过税收(或者补贴)的办法将外部性内部化。

尽管碳税的征收提高了企业的经营成本,但是碳税制度可以为碳减排行为提供税收优惠,从而激励企业进行节能减排,从而带动低碳经济的发展。而且碳税可以获得一定的财政收入,将这些财政收入用于低碳技术、新能源的研发,会起到一定的"反哺"作用。

碳税率设置的高低会直接影响到碳税的征收效果,但据国家发改委和财政部有关课题组提交的《中国碳税税制框架设计》专题报告中指出:"在具体的碳税制度设计上,计征方式将采用从量计征的方式,在税率的设计上,碳税税率设计宜设定在较低的水平上,然后再逐步上升,这样可以让企业和居民在承担较低税负的情况下继续调整其排放行为。"这基本上与"污染者付费原则"的思想一致。

11.5.4.2 财政补贴政策

我国现行的碳减排机制是一种自上而下的,主要由政府发动实施,规定具体的减排指标,再层层分解,由各级政府根据本地区实际情况监督实施。这种自上而下的机制完全依靠政府的权力保障,是一种被动型的实施,而缺乏内在的能动性促使整个社会积极参与和回应,势必无法取得应有的效果与效益。那么,这就需要我国政府出台一些相应的财政补贴政策或其他激励措施,激励社会成员积极、能动地参与到碳减排活动,而取代被动的承受。例如,关于绿色信贷的相关激励措施、日本的节能家电补贴政策等,都对碳金融的发展有着积极的推进作用。

一些必要的金融激励措施对于推动碳金融产品的发展也是尤为重要的,2007年英国议会下属气候变化组织就通过给全国100家按揭贷款机构写信的方式,不但婉转地要求各贷款机构提出发展碳金融产品的详细计划,并要求其提供相应的金融激励措施。通过政府的号召,苏格兰银行等大型按揭贷款机构纷纷承诺提供碳金融按揭贷款产品,带动了整个碳金融市场的繁荣发展。

11.5.5 构建适当风险补偿机制

碳金融市场相对于一般的金融市场面临更多的未知风险,包括政策风险、法律风险、经营风险等,而且投资周期较长的CDM项目面临的不确定性更多,这些对于投资者和碳金融市场的稳定都构成了一定程度的威胁,因此在积极发挥碳金融在调节资金流动经济功能与改善气候环境社会功能的同时,应努力降低碳金融的发展风险,构建相应的风险补偿机制,为碳金融在我国的发展保驾护航。构建我国的碳金融风险补偿机制可以从以下几个方面开始:

第一，我国可以完善相关保险法律制度，创新碳保险服务，增设碳金融保险险种。例如，美国为此专门推出了"碳排放信用保险""碳交易保险"等。

第二，我国可以考虑构建贷款风险补偿基金。由于参与碳融资的金融机构面临巨大的信贷风险，该基金将专用于碳金融融资的风险补偿，以鼓励更多的金融机构将资金投放于低碳项目企业，为低碳企业的发展提供资金保障。对于该基金的设立可以分地区逐步构建，先在一些碳金融发达的地区进行试点探索，再逐步向全国范围推广。对于资金的来源，应包括国家财政拨款、社会企业和个人的捐赠、金融机构缴纳等多种渠道，并按"专款专户、专款专用、滚动使用"的原则，专用于银行等金融机构的信贷风险补偿。具体补偿方式可以通过直接补偿和间接补偿进行，直接补偿也就是主要通过贷款贴息、减免税收、风险补贴等措施弥补金融风险；间接补偿也就是主要通过开展碳金融保险、贴补保费、设立低碳金融担保公司、实行税收优惠等措施补偿。设立的贷款风险补偿基金在破解金融机构风险的同时，促进低碳资金用于低碳产业发展，引导闲散资金回流低碳产业形成经济良性循环发展。如此实现银保联合，创新贷款信用保险品种，确保金融机构的金融资产安全，进而推动碳金融一级市场融资环节的健康可持续发展。

此外，还应建立碳金融风险评价机制，以及执业人员的业务培训制度。众所周知，碳金融缘起于国际社会达成的两个国际公约《联合国气候变化框架公约》和《京都议定书》，而且《京都议定书》已于2012年12月31号到期。因此，碳金融的发展面临着巨大的政策风险与法律风险。对于碳金融发展较为成熟的国家，早已经构建了相应的风险评价机制和资深的代理人制度，我国可引导由行业协会或者代理机构完成。

11.5.6 构建有效法律监管制度

构建有效的碳金融法律监管制度，需要明确监管主体、监管措施、监管程序、监管责任几个主要问题。

第一，关于监管主体，我国目前采用的是分业监管模式，即各监管部门依职责分管不同的监管对象，这样必然会存在监管空白、衔接难以及执行难等问题，为此，有学者建议颁布一套凌驾于金融法之上的《绿色金融法》全面监管绿色金融（包括碳金融）领域，此想法固然有其存在之道，但实施性不强。就我国国情来看，分业监管的模式是无法改变的，但可以在完善相关立法的基础上弥补分业监管存在不足，如可以构建一个跨行业的信息共享机制，以加强沟通，避免信息的闭塞造成的金融风险，至于碳金融的监管制度亦如此。目前我国银行业、证券业、保险业等行业都构建了一套三位一体的"国家监管部门—社会团体（行业协会）—市场主体"体系，这套监管体系对于碳金融的监管有着重要的借鉴意义。在碳金融监管体系中，国家监管部门对于碳金融的监管必不可少，最为权威有力，而不以营利为目的的行业协会更能够贴近低碳经济的市场行为，更能沟通政府与市场的关系，弥补政府在碳金融管理过程中的外在性缺陷；作为被监管的终端对象的市场主体，也要强化自律监管，如实披露企业的经营与环境信息。

第二，关于监管措施，是构建有效监管制度的核心。新巴塞尔协议将最低资本、监督检查和市场约束作为确保金融安全的三大风险监管措施。市场约束相较于前两种措施更加经济有效，对于解决信息不对称问题，维护金融市场的公平、公正、有序竞争意义重大。因此，构建有效的信息披露机制及相关法律约束机制是构建有效金融监管的重要监管措施。但由于信息的不对称，如何保证企业信息披露的真实性还需要加强碳会计和碳审计的监管。

第三，监管程序。程序是制度的保障，即使监管主体明确、监管措施适当、责任追究机制完备，而唯独缺乏良好的执行程序，那么整个监管制度也终将是纸上谈兵，形同虚设。因此，监管程序的设计则显得尤为重要，如监管部门何时介入、如何介入、怎样退出都需要周详的考虑。

第四，监管责任。监管责任的追究机制[①]是保证整个监管制度有效进行的必要保障，对于碳金融责任机制的完善，可以结合现有的金融法律法规中有关法律责任的规定，并根据碳金融发展的需要，形成具有我国特色的碳金融法律责任机制。

11.6　本章小结

现如今，国际社会高度重视低碳经济的发展，低碳经济理念深入人心，我国发展碳金融市场已势在必行。碳金融法律体系是站在环境保护与经济发展的高度构建的一项新的法律体系，我国有必要也有能力构建这一法律体系。然而，我国正处于经济转型期，所以需要切实结合我国实际情况，在充分考量自身条件的前提下借鉴

---

① 目前按主体分类，我国绿色金融法律责任主要有三类：一是对于不按碳金融法律法规制度规定实施碳金融的，比如在绿色信贷相关规定上不按制度规定发放贷款，在审核时不预先对企业贷款项目的环境风险进行评估，则应对相关银行管理人员与信贷审核人员追究相应的责任。对由于银行没有按照绿色信贷的要求就给予贷款的项目造成重大环境污染事故的，银行应承担部分民事赔偿责任；二是企业没有按照环境部门的要求披露相关环境信息，没有按照碳金融的强制性规定披露企业所投入项目的环境信息，则企业的管理人和负责人应按照法律的规定承担相应的法律责任，造成重大后果的，依法追究刑事责任；三是金融监管部门的监管人员不按照绿色金融监管法律制度的规定失职或越权监管应承担民事赔偿责任和行政责任。可以说，以上按监管主体划分责任范围，具有一定的科学依据且责任认定明确，但缺乏详细的具体责任规定，比如相应责任的界定，监管人员失职、越权监管行为的刑事认定、行业协会的监管责任等尚不够明确。我国应完善相关法律法规，使整个监管法具有更强的针对性与可操作性。

国外碳金融发展的成功法律经验，逐步完善我国碳金融法律体系建设。

在制定、实施整个碳金融制度中，应遵循一些基本原理和准则，包括：公平原则、可持续发展原则、风险可控原则、效率与效益兼顾原则、金融创新与金融监管并重原则。在碳金融法律体系的立法模式选择上，"整合和修改现有法律的立法模式"更符合我国国情，更易为社会和公众所接受。

中国碳金融法律体系的构造，在宏观层面，应接受社会主义科学发展观的指导，在体系构建过程中应加强与其他制度的衔接；在微观层面，应重点在以下方面发力：颁布应对气候变化基本法、建立碳交易相关法律制度、完善碳融资相关法律制度、完善相关配套法律制度、构建适当风险补偿机制以及构建有效法律监管制度。

附录I：联合国气候变化框架公约京都议定书

本议定书缔约方，作为《联合国气候变化框架公约》（以下简称《公约》）缔约方，根据《公约》第二条所申明的最终目标，忆及《公约》的规定，在《公约》第三条的指导下，按照《公约》缔约方会议第一届会议在第 1/CP.1 号决定中通过的"柏林授权"，兹协议如下：

第一条

为本议定书之目的，应适用《公约》第一条中所载定义。此外：

1. "缔约方会议"指《公约》缔约方会议。
2. "公约"指 1992 年 5 月 9 日在纽约通过的《联合国气候变化框架公约》。
3. "政府间气候变化专门委员会"指世界气象组织和联合国环境规划署 1998 年联合设立的政府间气候变化专门委员会。
4. "蒙特利尔议定书"指 1987 年 9 月 16 日在蒙特利尔通过的、后来经调整和修订的《关于消耗臭氧层物质的蒙特利尔议定书》。
5. "出席并参加表决的缔约方"指出席会议并投票赞成或反对的缔约方。
6. "缔约方"指本议定书缔约方，除非案文中另有说明。
7. "附件一所列缔约方"指《公约》附件一所列缔约方，其中所列缔约方可由《公约》缔约方会议随后做出修正，或指根据《公约》第四条第 2 款（g）项做出通知的缔约方。

第二条

1. 附件一所列每一缔约方，为履行第三条中关于排放量限制和减少排放的承诺时，为促进可持续发展，均应：

1.1 根据本国情况执行和/或进一步精心制定政策和措施，诸如：

1.1.1 增强国家经济有关部门的能源效率；

1.1.2 保护和增强《蒙特利尔议定书》未予管制的温室气体的汇和库，同时考虑到其依有关的国际环境协议做出的承诺；促进可持续森林管理做法、造林和重新造林；

1.1.3 在考虑到气候变化的情况下促进可持续农业形式；

1.1.4 促进、研究、发展和增加使用可再生能源、二氧化碳固定技术和对环境无害的先进新技术；

1.1.5 逐渐减少或逐步消除市场缺陷、对违反《公约》目标和采用市场手段的所有温室气体排放部门的财政鼓励、免税措施和补贴；

1.1.6 鼓励在有关部门做出适当改革，旨在促进用以限制或削减《蒙特利尔议定书》未予管制的温室气体排放的政策和做法；

1.1.7 采取措施在运输部门限制和/或减少《蒙特利尔议定书》未予管制的温室气体排放；

1.1.8 通过在废物管理以及能源的生产、运输和分配中的回收和使用以限制和/或减少甲烷的排放；

1.2 根据《公约》第四条第2款（e）项第（一）目，同其他这类缔约方合作增强它们依本条通过的政策和措施的个别和合并成效。为此目的，这些缔约方应采取步骤分享它们关于这些政策和措施的经验并交流信息，包括设法改进这些政策和措施的可比性、透明度和成效，作为本议定书缔约方会议的《公约》缔约方会议应在第一届会议上或在此后一旦实际可行时审议便利这种合作的方法，同时考虑到所有相关情况。

2. 附件一所列缔约方应分别同国际民用航空组织和国际海事组织一起谋求限制或减少飞机和船舶用燃油产生的《蒙特利尔议定书》未予管制的温室气体的排放。

3. 附件一所列缔约方依本条努力执行政策和措施，尽量减少各种不利影响，包括对气候变化的不利影响、对国际贸易的影响以及对其他缔约方尤其是发展中国家缔约方和《公约》第四条第8款和第9款中所指明的那些缔约方的社会、环境和经济影响，同时考虑到《公约》第三条。作为本议定书缔约方会议的《公约》缔约方会议可以酌情采取进一步行动促进本款规定的实施。

4. 作为本议定书缔约方会议的《公约》缔约方会议如决定就上述第1款1.1项中所指任何政策和措施进行协调是有益的，同时考虑到国家情况和潜在作用不一，则应考虑设法推动对这些政策和措施的协调。

第三条

1. 附件一所列缔约方应个别地或共同地确保附件A所列温室气体的人为二氧化碳当量排放总量不超过按照附件B中所记其排放量限制和削减承诺以及根据本条的规定所计算的其分配数量，在2008年至2012年承诺期间以使其这类气体的全部排放量至少比1990年的排放水平减少5%。

2. 附件一所列缔约方应到2005年时在履行依本议定书规定的其承诺中做出可予证实的进展。

3. 在自1990年以来直接由人引起的土地利用改变和森林活动——限于造林、重新造林和砍伐森林，产生的温室气体源排放和汇清除方面的净变化，作为每个承诺期间贮存方面可核查的变化来衡量，应用来达到附件一所列每一缔约方在本条中的承诺。与这些活动相关的温室气体源排放量和汇清除量应以透明且可核查的方式做出通报，并依第七条和第八条做出审查。

4. 在作为本议定书缔约方会议的《公约》缔约方会议第一届会议之前，附件一所列每一缔约方应提供数据供附属科技咨询机构审议，以便确定其1990年的碳贮存并能对以后各年的碳贮存方面的变化做出估计。作为本议定书缔约方会议的《公约》缔约方会议应在第一届会议或在其后一旦实际可行时，就与农用土壤和土地利用改变和森林等温室气体排放量和清除量方面变化有关的那些因人引起的其他活动是否应加到附件一所列缔约方的分配数量中或从中减去的模式、规则和指南做出决定，同时考虑到各种不确定性、报告透明度、可核查性、政府间气候变化专门委员会的工作方法、附属科技咨询机构根据第五条提供的咨询意见以及《公约》缔约方会议的决定。这一决定应在第二个和以后的承诺期适用。缔约方可为其第一个承诺期间就这些额外的因人引起的活动选择适用此项决定，但这些活动须是1990年以后发生的。

5. 其基准年或期间系根据《公约》缔约方会议第二届会议第9/CP.2号决定确定的，正在向市场经济过渡的附件一所列缔约方在履行其本条中的承诺时应以该基准年或期间为准。正在向市场经济过渡但尚未依《公约》第十二条提交其第一次国家信息通报的附件一所列任何其他缔约方也可通知作为本议定书缔约方会议的《公约》缔约方会议它有意为履行依本条规定的承诺使用除1990年以外的某一历史基准年或期间。作为本议定书缔约方会议的《公约》缔约方会议应就这种通知的接受做出决定。

6. 考虑到《公约》第四条第6款，在履行其除本条中那些承诺以外的承诺方面，作为本议定书缔约方会议的《公约》缔约方会议应允许正在向市场经济过渡的附件一所列缔约方某种程度的灵活性。

7. 附件一所列每一缔约方的分配数量，在从2008年至2012年第一个排放量限制和削减承诺期，应等于在附件B中对附件A所列温室气体在1990年或按照上述第5款确定的基准年或期间内其总的人为二氧化碳当量排放总量所记的其百分比乘以5。土地利用改变和林业对其构成1990年温室气体排放净来源的附件一所列这些缔约方，应为了计算它们的分配数量，在它们的1990年排放基准年或基准期包括人为二氧化碳当量排放总量减去1990年土地利用改变产生的清除。

8. 附件一所列缔约方，为了上述第7款所指计算的目的，可使用1995年作为氢氟碳化物、全氟碳化物和六氟化硫的基准年。

9. 附件一所列缔约方对以后期间的承诺应在对本议定书附件B的修正中加以确定，这类附件应根据第二十条第7款的规定予以通过。作为本议定书缔约方会议的《公约》缔约方会议应至少在上述第7款中所指第一个承诺期结束之前七年开始审议这类承诺。

10. 一缔约方根据第六条和第十六条之二规定从另一缔约方获得的任何排放削减单位或一个分配数量的任何部分，应计入该缔约方的分配数量。

11. 一缔约方根据第六条和第十六条之二转让给另一缔约方的任何排放削减单位或一个分配数量的任何部分，应从该缔约方的分配数量中减去。

12. 一缔约方根据第十二条规定从另一缔约方获得的任何经证明的排放削减单位应记入该缔约方的分配数量。

13. 如附件一所列在一承诺期间内的排放少于其依本条确定的分配数量，这一差额，经该缔约方的要求，应记入该缔约方以后的承诺期的分配数量。

14. 附件一所列每一缔约方应以将对发展中国家缔约方，尤其是《公约》第四条第8款和第9款所指那些缔约方不利的社会、环境和经济影响降低到最低程度的方式履行上述第1款中所指的承诺。依照《公约》缔约方会议关于履行这些条款的相关决定，作为本议定书缔约方会议的《公约》缔约方会议应在本议定书生效后在其第一届会议审议可采取何种必要行动尽量减少气候变化的不利影响和/或依这些条款采取的对应措施对缔约方的影响。须予审议的问题应是资金筹措、保险和技术转让。

第四条

1. 凡同意共同履行第三条规定的其承诺的附件一所列缔约方，只要附件 A 中所列其温室气体的合并人为二氧化碳当量排放总量不超过附件 B 中所记根据其排放量限制和削减承诺和根据第三条规定计算的分配数量，就应被认为履行了这些承诺。分配给协议各缔约方的各自排放水平应载明于该协议。

2. 任何这类协议的各缔约方应在它们交存批准、接受、核准或加入文书之日将协议条件通知秘书处。秘书处应接着将协议条件或修正或撤销协议的任何决定通知《公约》缔约方和签署方。

3. 协议应在第三条第7款所指承诺期的持续期间继续实施。

4. 如果缔约方在一区域经济一体化组织的框架内连同该组织一起共同行事，该组织的组成在本议定书通过后的任何改变不应影响到依本议定书确定的现有承诺。该组织在组成上的这一改变只应用于继该改变后通过的依第三条规定的这些承诺。

5. 如这类协议的缔约方未能达到它们的合并排放削减水平，这一协议的每一缔约方应对协议中载明的它的排放水平负责。

6. 如果缔约方在一个本身为议定书缔约方的区域经济一体化组织的框架内连同该组织一起共同行事，该区域经济一体化组织的每一成员国单独地和连同按照第二十三条行事的区域经济一体化组织一起,如未能达到总计合并排放削减水平,则应依本条做出的通知对其排放水平负责。

第五条

1. 附件一所列每一缔约方,应在不迟于第一个承诺期开始前一年,确立一个估算《蒙特利尔议定书》未予管制的所有温室气体的各种源的人为排放和各种汇的清除的国家制度。应体现下述第2款所指方法的此类国家制度指南应由作为本议定书缔约方会议的《公约》缔约方会议第一届会议决定。

2. 估算《蒙特利尔议定书》未予管制的所有温室气体的各种源的人为排放和各种汇的清除方法应是政府间气候变化专门委员会接受的方法,并且是《公约》缔约方会议第三届会议所议定的。如不使用这种方法,则应根据作为本议定书缔约方会议的《公约》缔约方会议第一届会议议定的方法做出适当调整。作为本议定书缔约方会议的《公约》缔约方会议应基于特别是政府间气候变化专门委员会的工作和附属科技咨询机构提供的咨询意见,定期审查和酌情修订这些方法和做出调整,同时充分考虑到《公约》缔约方会议做出的任何有关决定。对方法或调整的任何修订应只用于为了在继该修订后通过的任何承诺期查明遵守第三条规定的承诺。

3. 用以计算附件A所列《蒙特利尔议定书》未予管制的温室气体的各种源的人为排放和各种汇的清除的全球升温潜能值应是政府间气候变化专门委员会接受的升温潜值,并且是由《公约》缔约方会议第三届会议议定的。作为本议定书缔约方会议的《公约》缔约方会议应基于特别是政府间气候变化专门委员会的工作和附属科技咨询机构提供的咨询意见,定期审查和酌情修订每种此类温室气体的全球升温潜能值,同时充分考虑到《公约》缔约方会议做出的任何有关决定。对全球升温潜能值的任何修订应只适用于继该修订后通过的任何承诺期依第三条规定的承诺。

第六条

1. 为了履行依第三条规定的承诺,附件一所列任一缔约方可以向任何其他这类缔约方转让或从它们获得由旨在任何经济部门削减温室气体的各种源的人为排放或增强各种汇的人为清除的项目产生的任何排放削减单位,但:

1.1 任何这类项目须经有关缔约方批准;

1.2 任何这类项目须能削减源的排放,或增强汇的清除,这一削减或增强是对任何以其他方式发生的任何削减或增强的补助;

1.3 缔约方如果不遵守其依第五条和第七条规定的义务,则不可以获得任何排放削减单位;

1.4 排放削减单位的获得应是对为履行第三条规定的承诺而采取的本国行动的补充。

2. 作为本议定书缔约方会议的《公约》缔约方会议在第一届会议或在其后尽早实际可行时为履行本条、包括为核查和报告进一步制订指南。

3. 附件一所列缔约方可以授权法律实体在该缔约方的负责下参加可导致依本条产生、转让或获得排放削减单位的行动。

4. 如依第八条的有关规定查明缔约方执行本款所指的要求有问题，排放削减单位的转让和获得在查明问题后可继续进行，但任何缔约方直到任何这类遵守问题获得解决之前不可使用任何排放削减单位来履行依第三条规定的承诺。

第七条

1. 附件一所列每一缔约方应在其根据《公约》缔约方会议的相关决定提交的《蒙特利尔议定书》未予管制的温室气体的各种源的人为排放和各种汇的清除年度清单内载列将根据下述第 4 款确定的为了确保遵守第三条的目的而必要的补充资料。

2. 附件一所列每一缔约方应将根据下述第 4 款的规定，在其依《公约》第十二条提交的国家信息通报中提供必要的补充资料以说明其遵守依本议定书所规定承诺的情形。

3. 附件一所列每一缔约方应依上述第 1 款每年提交信息，于本议定书对该缔约方生效后依《公约》应就承诺期第一年提交第一次清单。每一该缔约方应提交依上述第 2 款所要求的信息，作为在本议定书对该缔约方生效后和在按下述第 4 款规定通过的指南后应提交的第一次国家信息通报的一部分。以后提交依本条所要求的信息的间隔时间应由作为本议定书缔约方会议的《公约》缔约方会议确定，同时考虑到《公约》缔约方会议就提交国家信息通报决定的时间表。

4. 作为本议定书缔约方会议的《公约》缔约方会议应在第一届会议通过关于编制依本条所要求资料的指南，并在其后定期做出审查，同时考虑到《公约》缔约方会议通过的附件一所列缔约方国家信息通报编制指南。作为本议定书缔约方会次的《公约》缔约方会议也应在第一个承诺期之前就计算分配数量的模式做出决定。

第八条

1. 附件一所列每一缔约方依第七条提交的国家信息通报应由专家审查组根据《公约》缔约方并依照作为本议定书缔约方会议的《公约》缔约方会议根据下述第 4 款为此目的通过的指南做出审查。附件一所列每一缔约方依第七条第 1 款提交的信息应作为排放清单和分配数量年度汇编和计算的一部分做出审查。此外，附件一所列每一缔约方依第七条第 2 款提交的信息应作为信息通报审查的一部分做出审查。

2. 专家审查组之间的协调应由秘书处进行，审查组的成员应从《公约》缔约方和酌情由政府间组织提名的人选中，根据《公约》缔约方会议为此目的通过的指导甄选。

3. 审查过程中应对缔约方履行本议定书的情况的所有方面做出彻底且全面的技术评估。专家审查组应编写一份报告提交作为本议定书缔约方会议的《公约》缔约方会议，在报告中评估缔约方履行承诺的情形并查明在履行承诺方面任何潜在的问题以及影响到承诺履行情形的各种因素。此类报告应由秘书处分送《公约》的所有缔约方。秘书处应列明此类报告中指明的任何履行问题供作为本议定书缔约方会议的《公约》缔约方会议做出进一步审议。

4. 作为本议定书缔约方会议的《公约》缔约方会议应在第一届会议通过关于由专家审查组审查履行情况的指南，并在其后定期做出审查，同时考虑到《公约》缔约方会议的相关决定。

5. 作为本议定书缔约方会议的《公约》缔约方会议应在附属履行机构并酌情在附属科技咨询机构的协助下审议：

5.1 缔约方按照第七条提交的信息和专家审查组关于按照本条进行的审查的报告；

5.2 秘书处根据上述第3款列明的那些履行问题，以及缔约方提出的任何问题。

6. 根据对上述第5款所指信息的审议情况，作为本议定书缔约方会议的《公约》缔约方会议应就本议定书的履行所必要的任何事项做出决定。

第九条

1. 作为本议定书缔约方会议的《公约》缔约方会议，应依据关于气候变化及其影响的最佳可得科学资料和评估以及相关的工艺、社会和经济资料，定期审查本议定书。这些审查应同依《公约》，特别是《公约》第四条第2款（d）项和第七条第2款（a）项所要求的那些相关审查进行协调。作为本议定书缔约方会议的《公约》缔约方会议应基于这些审查结果采取适当行动。

2. 第一次审查应在作为本议定书缔约方会议的《公约》缔约方会议第二届会议上进行。进一步的审查应定期适时进行。

第十条

所有缔约方，考虑到它们的共同但有区别的责任以及它们特殊的国家和区域发展优先顺序、目标和情况，在不要求未列入附件一的缔约方做出任何新承诺的情形下，重申《公约》第四条第1款中的承诺，并继续促进履行这些承诺以实现可持续发展，同时要考虑到《公约》第四条第3款、第5款和第7款，均应：

1. 在相关时且尽可能制订符合成本效益的国家方案和在适当情况下制订区域方案以改进可反映每一缔约方社会经济状况的地方排放因素、活动数据和/或模式用以编制和定期增订《蒙特利尔议定书》未予管制的温室气体的各种源的人为排放和各种汇的清除的国家清单，同时采用将由《公约》缔约方会议议定的可比方法，并依照《公约》缔约方会议通过的国家信息通报编制指南；

2. 制订、实施、出版和定期增订载有减缓气候变化措施和促进适应气候变化措施的国家方案，在适当情况下制订、实施、出版和定期增订这样的区域方案：

2.1 这类方案将除其他外，涉及能源、运输和工业部门以及农业、林业和废物管理。此外，适应技术和改进空间规划的方法也可有助于对气候变化的适应；

2.2 附件一所列缔约方应根据上述第八条确定的指南就依本议定书采取的行动，包括国家方案提交情况；其他缔约方应设法在它们的国家信息通报中酌情说明载有缔约方认为有助于减缓气候变化及其不利影响包括削减温室气体排放和增强汇及汇的清除、能力建设和适应办法等措施的方案。

3. 合作促进有效模式用以发展、应用和传播有关气候变化的无害环境技术、专知、做法和过程，并采取一切实际步骤促进、便利和酌情资助将此类技术、专知、做法和过程转让给特别是发展中国家或使它们有机会获得，包括制定政策和方案便利有效转让国有或公有的无害环境技术，为私营部门创造有利环境促进和增进获得和转让无害环境技术。

4. 在科技研究、促进维持和发展有系统的观察系统和发展数据库以减少与气候系统相关的不确定性、气候变化的不利影响和各种反应战略的社会经济后果等方面进行合作，并促进发展和加强本国能力参与国际及政府间关于研究和系统观测的努力、方案和网络，同时要考虑到《公约》第五条。

5. 在国际一级进行合作，酌情利用现有机构，促进拟订和实施教育及培训方案，包括加强国家机构，特别是加强人才和机构能力，交流或调派人员培训这一领域的专家，尤其是培训发展中国家的专家，并在国家一级促进公众意识和公众获得关于气候变化的信息。应当制订适当模式通过《公约》的相关机构落实这些活动，同时考虑到《公约》第六条。

6. 根据《公约》缔约方会议的相关决定，在国家信息通报中说明按照本条进行的方案和活动。

7. 在履行本条中的承诺方面，应充分考虑到《公约》第四条第8款。

第十一条

1. 在履行第十条方面，缔约方应考虑到《公约》第四条第4款、第5款、第7款、第8款和第9款的规定。

2. 在履行《公约》第四条第1款的范围内，根据《公约》第四条第3款和第十一条的规定，并通过《公约》资金机制的经营实体，《公约》附件二所列发达国家缔约方和其他发达缔约方应：

2.1 提供新的和额外资金帮助发展中国家缔约方支付在促进履行第十条第1款所指《公约》第四条第1款（a）项规定的现有承诺方面引起的议定的全部增加费用；

2.2 提供发展中国家缔约方在促进履行第十条所指《公约》第四条第1款中规定的和发展中国家缔约方与《公约》第十一条所指国际实体根据该条议定的现有承诺方面为支付议定的全部增加费用而所需的资金，包括技术转让。

这些现有承诺的履行应考虑到资金流量必须充足和可以预测以及发达国家缔约方之间适当分担负担的重要性。《公约》缔约方会议相关决定中的《公约》资金机制指导，包括本议定书通过之前商定的那些指导，应经必要修正适用于本款的规定。

3. 《公约》附件二所列发达缔约方和其他发达缔约方也可以通过双边、区域和其他多边渠道为履行第十条提供资金，供发展中国家缔约方利用。

第十二条

1. 兹此规定一种清洁发展机制。

2. 清洁发展机制的目的是协助未列入附件一的缔约方实现可持续发展和增进《公约》的最终目标，并协助附件一所列缔约方遵守其依第三条规定的排放量限制和削减承诺。

3. 依清洁发展机制：

3.1 未列入附件一的缔约方将获益于产生经证明的排放削减的项目活动；

3.2 附件一所列缔约方可利用通过此种项目行动增加的经证明的削减促进遵守由作为本议定书缔约方会议的《公约》缔约方会议确定的依第三条规定的其排放量限制和削减承诺。

4. 清洁发展机制须由作为本议定书缔约方会议的《公约》缔约方会议授权和指导，并由清洁发展机制的执行理事会监督。

5. 每一项目活动产生的排放削减须经作为本议定书缔约方会议的《公约》缔约方会议授权决定的经营实体根据以下各项做出证明：

5.1 经每一有关缔约方批准的自愿参加；

5.2 与减缓气候变化相关的实际、可衡量的长期效益；

5.3 排放削减是对未经证明的项目活动的情况下会发生的任何排放减少的额外补助。

6. 如有必要，清洁发展机制应协助安排经证明的项目活动的筹资。

7. 作为本议定书缔约方会议的《公约》缔约方会议应在第一届会议上拟订程序以期通过项目活动的独立审计和核查确保透明度、效率和会计责任。

8. 作为本议定书缔约方会议的《公约》缔约方会议应确保通过经证明项目活

动产生的收益份额应用以支付行政开支和协助特别易受气候变化不利影响之害的发展中国家缔约方支付适应费用。

9. 对于清洁发展机制的参与,包括上述第 3 款 3.1 项所指的活动及获得经证明的排放削减可包括私有和/或公有实体,并需遵照清洁发展机制执行理事会可能提出的任何指导。

10. 在自 2000 年起直至第一个承诺期开始这段时期内实现的经证明的排放削减可用以协助在第一个承诺期内遵约。

11. 作为本议定书缔约方会议的《公约》缔约方会议应在第四届会议分析上述第 10 款所涉影响。

第十三条

1. 《公约》缔约方会议——《公约》的最高机构,应作为本议定书缔约方会议。

2. 非为本议定书缔约方的《公约》缔约方可作为观察员参加作为本议定书缔约方会议的《公约》缔约方会议任何会议的议事工作。在《公约》缔约方作为本议定书缔约方会议行使职能时,依本议定书要求的决定只应由当时为本议定书缔约方成员的缔约方做出。

3. 在《公约》缔约方会议作为本议定书缔约方会议行使职能时,《公约》缔约方会议主席团中代表《公约》缔约方但在当时非为本议定书缔约方的任何成员,应由本议定书缔约方从本议定书缔约方中选出的另一成员替换。

4. 作为本议定书缔约方会议的《公约》缔约方会议应经常审查本议定书的履行情况,并应在其权限内做出为促进本议定书得到有效履行而必要的决定,缔约方会议应履行本议定书交托给它的职能,并应:

4.1 基于依本议定书的规定向它提供的所有信息,评估缔约方履行本议定书的情况,根据本议定书采取的措施的全面影响,尤其是对环境、经济、社会的影响和它们的累计影响,以及实现《公约》目标的进展程度;

4.2 定期根据《公约》的目标、在履行中获得的经验以及科技知识的演进审查依本议定书规定的缔约方的义务,同时适当顾及《公约》第四条第 2 款(f)项和第七条第 2 款要求的任何审查,并在这方面审议和通过关于本议定书履行情况的报告;

4.3 促进和便利交流关于缔约方为处理气候变化及其影响而采取的措施的信息,同时考虑到缔约方的情况、责任和能力不一以及它们各自依本议定书做出的承诺;

4.4 在两个或更多缔约方提出要求时,促进它们为缓解气候变化及其影响而采

取的措施得到协调,同时考虑到缔约方的情况、责任和能力不一以及它们各自依本议定书做出的承诺;

4.5 根据《公约》的目标和本议定书的条款,并充分考虑到《公约》缔约方会议的相关决定,促进将由作为本议定书缔约方会议的《公约》缔约方会议为编制和定期改进便利有效履行本议定书而议定的可比方法,并就此提供指导;

4.6 就履行本议定书所必要的任何事项作成建议;

4.7 设法根据第十一条第 2 款调动额外资金;

4.8 设立为了履行本议定书而被认为必要的附属机构;

4.9 征求和酌情利用各主管国际组织和政府间及非政府机构提供的服务、合作和资料;

4.10 行使为履行本议定书所需要的其他职能,并审议《公约》缔约方会议做出的决定产生的任何任务。

5. 《公约》缔约方会议的议事规则和《公约》的财务规则,应依本议定书规定经必要修正予以适用,除非作为本议定书缔约方会议的《公约》缔约方会议以协商一致方式另外做出决定。

6. 秘书处应结合本议定书生效后预定举行的《公约》缔约方会议第一届会议召开作为本议定书缔约方会议的《公约》缔约方会议第一届会议。此后应每年并且与《公约》缔约方会议常会结合举行作为本议定书缔约方会议的《公约》缔约方会议常会,除非作为本议定书缔约方会议的《公约》缔约方会议另有决定。

7. 作为本议定书缔约方会议的《公约》缔约方会议的特别会议应在作为本议定书缔约方会议的《公约》缔约方会议认为必要的时间举行,或应任何缔约方的书面要求而举行,但须在秘书处将该要求转达给各缔约方后六个月内得到至少三分之一缔约方的支持。

8. 联合国及其专门机构和国际原子能机构以及未加入本《公约》的上述组织的成员国或观察员国均可派代表作为观察员出席作为本议定书缔约方会议的《公约》缔约方会议的各届会议。任何在本议定书所涉事项上具备资格的团体或机构,无论是国家或国际的、政府或非政府的团体或机构,经通知秘书处其愿意派代表作为观察员出席作为本议定书缔约方会议的《公约》缔约方会议的某届会议,均可予以接纳,除非出席的缔约方至少三分之一反对。观察员的接纳和参加应按照上述第 5 款所指的议事规则。

第十四条

1. 依《公约》第八条设立的秘书处应作为本议定书秘书处。
2. 关于秘书处职能的《公约》第八条第 2 款和关于就秘书处行使职能做出的

安排的《公约》第八条第3款，应经必要修改适用于本议定书，秘书处还应行使依照本议定书为其指派的职能。

第十五条

1. 《公约》第九条和第十条设立的附属科技咨询机构和附属履行机构应作为本议定书的附属科技咨询机构和附属履行机构。与这两个机构依《公约》行使职能有关的规定应经必要修改适用于本议定书。本议定书的附属科技咨询机构和附属履行机构的届会应与《公约》的附属科技咨询机构和附属履行机构的会议同时举行。

2. 非为本议定书缔约方的《公约》缔约方可作为观察员参加附属机构任何届会的议事工作，在附属机构作为本议定书附属机构时，本议定书所要求的决定只应由为本议定书缔约方的成员做出。

3. 《公约》第九条和第十条设立的附属机构行使它们的职能处理涉及本议定书的事项时，附属机构主席团中代表《公约》缔约方但当时非为本议定书缔约方的任何成员，应由本议定书缔约方从本议定书缔约方中选出的另一成员替换。

第十六条

作为本议定书缔约方会议的《公约》缔约方会议应参照《公约》缔约方会议可能做出的任何有关决定，在尽早实际可行时考虑并酌情修改对本议定书适用《公约》第十三条所指的多边协商程序，适用于本议定书的任何多边协商程序的运作不应损害依第十七条设立的程序和机制。

第十六条之二

《公约》缔约方会议应就特别是关于排放贸易的核查、报告和会计责任规定相关原则、模式、规则和指南。为了履行其依本条规定的承诺，附件一所列任何缔约方可参与排放贸易。这种贸易应是对了履行这些承诺的目的而采取的本国行动的补充。

第十七条

作为本议定书缔约方会议的《公约》缔约方会议应在第一届会议通过适当且有效的程序和机制用以断定和处理不遵守本议定书的情势，包括就后果列出一个指示性清单，同时考虑到不遵守的原因、类型、程度和次数，依本条可引起具拘束性后果的任何程序和机制应以本议定书修正案的方式通过。

第十八条

《公约》第十四条的规定应经必要修改适用于本议定书。

第十九条

1. 任何缔约方均可对本议定书提出修正。

2. 对本议定书的修正应在作为本议定书缔约方会议的《公约》缔约方会议常会上通过，对本议定书提出的任何修正案文应由秘书处在拟议通过该修正的会议之前至少六个月送交各缔约方。秘书处还应将提出的修正送交《公约》的缔约方和签署方，并送交保存人以供参考。

3. 缔约方应尽一切努力以协商一致方式就对本议定书提出的任何修正达成协议。如为谋求协商一致已尽一切努力但仍未达成协议，作为最后的方式，该项修正应以出席会议并参加表决的缔约方四分之三多数票通过。通过的修正应由秘书处送交保存人，再由保存人转送所有缔约方供其接受。

4. 对修正的接受文书应交存于保存人，按照上述第3款通过的修正，应于保存人收到本议定书至少四分之三缔约方的接受文书之日后第九十天起对接受该项修正的缔约方生效。

5. 对于任何其他缔约方，修正应在该缔约方向保存人交存其接受该项修正的文书之日后第九十天起对其生效。

第二十条

1. 本议定书的附件构成本议定书的组成部分，除非另有明文规定，凡提及本议定书时即同时提及其任何附件。本议定书通过后生效的任何附件，应限于清单、表格和属于科学、技术、程序、行政性质的任何其他说明性材料。

2. 任何缔约方可对本议定书提出附件并可对本议定书的附件提出修正。

3. 本议定书的附件和对本议定书附件的修正应在作为本议定书缔约方会议的《公约》缔约方会议的常会上通过。提议的任何附件或对附件的修正案文应由法书处在拟议通过该项附件或修正的届会之前至少六个月送交各缔约方。秘书处还应将提出的任何附件或对附件的任何修正送交《公约》缔约方和签署方，并送交保存人以供参考。

4. 缔约各方应尽一切努力以协商一致方式就提议的任何附件或对某一附件提出的任何修正达成协议。如为谋求协商一致已尽一切努力但仍未达成协议，该项附件或修正应以出席会议并参加表决的缔约方四分之三多数票通过。通过的附件或修正应由秘书处送交保存人，再由保存人送交所有缔约方供其接受。

5. 根据上述第3款和第4款通过或修正的附件，除附件A和附件B之外，应于保存人向本议定书的所有缔约方发出关于通过或修正该附件的通知之日起六个月后对所有缔约方生效，但在此期间书面通知保存人不接受该项附件或修正案的缔约方除外。对于撤回其不接受通知的缔约方，该项附件或修正案应自保存人收到撤回通知之日第九十天起对其生效。

6. 如果附件或对附件的修正案涉及对本议定书的修正，则该附件或对附件的修正应待对议定书的修正案生效之后方可生效。

7. 对本议定书附件 A 和附件 B 的修正应根据第十九条中规定的程序予以通过并生效，但对附件 B 的任何修正只应以有关缔约方书面同意的方式通过。

第二十一条

1. 除下述第 2 款所规定外，每一缔约方有一票表决权。

2. 区域经济一体化组织在其权限内的事项上应行使票数与其作为本议定书缔约方的成员国数目相同的表决权。如果一个此类组织的任一成员国行使自己的表决权，则该组织不得行使表决权，反之亦然。

第二十二条

联合国秘书长应为本议定书的保存人。

第二十三条

1. 本议定书应开放供签署并须经属《公约》缔约方的各国和区域经济一体化组织批准、接受或核准。本议定书自 1998 年 3 月 16 日至 1999 年 3 月 15 日在纽约联合国总部开放供签署，并自本议定书签署截止日之次日起开放供加入。批准、接受、核准或加入的文书应交于保存人。

2. 任何成为本议定书缔约方而其成员国均非缔约方的区域经济一体化组织应受本议定书各项义务的约束。如果此类组织的一个或多个成员国为本议定书的缔约方，该组织及其成员国应决定各国履行本议定书义务方面的责任。在此种情况下，该组织及其成员国无权同时行使本议定书规定的权利。

3. 区域经济一体化组织应在其批准、接受、核准或加入的文书中声明其在本议定书所规定事项上的权限。这些组织还应将其权限范围的任何重大变更通知保存人，再由保存人通知各缔约方。

第二十四条

1. 本议定书应在不少于 55 个《公约》缔约方、包括附件一所列缔约方，其合计二氧化碳排放总量至少占附件一所列缔约方的 1990 年二氧化碳排放总量的 55%，已经交存其批准书、接受书、核准书或加入书之日后第九十天起生效。

2. 为了本条的目的，"附件一所列缔约方 1990 年合计二氧化碳排放总量"指在通过本议定书之日或之前这些《公约》缔约方在其按照《公约》第十二条提交的第一次国家信息中通报的数量。

3. 对于依上述第 1 款中规定的生效条件达到之后批准、接受、核准或加入本议定书的每一国家或区域经济一体化组织，本议定书应自其批准、接受、核准或加入文书交存之日后第九十天起生效。

4. 为本条之目的，区域经济一体化组织交存的任何文书不应被视为该组织成员国所交存文书之外的额外文书。

第二十五条

对议定书不得做任何保留。

第二十六条

1. 自本议定书对一缔约方生效之日起三年后，该缔约方可随时向保存人发出书面通知退出本议定书。

2. 任何此种退出应自保存人收到退出通知之日起一年期满时生效，或在退出通知中所述明的较迟日期生效。

3. 退出《公约》的任何缔约方，应被视为亦退出本议定书。

第二十七条

本议定书正本应交存于联合国秘书长，其阿拉伯文、中文、英文、法文、俄文和西班牙文文本等作准。

1997 年 12 月 11 日订于京都。

下列签署人，经正式授权，于规定的日期在本议定书上签字，以昭信守。

附件 A

温室气体

  二氧化碳（CO_2）

  甲烷（CH_4）

  氧化亚氮（N_2O）

  氢氟碳化物（HFCs）

  全氟碳化物（PFCs）

  六氟化硫（SF_6）

部门/源类别

能源

  燃料燃烧

    能源工业

    制造业和建设

    运输

    其他部门

    其他

　　　　燃料的易散性排放
　　　　　　固体燃料
　　　　　　石油和天然气
　　　　　　其他
　　　　工业流程
　　　　　　矿产品
　　　　　　化工业
　　　　　　金属生产
　　　　　　其他生产
　　　　　　碳卤化合物和六氟化硫的生产
　　　　　　碳卤化合物和六氟化硫的消费
　　　　　　其他
　　　　溶剂和其他产品的使用
　　　　农业
　　　　　　肠道发酵
　　　　　　粪肥管理
　　　　　　水稻种植
　　　　　　农用土壤
　　　　　　对热带大草原进行有规定的燃烧
　　　　　　对农作物残留物的田间燃烧
　　　　　　其他
　　　　废物
　　　　　　陆地固体废物处置
　　　　　　废水处置
　　　　　　废物焚化
　　　　　　其他

附件 B

缔约方	排放量限制或削减承诺(1990年起的百分比变化)
澳大利亚	108
奥地利	92
比利时	92
保加利亚*	92

加拿大*	94
克罗地亚*	95
捷克共和国*	92
丹麦	92
爱沙尼亚*	92
欧洲经济共同体①	92
芬兰	92
法国	92
德国	92
希腊	92
匈牙利*	94
冰岛	110
爱尔兰	92
意大利	92
日本	94
列支敦士登	92
立陶宛*	92
卢森堡	92
摩纳哥	92
荷兰	92
新西兰	100
挪威	101
波兰*	94
葡萄牙	92
罗马尼亚*	92
俄罗斯联邦*	100
斯洛伐克*	92
斯洛文尼亚*	92
西班牙	92
瑞典	92
瑞士	92
乌克兰*	100

---

① 欧洲共同体及其成员国将依照第四条的规定执行按照第三条1款规定的各自承诺。

大不列颠及北爱尔兰联合王国	92
美利坚合众国	93

* 正在向市场经济过渡的国家。

附录 II: 清洁发展机制执行理事会的议事规则

一、范围

第 1 条

1. 本议事规则适用于根据第 17/CP.7 号决定及该项决定所附关于《京都议定书》第十二条确定的清洁发展机制的模式和程序的附件开展的清洁发展机制执行理事会的一切活动。

二、定义

第 2 条

本规则中：

1. "第 17/CP.7 号决定"指《联合国气候变化框架公约》缔约方会议第七届会议做出的有关《京都议定书》第十二条确定的清洁发展机制的模式和程序的决定;[①]

2. "清洁发展机制的模式和程序"指第 17/CP.7 号决定附件所载清洁发展机制的模式和程序;

3. "《气候公约》"指《联合国气候变化框架公约》;

4. "《公约》缔约方会议"指《联合国气候变化框架公约》缔约方会议;

5. "《议定书》/《公约》缔约方会议"指作为《京都议定书》缔约方会议的《公约》缔约方会议;

6. "清洁发展机制"指《京都议定书》第十二条确定的清洁发展机制;

7. "执行理事会"指《京都议定书》第十二条确定的清洁发展机制执行理事会;

8. "主席"和"副主席"指被清洁发展机制执行理事会选举为主席和副主席的执行理事会理事;

9. "理事"指清洁发展机制理事会理事;

[①] FCCC/CP/2001/13/Add.2

10. "候补理事"指清洁发展机制理事会候补理事；

11. "秘书处"指《京都议定书》第十四条和清洁发展机制模式和程序第19段所述秘书处；

12. "委托编写的技术报告"指执行理事会为获得本议事规则第七节所指范围之外的专门技术而委托编写的技术报告。

> 清洁发展机制模式和程序第1段（e）分段：
>
> 13. "利害关系方"指已经或可能受拟议的清洁发展机制项目活动影响的公众，包括个人、群体或社区。

14. 为第26和27条的目的，未加入《京都议定书》的《公约》缔约方可行使与所有其他观察员相同的权利。

三、理事和候补理事

A. 提名、选举和改选

第3条

> 清洁发展机制模式和程序第7段：
>
> 执行理事会应由《京都议定书》缔约方中的10名成员组成，其方式如下：考虑到缔约方会议主席团的目前惯例，联合国五个区域集团各出一名，附件一所列缔约方另出两名，未列入附件一的缔约方另出两名，加上代表小岛屿发展中国家的一名代表。

第4条

> 清洁发展机制模式和程序第8段（a）至（d）分段：
> 1. 执行理事会理事包括候补理事成员应：
> （a）由｛清洁发展机制模式和程序｝第7段所指有关集团提名并由《议定书》/《公约》缔约方会议选出。空缺应以同样的方式填补；
> （b）任期两年，最多可连任两任，作为候补理事的任期不计。最初应选举五名理事和候补理事成员任期三年，另有五名理事和候补理事任期两年。此后，《议定书》/《公约》缔约方会议应每两年选举五名新理事和五名候补理事，任期两年。根据｛清洁发展机制模式和程序｝第11段所作的任命应算为一个任期。理事

和候补理事的任期应到继任者选出后为止；
  （c）具备适当的技术和/或政策方面的专长，并应以个人身份行事。
  （d）受执行理事会议事规则的约束。

2. 理事或候补理事的任期应始于《议定书》/《公约》缔约方会议将其选为理事或候补理事之后的日历年的 1 月 1 日，止于此后两年或三年（视理事或候补理事而定）的 12 月 31 日。

第 5 条

清洁发展机制模式和程序第 9 段：
1.《议定书》/《公约》缔约方会议应按照｛清洁发展机制模式和程序｝第 7 和第 8 段的标准选举执行理事会每一理事的候补理事。集团提名理事候选人时也应提名同一集团的候补理事候选人。

2. 本规则中凡有提及理事之处，均应认为其中包括代理事行事的候补理事。
3. 如理事缺席理事会会议，其候补理事应以理事身份出席会议。

第 6 条

清洁发展机制模式和程序第 8 段（c）分段：
1. 发展中国家缔约方和按《公约》惯例合于标准的其他缔约方的理事和候补理事参加理事会工作的费用，应从执行理事会的行政开支中支付。

2. 将按照联合国的财务规章和《公约》的财务程序提供参加理事会工作的经费。

B. 暂停、终止和辞职

第 7 条

清洁发展机制模式和程序第 10 段：
1. 执行理事会可以因某一理事包括候补理事违反回避规定、违反保密规定或无适当理由连续两次不参加执行理事会会议等原因暂停并向《议定书》/《公约》缔约方会议建议终止其理事或候补理事资格。

2. 要求暂停并向《议定书》/《公约》缔约方会议建议终止理事或候补理事资格的任何动议，应当根据下文第五节所列表决规则立即付诸表决。在动议涉及暂停并向《议定书》/《公约》缔约方会议建议终止主席的理事资格时，副主席应代理主席，直至进行表决并宣布结果。

3. 只有在理事或候补理事得到机会由理事会在会议上听取其主张之后，执行理事会方可暂停并建议终止其理事或候补理事资格。

第 8 条

> 清洁发展机制模式和程序第 11 段：
> 1. 如果执行理事会的理事或候补理事因辞职或其他原因无法完成有关任期或履行其职能，考虑到距离举行下届《议定书》/《公约》缔约方会议的时间长短，执行理事会可以决定任命来自同一集团的另一理事或候补理事代其在剩余的任期任职。

2. 执行理事会应请有关集团提出将根据本条第 1 款任命的新任理事或新任候补理事的人选。

C. 利益冲突和保密

第 9 条

> 清洁发展机制模式和程序第 8 段（f）分段：
> {执行理事会的理事，包括候补理事，} 在清洁发展机制项目活动的任何方面不应当有金钱或经济利益。

第 10 条

> 清洁发展机制模式和程序第 8 段（e）分段：
> 1. {执行理事会的理事，包括候补理事，应当} 在任职前，由《公约》执行秘书或其授权的代表见证，签署就职宣誓书。

2. 就职宣誓书誓词如下：

"我庄严宣誓，我将正直、忠诚、公正、勤恳地按照《京都议定书》第十二条履行清洁发展机制执行理事会理事/候补理事的职责。

"我还庄严宣誓并承诺，在清洁发展机制的任何方面，包括经营实体的认证、清洁发展机制项目活动的登记和（或）相关核证减排量的发放，我将没有任何金融利益。按照我对执行理事会的责任，即使在我的职务结束之后，我也决不透露根据清洁发展机制模式和程序转交执行理事会的任何机密或专有信息，或由于我在执行理事会任职而了解到的任何其他机密信息。

"我将向《联合国气候变化框架公约》执行秘书和执行理事会说明，我在执行理事会所讨论的任何事务中具有的、有可能构成利益冲突或可能不符合执行理事会理事应当遵守的廉洁和公正规定的任何利益，我将回避参加理事会有关此种事务的工作。"

第 11 条

> 清洁发展机制模式和程序第 8 段（g）分段：
> 1. ｛执行理事会的理事，包括候补理事，｝按照对执行理事会的责任，不得透露由于在执行理事会任职而了解到的任何机密或专有信息。理事包括候补理事不得透露机密信息的职责构成理事和候补理事的一项义务，并且于理事和候补理事在执行理事会的职务到期或终止之后仍然为一项义务。

> 清洁发展机制模式和程序第 6 段：
> 2. ｛理事和候补理事｝从清洁发展机制项目参与方获得的、标明为专有或机密的信息，未经信息提供者书面同意不得透露，国家法律规定者除外。用来确定｛清洁发展机制模式和程序｝第 43 段所界定的额外性、用来描述基准方法及其应用的信息，以及用来佐证｛清洁发展机制模式和程序｝第 37 段（c）分段所指环境影响评估的信息不应被视为专有或机密信息。

D. 主席和副主席

第 12 条

> 清洁发展机制模式和程序第 12 段：
> 1. 执行理事会应选出自身的｛主席｝和｛副主席｝，其中一名应为附件一所列缔约方的成员，另一名应为未列入附件一的缔约方的成员。｛主席｝和｛副主席｝应每年在附件一所列缔约方和未列入附件一的缔约方的成员之间轮流产生。

2. 理事会应在每一日历年的第一次执行理事会会议上从理事中选出一名主席和一名副主席。

第 13 条

1. 主席和副主席应以各自的身份在执行理事会的任何会议上履行职务。
2. 如当选的主席不能以这一身份在某次会议上履行职务，副主席应代行主席职务。如两者均不能以各自的身份履行职务，理事会应从出席会议的理事中选举一名理事担任该次会议的主席。

3. 如果主席或副主席不再有能力履行其职责，或不再成为理事，应为剩余的任期选举一名新的主席或副主席。

第 14 条

1. 主席应按照本规则的规定主持执行理事会的会议。

2. 主席除行使本规则其他条款赋予的职能之外，应宣布会议的开会和散会、主持会议、确保对本规则的遵守、准许发言、把问题付诸表决并宣布决定。主席应就程序问题做出裁决，并在遵守本规则的条件下全面掌握会议的进行和维持会议秩序。

3. 主席可向执行理事会提议限制发言者的发言时间、限制每一理事就某一问题发言的次数、暂停或结束辩论以及暂停会议或休会。

4. 主席或执行理事会指定的任何其他理事应在必要时代表理事会，包括在《议定书》/《公约》缔约方会议的届会上代表理事会。

四、会议

A. 日期

第 15 条

> 清洁发展机制模式和程序第 13 段：
> 铭记｛清洁发展机制模式和程序｝第 41 段的规定，执行理事会应在必要时召开会议，但每年不少于三次。

第 16 条

1. 在每一日历年的第一次执行理事会会议上，主席应提出该日历年的会议时间表供理事会通过。在可能的范围内，会议应与《公约》缔约方会议、《议定书》/《公约》缔约方会议及其附属机构的届会同期举行。

2. 如果需要改动会议时间表或增加会议次数，主席应在与所有理事磋商之后，通知原定会议日期的任何改动和（或）增加举行会议的日期。

第 17 条

主席应召开执行理事会的每次会议，并至少在会议召开日期前八个星期通知这一日期。

第 18 条

秘书处应迅速通知邀请出席会议的所有方面。

B. 会议地点

第 19 条

与《公约》缔约方会议、《议定书》/《公约》缔约方会议或其附属机构的会议同期召开的执行理事会会议,应在与这些机构相同的地点举行。执行理事会的其他会议应在秘书处所在地举行,除非执行理事会另有决定或秘书处经与主席磋商另有适当安排。

C. 议程

第 20 条

主席应在秘书处的协助下草拟理事会每次会议的临时议程,并将理事会在前次会议上商定的临时议程副本发送给邀请出席会议的所有各方。

第 21 条

任何理事或候补理事可向秘书处提出会议临时议程的补充或修改,并列入拟议的议程,但理事或候补理事应在会议开幕规定日期前至少四个星期将此通知秘书处。秘书处应在会议开幕规定日期前至少三个星期将拟议的会议议程发送给邀请出席会议的所有各方。

第 22 条

执行理事会应在每次会议开始时通过会议的议程。

第 23 条

执行理事会会议议程所列、但理事会会议未审议完毕的任何项目,应自动列入下次会议的临时议程,除非理事会另有决定。

D. 文件

第 24 条

1. 执行理事会会议的所有文件应在会议前至少两星期通过秘书处提供给理事和候补理事。
2. 在将文件转发给理事和候补理事之后,秘书处应通过互联网公开提供文件。

第 25 条

清洁发展机制模式和程序第 5 段（j）分段：
{执行理事会} 应向公众提供委托编制的任何技术报告，在完成文件和向《议定书》/《公约》缔约方会议提出任何供审议的建议之前，留出至少八个星期由公众就方法学和指导意见发表评论。

E. 透明度

第 26 条

以保护机密资料的必要性为前提，透明度原则应适用于执行理事会的一切工作，包括及时公开提供文件和所有缔约方和所有经认证的《公约》观察员和利害关系方可借以提出外部意见供理事会审议的渠道。将理事会的会议情况在互联网上公布是确保透明度的途径之一。

F. 出席

第 27 条

清洁发展机制模式和程序第 16 段：
1. 除执行理事会另有决定外，执行理事会的会议应允许所有缔约方和经认证的《公约》观察员和利害关系方以观察员身份出席。

2. 应理事会邀请，观察员可就理事会审议的事项发表意见。

G. 法定人数

第 28 条

清洁发展机制模式和程序第 14 段：
形成法定人数的要求是，执行理事会至少三分之二的成员——代表附件一所列缔约方的多数成员和未列入附件一的缔约方的多数成员必须出席。

五、表决

第 29 条

> 清洁发展机制模式和程序第 15 段：
> 1. 执行理事会应尽量通过协商一致意见做出决定。如果已尽力争取达成协商一致意见但仍没有达成协议，决定应当由出席会议并参加表决的四分之三多数理事通过做出。对表决弃权的理事应被视为未参加表决。

2. 主席应当确定协商一致意见是否已经达成。如果执行理事会的任一理事或代行理事职权的任一候补理事明示反对拟议的决定，主席应宣布不存在协商一致意见。

3. 每一理事都有一票。为了本条的目的，"与会和投票表决的理事"一语是指出席进行投票表决的会议并投赞成票或反对票的理事。

4. 候补理事可以参加理事会议事活动，但无表决权。候补理事只有在代行理事职能时才能够投票。

第 30 条

1. 一旦主席认为执行理事会必须做出某项决定，该决定不能推迟到执行理事会下次会议做出，主席应当向每一位理事转交一项拟议的决定，请理事以协商一致方式核可这项决定。按适用的保密要求，主席应与拟议的决定一并提供依主席的判断支持按第 30 条做出决定的相关事实。这项拟议的决定应当以电子邮件形式通过执行理事会的邮件列表转交。这一邮件的收取须由理事会的规定法定人数加以确认。此种邮件也可发给候补理事供参考。

2. 理事和（或）候补理事自收到拟议的决定之日起有两周时间提出评论。这些评论通过执行理事会的邮件列表提供给理事和候补理事。

3. 在上文第 2 段所指的时间结束之时，如果没有任何理事提出反对意见，这项拟议的决定应被视为已获同意。如果有人提出反对意见，主席应当将审议拟议的决定这一事项列入执行理事会下次会议的临时议程，并将有关情况告知理事会。

4. 使用本条规则第 1 至 3 款规定的程序做出的任何决定应列入理事会下届会议的报告。

六、语文

第 31 条

> 清洁发展机制模式和程序第 17 段：
> 执行理事会所有决定的全文应公开提供。执行理事会的工作语文为英文。决定应以联合国全部六种正式语文提供。

七、委员会、专门小组和工作组

第 32 条

> 清洁发展机制模式和程序第 18 段：
> 1. 执行理事会可设立委员会、专门小组或工作组，以协助其履行职责。执行理事会应利用履行其职能所需的专长，包括利用《公约》专家名册上专家的专长。在这方面，应充分考虑区域平衡的因素。

2. 专门小组应由执行理事会确定的恰当数目的小组成员组成。专门小组成员应当具备相关工作领域的公认的专长。

3. 在设立专门小组时，执行理事会应当任命两名执行理事会理事担任小组主席和副主席，一名理事来自附件一所列缔约方，另一名来自非附件一所列缔约方。执行理事会可指定更多的理事和候补理事参加专门小组。

4. 在设立专门小组时，执行理事会应决定小组的职权范围。职权范围应当包括一项工作计划、提交文件的期限、选择小组成员的标准以及必要的预算规定等。

5. 在不违反保密规定的条件下，应公开提供委员会、专门小组和工作组的报告。

八、秘书处

第 33 条

> 清洁发展机制模式和程序第 19 段：
> 秘书处应为执行理事会服务。

第 34 条

《公约》执行秘书应当在现有资源范围内安排提供为执行理事会服务所需的人员和服务。执行秘书应当管理和领导此种人员和服务,并向执行理事会提供恰当帮助和咨询意见。

第 35 条

由执行秘书指定的一名秘书处干事担任执行理事会秘书。

第 36 条

除了清洁发展机制模式和程序和(或)《议定书》/《公约》缔约方会议任何随后的决定明确规定的职能以外,秘书处应当按照这些规则并且根据资源的备有情况:

(a) 接收、复制并向理事和候补理事分发会议文件;

(b) 接收决定,将其译成联合国所有六种正式语文,并公开提供执行理事会的所有决定的全文;

(c) 协助执行理事会完成维持档案及收集、处理和公布资料方面的工作;

(d) 进行执行理事会可能要求进行的所有其他工作。

第 37 条

应当适用联合国财务条例和《公约》财务程序。

九、事务处理

第 38 条

执行理事会应当依照清洁发展机制模式和程序,进行第 17/CP. 7 号决定和《议定书》/《公约》缔约方会议随后做出的任何决定安排其开展的任何工作。

十、会议记录

第 39 条

在每次会议结束之前,主席应当提出会议结论和决定草案供执行理事会审议和核可。执行理事会的任何书面记录或议事活动记录由秘书处根据联合国规则和条例加以保存。

十一、规则的修正

第 40 条

清洁发展机制模式和程序第 5 段（b）分段：

{执行理事会应当} 酌情就 {清洁发展机制模式和程序} 所载执行理事会议事规则的修正或补充向《议定书》/《公约》缔约方会议提出建议。

附录Ⅲ：清洁发展机制项目运行管理办法（2011 年修订）

第一章　总则

第一条　为促进和规范清洁发展机制项目的有效有序运行，履行《联合国气候变化框架公约》（以下简称《公约》）、《京都议定书》（以下简称《议定书》）以及缔约方会议的有关决定，根据《中华人民共和国行政许可法》等有关规定，制定本办法。

第二条　清洁发展机制是发达国家缔约方为实现其温室气体减排义务与发展中国家缔约方进行项目合作的机制，通过项目合作，促进《公约》最终目标的实现，并协助发展中国家缔约方实现可持续发展，协助发达国家缔约方实现其量化限制和减少温室气体排放的承诺。

第三条　在中国开展清洁发展机制项目应符合中国的法律法规，符合《公约》《议定书》及缔约方会议的有关决定，符合中国可持续发展战略、政策，以及国民经济和社会发展的总体要求。

第四条　清洁发展机制项目合作应促进环境友好技术转让，在中国开展合作的重点领域为节约能源和提高能源效率、开发利用新能源和可再生能源、回收利用甲烷。

第五条　清洁发展机制项目的实施应保证透明、高效，明确各项目参与方的责任与义务。

第六条　在开展清洁发展机制项目合作过程中，中国政府和企业不承担《公约》和《议定书》规定之外的任何义务。

第七条　清洁发展机制项目国外合作方用于购买清洁发展机制项目减排量的资金，应额外于现有的官方发展援助资金和其在《公约》下承担的资金义务。

第二章　管理体制

第八条　国家设立清洁发展机制项目审核理事会（以下简称项目审核理事会）。项目审核理事会组长单位为国家发展和改革委员会和科学技术部，副组长单位为外交部，成员单位为财政部、环境保护部、农业部和中国气象局。

第九条　国家发展和改革委员会是中国清洁发展机制项目合作的主管机构，在中国开展清洁发展机制合作项目须经国家发展和改革委员会批准。

第十条　中国境内的中资、中资控股企业作为项目实施机构，可以依法对外开展清洁发展机制项目合作。

第十一条　项目审核理事会主要履行以下职责：

（一）对申报的清洁发展机制项目进行审核，提出审核意见；

（二）向国家应对气候变化领导小组报告清洁发展机制项目执行情况和实施过程中的问题及建议，提出涉及国家清洁发展机制项目运行规则的建议。

第十二条　国家发展和改革委员会主要履行以下职责：

（一）组织受理清洁发展机制项目的申请；

（二）依据项目审核理事会的审核意见，会同科学技术部和外交部批准清洁发展机制项目；

（三）出具清洁发展机制项目批准函；

（四）组织对清洁发展机制项目实施监督管理；

（五）处理其他相关事务。

第十三条　项目实施机构主要履行以下义务：

（一）承担清洁发展机制项目减排量交易的对外谈判，并签订购买协议；

（二）负责清洁发展机制项目的工程建设；

（三）按照《公约》《议定书》和有关缔约方会议的决定，以及与国外合作方签订购买协议的要求，实施清洁发展机制项目，履行相关义务，并接受国家发展和改革委员会及项目所在地发展和改革委员会的监督；

（四）按照国际规则接受对项目合格性和项目减排量的核实，提供必要的资料和监测记录。在接受核实和提供信息过程中依法保护国家秘密和商业秘密；

（五）向国家发展和改革委员会报告清洁发展机制项目温室气体减排量的转让情况；

（六）协助国家发展和改革委员会及项目所在地发展和改革委员会就有关问题开展调查，并接受质询；

（七）企业资质发生变更后主动申报；

（八）根据本办法第三十六条规定的比例，按时足额缴纳减排量转让交易额；

（九）承担依法应由其履行的其他义务。

第三章　申请和实施程序

第十四条　附件所列中央企业直接向国家发展和改革委员会提出清洁发展机制合作项目的申请，其余项目实施机构向项目所在地省级发展和改革委员会提出清洁发展机制项目申请。有关部门和地方政府可以组织企业提出清洁发展机制项目申请。国家发展和改革委员会可根据实际需要适时对附件所列中央企业名单进行调整。

第十五条　项目实施机构向国家发展和改革委员会或项目所在地省级发展和改革委员会提出清洁发展机制项目申请时必须提交以下材料：
（一）清洁发展机制项目申请表；
（二）企业资质状况证明文件复印件；
（三）工程项目可行性研究报告批复（或核准文件，或备案证明）复印件；
（四）环境影响评价报告（或登记表）批复复印件；
（五）项目设计文件；
（六）工程项目概况和筹资情况说明；
（七）国家发展和改革委员会认为有必要提供的其他材料。

第十六条　如果项目在申报时尚未确定国外买方，项目实施机构在填报项目申请表时必须注明该清洁发展机制合作项目为单边项目。获国家批准后，项目产生的减排量将转入中国国家账户，经国家发展和改革委员会批准后方可将这些减排量从中国国家账户中转出。

第十七条　国家发展和改革委员会在接到附件所列中央企业申请后，对申请材料不齐全或不符合法定形式的申请，应当场或在五日内一次告知申请人需要补正的全部内容。

第十八条　项目所在地省级发展和改革委员会在受理除附件所列中央企业外的项目实施机构申请后二十个工作日内，将全部项目申请材料及初审意见报送国家发展和改革委员会，且不得以任何理由对项目实施机构的申请做出否定决定。对申请材料不齐全或不符合法定形式的申请，项目所在地省级发展和改革委员会应当场或在五日内一次告知申请人需要补正的全部内容。

第十九条　国家发展和改革委员会在受理本办法附件所列中央企业提交的项目申请，或项目所在地省级发展和改革委员会转报的项目申请后，组织专家对申请项目进行评审，评审时间不超过三十日。项目经专家评审后，由国家发展和改革委员会提交项目审核理事会审核。

第二十条　项目审核理事会召开会议对国家发展和改革委员会提交的项目进行审核，提出审核意见。项目审核理事会审核的内容主要包括：
（一）项目参与方的参与资格；
（二）本办法第十五条规定提交的相关批复；
（三）方法学应用；
（四）温室气体减排量计算；
（五）可转让温室气体减排量的价格；
（六）减排量购买资金的额外性；
（七）技术转让情况；

（八）预计减排量的转让期限；

（九）监测计划；

（十）预计促进可持续发展的效果。

第二十一条　国家发展和改革委员会根据项目审核理事会的意见，会同科学技术部和外交部做出是否出具批准函的决定。对项目审核理事会审核同意批准的项目，从项目受理之日起二十个工作日内（不含专家评审的时间）办理批准手续；对项目审核理事会审核同意批准，但需要修改完善的项目，在接到项目实施机构提交的修改完善材料后会同科学技术部和外交部办理批准手续；对项目审核理事会审核不同意批准的项目，不予办理批准手续。

第二十二条　项目经国家发展和改革委员会批准后，由经营实体提交清洁发展机制执行理事会申请注册。

第二十三条　国家发展和改革委员会负责对清洁发展机制项目的实施进行监督。项目实施机构在清洁发展机制项目成功注册后十个工作日内向国家发展和改革委员会报告注册状况，在项目每次减排量签发和转让后十个工作日内向国家发展和改革委员会报告签发和转让有关情况。

第二十四条　工程建设项目的审批程序和审批权限，按国家有关规定办理。

第四章　法律责任

第二十五条　本办法涉及的行政机关及其工作人员，在清洁发展机制项目申请过程中，对符合法定条件的项目申请不予受理，或当项目实施机构提交的申请材料不齐全、不符合法定形式时，不一次告知项目实施机构必须补正的全部内容的，由其上级行政机关或者监察机关责令改正；情节严重的，对直接负责的主管人员和其他直接责任人员依法给予行政处分。

第二十六条　本办法涉及的行政机关及其工作人员，在接收、受理、审批项目申请，以及对项目实施监督检查过程中，索取或者收受他人财物或者谋取其他利益，构成犯罪的，依法追究刑事责任；尚不构成犯罪的，依法给予行政处分。

第二十七条　本办法涉及的行政机关及其工作人员，对不符合法定条件的项目申请予以批准，或者超越法定职权做出批准决定的，由其上级行政机关或者监察机关责令改正，对直接负责的主管人员和其他直接责任人员依法给予行政处分；构成犯罪的，依法追究刑事责任。

第二十八条　项目实施机构在清洁发展机制项目申请及实施过程中，如隐瞒有关情况或者提供虚假材料的，国家发展和改革委员会可不予受理或者不予行政许可，并给予警告。

第二十九条　项目实施机构以欺骗、贿赂等不正当手段取得批准函的，国家发展和改革委员会依法处以与项目减排量转让收入相当的罚款，罚款收入按照《行政处罚法》等有关规定，就地上缴中央国库。构成犯罪的，依法追究刑事责任。

第三十条　项目实施机构在取得国家发展和改革委员会出具的批准函后，企业股权变更为外资或外资控股的，自动丧失清洁发展机制项目实施资格，股权变更后取得的项目减排量转让收入归国家所有。

第三十一条　项目实施机构在减排量交易完成后，未按照相关规定向国家按时足额缴纳减排量交易额分成的，国家发展和改革委员会依法对项目实施机构给予行政处罚。

第三十二条　项目实施机构伪造、涂改批准函，或在接受监督检查时隐瞒有关情况、提供虚假材料或拒绝提供相关材料的，国家发展和改革委员会依法给予行政处罚；构成犯罪的，依法追究刑事责任。

第五章　附则

第三十三条　本办法中的发达国家缔约方是指《公约》附件一中所列的国家。

第三十四条　本办法中的清洁发展机制执行理事会是指《议定书》下为实施清洁发展机制项目而专门设置的管理机构。

第三十五条　本办法中的经营实体是指由清洁发展机制执行理事会指定的审定和核证机构。

第三十六条　清洁发展机制项目因转让温室气体减排量所获得的收益归国家和项目实施机构所有，其他机构和个人不得参与减排量转让交易额的分成。国家与项目实施机构减排量转让交易额分配比例如下：

（一）氢氟碳化物（HFCs）类项目，国家收取温室气体减排量转让交易额的65%；

（二）己二酸生产中的氧化亚氮（N_2O）项目，国家收取温室气体减排量转让交易额的30%；

（三）硝酸等生产中的氧化亚氮（N_2O）项目，国家收取温室气体减排量转让交易额的10%；

（四）全氟碳化物（PFCs）类项目，国家收取温室气体减排量转让交易额的5%；

（五）其他类型项目，国家收取温室气体减排量转让交易额的2%。

国家从清洁发展机制项目减排量转让交易额收取的资金，用于支持与应对气候变化相关的活动，由中国清洁发展机制基金管理中心根据《中国清洁发展机制基金管理办法》收取。

第三十七条　国家发展和改革委员会已批准项目2012年后产生的减排量，须经国家发展和改革委员会同意后才可转让，项目实施按照本办法管理。

第三十八条　本办法由国家发展和改革委员会、科学技术部、外交部、财政部解释。

第三十九条　本办法自发布之日起施行。2005年10月12日起实施的《清洁发展机制项目运行管理办法》即行废止。

附：可直接向国家发展和改革委员会提交清洁发展机制项目申请的中央企业名单

1. 中国核工业集团公司
2. 中国核工业建设集团公司
3. 中国化工集团公司
4. 中国化学工程集团公司
5. 中国轻工集团公司
6. 中国盐业总公司
7. 中国中材集团公司
8. 中国建筑材料集团公司
9. 中国电子科技集团公司
10. 中国有色矿业集团有限公司
11. 中国石油天然气集团公司
12. 中国石油化工集团公司
13. 中国海洋石油总公司
14. 国家电网公司
15. 中国华能集团公司
16. 中国大唐集团公司
17. 中国华电集团公司
18. 中国国电集团公司
19. 中国电力投资集团公司
20. 中国铁路工程总公司
21. 中国铁道建筑总公司
22. 神华集团有限责任公司
23. 中国交通建设集团有限公司
24. 中国农业发展集团总公司
25. 中国林业集团公司
26. 中国铝业公司
27. 中国航空集团公司
28. 中国中化集团公司
29. 中粮集团有限公司
30. 中国五矿集团公司
31. 中国建筑工程总公司
32. 中国水利水电建设集团公司
33. 国家核电技术有限公司
34. 中国节能投资公司
35. 中国中煤能源集团公司
36. 中国煤炭科工集团有限公司
37. 中国机械工业集团有限公司
38. 中国中钢集团公司
39. 中国冶金科工集团有限公司
40. 中国钢研科技集团公司
41. 中国广东核电集团
42. 中国长江三峡集团公司

附录Ⅳ：清洁发展机制项目申请函（参考格式）

国家发展和改革委员会：

  我单位拟与_____（合作方，即 CERs 接受方名称）_____进行清洁发展机制项目合作，项目名称是_____。现将项目申请表及其所要求的项目设计文件、工程项目概况和筹资情况相关说明及其他相关文件呈上，请予审核批准。

（申请单位名称）（盖章）

年 月 日

  附件1：清洁发展机制项目行政许可申请表（中文15份）
  附件2：清洁发展机制项目设计文件（中文15份，英文5份）
  附件3：工程项目概况和筹资情况相关说明（中文15份）

附录Ⅴ：碳排放权交易管理暂行办法

中华人民共和国国家发展和改革委员会令
第 17 号

为落实党的十八届三中全会决定、"十二五"规划《纲要》和国务院《"十二五"控制温室气体排放工作方案》的要求，推动建立全国碳排放权交易市场，我委组织起草了《碳排放权交易管理暂行办法》。现予以发布，自发布之日起 30 日后施行。

附件：碳排放权交易管理暂行办法

2014 年 12 月 10 日

附件

碳排放权交易管理暂行办法

第一章　总则

第一条　为推进生态文明建设，加快经济发展方式转变，促进体制机制创新，充分发挥市场在温室气体排放资源配置中的决定性作用，加强对温室气体排放的控制和管理，规范碳排放权交易市场的建设和运行，制定本办法。

第二条　在中华人民共和国境内，对碳排放权交易活动的监督和管理，适用本办法。

第三条　本办法所称碳排放权交易，是指交易主体按照本办法开展的排放配额和国家核证自愿减排量的交易活动。

第四条　碳排放权交易坚持政府引导与市场运作相结合，遵循公开、公平、公正和诚信原则。

第五条　国家发展和改革委员会是碳排放权交易的国务院碳交易主管部门（以下称国务院碳交易主管部门），依据本办法负责碳排放权交易市场的建设，并对其运行进行管理、监督和指导。

各省、自治区、直辖市发展和改革委员会是碳排放权交易的省级碳交易主管部门（以下称省级碳交易主管部门），依据本办法对本行政区域内的碳排放权交易相关活动进行管理、监督和指导。

其他各有关部门应按照各自职责，协同做好与碳排放权交易相关的管理工作。

第六条　国务院碳交易主管部门应适时公布碳排放权交易纳入的温室气体种类、行业范围和重点排放单位确定标准。

第二章　配额管理

第七条　省级碳交易主管部门应根据国务院碳交易主管部门公布的重点排放单位确定标准，提出本行政区域内所有符合标准的重点排放单位名单并报国务院碳交易主管部门，国务院碳交易主管部门确认后向社会公布。

经国务院碳交易主管部门批准，省级碳交易主管部门可适当扩大碳排放权交易的行业覆盖范围，增加纳入碳排放权交易的重点排放单位。

第八条　国务院碳交易主管部门根据国家控制温室气体排放目标的要求，综合考虑国家和各省、自治区和直辖市温室气体排放、经济增长、产业结构、能源结构，以及重点排放单位纳入情况等因素，确定国家以及各省、自治区和直辖市的排放配额总量。

第九条　排放配额分配在初期以免费分配为主，适时引入有偿分配，并逐步提高有偿分配的比例。

第十条　国务院碳交易主管部门制定国家配额分配方案，明确各省、自治区、直辖市免费分配的排放配额数量、国家预留的排放配额数量等。

第十一条　国务院碳交易主管部门在排放配额总量中预留一定数量，用于有偿分配、市场调节、重大建设项目等。有偿分配所取得的收益，用于促进国家减碳以及相关的能力建设。

第十二条　国务院碳交易主管部门根据不同行业的具体情况，参考相关行业主管部门的意见，确定统一的配额免费分配方法和标准。

各省、自治区、直辖市结合本地实际，可制定并执行比全国统一的配额免费分配方法和标准更加严格的分配方法和标准。

第十三条　省级碳交易主管部门依据第十二条确定的配额免费分配方法和标准，提出本行政区域内重点排放单位的免费分配配额数量，报国务院碳交易主管部门确定后，向本行政区域内的重点排放单位免费分配排放配额。

第十四条　各省、自治区和直辖市的排放配额总量中，扣除向本行政区域内重点排放单位免费分配的配额量后剩余的配额，由省级碳交易主管部门用于有偿分配。有偿分配所取得的收益，用于促进地方减碳以及相关的能力建设。

第十五条　重点排放单位关闭、停产、合并、分立或者产能发生重大变化的，省级碳交易主管部门可根据实际情况，对其已获得的免费配额进行调整。

第十六条　国务院碳交易主管部门负责建立和管理碳排放权交易注册登记系统（以下称注册登记系统），用于记录排放配额的持有、转移、清缴、注销等相关信息。注册登记系统中的信息是判断排放配额归属的最终依据。

第十七条　注册登记系统为国务院碳交易主管部门和省级碳交易主管部门、重点排放单位、交易机构和其他市场参与方等设立具有不同功能的账户。参与方根据国务院碳交易主管部门的相应要求开立账户后，可在注册登记系统中进行配额管理的相关业务操作。

第三章　排放交易

第十八条　碳排放权交易市场初期的交易产品为排放配额和国家核证自愿减排量，适时增加其他交易产品。

第十九条　重点排放单位及符合交易规则规定的机构和个人（以下称交易主体），均可参与碳排放权交易。

第二十条　国务院碳交易主管部门负责确定碳排放权交易机构并对其业务实施监督。具体交易规则由交易机构负责制定，并报国务院碳交易主管部门备案。

第二十一条　第十八条规定的交易产品的交易原则上应在国务院碳交易主管部门确定的交易机构内进行。

第二十二条　出于公益等目的，交易主体可自愿注销其所持有的排放配额和国家核证自愿减排量。

第二十三条　国务院碳交易主管部门负责建立碳排放权交易市场调节机制，维护市场稳定。

第二十四条　国家确定的交易机构的交易系统应与注册登记系统连接，实现数据交换，确保交易信息能及时反映到注册登记系统中。

第四章　核查与配额清缴

第二十五条　重点排放单位应按照国家标准或国务院碳交易主管部门公布的企业温室气体排放核算与报告指南的要求，制定排放监测计划并报所在省、自治区、直辖市的省级碳交易主管部门备案。

重点排放单位应严格按照经备案的监测计划实施监测活动。监测计划发生重大变更的，应及时向所在省、自治区、直辖市的省级碳交易主管部门提交变更申请。

第二十六条　重点排放单位应根据国家标准或国务院碳交易主管部门公布的企业温室气体排放核算与报告指南，以及经备案的排放监测计划，每年编制其上一年度的温室气体排放报告，由核查机构进行核查并出具核查报告后，在规定时间内向所在省、自治区、直辖市的省级碳交易主管部门提交排放报告和核查报告。

第二十七条 国务院碳交易主管部门会同有关部门，对核查机构进行管理。

第二十八条 核查机构应按照国务院碳交易主管部门公布的核查指南开展碳排放核查工作。重点排放单位对核查结果有异议的，可向省级碳交易主管部门提出申诉。

第二十九条 省级碳交易主管部门应当对以下重点排放单位的排放报告与核查报告进行复查，复查的相关费用由同级财政予以安排：

（一）国务院碳交易主管部门要求复查的重点排放单位；

（二）核查报告显示排放情况存在问题的重点排放单位；

（三）除（一）、（二）规定以外一定比例的重点排放单位。

第三十条 省级碳交易主管部门应每年对其行政区域内所有重点排放单位上年度的排放量予以确认，并将确认结果通知重点排放单位。经确认的排放量是重点排放单位履行配额清缴义务的依据。

第三十一条 重点排放单位每年应向所在省、自治区、直辖市的省级碳交易主管部门提交不少于其上年度经确认排放量的排放配额，履行上年度的配额清缴义务。

第三十二条 重点排放单位可按照有关规定，使用国家核证自愿减排量抵消其部分经确认的碳排放量。

第三十三条 省级碳交易主管部门每年应对其行政区域内重点排放单位上年度的配额清缴情况进行分析，并将配额清缴情况上报国务院碳交易主管部门。国务院碳交易主管部门应向社会公布所有重点排放单位上年度的配额清缴情况。

第五章 监督管理

第三十四条 国务院碳交易主管部门应及时向社会公布如下信息：纳入温室气体种类，纳入行业，纳入重点排放单位名单，排放配额分配方法，排放配额使用、存储和注销规则，各年度重点排放单位的配额清缴情况，推荐的核查机构名单，经确定的交易机构名单等。

第三十五条 交易机构应建立交易信息披露制度，公布交易行情、成交量、成交金额等交易信息，并及时披露可能影响市场重大变动的相关信息。

第三十六条 国务院碳交易主管部门对省级碳交易主管部门业务工作进行指导，并对下列活动进行监督和管理：

（一）核查机构的相关业务情况；

（二）交易机构的相关业务情况；

第三十七条 省级碳交易主管部门对碳排放权交易进行监督和管理的范围包括：

（一）辖区内重点排放单位的排放报告、核查报告报送情况；

（二）辖区内重点排放单位的配额清缴情况；

（三）辖区内重点排放单位和其他市场参与者的交易情况。

第三十八条　国务院碳交易主管部门和省级碳交易主管部门应建立重点排放单位、核查机构、交易机构和其他从业单位和人员参加碳排放交易的相关行为信用记录，并纳入相关的信用管理体系。

第三十九条　对于严重违法失信的碳排放权交易的参与机构和人员，国务院碳交易主管部门建立"黑名单"并依法予以曝光。

第六章　法律责任

第四十条　重点排放单位有下列行为之一的，由所在省、自治区、直辖市的省级碳交易主管部门责令限期改正，逾期未改的，依法给予行政处罚。

（一）虚报、瞒报或者拒绝履行排放报告义务；

（二）不按规定提交核查报告。

逾期仍未改正的，由省级碳交易主管部门指派核查机构测算其排放量，并将该排放量作为其履行配额清缴义务的依据。

第四十一条　重点排放单位未按时履行配额清缴义务的，由所在省、自治区、直辖市的省级碳交易主管部门责令其履行配额清缴义务；逾期仍不履行配额清缴义务的，由所在省、自治区、直辖市的省级碳交易主管部门依法给予行政处罚。

第四十二条　核查机构有下列情形之一的，由其注册所在省、自治区、直辖市的省级碳交易主管部门依法给予行政处罚，并上报国务院碳交易主管部门；情节严重的，由国务院碳交易主管部门责令其暂停核查业务；给重点排放单位造成经济损失的，依法承担赔偿责任；构成犯罪的，依法追究刑事责任。

（一）出具虚假、不实核查报告；

（二）核查报告存在重大错误；

（三）未经许可擅自使用或者公布被核查单位的商业秘密；

（四）其他违法违规行为。

第四十三条　交易机构及其工作人员有下列情形之一的，由国务院碳交易主管部门责令限期改正；逾期未改正的，依法给予行政处罚；给交易主体造成经济损失的，依法承担赔偿责任；构成犯罪的，依法追究刑事责任。

（一）未按照规定公布交易信息；

（二）未建立并执行风险管理制度；

（三）未按照规定向国务院碳交易主管部门报送有关信息；

（四）开展违规的交易业务；

（五）泄露交易主体的商业秘密；

（六）其他违法违规行为。

第四十四条　对违反本办法第四十条至第四十一条规定而被处罚的重点排放单位，省级碳交易主管部门应向工商、税务、金融等部门通报有关情况，并予以公告。

第四十五条　国务院碳交易主管部门和省级碳交易主管部门及其工作人员，未履行本办法规定的职责，玩忽职守、滥用职权、利用职务便利牟取不正当利益或者泄露所知悉的有关单位和个人的商业秘密的，由其上级行政机关或者监察机关责令改正；情节严重的，依法给予行政处罚；构成犯罪的，依法追究刑事责任。

第四十六条　碳排放权交易各参与方在参与本办法规定的事务过程中，以不正当手段谋取利益并给他人造成经济损失的，依法承担赔偿责任；构成犯罪的，依法追究刑事责任。

第七章　附则

第四十七条　本办法中下列用语的含义：

温室气体：是指大气中吸收和重新放出红外辐射的自然和人为的气态成分，包括二氧化碳（CO_2）、甲烷（CH_4）、氧化亚氮（N_2O）、氢氟碳化物（HFCs）、全氟碳化物（PFCs）、六氟化硫（SF_6）和三氟化氮（NF_3）。

碳排放：是指煤炭、天然气、石油等化石能源燃烧活动和工业生产过程以及土地利用、土地利用变化与林业活动产生的温室气体排放，以及因使用外购的电力和热力等所导致的温室气体排放。

碳排放权：是指依法取得的向大气排放温室气体的权利。

排放配额：是政府分配给重点排放单位指定时期内的碳排放额度，是碳排放权的凭证和载体。1单位配额相当于1吨二氧化碳当量。

重点排放单位：是指满足国务院碳交易主管部门确定的纳入碳排放权交易标准且具有独立法人资格的温室气体排放单位。

国家核证自愿减排量：是指依据国家发展和改革委员会发布施行的《温室气体自愿减排交易管理暂行办法》的规定，经其备案并在国家注册登记系统中登记的温室气体自愿减排量，简称CCER。

第四十八条　本办法自公布之日起30日后施行。

参考文献

[1] Coninck H C de, N H van der Linden. An Overview of Carbon Transactions General Characteristics and Specific Peculiarities [J]. Policy Studies 2013, 2014.

[2] Dran Young. Comphance and Public Author [M]. Baltimore: Johns Hopkins University Press, 1979.

[3] Elli Louka, International environmental law [M]. New York: Cambridge University Press, 2006.

[4] David R Hodas. Energy, climate change and sustainable development [C] //Bradbrook A J, Ottinger R L. Energy Law and Sustainable Development. Cambrige, UK: IUCN Environmental Policy and Law Paper NO. 47, 2003.

[5] Johnston D, Lowe R, Bell M. An Exploration of the Technical Feasibility of Achieving CO_2 Emission Reductions in Excess of 60% Within the UK Housing Stockby the Year 2050 [J]. Energy Policy, 2005 (33).

[6] Kawase R, Matsuoka Y, Fujino J. Decomposition Analysis of CO_2 Emission in Long – term Climate Stabilization Scenarios [J]. Energy Policy, 2006 (34).

[7] Koji Shimada, Yoshitaka Tanaka, Kei Gomi, et al. Developing a Long – term Local Society Design Methodology Towards a Low – carbon Economy: An Application to Shiga Prefecture in Japan [J]. Energy Policy, 2007 (35).

[8] Lieberman-Warmer Climate Security Act of 2008 [S]. 110th Cong, section 4 (16), 2008.

[9] Patrick A Messerlin. Climate Change and Trade Policy From Mutual Destruction to Mutual Support [R]. The World Bank, 2010.

[10] Sonia Labatt, Rodney R White. Carbon Finance: The Finance Implications of Climate Change [M]. Hoboken, NJ: John Wiley & Sons, Inc., 2007.

[11] Steve Charnovitz. Trade and Climate: Potential Conflicts and Synergies [N/OL]. Working Paper, 2003. http://www.pewclimate.org/docUploads/Trade%20and%20Climate.pdf

[12] UK Energy White Paper. Our Energy Future – Creating a Low Carbon Energy [R]. 2003.

[13] United Nations Environment Programme. Caring for the Earth: A Strategy for Sustainable Living [M]. London: Earthscan press, 2009.

[14] 白艳英, 马妍, 于秀玲, 等. 清洁生产促进法实施情况回顾与思考立法 [J]. 环境与可持续发展, 2010 (6).

[15] 白洋. 论我国碳排放交易机制的法律构建 [J]. 河南师范大学学报（哲学社会科学版）, 2010 (1).

[16] 包玉华, 胡夷光. 关于完善"大气污染防治法"的探讨 [J]. 环境科学与管理, 2011 (2).

[17] 庇古. 福利经济学 [M]. 金镝, 译. 北京: 华夏出版社, 2007.

[18] 边莹. 浅析我国碳交易市场的现状以及发展策略［J］. 中国商界, 2010 (11).

[19] 岑维廉, 钟昌元, 王华. 关税理论与中国关税制度［M］. 上海: 上海人民出版社, 2009.

[20] 曾刚, 万志宏. 国际碳交易市场: 机制、现状与前景［J］. 中国金融, 2009 (24).

[21] 陈冠伶. 国际碳交易法律问题研究［D］. 重庆: 西南政法大学, 2012.

[22] 陈文. 碳金融法探析［D］. 北京: 中国政法大学, 2012.

[23] 陈小姣. 低碳经济的法律思考［D］. 长沙: 湖南师范大学, 2011.

[24] 陈旭琳. 促进我国碳金融发展的法律制度研究［D］. 贵阳: 贵州民族大学, 2013.

[25] 崔建远. 合同法［M］. 北京: 法律出版社, 2008.

[26] 付亚菲. 我国碳交易发展中存在的问题分析［J］. 中国集体经济, 2010 (3).

[27] 高峰. 低碳经济背景下我国节能减排法律保障研究［D］. 太原: 山西财经大学, 2012.

[28] 郭晓瑞. 后京都时代中国碳金融的发展及其法律路径研究［D］. 长沙: 湖南大学, 2012.

[29] 哈罗德·德姆塞茨. 竞争的经济、法律和政治维度［M］. 上海: 上海三联书店, 1992.

[30] 韩德培. 环境保护法教程［M］. 北京: 法律出版社, 2007.

[31] 韩良. 国际温室气体排放权交易法律问题研究［M］. 北京: 中国法制出版社, 2009.

[32] 韩璐. 国际碳排放权交易制度研究［D］. 上海: 复旦大学, 2012.

[33] 郝海青. 欧盟碳排放权交易法律制度研究——兼论我国碳排放权交易制度的构建［D］. 青岛: 中国海洋大学, 2012.

[34] 何学科. 排污权交易合同制度研究［D］. 长沙: 湖南师范大学, 2008.

[35] 胡柏, 吴锐. 论我国碳交易制度的构建［J］. 兰州大学学报, 2011, 39 (5).

[36] 黄小喜. 国际碳交易法律问题研究［M］. 北京: 知识产权出版社, 2013.

[37] 贾甲. 中国发展低碳经济的法律问题研究［D］. 长春: 吉林大学, 2012.

[38] 焦小平. 欧盟排放交易体系规则［M］. 北京: 中国财经经济出版社, 2010.

[39] 雷芳, 高亚宁. 小议民事合同与商事合同的区别［J］. 法学之窗, 2008 (5).

[40] 冷罗生. 构建中国碳排放权交易机制的法律政策思考［J］. 中国地质大学学报 (社会科学版), 2010 (2).

[41] 冷罗生. 中国自愿减排交易的现状、问题与对策［J］. 中国政法大学学报, 2012 (03).

[42] 李浩培. 条约法概论［M］. 北京: 法律出版社, 2003.

[43] 李京. 我国发展碳金融的法律障碍及对策［D］. 天津: 天津大学, 2011.

[44] 李九领. 关税理论与政策［M］. 北京: 中国海关出版社, 2010.

[45] 李丽萍. 国际碳排放机制研究［D］. 长沙: 中南大学, 2009.

[46] 李威. 碳贸易机制与WTO规则的议题交叉与体系协调［J］. 北方法学, 2012, 6 (34).

[47] 李先波. 英美合同解除制度研究［M］. 北京: 北京大学出版社, 2008.

[48] 李响. 论低碳经济的法律规制［J］. 学习与探索, 2010 (2).

[49] 刘美超. 中国碳交易合同风险防范［D］. 北京: 中国政法大学, 2013.

[50] 刘莎莎. 碳排放权交易的法律问题研究［D］. 济南: 山东大学, 2012.

[51] 刘雪莲, 刘晶. 对中国碳减排合同法律适用问题的实证分析——以中国碳交易第一案为例［J］. 西部法学评论, 2012 (11).

[52] 鲁伟. 我国发展低碳经济的立法问题研究 [D]. 南昌：江西农业大学，2013.
[53] 罗宾·保罗·麦乐怡. 法与经济学 [M]. 杭州：浙江人民出版社，1999.
[54] 尼尔·麦考密克. 制度法论 [M]. 北京：中国政法大学出版社，1994.
[55] 钮杨. WTO视角下碳排放权分配的补贴问题研究 [D]. 沈阳：辽宁大学，2013.
[56] 潘家华. 满足基本需求的碳预算及其国际公平与可持续含义 [J]. 世界经济与政治，2008 (1).
[57] 彭本利，李挚萍. 碳交易主体法律制度研究 [J]. 中国政法大学学报，2012 (2).
[58] 秦军. 碳排放权交易体系研究 [J]. 南昌大学学报，2012，43 (1).
[59] 任卫峰. 低碳经济与环境金融创新 [J]. 上海经济研究，2008 (3).
[60] 尚全跃. 低碳经济下我国碳金融发展的法律问题研究 [D]. 北京：北方工业大学，2014.
[61] 沈木珠. 低碳壁垒的法律分析与应对思考 [J]. 法学杂志，2011，32 (7).
[62] 史玉成，王卿. 民法视野下排污权交易合同法律关系探析 [D]. 兰州：甘肃政法学院，2011.
[63] 宋德勇，卢忠宝. 我国发展低碳经济的政策工具创新 [J]. 华中科技大学学报（社会科学版），2009 (3).
[64] 宋俊荣. 应对气候变化的贸易措施与WTO规则：冲突与协调 [D]. 上海：华东政法大学，2010.
[65] 苏明，傅志华，许文，等. 碳税的国际经验与借鉴 [J]. 环境经济，2009 (9).
[66] 孙丹，马晓明. 碳配额初始分配方法研究 [J]. 生态经济（学术版），2013 (2).
[67] 唐颖侠，张永峰.《京都议定书》与WTO规则的冲突与协调 [C]. WTO法与中国论丛 (2012年卷). 北京：知识产权出版社，2012.
[68] 涂永前. 碳金融的法律再造 [J]. 中国社会科学，2012 (3).
[69] 汪曾涛. 碳税征收的国际比较与经验借鉴 [J]. 理论探索，2009 (4).
[70] 王璟明，魏东. 京都议定书的缺陷分析 [J]. 中国海洋大学学报，2007 (5).
[71] 王淼. WTO规则对低碳经济的约束与激励 [D]. 长春：吉林大学，2011.
[72] 王曦. 国际环境法 [M]. 北京：法律出版社，2005.
[73] 王晓川. 国际商事合同法 [M]. 北京：北京师范大学出版社，2010.
[74] 王遥，刘倩. 碳金融市场：全球形势、发展前景及中国战略 [J]. 国际金融研究，2010 (9).
[75] 王永胜. 低碳经济立法研究 [D]. 武汉：华中师范大学，2011.
[76] 王玉海，潘绍明. 金融危机背景下中国碳交易市场现状和趋势 [J]. 经济理论与经济管理，2009 (11).
[77] 温国民. 全球化与国际商事合同规则的国际统一 [J]. 中国法学，2001 (3).
[78] 夏嘉鋆. 绿色信贷法律问题研究 [D]. 上海：华东政法大学，2010.
[79] 肖志明. 碳排放权交易机制研究——欧盟经验和中国抉择 [D]. 福州：福建师范大学，2011.
[80] 谢琼. 国际法视野下碳排放权交易在法律制度研究——兼谈我国碳排放权法律制度研究

[D]．南京：南京财经大学，2012．

[81] 邢丽．碳税的国际协调［M］．北京：中国财经经济出版社，2010．

[82] 许淑萍．发展中国家贸易与环境法律问题对策研究［J］．中国法学，2002（3）．

[83] 闫鹏志．国际碳排放权交易法律问题研究［D］．成都：西南财经大学，2012．

[84] 尹应凯，崔茂中．国际碳金融体系构建中的中国方案研究［J］．国际金融研究，2010（12）．

[85] 袁杜娟，朱伟国．碳金融：法律理论与实践［M］．北京：法律出版社，2012．

[86] 张剑波．低碳经济法律制度研究［D］．重庆：重庆大学，2012．

[87] 张坤民，潘家华，崔大鹏．低碳经济论［M］．北京：中国环境科学出版社，2008．

[88] 张平．低碳经济金融支持的法律保障研究［D］．成都：西南财经大学，2012．

[89] 张守义．税法原理［M］．北京：北京大学出版社，2001．

[90] 张伟，李培杰．国内外环境金融研究的进展与前瞻［J］．济南大学学报（社会科学版），2009（2）．

[91] 张晓旭．WTO框架下碳减排机制问题研究［D］．天津：天津财经大学，2013．

[92] 张欣潮，马玉荣．中国构建碳交易市场的必要性及发展战略［J］．社会科学辑刊，2010（2）．

[93] 张雅娴．《京都议定书》减排机制与WTO贸易规则的冲突及协调［D］．青岛：山东科技大学，2011．

[94] 郑玲丽．低碳经济下碳交易法律体系的构建［J］．华东政法大学学报，2011（1）．

[95] 中国清洁发展机制基金管理中心，大连商品交易所．碳配额管理与交易［M］．北京：经济科学出版社，2010．

[96] 周晓燕．国际商事合同通则［M］．北京：法律出版社，1996．

[97] 周训芳，彭钰．《环境保护法》修改中若干基本问题的定位［Z］．中国环境法网．

[98] 周亚成，周旋．碳减排交易法律问题和风险防范［M］．北京：中国环境科学出版社，2011．